Prolog

Meine Reise zu Dorothy Parker

Dies ist eine Liebesgeschichte. Die Liebesgeschichte zwischen einer Stadt und einer außergewöhnlichen Frau. Die Liebesgeschichte zwischen New York City und Dorothy Parker.

Am 25. November 2006 begegnete ich Dorothy Parker zum ersten Mal. Ich stand im holzgetäfelten Oak Room des Algonquin Hotels in New York und starrte auf ein großes buntes Gemälde. Es zeigte eine fröhliche Runde gut gekleideter Menschen, die sich um einen runden Tisch versammelt hatten. Links außen saß eine junge Frau mit großen rehbraunen Augen und riesigem Hut: Dorothy Parker. Sie hatte in den 1920er Jahren hier im Hotel gewohnt und sich täglich mit ihren Freunden am Round Table zum Lunch getroffen. Eine bronzene Tafel am Eingang des Algonquin wies vorbeieilende Passanten auf dieses Ereignis hin und kündete davon, dass das Algonquin eines der literarischen Wahrzeichen der amerikanischen Geschichte war.

Es war der 60. Geburtstag meiner Mutter und wir wollten ihn mit Freunden feiern. Wie unzählige Besucher zuvor hatte auch uns die Geschichte der legendären Tafelrunde hierher in die 44. Straße nach Manhattan gezogen. Oberflächlich wusste ich, wer Dorothy Parker war, hatte beim Hinflug wieder einmal in ihren *New Yorker Geschichten* geblättert, die so eine seltsame Traurigkeit verströmen. Ich wusste,

9

dass sie Kolumnen für *Vogue, Vanity Fair* und den *New Yorker* sowie viele Kurzgeschichten geschrieben und dabei ein ziemlich wildes Leben geführt hatte. Doch selbst wenn man ursprünglich nicht vorhatte, sich näher mit dieser Frau zu beschäftigen, hier an diesem Ort zog sie einen unwillkürlich in ihren Bann, und bevor wir wieder nach Hause flogen, erstand ich bei Barnes & Noble am Union Square verschiedene Bücher von ihr und über sie.

Fünf Wochen später starb meine Mutter, und die Welt, die ich kannte, ging unter. Über Monate schrieb und las ich keine Zeile. Als ich die Wohnung meiner Mutter ausräumte, fand ich auf ihrem Nachttisch Dorothy Parkers *New Yorker Geschichten*. Es war das letzte Buch, in dem sie gelesen hatte, und ich nahm es an mich, nicht um darin zu lesen, sondern um ihr nah zu sein.

Sechs Monate später kehrte ich nach New York zurück, um zu heiraten. Es war eine Feier in kleinem Kreise, und am Abend fanden wir uns an eben jenem runden Tisch im Algonquin wieder, unter den wachsamen Augen von Dorothy Parker. Später stellte ich fest, dass auf all meinen Hochzeitsfotos die Frau mit den großen braunen Augen und dem riesigen Hut zu sehen war. Hier in New York begann ich wieder zu lesen: ihre *New Yorker Geschichten*. Und diesmal fand ich es nicht traurig, sondern tröstlich, dass sie Sätze schrieb wie: »Tragödien töten uns nicht, nur Chaos bringt uns um. Ich kann Chaos nicht ertragen.«[3] Von diesem Augenblick an haben wir uns nie wieder aus den Augen verloren.

So begann meine Reise zu Dorothy Parker, der Frau der Gegensätze, dem unbezwingbaren Freigeist, die von sich selbst sagte: »Ich bin eine Vagabundin und das für alle Zeit.«[4] Jetzt, vier Jahre später, sitze ich wie so viele Male zuvor erneut in der Lobby des Algonquin. Hinter mir liegen zwei Weltkriege und die Prohibition, Atlantiküberquerungen und politische Verfolgung, Jazz und Partys, Theaterpremieren und Schreibblockaden, Hollywood und Bucks County, Liebesgeschichten und zwischenmenschliche Dramen en masse. Ich bin Ernest Hemingway und Harpo Marx begegnet und habe mich in die Fitzgeralds verliebt. Und ich weiß jetzt, warum Mrs. Parker Mrs. Parker hieß, auch als sie längst Mrs. Campbell war: »Es gab mal einen Mr. Parker.«[5]

Ich verstehe mehr denn je, warum Dorothy Parker im Ruf steht, die geistreichste Frau der Vereinigten Staaten gewesen zu sein. Ihre Gedichte, Kritiken und Kurzgeschichten gehören zum Besten, was über das Amerika der 1920er Jahre geschrieben wurde. Carrie Bradshaw aus »Sex and the City« mag heute die bekannteste Kolumnistin der Welt sein, doch im Vergleich zu ihrer realen Vorgängerin ist sie die Unschuld vom Lande. Dorothy Parkers Geschichten sind eine schonungslose Bestandsaufnahme des Lebens, erzählen von Männern und Frauen, von Liebe und Verrat und von der Unmöglichkeit, einen gemeinsamen Nenner zu finden. Dabei ist sie weitaus weniger versöhnlich als ihre Filmkollegin, denn die meisten ihrer Figuren machen sich mehr Gedanken darüber, wo sie den nächsten Martini herbekommen, als über ihre monatlichen Zahlungsverpflichtungen. Was Dorothy Parker vor 90 Jahren über den Kampf der Geschlechter geschrieben hat, ist von bestechender Aktualität. Lange vor Carrie Bradshaw beschrieb Parker, was es heißt, eine Singlefrau in einer modernen Gesellschaft zu sein.

Ich habe erfahren, dass auch eine Frau, die so großen Erfolg hatte wie Dorothy Parker, voller Selbstzweifel war, die sich in Sätzen wie »Bitte, Gott, lass mich schreiben wie ein Mann« äußerten. Dabei war sie der Mittelpunkt des intellektuellen Lebens der 1920er Jahre in den USA und trug mit ihren Theater- und Buchkritiken dazu bei, den Geschmack einer ganzen Nation zu formen. Dennoch schrieb F. Scott Fitzgerald über sie: »Nichts würde sie so sehr enttäuschen wie Erfolg.«[6]

Ich habe mit Entsetzen, aber auch einer gewissen Erleichterung festgestellt, dass eine Frau gar nicht klug genug sein kann, um nicht doch einen bemerkenswert schlechten Geschmack zu haben, was Männer anbelangt, und dass eine grenzenlose Leidenschaft zum Unglücklichsein nicht davon abhalten muss, witzig zu sein. Für ihre Freunde war Dorothy Parker die größte kleinste Miesmacherin der Welt. Einer ihrer besten Freunde schrieb über sie, sie ergebe »ein so starkes, aus Nektar und Wermut, Ambrosia und dem Gift eines Nachtschattengewächses zusammengebrautes Getränk, dass man daraus wenigstens eine Lehre ziehen sollte, nämlich: Vorsicht beim Gebrauch einer Schreibfeder!«[7]

Die Jahre mit Dorothy Parker haben mich gelehrt, dass sie recht hat und es tatsächlich zwei Arten von Menschen gibt: »Diejenigen, die überhaupt keine Hoffnung haben, und diejenigen, die viel zu viel davon haben. Ich für meinen Teil gehöre ohne Zweifel zu beiden Gruppen.«[8] Ich auch.

Im Algonquin ist es ruhig geworden. Draußen beginnt es zu dämmern. Ich sitze vor einem Cosmopolitan und denke daran, was Dorothy

Parker über New York in der Dämmerung gesagt hat: »Wenn du die Dämmerung überstehst, dann wirst du auch die Nacht überleben.«[9] Sie hatte recht.

Dies ist eine Liebesgeschichte – die Liebesgeschichte zwischen New York City, Dorothy Parker und all den Frauen, die sich tagtäglich in diesem Chaos, das sich Leben nennt, behaupten und dabei nie ihren Humor verlieren.

In memoriam meiner geliebten Mutter
Christl Karl (1946–2007)

Algonquin Hotel, New York,
im Februar 2011

They say of me, and so they should,
It's doubtful if I come to good.[10]

I.

New Yorkerin und Bastard

oder Mrs. Parkers Kampf mit der Haushälterin

»Es war einmal vor langer Zeit, da war die Welt strahlend und vielver-
sprechend und Dorothy Parker war einer der strahlendsten und viel-
versprechendsten Menschen darin. Sie war eine Elfe, die zwei Zauber
in sich vereinte. Der erste Zauber bestand darin, dass niemand ihr gegenüber gleichgültig sein konnte, und der andere, dass niemand es vermochte, sie wirklich einzuschätzen«,[11] schrieb der Schriftsteller John
Keats über seine große Kollegin und drückt damit aus, was alle, die
Dorothy Parker begegneten, bestätigen können: Sie war und ist schwer
zu fassen. So viele Meinungen, so viele Anekdoten, so viele sich wi-
dersprechende Tatsachen, die sie selbst mit allergrößtem Vergnügen
unter die Leute brachte. Allerdings gibt es eine Sache, die unumstöß-
lich ist, und sie selbst ließ niemals auch nur den geringsten Zweifel
daran: Dorothy Parker war New Yorkerin – mit Leib und Seele, mit
Herz und Verstand.

New York City und Dorothy Parker waren eine heiße Kombina-
tion: »Ich nehme New York persönlich. Ja, ich bin auf eine schon fast
lästige Art und Weise zärtlich damit. Eine silberne Kordel bindet mich
an meine Stadt«, schrieb sie über die schillernde Metropole am Hudson.[12] Sie liebte diese Stadt, die für sie über Manhattan niemals hi-
nausreichte, und diese Stadt gibt ihr diese Liebe bis heute tausendfach
zurück. Sie mehrten einander Ruhm und Glanz, und auch wenn es in

Dorothy Parkers Leben andere Stationen gab, andere Städte, andere Länder, am Ende kehrte sie immer wieder nach Manhattan zurück: »Andere Orte mögen einem ein angenehmes und beruhigendes Gefühl vermitteln, in New York hingegen hat man immer das Gefühl: ›Gleich passiert was.‹ Da ist keine Ruhe. Aber man gewöhnt sich so schnell an die Ruhe. Doch man gewöhnt sich niemals an New York.«[13] Als Kind konnte sie sich nicht vorstellen, dass es Menschen gab, die außerhalb New Yorks lebten. Neue Freunde pflegte sie zu fragen, in welcher Straße sie wohnten, niemals, in welcher Stadt.

Die Hauptstadt der Neuen Welt und Dorothy Parker waren eine kongeniale Verbindung. Hier wuchs sie auf, hier begann ihr Ruhm, hier erlebte sie Höhen und Tiefen eines Künstlerinnen- und Frauenlebens, hier starb sie. New York war ihr Heimat und Inspiration zugleich, und sie trug wie kaum jemand sonst dazu bei, die Legende der Stadt, die niemals schläft, weiterzutragen. Nahezu all ihre Kurzgeschichten spielen in New York. Dabei beschrieb sie niemals einen Schauplatz, erwähnte nie eine Straße oder ein Gebäude. New York war für sie nicht einfach eine Stadt, es war eine Welt, die zu beschreiben ihr völlig überflüssig schien.[14]

Die Stadt formte ihren Charakter und spiegelte sich in ihrer Seele wider. Dorothy Parker verkörperte alles, was man gemeinhin mit New York in Verbindung bringt: Rastlosigkeit und Moderne, Esprit und Erfolg, aber auch Härte, Grausamkeit und Einsamkeit. Dorothy Parker ist *die* New Yorker Schriftstellerin schlechthin.

Eine Ironie des Schicksals wollte es allerdings, dass Dorothy nicht in New York, sondern während eines Ferienaufenthaltes ihrer Familie in West End/New Jersey geboren wird. Eine Tatsache, an der sie zu knabbern hat: »Ich wurde um die Ehre gebracht, eine gebürtige New Yorkerin zu sein, weil ich zur Welt kommen musste, während die Familie den Sommer in New Jersey verbrachte. Aber, ganz ehrlich, wir kehrten unmittelbar nach dem Labour Day in die Stadt zurück, sodass ich den Anforderungen, eine echte New Yorkerin zu sein, fast gerecht werde.«[15] Ohnehin merkt sie bald: »Nüchtern betrachtet ist die Seltenheit von gebürtigen New Yorkern einer der Mythen unserer Insel. Ich kenne mindestens vier davon persönlich, und habe gute Chancen, wenn alles glatt läuft, noch zwei weitere zu treffen.«[16]

West End, ein kleines Örtchen, das zum berühmten Seebad Long Branch gehört, liegt 60 Meilen außerhalb von New York und ist im 19.

Jahrhundert bevorzugter Ferienort reicher New Yorker. Long Branch ist das Hollywood der Vereinigten Staaten, noch ehe die Filmindustrie nach Kalifornien umzieht. Schauspieler und andere Berühmtheiten flanieren auf den Straßen, ganze sieben US-Präsidenten von Chester A. Arthur bis Woodrow Wilson beehren die Stadt mit ihrer Anwesenheit. Vor allem reiche New Yorker Juden verbringen hier den Sommer, während es die WASPs – die reichen »White-Anglosaxon Protestants« – eher nach Rhode Island, Newport oder Long Island zieht. Dorothys Eltern Eliza und Henry Rothschild, weder verwandt noch verschwägert mit den berühmten Namensvettern (»Großer Gott, nein! Wir haben niemals auch nur von *diesen* Rothschilds gehört!«[17]), haben in West End ein Sommerhaus, in unmittelbarer Nachbarschaft zu den Guggenheims. Denn auch diesen Rothschilds geht es nicht schlecht. Die viktorianischen Häuser an der Ocean Avenue, von denen sie eines bewohnen, bieten einen wunderbaren Blick aufs Meer und garantieren angenehme Sommermonate.

In dieses gutbürgerliche Ambiente wird Dorothy am 22. August 1893 hineingeboren. Sie ist der charakteristische Mix aus den Emigranten der Neuen Welt – die typische Amerikanerin. Die Großeltern väterlicherseits sind deutsche Juden, die nach der gescheiterten Revolution 1848 Deutschland verlassen haben und nach Amerika emigriert sind. Die protestantischen Eltern der Mutter kamen 1830 aus Schottland in die USA. »Ich bin ein Bastard: Mein Vater war ein Rothschild; meine Mutter war eine Goia [Nicht-Jüdin], und ich besuchte die katholische Schule an der Ecke«, ist Dorothys knappe Aussage zu ihrer Herkunft.[18] Henry Rothschild hat sich mit viel Fleiß seinen amerikanischen Traum erfüllt. Vom Sohn mittelloser Einwanderer hat er es zum Besitzer einer Fabrik für Herrenbekleidung mit über 200 Arbeitern geschafft. Er gilt als einer der erfolgreichsten seiner Zunft. Ein großes Apartment an der Upper West Side in Manhattan sowie das Ferienhaus in West End zeugen vom ansehnlichen Wohlstand eines geachteten Mitglieds der gehobenen Mittelschicht. Die Ehe mit Eliza hat er sich gegen die Widerstände der Familie, die der Verbindung aufgrund des religiösen Hintergrundes ablehnend gegenüberstand, hart erkämpft. Erst nach vielen Jahren, in denen Eliza als Lehrerin gearbeitet hatte, hatte ihr Vater die Erlaubnis zur Vermählung gegeben. Sie sind eine glückliche Familie mit drei Kindern, als Eliza mit 42 Jahren noch einmal schwanger wird. Da sie gesundheitliche Schwierigkeiten hat, zieht sie mit den

Kindern den Sommer über nach West End, um die frische Seeluft zu genießen, während Henry in New York bleibt, um in der Fabrik nach dem Rechten zu sehen. Dorothys Geburt in einer Regennacht im August bringt die Pläne der Familie völlig durcheinander. Eliza ist erst im siebten Monat und hatte zur Geburt nach New York zurückkehren wollen. Dorothy selbst wird über ihren abrupten Eintritt ins Erdendasein später schmunzelnd sagen, dass dies das letzte Mal gewesen sei, dass sie zu irgendetwas zu früh gekommen ist – und das auch noch in New Jersey. Erst drei Wochen später, als Mutter und Kind stabil genug sind, um zu reisen, kommt sie zum ersten Mal in ihre Stadt: New York City.

Die Familie bewohnt eine schicke Wohnung in der 72. Straße an der Upper West Side. Die Gegend zählt seit Kurzem zu den exklusivsten Wohngegenden Manhattans. Ein paar Jahre zuvor wäre kein reicher New Yorker auf die Idee gekommen, hierher zu ziehen. Doch die Rothschilds gehören zu jener zweiten Generation von Immigranten, die sich hier im Norden der Stadt niedergelassen haben. Bis zur Mitte des 19. Jahrhunderts lebten die meisten Einwohner Manhattans unterhalb der 14. Straße, im Süden der Insel. Erst mit der neuen Einwanderungswelle ab 1850 und dem damit verbundenen Bevölkerungswachstum stieg das Ansehen der nördlichen Gebiete, und viele zogen in die neu errichteten Backsteingebäude in die Nähe des Central Parks. Hier pflegen sie den neuen Lebensstil reicher New Yorker. Man baut nicht länger ein eigenes Haus, sondern bezieht ein Apartment in einem Gebäude, das mehrere Luxuswohnungen in sich vereinigt. Weltberühmte Apartmenthäuser entstehen in dieser Zeit, die bis heute die Umgebung des Central Parks prägen. Darunter das in unmittelbarer Nähe zu den Rothschilds befindliche Dakota-Gebäude, zu dessen Bewohnern einmal Lauren Bacall, Leonard Bernstein und Judy Garland gehören werden. Einer seiner berühmten Bewohner wird vor dem Dakota erschossen und sorgt bis heute für Besucherströme: John Lennon. Die Wohnungen im Dakota sind seit 1884 mit Elektrizität, Bädern und Toiletten, Speisenaufzügen, Personenliften sowie mit Zentralheizung ausgestattet. Den Bewohnern steht ein Tennis- sowie ein Crocketplatz zur Verfügung.

Ganz so nobel geht es im Hause Rothschild nicht zu, denn es gibt weder Telefon noch Elektrizität, Personal jedoch ist reichlich vorhanden, sodass weder Dorothy noch ihre drei Geschwister Harold (geb.

1881), Bertram (geb. 1884) und Helen (geb. 1887) je im Haushalt mithelfen müssen. Die Dienstboten sind Emigranten, die Henry Rothschild unmittelbar nach ihrer Registrierung in Ellis Island engagiert. Da sie da oft noch völlig orientierungslos sind und sich in der Neuen Welt erst nach und nach zurechtfinden müssen, ist die Personalfluktuation im Hause Rothschild hoch. Doch es ist nie ein Problem, neues Personal zu finden, denn es geht bei Weitem nicht allen Amerikanern so gut wie den Rothschilds und ihren Nachbarn. Dorothys Geburtsjahr markiert eines der schlimmsten Krisenjahre in der Geschichte der USA. Ein Börsen- und Bankencrash, in dessen Folge mehr als 15 000 Firmen bankrott gehen, läutet eine lange Wirtschaftskrise ein. New York ist voller Menschen ohne Arbeit, ohne Geld, ohne Perspektive. Verleger Joseph Pulitzer lässt von seinen Auslieferungswagen keine Zeitungen mehr verkaufen, sondern Brot verteilen. Während das reiche New York in die Sommerferien geht, steht das arme New York vor den Suppenküchen Schlange.

Die Welt, in die Dorothy hineingeboren wird, ist eine Welt im Wandel. Grover Cleveland ist gerade zum zweiten Mal Präsident geworden und wird damit der einzige Präsident der USA, dessen Amtszeiten nicht unmittelbar aufeinanderfolgen. Kleine Jungen tragen Matrosenanzüge und kleine Mädchen kurze Kleidchen mit Kniestrümpfen, man gibt sich bedeckt und züchtig. Noch 1907 wird der amerikanische Schwimmstar Annette Kellermann wegen Erregung öffentlichen Ärgernisses festgenommen, weil sie einen enganliegenden Badeanzug trägt. Bis in die 1920er Jahre hinein müssen Frauen über dem Badeanzug einen langen Rock tragen, damit nicht zu viel Bein zu sehen ist. Bei Dorothys Geburt essen die meisten Menschen in New York bei Kerzenschein oder Gaslicht, doch die im Oktober 1882 durch Thomas Edison begonnene Elektrifizierung der Stadt schreitet voran. Vier Jahre zuvor hatte die Bell Telephone Company ganze 271 Teilnehmer in New York telefonisch miteinander verbunden, 1927 können die New Yorker bereits mit Europa telefonieren. Wenn die kleine Dorothy aus dem Fenster blickt, sieht sie Kutschen, Pferdetaxis, Fuhrwerke und vereinzelt Straßenbahnen, die von unterirdisch verlaufenden Kabeln gezogen werden. Noch gibt es keine U-Bahn, doch am 27. Oktober 1904 wird die New York City Subway, eine der ältesten U-Bahnen der Welt, offiziell in Betrieb genommen werden. Sie ermöglicht ein rasches Vorwärtskommen innerhalb der Stadt und stellt die dringend benötigte Verbindung zwischen dem Norden und Süden Manhattans her. Dadurch wird der Nordteil der Stadt, in dem Dorothy lebt, weiter aufgewertet. Architektonisch verändert sich New York in diesen Jahren grundlegend. Weltberühmte Gebäude wie das Ansonia Hotel, in dem Arturo Toscanini, Igor Strawinsky und Enrico Caruso leben, werden errichtet. Während Tausende New Yorker nicht einmal eine eigene Toilette haben, wird dort 1900 eine Klimaanlage eingebaut. Das alte New York verschwindet und macht Platz für das neue. Auf der 5th Avenue fallen die Stadthäuser der Vanderbilts und Astors dem Bau moderner Luxusapartmenthäuser zum Opfer, und die Läden der Einzelhändler an der Park Avenue weichen neuen, ganz unglaublichen Gebäuden: Wolkenkratzern. 1899 wird mit dem Park Row Building in Lower Manhattan das bis dato höchste Gebäude der Welt eröffnet. Auf 119 Metern verteilen sich 30 Stockwerke, in denen 14 000 Menschen arbeiten. Die Leute kommen in Scharen, um diese bauliche Meisterleistung zu besichtigen. Von nun an jagt ein Rekord den anderen. Wolkenkratzer schießen wie Pilze aus dem Boden und geben der Stadt ihre typische Skyline. 1929 hat New York, einmalig in der Welt, 2479 Gebäude mit zehn oder mehr Stockwerken. Ein Art-Déco-Gebäude ums andere wächst in den Himmel, bis 1931 mit dem Empire State Building nicht nur der berühmteste Wolkenkratzer des 20. Jahrhunderts, sondern auch das erste Gebäude der Welt mit über 100 Stockwerken entsteht. Vierzig Jahre lang wird es mit 381 Metern das höchste Gebäude der Stadt sein. Und seit der Zerstörung der Twin Towers des World Trade Centers am 11. September 2001 ist es das erneut.

Die Einwohnerzahl New Yorks explodiert in diesen Jahren. Um die Jahrhundertwende leben circa 3 Millionen Menschen hier, 20 Jahre später sind es knapp doppelt so viele. Allein zwischen 1880 und 1920 wächst die Bevölkerung der Stadt um nahezu 300 Prozent. In Massen strömen Europäer auf der Flucht vor Armut, Not und Krieg ins gelobte Land. Winfield Woolworth reagiert darauf mit der Gründung seiner Fünf- und Zehn-Cent-Läden, in denen es alles gibt, aber billig. Eine Idee, die auf eine arme Käuferschicht im Land eingeht und ihn schwerreich macht. Viele der Neuankömmlinge bleiben in New York hängen, die meisten lassen sich an der Lower East Side nieder. Hier lebt ein Sechstel der Bevölkerung von New York City. 100 000 Menschen drängen sich hier auf einem Quadratkilometer, so viele wie nirgendwo sonst auf der Welt. 60 Prozent der Bewohner der dortigen

Elendsquartiere sind Juden aus Osteuropa. Für 150 Menschen gibt es in den Mietskasernen im Schnitt 12 Toiletten. Hier rekrutiert Henry Rothschild Arbeiter für seine Fabrik. Die Arbeitsbedingungen in den Fabriken sind in einer Zeit ohne Arbeitsschutzbestimmungen katastrophal und es gibt keinerlei Hinweise darauf, dass Henry Rothschilds Fabrik hierbei eine Ausnahme macht. Allerdings scheint ihn das Schicksal seiner Arbeiter zumindest an Weihnachten berührt zu haben, denn Dorothy erzählt später, dass er jedes Jahr am Weihnachtstag in seiner Kutsche die Lower East Side hinaufgefahren sei, um Umschläge mit Banknoten an die Armen zu verteilen. Oftmals begleitet sie ihn dabei.

Die Kluft zwischen Arm und Reich, die sich in New York auf kleinstem Raum zeigt, führt dazu, dass die Stadt zum Schauplatz heftiger Auseinandersetzungen wird. Es formiert sich eine starke Arbeiterbewegung, die zu Arbeitsniederlegungen und Demonstrationen aufruft. Sie kämpft gegen Kinderarbeit, für Arbeitsschutzgesetze, Arbeitszeitverkürzung und Löhne, die ein menschenwürdiges Dasein ermöglichen. Die Arbeitswelt verändert sich. 1913 wird Henry Ford die Fließbandarbeit so perfektioniert haben, dass Massenproduktion in großem Stil möglich wird. Zu den Unterprivilegierten, die ihre Rechte einfordern, gehören in jenen Jahren auch die Frauen, die sich zu Recht als Bürgerinnen zweiter Klasse begreifen. Sie fordern die politische und rechtliche Gleichstellung mit den Männern, freien Zugang zu Bildung und Erwerbsarbeit sowie freie Berufswahl. Der Kampf um das Frauenwahlrecht tritt in jener Zeit an das Licht der Öffentlichkeit, und die Suffragetten in ihren weißen Kleidern werden Teil des politischen Gesichts der Stadt.[19]

Diese Welt der Krisen, des Umbruchs und des Übergangs ist Dorothy als behütetem Mitglied der gehobenen Mittelschicht fremd. Sie wird ihre eigene Klasse niemals verlassen, wird die Armut nie am eigenen Leibe spüren. Dennoch entwickelte sie auch als Zuschauerin ein soziales Gewissen. Die Not und das Elend sind so groß, dass man nicht darüber hinwegsehen kann. Obwohl auf der Sonnenseite geboren, wird sie sich Zeit ihres Lebens ohne viel Aufhebens für die Unterprivilegierten und Verfolgten einsetzen. Unrecht wird sie nicht nur auf die Palme, sondern zum Handeln bringen. Interessanterweise wird sie aber nur selten sozialkritische Geschichten schreiben. Ihr beißender Spott, für den sie so berühmt wird, erscheint ihr hier fehl am Platz.

Der Respekt vor den Schwachen verbietet es ihr, deren Schicksal in ihren Geschichten zu thematisieren. In den seltenen Fällen, in denen sie es tut, kratzt sie nur an der Oberfläche, bleibt zu sehr in Stereotypen verhaftet, als dass sie damit wirklich überzeugen könnte. Am besten ist sie, wenn sie über Dinge schreibt, die sie kennt: die Welt berufstätiger urbaner Singlefrauen. Sie weiß genau, dass sie im Amerika der Unterschichten eine Außenseiterin ist, eine Beobachterin ohne tieferen Einblick. Sie wird andere Möglichkeiten finden, sich einzumischen.

Auch geografisch bleibt Dorothy Parker die ersten Jahre ihres Lebens Teil der gehobenen Mittelklasse. Obwohl die Familie bis zu ihrem 20. Lebensjahr mehr als ein Dutzend Mal umzieht, bleibt sie in den Grenzen zwischen dem Central Park im Osten und dem Hudson River im Westen verhaftet. Die meisten Wohnungen, die Henry Rothschild innerhalb der nächsten Jahre mieten oder kaufen wird, befinden sich bei der 72. Straße in unmittelbarer Nähe zum Central Park und zum Broadway. Es ist eine schöne Gegend mit Backsteingebäuden, kleinen Geschäften und Alleebäumen. Hier wird viel gebaut, und Familien wie die Rothschilds sind begehrte Mieter, immer auf der Suche nach einer noch besseren Wohnung zu noch besseren Konditionen.

Alles in allem sind die Startbedingungen für die kleine Dorothy ziemlich gut. Alles deutet auf ein sorgloses Leben zwischen dem Sommerhaus in New Jersey, dem Broadway und Schulen für höhere Töchter hin. Doch kurz nach ihrem fünften Geburtstag schlägt das Schicksal grausam zu. Am 20. Juli 1898 stirbt ihre Mutter mit nur 47 Jahren im Sommerhaus in West End an einer Herzkrankheit. »Ihr fiel prompt nichts Besseres ein, als zu sterben«, kommentiert Dorothy dieses Ereignis als Erwachsene zynisch.[20] Die Eigenart, dramatischen Ereignissen mit Zynismus zu begegnen, hat die kleine Dorothy noch nicht entwickelt. Sie ist völlig verstört und ruft tagelang verzweifelt nach der Mutter. Der Verlust der Mutter wird lebenslang eine offene Wunde bleiben, die auch durch die literarische Verarbeitung nicht heilen wird. Unter die tiefe Trauer um die Mutter mischen sich zudem noch Schuldgefühle. Das kleine Mädchen gibt sich eine Mitverantwortung am frühen Tod der Mutter, die ihr in fortgeschrittenem Alter trotz schwacher Konstitution das Leben geschenkt hat. Dorothy wird die regnerische Nacht, in der ihre Mutter stirbt, niemals vergessen. Dies zeigt nicht zuletzt ihre tiefe Liebe zum Regen, dem letzten Geräusch, das die Mutter auf Erden vernommen hat. Regen ist für sie eine Verbindung zur Mutter, und sie wünscht sich ein Leben lang, ebenfalls an einem regnerischen Tag zu sterben.

Von einem Tag auf den anderen ist die kleine Dorothy nun Halbwaise. Die seltenen Schilderungen ihrer Kindheit zeigen deutlich die Gefühlswelt des kleinen Mädchens. Sie fühlt sich grenzenlos einsam innerhalb der verbliebenen Familie. Jeder trauert auf seine Weise, die drei Geschwister finden, wohl auch aufgrund des Altersabstands, keinen Zugang zu ihr. Die Tatsache, dass ihr Bruder Bertram sie auf der Straße vor einem Freund verleugnet, trifft sie in Mark und Bein. Einsamkeit und Trauer werden zu den prägenden Empfindungen ihrer Kindheit und tragen dazu bei, dass sich in Dorothys Kopf das Bild einer Kindheit manifestiert, die unmittelbar einem Charles-Dickens-Roman entsprungen sein könnte. Ihre spätere Verehrung für Dickens kommt nicht von ungefähr, in seinen Romanen findet sie sich wieder. Wenn sie später von ihrer Kindheit erzählt, hört sich das so an: »Ich bitte um Entschuldigung, dass ich nur grauenvolle Personen beschreiben kann.«[21] Dorothy versteht sich als Opfer, alleine zurückgelassen von der Mutter, unverstanden von Geschwistern und Vater. Eine Haltung, die sie so verinnerlicht, dass sie sie zeitlebens beibehalten wird. Die klaffende Wunde, die ihr das Leben schon in frühester Kindheit schlägt, führt dazu, dass in ihrem berühmten Witz später immer auch Traurigkeit mitschwingt. Sie weiß, wie nahe Freud und Leid beieinanderliegen, und zeigt in ihren Texten oft genug, dass in jeder Situation beides enthalten ist. Ihr brillanter Witz, den sie nach und nach entwickelt, wird ihr zur Überlebensstrategie in einem Leben, das sie noch auf so manch harte Probe stellen wird und das ihr mit fünf Jahren zum ersten Mal gezeigt hat, was der Mensch ertragen muss.

Nur kurz nach dem Tod der Mutter erscheint zudem die Person auf der Bildfläche, die in allen Märchen der Inbegriff des Bösen ist: die Stiefmutter. Für Henry Rothschild ist der Tod seiner Frau, die ihn mit vier unmündigen Kindern zurücklässt, eine persönliche Katastrophe, und es ist durchaus verständlich, dass er durch Heirat versucht, seinen Kindern eine neue Mutter zu geben. Am 3. Januar 1900 heiratet er die 48-jährige Eleanor Frances Lewis, eine alleinstehende Lehrerin, die damit ihrem einsamen Leben als alte Jungfer entfliehen kann. Es ist eine Vernunftehe, von der beide Seiten profitieren sollen. Seine Kinder sind von der raschen Wiederverheiratung alles andere als begeistert. Dorothy hasst die Stiefmutter vom ersten Moment an, sieht in ihr einen Eindringling, der die Rolle ihrer Mutter übernehmen will. Die vier Geschwister machen der neuen Frau des Vaters das Leben zur Hölle: »Sie war gekränkt, weil die Älteren sie ›Mrs. Rothschild‹ nannten. Wie denn sonst? Das war ihr Name. Ich redete sie überhaupt nicht mit Namen an: ›He du‹, das war das höchste der Gefühle«, erzählt Dorothy in den 1960er Jahren in einem Interview.[22] Sie wird der verhassten Stiefmutter, die sie verächtlich »die Haushälterin«[23] nennt, auch literarisch ein Denkmal setzen. In ihrer Kurzgeschichte »Der kleine Curtis« zeichnet sie das Bild der bösen Stiefmutter, die einen vier Jahre alten adoptierten Jungen derart triezt, dass man ihr als Leser unweigerlich die Pest an den Hals wünscht.[24]

Henry Rothschild hält sich aus diesem hausinternen Kleinkrieg heraus. In seinen Augen hat er das Bestmögliche für die Familie getan. Zudem ist er viel zu sehr mit seinem eigenen Kummer um die Verstorbene beschäftigt. In seinem Bemühen, die Lebenden und die Tote zu vereinen, unternimmt er mit der Familie jeden Sonntagnachmittag einen Ausflug ans Grab der Mutter in die Bronx – woran sich Dorothy mit Abscheu erinnern wird: »Sonntags machten wir einen Ausflug. Nicht irgendeinen Ausflug. Wir fuhren zum Friedhof, um das Grab meiner Mutter zu besuchen. Alle Mann, inklusive der zweiten Ehefrau. Das war seine Vorstellung von Vergnügen. Jedesmal, wenn er Schritte auf dem Kiesel vernahm, die Zuschauer ankündigten, zog er das größte Taschentuch, das man jemals gesehen hat, aus der Tasche und begann mit einer tränenerstickten Stimme von bemerkenswerter Reichweite zu jammern: ›Wir sind alle hier, Eliza! Ich bin hier! Dottie ist hier! Mrs. Rothschild ist hier –.‹«[25]

Dorothy findet das Verhalten ihres Vaters unmöglich. Sie stellt sich jedesmal vor, was ihre disziplinierte Mutter wohl zu diesen melodramatischen Auftritten sagen würde: »Aber ich musste lachen, als ich daran dachte, wie du, die Tote, | (…) | lachen würdest, wenn du gehört hättest, was sie sagten.«[26]

Väter kommen in ihren Kurzgeschichten später durch die Bank schlecht weg. Da gibt es die, die ihr Kind »Balg« nennen und es im Schnee aussetzen wollen,[27] oder jene, die ihre Töchter terrorisieren und ihnen ihren Willen aufdrängen.[28] Dorothy hat ein fabelhaftes Gedächtnis, nichts, was sie kränkt oder beschäftigt, vergisst sie jemals. Nichts und niemand ist davor gefeit, eines Tages literarisch verarbeitet zu werden. Wobei die Menschen ihrer Kindheit zumindest bessere

Chancen haben, vergessen zu werden, als spätere Freunde und Bekannte. Denn Dorothy sprach nicht gerne über ihre Kindheit und antwortete einem Interviewer 1956 auf die Frage nach ihrer Kindheit: »Ach, gehen Sie weg mit den Erzählern, die über ihre Kindheit schreiben! Du lieber Gott, Sie würden sich schwer überlegen, ob Sie sich mit mir an einen Tisch setzen könnten, hätte ich jemals von meiner Kindheit erzählt.«[29]

Mit sieben Jahren wird sie in die von katholischen Nonnen geleitete Privatschule »Blessed Sacrament Academy« in der 79. Straße eingeschult. Die Schule gilt als eine der Besten der Stadt, doch Dorothys Begeisterung hält sich in Grenzen: »Klöster erreichen dasselbe wie Normalschulen, nur merken sie's nicht. Lesen lernt man dort natürlich nicht; das muss man sich schon selber beibringen. In meinem Kloster hatten wir selbstverständlich einen Leitfaden (…). Dickens lesen? Ausgeschlossen! Er war zu vulgär.«[30] Ihrer Ansicht nach ist diese Schule nur für sie ausgewählt worden, weil sie erreicht werden kann, ohne die Hauptstraße überqueren zu müssen. Das jüdische Kind wird dort ohnehin nur aufgenommen, weil der Vater sich als Mitglied der episkopalen Kirche ausgibt. Dorothy fühlt sich inmitten dieses gelebten Katholizismus fehl am Platze, was sich in permanenten Auseinandersetzungen mit den Nonnen und der bigotten Stiefmutter niederschlägt: »Sie war total verrückt, was Religion anbelangte. Wenn ich von der Schule nach Hause kam, begrüßte sie mich mit den Worten: ›Hast du deinen Herrn Jesus heute schon geliebt?‹ Nun, was soll man darauf antworten?«[31] Die zweite Mrs. Rothschild macht keinen Hehl daraus, was sie von Dorothys Religion hält. Hatten nicht die Juden Jesus ans Kreuz geschlagen? Für Dorothy wird ihr Glaube zur Belastung. Sie fühlt sich nicht als Jüdin, wird aber aufgrund ihres jüdischen Familiennamens als solche betrachtet. Glaube und Name machen sie ihrer Ansicht nach zur Außenseiterin, daher wäre sie beides gerne los. Die Tatsache, dass sie beides ihrem Vater verdankt, nimmt sie ihm äußerst übel. Dabei wäre sie streng genommen nach jüdischer Tradition, in der der Glaube durch die Mutter weitergegeben wird, eigentlich gar keine Jüdin. Dass ihr Verhältnis zum Judentum so gestört ist, daran ist nicht zuletzt der Vater schuld. Bei beiden Hochzeiten hatte er großen Wert darauf gelegt, eine Protestantin zu heiraten, um in der Hierarchie der amerikanischen Gesellschaft aufzusteigen. Nun legt er bei seinen Kindern größten Wert darauf, sie unter Nicht-Juden aufwachsen zu lassen.

Dafür belügt er sogar die Schulverwaltung. Ist es da ein Wunder, dass Dorothy glaubt, sich für irgendetwas schämen zu müssen? Dass sie so sehr darauf erpicht ist, alles »Jüdische« an sich ein für alle Mal loszuwerden? Religion wird in ihrem Leben nie ein Rolle spielen. Als Hauptursache für ihre erste Ehe wird sie angeben, dass sie dadurch einen anderen Namen bekam, einen Namen, den sie ihr Leben lang behalten wird: Dorothy Parker. Bis dahin jedoch bringt man sie mit ihrer lauten, lebhaften jüdischen Mischpoche in Verbindung, für deren Verhalten sie sich so schämt, vor allem wenn auf Familienfesten alle durcheinanderschreien. Mit einer betont vornehmen, leisen Sprechstimme, die ihr Markenzeichen wird, versucht sie sich von frühester Kindheit an von den Rothschilds abzusetzen: »Ich war nur ein kleines jüdisches Mädchen, das sich bemühte, niedlich zu sein.«[32]

Der Kampf um die eigene Persönlichkeit beginnt beizeiten. Die tagtäglichen Auseinandersetzungen mit Eltern, Familie und Lehrerinnen sind eine gute Schule für die spätere Starkritikerin des *New Yorker*. Auffallend klug und geistreich setzt sie sich schon als Kind gegen jedwede Bevormundung zur Wehr. Freunde gewinnt sie dadurch keine. Laut ihren Erinnerungen ist sie ein einsames Kind: Unter all ihren Schulkameradinnen findet sie nur eine einzige Freundin, eine Seelenverwandte, die aufgrund einer skandalösen Scheidung im Familienkreis ebenfalls einen schweren Stand bei den Nonnen hat. Die beiden Mädchen treiben die Nonnen mit ihrer Vorwitzigkeit an den Rand des Wahnsinns, so lange, bis es den Erzieherinnen reicht und Dorothy unmissverständlich aufgefordert wird, die Schule zu verlassen. Eine Tatsache, an der sie sich nicht weiter stört: »Schließlich hat man mich wegen verschiedener Sachen 'rausbefördert, nicht zuletzt deshalb, weil ich die unbefleckte Empfängnis als Selbstentzündung definierte.«[33]

Zu Hause geht der Kleinkrieg mit der Stiefmutter unvermindert weiter. Nachdem sie Eleanor Rothschild jahrelang alles Übel der Welt an den Hals gewünscht hat, tritt kurz vor ihrem 10. Geburtstag das Unfassbare ein: Die Stiefmutter stirbt. Dorothy ist sich sicher, jetzt auch noch die verhasste Stiefmutter auf dem Gewissen zu haben. Eine Entwicklung, die sie völlig überfordert. Sie ist voller widerstreitender Gefühle, mit denen sie nicht umzugehen weiß: auf der einen Seite der Schock über das Geschehen, verbunden mit Schuldgefühlen, auf der anderen Seite die ehrliche Erleichterung darüber, die zweite Mrs. Rothschild endlich los zu sein. Erneut hat der Tod urplötzlich zugeschlagen, und wieder hinterlässt er ein zutiefst verunsichertes Kind. Von nun an rechnet sie stets mit dem Schlimmsten. Freunde werden sie beim Schellen der Türglocke oftmals murmeln hören: »Was zur Hölle ist jetzt wieder passiert?«[34]

Das Thema Mütter ist für Dorothy nach dem Tod der Stiefmutter endgültig abgehakt. Viel Glück hatte sie wirklich nicht mit ihnen. Erst Jahre später wird sie Mütter wieder in ihr Leben lassen: in ihren Kurzgeschichten. Doch ihr Verhältnis zu ihnen bleibt gespalten. Zwar fehlt es in Dorothys Kurzgeschichten nicht an Müttern, doch spielen diese eine mehr als traurige Rolle. Keine Rede von der liebenden, schützenden Mutter, stattdessen wimmelt es von boshaften, dominanten, grausamen und abweisenden Rabenmüttern, die ihre Kinder schon mal mit: »Gute Nacht, du Nichtsnutz« zu Bett schicken.[35]

Nach dem Tod der Stiefmutter fühlt sie sich noch mehr als Enfant terrible. Nichts verdeutlicht dies besser als ihre Begeisterung für die Figur der Rebecca Sharp, der Antiheldin aus einem Roman von William Makepeace Thackeray: »Ein dutzend Mal im Jahr lese ich Jahrmarkt der Eitelkeiten. Ich war eine ›Frau‹ von elf Jahren, als mir das Buch zum ersten Mal in die Finger kam. Diese aufwühlenden Worte: ›George Osborne lag tot da, eine Kugel im Kopf‹«, gibt sie 1956 in einem Interview an.[36] Rebecca Sharp, skrupellos, aber brillant und witzig, wird ihr Alter Ego. Denn auch Dorothy vereint diese zwei Seiten in sich: Sie ist stark und verletzlich, mitfühlend und grausam, witzig und nahezu unerträglich zynisch. Diese gegensätzlichen Eigenschaften machen es anderen schwer, sie einzuschätzen. Denn nicht alle kennen diese verschiedenen Seiten an ihr. Die vielen, sich oftmals völlig widersprechenden Aussagen ihrer Freunde und Bekannten zeugen davon, dass niemand Dorothy je wirklich zu fassen vermochte. Niemand konnte eine Charakterisierung von Dorothy abgeben, ohne dass ein anderer ihm vehement widersprochen hätte.

Rebecca Sharp steht auch Pate dafür, wie sie sich als ungeliebte Waise inszeniert. Was nicht ganz der Wahrheit entspricht. Denn auch wenn der Verlust der Mutter und das Regiment der Stiefmutter ihr schwer zu schaffen machen, alles in allem wächst sie in einem liberalen Elternhaus auf, in dem sie und ihre Geschwister Gefühle und Gedanken frei äußern können. Obwohl sie ihm seine zweite Heirat nachträgt, ist ihr Verhältnis zum Vater nicht so schlecht, wie sie es darstellt. Ihre amerikanische Biografin Marion Meade beschreibt das Verhältnis der beiden als durchaus liebevoll und fördernd. Sie vermutet nicht ganz zu Unrecht, dass Dorothy die Mär von der armen, ungeliebten Waise erfunden hat, um ihr teilweise schlichtweg unmögliches Verhalten zu entschuldigen.[37]

Der Vater ermuntert sie dazu, erste Gedichte zu schreiben, und verfasst seinerseits ebenfalls welche für Dorothy: Der Grundstock für ihre Karriere als die Königin der leichten Verse wird im Elternhaus gelegt. Schon als Zehnjährige feilt sie tagelang an Sätzen, sucht die passenden Worte und entwickelt ihre kritische Haltung gegenüber der Sprache: »Soweit ich weiß, war ich eines dieser unausstehlichen Kinder, die Verse machen.«[38]

Die Sommer 1905 und 1906 verbringt Dorothy mit ihrer Schwester Helen in Bellport/Long Island am Meer. Helens Verlobter George Droste besitzt hier ein Haus. Dorothy vertreibt sich die Zeit mit Schwimmen, Crocketspielen und Lesen. Von frühester Kindheit an liest sie mit Begeisterung. Vor allem die Kinderzeitschrift *St. Nicholas Magazin* hat es ihr angetan. Generationen von Amerikanern wachsen mit den Witzen, Kurzgeschichten und Zeichnungen der Zeitschrift auf, in der nicht nur Frances Hodgson Burnetts *Der kleine Lord,* sondern auch Rudyard Kiplings *Dschungelbuch* zum ersten Mal als Fortsetzungsroman erscheinen. Hier veröffentlichen auch Kinder erste Gedichte, und die Faszination, die dies auf Dorothy ausübt, liegt auf der Hand. In diesem Sommer macht sie ihre erste Bekanntschaft mit dem Theater. Wie alle Mädchen ihres Alters ist auch die kleine Dorothy ein Fan des Musicals »Peter Pan«, das 1905 am Broadway Premiere hat. Mit Feuereifer sammelt sie Fotos, Artikel und Programmhefte. Vor allem Hauptdarstellerin Maude Adams hat es ihr angetan. Wer kann ahnen, dass Dorothy keine zehn Jahre später als gefürchtete Theaterkritikerin im Publikum des Empire Theater sitzen und nicht wie als kleines Mädchen mit dem weißen Taschentuch winken, sondern drohend ihren Stift zücken wird.

In diesen Monaten, in denen sie vom Vater getrennt ist, gehen viele Briefe zwischen den beiden hin und her – lange vom Vater und etwas kürzere von Dorothy: »Lieber Papa, uns geht es allen gut und wir haben eine schöne Zeit. Wenn Du meine Sachen herschickst, sei bitte so gut und schicke mir meine pinkfarbenen und grünen Perlen. Sie sind in meiner Frisierkommode in einer ›Home, Sweet Home‹-Schachtel. Ich hoffe den Tieren geht es gut. Alles Liebe Dorothy.«[39]

Die vielen Briefe weisen auf ein durchaus gutes Vater-Tochter-Verhältnis hin. Allerdings schreibt sie nicht nur an ihren Vater, sondern auch an die drei Mitbewohner, die seit Neuestem durchs Haus toben: die Hunde Rags, Nogi und Bunk, drei Mischlinge, die sie über alles liebt und täglich im Central Park spazieren führt: »Lieber Rags, hoffe Dir geht es gut und Du hast eine gute Zeit. Alles Liebe Dorothy.«[40]

Die drei sind die ersten von vielen Hunden, die Dorothy durchs Leben begleiten werden. Selten in ihrem Leben wird sie ohne Mann sein, doch noch seltener ohne Hund. Freunde und Familie erreichen oftmals Briefe und Telegramme im Namen der Hunde, und auch in ihren Gedichten und Kurzgeschichten wird sie diese lebenslange Liebe thematisieren. Ihrem Hund Reilly wird sie einmal gar ein eigenes Gedicht widmen.[41]

Dorothy ist unglaublich tierlieb. Neben Hunden kann sie sich vor allem für Pferde begeistern. Eine Vorliebe, die sie auch als Erwachsene nicht ablegt. Auf dem Nachhauseweg von so mancher durchzechten Nacht bleibt sie oft vor den Kutschpferden stehen und streichelt sie. Dabei ermahnt sie ihren jeweiligen Begleiter: »Pass auf, dass ich keine Pferde mit nach Hause nehme. Streunende Hunde und kleine Katzen sind nicht so schlimm, aber die Liftboys sind immer beleidigt, wenn man ein Pferd mitbringt.«[42]

Im September 1907 kommt die 14-jährige Dorothy ins Internat. »Miss Dana's School for Young Ladies« in Morristown/New Jersey ist eine private Eliteschule, die den Zugang zu den führenden Frauencolleges im Land ermöglicht. Die Mehrheit der Schülerinnen sind Presbyterianerinnen, ein paar wenige Katholikinnen sind auch darunter, aber keine Juden. Dorothy wird einmal mehr als Angehörige der Episkopalkirche angemeldet und rückt mit allem an, was ein Dana-Girl benötigt: 12 Handtüchern, 6 Laken, 6 Kopfkissenbezügen, 2 Reinigungssäcken, 6 Servietten, 1 Serviettenring, 1 Regenschirm, 1 Regenmantel, Überschuhen, Pumps, Tennisschuhen und 1 Thermoskanne.[43] Ihre Mitschülerinnen an dieser reformpädagogischen Schule, in der die Schülerzahl pro Klasse auf 15 Mädchen beschränkt ist, sind durchwegs Mitglieder der Upper Class. Erneut fühlt sich Dorothy als Außenseiterin in dieser Gruppe von Mädchen, »angemessen ausgestattet mit einem genügsamen, nichts hinterfragenden Verstand«.[44] Noch Jahre später behauptet sie, eine Schülerin von Miss Dana's aus einer Entfernung von einem Häuserblock identifizieren zu können, denn sie würden alle so gehen, als ob sie von einem Gefängniswärter auf ihrem letzten Gang begleitet würden: »Generelles Erscheinungsbild: völlig egal, wie wunderbar das Wetter ist, immer so angezogen, als ob ein heftiger Regenschauer zu erwarten ist.«[45]

All ihrem Spott zum Trotz gefällt es ihr hier. Sie belegt Kurse in Algebra, Griechisch, Amerikanischer Geschichte, Französisch, Latein, Psychologie und verbessert ihre Ausdrucks- und Sprechweise. Ihre besten Noten erzielt sie in Bibelstudien und Klavier, ihre schlechtesten im Sport. Sie entdeckt La Rochefoucauld für sich und perfektioniert ihre distinguierte Aussprache. Auf dem schuleigenen Tennisplatz sieht man sie jedoch ebenso selten wie in der Sporthalle. Der normale Unterricht wird ergänzt durch abendliche Diskussionsrunden und Lesungen, in denen nicht nur schöngeistige, sondern auch politische Themen erörtert werden. Die sozialkritischen Reportagen der »Muckrakers«, der Pioniere des investigativen Journalismus, die mit ihren Berichten das Land aufrütteln, werden auch bei Miss Dana's gelesen. Miss Dana's legt den Grundstock für Dorothys vielfältige Interessen. Zudem lernt sie hier ihre perfekten Manieren, die ihr von nun an als Schutzschild dienen. Die grausamsten Dinge in höflichstem Ton, mit sanfter Stimme, mit einem Lächeln auf den Lippen zu sagen, darin wird sie Meisterin. Allerdings ist ihr Aufenthalt bei Miss Dana's nur kurz, nach nur einem Jahr verlässt sie die Schule mit Beginn der Sommerferien. Warum genau ist unklar. Tatsache ist, sie kehrt im neuen Schuljahr nicht zurück und schreibt sich auch an keiner anderen Schule ein. Mit 14 Jahren endet Dorothys schulische Ausbildung ohne Abschluss. Eine Tatsache, über die sie nicht gerne spricht: »Aufgrund widriger Umstände schloss ich die High School nicht ab. Aber bei Gott, ich lese.«[46] Das Resümee ihrer Schulzeit lautet schlicht und einfach: »Die Ausbildung fürs Leben (…) erschöpfte sich in der Erkenntnis, dass man auf den Radiergummi spucken muss, wenn man Tinte ausradieren will.«[47]

Sie kehrt in eine veränderte Wohnung zurück. Helen und Bertram sind ausgezogen, um eigene Familien zu gründen, Harry entwickelt sich mehr und mehr zum schwarzen Schaf der Familie. Er hält es in keinem Job lange aus und ist ständig pleite. Der Kontakt zu ihm wird bald für immer abbrechen. Mit den anderen Geschwistern aber bleibt sie eng verbunden. Denn trotz ihrer offen vor sich hergetragenen Abneigung gegen die Familie Rothschild hat Dorothy gerade zu Helen längst ein gutes Verhältnis entwickelt. Diese hat begriffen, dass sie der kleinen Schwester Mutterersatz sein muss, und kümmert sich um sie. Dorothy wird ihr dies später danken, indem sie Helen und ihrer Familie, wann immer es ihre eigene Lage erlaubt, finanziell unter die Arme greift. Dazu fühlt sie sich alleine schon deshalb verpflichtet, weil sie Helens Auswahl an Ehemännern schlecht findet. Schon die Suche nach dem ersten Ehemann ist Dorothy als junges Mädchen ziemlich peinlich: »Meine Schwester war eine wirkliche Schönheit, anmutig, hübsch, aber strohdumm.«[48] Dorothy selbst ist zwar klug, aber von der schönen, melancholischen jungen Frau, die sie einst werden wird, noch weit enfernt. Sie ist für ihr Alter viel zu klein und zu dünn. Ihr dünnes Haar hängt glanzlos herab, und unter ihren Augen hat sie tiefe Augenringe. Dazu kommt, dass sie extrem kurzsichtig ist und ohne Brille kaum etwas sieht. Dennoch trägt die eitle Dorothy in der Öffentlichkeit niemals eine Brille, und auch zu Hause setzt sie sie nur beim Schreiben auf.

Mit dem Ende ihrer Schullaufbahn endet Dorothys Kindheit. Sie übernimmt nun die Aufgaben ihrer Mutter und wird zur Stütze des Vaters, der bald sein Geschäft verkauft und sich zur Ruhe setzt. Henry Rothschild kümmert sich von nun an als Privatier um seine Investitionen und Dorothy kümmert sich um ihn. Doch viel ist nicht zu tun. Für den Haushalt gibt es Personal, ein Zweipersonenhaushalt erfordert nicht viel Organisation. Es ist ein eintöniges Leben, vor allem für eine junge Frau. Sechs lange Jahre hat sie keine Aufgabe, keinen Beruf, keine Beschäftigung. Abends sitzt sie beim Vater zu Hause. Als Frau alleine ins Theater oder ins Restaurant zu gehen, erscheint ihr – noch – unmöglich. Mit Henry Rothschild ist nicht zu rechnen, er beginnt zu kränkeln. Nach einem schweren Schicksalsschlag verschlechtert sich sein Gesundheitszustand zunehmend. Am 14. April 1912 kommt sein geliebter Bruder Martin beim Untergang der *RMS Titanic* ums Leben. Onkel Martin und Tante Elisabeth »Lizzie« Rothschild befinden sich als Passagiere der Ersten Klasse auf dem als unsinkbar geltenden Ozeanriesen. Als das Rettungsschiff *Carpathia* drei Tage nach dem Unglück im Hafen von New York einläuft, ist unter den 705 Überlebenden an Bord nur Tante Lizzie. Martin Rothschild hatte seine Frau ins Rettungsboot gesetzt und dann seinen sicheren Platz im Boot für einen anderen Passagier freigemacht.[49]

Trotz der angeschlagenen Gesundheit des Vaters gehen die Umzüge innerhalb der Upper West Side munter weiter. Dies ist Dorothys einzige Abwechslung. Sie fühlt sich so eingeengt, dass sie schließlich ihre Geschwister um Hilfe bittet. Aber hier stößt sie auf taube Ohren. Sie ist unverheiratet und nicht berufstätig, nichts liegt da näher, als sich um den Vater zu kümmern. Schweren Herzens richtet sich Dorothy auf ein langweiliges Leben ein. Da kommt ihr erneut das Schicksal zu Hilfe. Nachdem er um Weihnachten herum plötzlich immer schwächer wird, stirbt Henry Rothschild am 27. Dezember 1913 mit 62 Jahren an einem Herzinfarkt. Damit ist Dorothy jetzt tatsächlich das Waisenkind, zu dem sie sich bereits stilisiert hatte.

Da ihr der Vater, ihren Angaben nach, nichts hinterlässt, muss sie sich Arbeit suchen. Ob Henry Rothschild wirklich alles durch Fehl-spekulationen verloren hat oder ob sich diese neue Armut nahtlos in den romantischen Mythos vom armen Waisenkind einfügt, wer weiß das schon. Dorothy erzählt ihre Geschichte immer wieder neu und immer wieder anders.

Fürs Erste heuert sie an der »Manhattan School of Dance« als Kla-vierspielerin und Ersatztänzerin an. Beides ist gefragt, denn in der Stadt ist das Tanzfieber ausgebrochen. In allen Bars, Clubs und Restaurants wird getanzt: One-Step, Foxtrott und Tango. Zeitungen drucken die neuesten Tanzschritte ab, überall schießen Tanzschulen aus dem Boden, kaum in der Lage, den Ansturm der Tanzwütigen zu bewältigen. Musiker sind schwer gefragt, und nun endlich lohnt sich Dorothys jahrelange Klavierausbildung. Zwar ist ihr Job schwerlich das, was man 1914 unter einer respektablen Tätigkeit für eine junge Frau aus der ge-hobenen Mittelschicht versteht, aber Dorothy ist das ziemlich egal. Nur endlich raus aus diesem öden Leben, das sie jahrelang geführt hat. Sie quartiert sich bei ihren Geschwistern ein und hofft darauf, dass das Leben endlich das ersehnte Abenteuer bringen möge.

Es ist ein Blick in die Zeitung, der sie diesem abenteuerlichen Leben ein Stückchen näher bringt. Sie entdeckt, dass die Stadt neben dem Tanzen noch einer anderen neuen Mode frönt: »Light Verses«, kleine witzige oder satirische Gedichte, kurz, knapp und prägnant, mit überraschendem Ende, die viel transportieren für den, der zwischen den Zeilen lesen kann. Die Zeitungen sind voll davon. Es scheint, als bestünde ganz New York aus Dichtern. Jeder dichtet und reimt in der Hoffnung auf eine Veröffentlichung in einer der großen Zeitungen. Auch Dorothy versucht sich nun darin. Als Versform wählt sie einen Kreuzreim, reimt erste und dritte Zeile jedes Vierzeilers und gibt sich große Mühe, die richtige männliche oder weibliche Endung zu finden. Wie viele Gedichte sie tatsächlich schreiben muss, ehe das erste veröffentlicht wird, bleibt im Dunkeln. Im Herbst 1914 jedoch verfasst sie das Gedicht, das den Beginn ihrer Karriere als Schriftstellerin einläutet. Sie verarbeitet darin Beobachtungen über die Damen der Upper-Class, die sie während ihrer Zeit im Sommerhaus der Familie in West End gemacht hat: »Ich würde Mrs. Brown nicht eine Schlampe nennen, sie ist unmoralisch, meine Liebe, aber kein schlechter Kerl.«[50]

Mit wenigen gezielten Worten skizziert sie das in ihren Augen völlig sinnentleerte Leben dieser Frauen. Ein Leben an der Seite eines erfolgreichen Mannes, das sich abspielt zwischen Golf, Tennis und Nachmittagstee, ohne Aufgabe und eigene Meinung, dafür mit Diäten, Partys und Mode. Sie hat ihr Feindbild gefunden. Zeitlebens wird sie solche Frauen verachten und verspotten, und das mit einer solchen Vehemenz, dass man sich fragt, ob sie Angst vor diesen Frauen hatte, die so ganz anders waren als sie selbst. In ihren Gedichten und Kurzgeschichten begegnet man ihnen auf Schritt und Tritt, und sie sind allesamt unsympathisch – vielleicht noch unsympathischer als die Mütter und Väter in ihren Geschichten. Dem Versmaß ihres ersten Gedichts, dem Kreuzreim, wird sie treu bleiben, eher selten verfasst sie Gedichte mit Stabreim am Ende.

Sie nimmt all ihren Mut zusammen und schickt das Gedicht an die Zeitschrift *Vanity Fair,* das neue Magazin von Verleger Condé Nast. Dort würde sie nur zu gern veröffentlichen, die Zeischrift und ihr Chefredakteur Frank Crowninshield genießen einen exquisiten Ruf. Thematisch gibt es bei *Vanity Fair* keine Tabus. Hier kann man über alles schreiben, solange man es in Abendgarderobe tut.[51] Denn auch bei weltpolitischen Ereignissen wie der Oktoberrevolution, der Abdankung von Monarchen oder der Einführung des Frauenwahlrechts darf niemals der Hinweis auf Abendgesellschaften, klassische Literatur oder moderne Malerei fehlen. Zudem darf man sich als Autor nicht daran stören, dass Weltpolitik zwischen Poloergebnissen und Gesellschaftsklatsch besprochen wird. *Vanity Fair* misst allen Artikeln dieselbe Bedeutung bei, solange sie dem Anspruch und Stil der Zeitschrift entsprechen. So druckt man einmal einen kompletten Artikel in Französisch ab, um dem Leser zu signalisieren, was von ihm erwartet wird. Trotz dieser versnobten Attitüde ist die Zeitschrift ein beispielloser Erfolg. Es gibt in ganz Amerika keine Zeitschrift, die mehr Annoncen verkauft als *Vanity Fair*. Frank Crowninshield mit seiner Vorliebe für Theater, Kunst, Literatur und Musik ist der ideale Mann an der Spitze. Ihm verdanken die Amerikaner, erstmals von Pablo Picasso und Henri Matisse, Aldous Huxley und T. S. Eliot zu hören.[52] *Vanity Fair* ist das Sprachrohr einer neuen intellektuellen urbanen Elite, zu der Dorothy nur zu gerne gehören würde.

Die Zeichen dafür stehen nicht schlecht. Crowninshield gefällt ihr Gedicht. Der positiven Rückantwort liegt ein Scheck über 12 Dollar bei. Dorothy nimmt dies als gutes Omen und beschließt, die Gelegenheit beim Schopf zu packen. Sie schlüpft in ihr schickstes Kleid, setzt einen ihrer überdimensionalen Hüte auf und marschiert schnurstracks zum Verlagsgebäude des Condé-Nast-Verlages in die 44. Straße. Hier fragt sie sich bis in das Büro von Frank Crowninshield durch, der sie tatsächlich empfängt. Sie macht ihm weis, dass »Any Porch« das erste Gedicht sei, das sie je geschrieben habe, und dass es doch eine Schande sei, dass ein solches Naturtalent sein Leben in einer Tanzschule friste. Es sei in ihrer beider Interesse, sie umgehend einzustellen. Crowninshield, ein korrekter, etwas steifer Ostküstenamerikaner ohne Fehl und Tadel, ist von ihrem Auftritt ein wenig überrascht, doch offensichtlich angetan.[53] Er bittet sich Bedenkzeit aus, bietet ihr jedoch nach einigen Wochen tatsächlich einen Posten bei der *Vogue,* dem Schwestermagazin von *Vanity Fair,* an. Für 10 Dollar wöchentlich soll sie Bildunterschriften zu Modefotos formulieren. Das ist zwar nicht ganz das, was Dorothy sich erhofft hat, aber immerhin. Zudem residiert *Vogue* auf dem gleichen Stockwerk wie *Vanity Fair,* und so ist sie ihrem Ziel zumindest räumlich schon näher gekommen. Und was nicht ist, kann ja noch werden. Dorothy ergreift ihre Chance und sagt zu. Sie reduziert ihre Stunden in der Tanzschule und bezieht ein neues Apartment: »Ich kam mir vor wie Edith Sitwell. Ich wohnte in einer Pension an jener Ecke, wo die 103. Straße mit dem Broadway zusammentrifft, und zahlte 8 Dollar die Woche fürs Zimmer, Frühstück und Abendessen eingerechnet.«[54]

Von ihrem neuen Apartment aus macht sie sich auf, New York literarisch zu erobern und Edith Sitwells Ruhm in nichts nachzustehen.

It costs me never a stab nor squirm
To tread by chance upon a worm.
›Aha, my little dear,‹ I say,
›Your clan will pay me back one day.‹[55]

II.

Vogue und *Vanity Fair*

oder Mrs. Parkers Auftritt auf dem Jahrmarkt der Eitelkeiten

Die 1892 gegründete *Vogue* ist bis heute eines der wichtigsten Organe der Modeindustrie. Was ihre Redakteure schreiben, entscheidet über Wohl und Weh ganzer Imperien. Die heutige Chefredakteurin der amerikanischen *Vogue* Anna Wintour ist die einflussreichste Frau im Modezirkus und spätestens seit der Hollywoodkomödie »Der Teufel trägt Prada« selbst Modemuffeln ein Begriff.

Anna Wintour steht in der Tradition einer sagenhaften Vorgängerin, die aus *Vogue* die einflussreichste Modezeitschrift der Welt machte. Als Dorothy bei *Vogue* anfängt, steht an der Spitze der Zeitschrift eine Frau, die gefürchtet ist wie keine zweite: Edna Woolman Chase. Das strenge Regiment der von 1914 bis 1952 als Chefredakteurin fungierenden Woolman Chase ist legendär. »Mode kann man kaufen«, pflegt sie zu sagen, »Stil hat man.« Diesem Diktum sind nicht nur die Büroräume der *Vogue* unterworfen, die den Ausstellungsräumen eines eleganten Einrichtungshauses gleichen, sondern auch die Mitarbeiterinnen. Pflicht sind Hüte, weiße Handschuhe und schwarze Seidenstrümpfe. Verboten sind offene Schuhe, Untätigkeit und Privatgespräche. Für *Vogue* zu schreiben, ist eine Ehre, der man sich stets bewusst sein sollte. Einmal hatte eine Redakteurin versucht, sich das Leben zu nehmen, indem sie sich vor die U-Bahn warf. Nach ihrer Rückkehr aus dem Krankenstand wurde sie von Edna Woolman Chase in ihr Büro gebeten und dort darüber aufgeklärt, dass eine Mitarbeiterin der *Vogue* niemals so instinktlos sein dürfte, der New Yorker Stadtreinigung derartige Mühe zu bereiten, sondern im Fall der Fälle diskret auf Schlaftabletten zurückgreifen würde.[56]

Anfang 1915 betritt Dorothy zum ersten Mal die üppig dekorierten Empfangsräume der *Vogue*, die sie unwillkürlich an den Eingang in ein Bordell erinnern. Die versnobte Atmosphäre ist wie geschaffen, um ihren Widerspruchsgeist zu wecken: »Die Redakteure waren comme il faut: elegant und weltmännisch; die meisten Mannequins aber waren genauso, wie sie sich Bram Stokers Phantasie ausmalte. Und die Texter – mein alter Job also –, die empfahlen Nerzkappen für Golfschläger, 75 Dollar das Stück. ›Für den Freund, der sonst alles schon hat.‹ Ein zivilisatorischer Höhepunkt, nicht wahr?«[57]

Ihre literarischen Ambitionen werden hier auf eine harte Probe gestellt. Die Zeitung ist eher ein Bildband, es dominieren Fotos und Anzeigen – der Text ist Nebensache. Dorothy ist dazu auserkoren, Bildunterschriften zu verfassen, die das jeweilige Produkt bewerben. Dies tut sie in der ihr eigenen Art, geistreich und mit einer gehörigen Portion Sarkasmus. So schreibt sie unter eine Fotostrecke mit Damenwäsche, in Anlehnung an Polonius' berühmte Worte aus Shakespeares »Hamlet«: »Die Wäsche zur diesjährigen Herbstmode beweist, in der Kürze liegt die Würze – wie schon der Unterrock zum Unterkleid sagte.«[58] Vielen ihrer Bildunterschriften ist deutlich anzumerken, wie albern sie den oberflächlichen Modemarkt findet. Die elegante Leserin der *Vogue* sieht sich von nun an mit Sätzen konfrontiert wie: »Das absolut richtige Kleid für Miladys Spritztour!« oder: »Dieses rosa Kleidchen wird Ihnen ganz sicher einen Verehrer bescheren!«[59] Edna Woolman Chase erinnert sich mit gemischten Gefühlen an ihre neue Mitarbeiterin: »1915 verstärkte eine kleine, dunkelhaarige Elfe, mit honigsüßer Stimme, aber beißendem Spott unser Team. Ihr Name war Dorothy Rothschild, und sie war eingestellt worden, um Bildunterschriften und Artikel zu schreiben. Sie verfasste einen Text, betitelt ›Interior Desecration‹, und mehr als ein Inneneinrichter musste tief durchatmen und bis zehn zählen, ehe er seine Gefühle darüber zum Ausdruck bringen konnte.«[60] Niemand hatte bemerkt, dass Dorothy in der Überschrift ihres Textes »Interior Desecration«, in dem sie das überladene und geschmacklose Interieur einer Villa samt extravagantem homosexuellen Innenausstatter beschreibt, anstelle des Wortes »Decoration« für Dekoration, »Desecration« für Schändung benutzt hatte.[61] Für die Redakteure der Zeitschriften, für die sie im Laufe ihres Lebens schreiben wird, bleibt es eine stete Herausforderung, ihre Artikel zu redigieren und die hintergründigen Gemeinheiten herauszustreichen.

Unter das Foto eines leicht bekleideten Mannequins in einem sündhaft teuren Negligé schreibt Dorothy voll Vergnügen: »Es war einmal ein kleines Mädchen, dem fiel ein kleines Löckchen mitten in die Stirn. Wenn sie artig war, war sie sehr sehr artig, und wenn sie unartig war, dann trug sie dieses göttliche rosa Seidennachthemd, besetzt mit duftiger Valenciennesspitze.«[62] Allein schon die zarte Andeutung, dass die *Vogue*-Leserin Sex hat, genügt 1915, um Ohnmachtsanfälle zu verursachen. Nur in letzter Minute entdeckt der verantwortliche Redakteur diese Ungeheuerlichkeit und verhindert so das Schlimmste.

Obwohl Dorothy alles tut, um sich unbeliebt zu machen, verkennt Edna Woolman Chase ihr Talent nicht. 1916 veröffentlicht die *Vogue* das Gedicht »The Lady in Back«. Darin beschreibt Dorothy, dass sie in Kino, Theater oder Oper immer eine Sitznachbarin hat, die nicht nur alles bereits im Voraus weiß, sondern dies freundlicherweise auch ungefragt lautstark mitteilt. Und sie fragt sich, warum diese Frau nie hinter jemand anderem sitzen kann.[63]

Doch auch wenn ihr Woolman Chase sogar die Veröffentlichung von Aufsätzen anbietet, geht Dorothy die gespreizte Affektiertheit der *Vogue*-Redakteurinnen samt Leserinnen gehörig auf die Nerven. Sätze wie jener, den sie im Waschraum aufschnappt, sind Wasser auf ihre Mühlen: »Wie konnte Mrs. Astor nur glauben, dass Chinchilla passend sei für eine Beerdigung?«[64]

In den insgesamt sechs Artikeln, die sie für *Vogue* verfasst, nimmt sie dieses Getue meisterhaft auf die Schippe: »Wenn eine Frau einen Schrank vollgestopft mit Bulldoggen hat und plötzlich kommen Scottish Terrier in Mode, was soll sie dann tun? Bedauerlicherweise kann man sie ja nicht umarbeiten lassen. Vielleicht könnte sie sie für die sprichwörtlichen sieben Jahre beiseite legen, bis sie wieder in Mode kommen. Oder sie könnte sie zusammen mit ihren abgelegten Kleidern an eine bedürftige Familie weitergeben. Oder aber sie könnte sie aufs Land schicken, wo sie nach der Saison ihre angeschlagenen Nerven kurieren können.«[65]

Ihre Abneigung gegen die Damen der High Society wächst mit jeder neuen Bildunterschrift. Sie mündet schließlich in einer Solidaritätserklärung für deren Ehemänner, die am Tage ihrer Hochzeit gar nicht wüssten, welch tragisches Los sie wählten: »In dieser traurigen Welt gibt es keinen traurigeren Anblick als den des Bräutigams, der am Altar steht, mehr verheiratet werdend als heiratend. Man gestattet ihm gnädig, den Hochzeitsgästen den Rücken zuzukehren. Diese betrachten ihn mit demselben Glitzern in den Augen wie die Zuschauer eines Stierkampfes den Stier. Er sieht sie nicht, weil er da steht und auf das Stichwort für sein dramatisches ›Ich will‹ wartet und Angst davor hat, den Einsatz zu verpassen. Doch in seinen hochroten Ohren klingen leise ihre reizenden kleinen Kommentare:

›Was zur Hölle sieht sie in ihm?‹

›Ich versteh Ethel nicht – vor allem nach all den tollen Typen, die sie hatte.‹

›Es muss sein Geld sein.‹

›Ich schätze, sie dachte, sie sollte lieber in jungen Jahren heiraten. Sie ist der Typ Frau, der schnell verblüht.‹

›Na ja, du wirst sehen. Das hält höchstens sechs Monate.‹«[66]

Die gelangweilten Ladies der Upperclass bleiben ihre bevorzugte Zielscheibe. Um sich jedoch in einer Modezeitschrift, deren Klientel zu fast 100 Prozent aus ebendiesen Frauen besteht, darüber auszulassen, dass diese nichts außer ihrer eigenen Schönheit im Kopf haben, braucht es eine Menge Chuzpe, wie sie mit »When You Have Come to the End of a Perfect Day« beweist: »Zehn böse kleine Folterinstrumente aus glänzendem Stahl, die man sich über die Finger stülpt, um sie anmutig schlank zu bekommen. Jedes dieser Folterinstrumente ist mit einer Schraube versehen. Sie müssen das Gerät auf Ihrem ahnungslosen Finger anbringen und dann festziehen. Wenn der Druck so groß ist, dass Sie es gerade noch aushalten, ohne loszubrüllen, dann geben Sie der Schraube noch ein paar Umdrehungen. Tragen Sie das Ganze über Nacht. (…) Die Welt ist voll von Frauen, die diese Prozedur jede Nacht über sich ergehen lassen, [aber] solch unerschrockene Kreaturen schaffen es nicht, das Wahlrecht zu bekommen.«[67]

Interessanterweise ist es jedoch ausgerechnet sie, die bei *Vogue* dafür sorgt, dass den Damen immer wieder Neues für ihre Schönheit zur Verfügung steht. Sie ist das Versuchskaninchen für die allerneuesten Entwicklungen auf dem Jahrmarkt der Eitelkeiten. Für ihren Artikel »Life on a Permanent Wave«[68] testet sie todesmutig im Selbstversuch die neu entwickelte Dauerwelle. Und das in einer Zeit, als die Dauerwelle eine echte gesundheitliche Gefahr darstellt und das einzig Dauernde an ihr die Tatsache ist, dass man einen ganzen Tag braucht, um sie wieder loszuwerden.

Trotz ihres zwiespältigen Verhältnisses zu *Vogue* sind die Jahre dort für ihr literarisches Schaffen von immenser Bedeutung. Hier lernt sie, das Wesentliche auf den Punkt zu bringen, den Leser mit ein paar gezielten Aussagen zu fesseln. Ihre Bildunterschriften sind Übung und Vorgeplänkel für die Bonmots, mit denen sie unsterblich werden wird. Hier bei *Vogue* vervollkommnet sie ihr Talent, später mit wenigen Worten ein Buch oder ein Theaterstück zu vernichten, mit einem Satz ein ganzes Leben zu zerstören. Dazu kommt, dass sie zwar über die *Vogue* und ihre Leserinnen die Nase rümpft, insgeheim aber doch stolz darauf ist, für diese bedeutende Modezeitschrift zu arbeiten. Schließlich ist sie selbst immer nach der neuesten Mode gekleidet und sieht sich durchaus als Repräsentantin der schicken Großstädterin: »Junge, Junge, hielt ich mich für klasse!«[69] Und liest man Frank Crowninshields Beschreibung der jungen Dorothy Parker, dann passte sie tatsächlich perfekt zu *Vogue:* »Sie war schlank und ihre Augen mit diesem gedankenverlorenen Ausdruck waren eine sonderbare Mischung aus Braun und Grün. Ihr kastanienfarbenes Haar trug sie mit einem Pony und oft mit einem Haarknoten im Nacken. Sie war nicht sehr gesprächig, zurückhaltend und außergewöhnlich scheu. (…) Meist trug sie eine Hornbrille, die sie sofort abnahm, sobald irgendjemand sie ansprach. Sie hatte die Angewohnheit zu zwinkern, vielleicht weil sie so nervös war. Ihre Augenlider flatterten. (…) Sie ging, gleich welche Schuhe sie trug, immer mit kurzen, schnellen Schritten. Ihre Kleidung, vor allem im Winter, war maßgeschneidert. Ihre Hüte waren groß mit ausgestellter Hutkrempe. Grün stand ihr besonders gut, ob als Kleid, Hut oder Schal.«[70]

Weil sie nicht zuletzt aufgrund ihrer Vorliebe für die neueste Mode mit den 10 Dollar, die sie bei *Vogue* verdient, nicht über die Runden kommt, spielt sie weiterhin Klavier an der Tanzschule. Sie führt ein bescheidenes, aber durchaus zufriedenes Leben, zu dem nicht zuletzt ihr Zimmernachbar und zeitweiliger Bettgenosse Thorne Smith beiträgt. Auch dieser ist auf dem besten Weg, ein berühmter Schriftsteller zu werden. Seine Romanserie *Topper* über einen respektablen Banker, der von einem lebenslustigen Geisterehepaar an den Rand des Wahnsinns getrieben wird, wird einer der größten Buchverkaufserfolge der 1920er

Jahre werden. Die Verfilmung mit den Hollywoodstars Cary Grant und Constance Bennett als Gespensterpaar George und Marion Kerby wird 1937 gar für zwei Oscars nominiert. 1915 aber sind Parker und Smith nichts weiter als zwei völlig unbekannte Schreiberlinge mit hochfliegenden Plänen und großem Gefallen aneinander: »Abends saßen wir zusammen und redeten. Geld hatten wir keins, aber, Herrgott, wir hatten eine Menge Spaß.«[71]

Während ihrer Zeit bei *Vogue* lässt sie nichts unversucht, ihre Gedichte in der *Vanity Fair* unterzubringen. Da sich die jeweiligen Redaktionsräume auf derselben Etage befinden, ist es ein Leichtes für sie, Frank Crowninshield ein ums andere Mal persönlich ihr neuestes Werk auf den Schreibtisch zu legen. Doch er veröffentlicht nur zwei, und eines davon bringt sie gleich in Teufels Küche. In einem harmlosen Vierzeiler über den populären Travestiesänger Julian Eltinge entdeckt der Literaturpapst der Ostküste Franklin Pierce Adams, genannt F. P. A., ein Plagiat. Der Kolumnist der *New York Tribune* ist einer der Meinungsführer der Kulturszene vor Ort. In seiner Kolumne »The Conning Tower« (Der Kommandoturm) druckt er Lyrik von Autoren und Lesern ab. Die Ehre, dort publiziert zu werden, ist so groß, dass F. P. A. den Autoren weder ein Honorar bezahlen noch ihren Namen nennen muss. Berühmte Literaten wie James Thurber oder Eugene O'Neill veröffentlichen ihre ersten Werke im »The Conning Tower«. Die goldene Uhr, die F. P. A. jedes Jahr an den Dichter überreicht, der am meisten hier veröffentlicht hat, gilt als wichtigster Literaturpreis New Yorks. Auf die Frage, warum als Kriterium der Preisverleihung nicht das beste Gedicht gelte, pflegte F. P. A. zu antworten: »So etwas wie das beste Gedicht gibt es nicht. Die Tatsache, dass jeder dieser Beiträge von mir akzeptiert wurde, bedeutet, dass er unvergleichlich ist.«[72] F. P. A.s Einfluss auf die amerikanische Kultur ist immens. Seine Buchempfehlungen werden Bestseller, Broadwayshows, die er goutiert, werden ausnahmslos Kassenschlager. Allerdings ist er ob seiner harten Urteile auch gefürchtet. F. Scott Fitzgerald nennt ihn zeitlebens nur Blödmann, nachdem sich F. P. A. über die vielen Rechtschreibfehler in seinem Roman *Diesseits vom Paradies* lustig gemacht hat. Wie Dorothy auf seinen Plagiatsvorwurf reagiert, ist nicht bekannt, doch sie dürfte nicht allzu erfreut gewesen sein, diesem wichtigen Kritiker gleich bei ihrer ersten Begegnung negativ aufgefallen zu sein. Dummerweise passiert ihr dasselbe später noch einmal. Da wird sie gar einen Ausdruck von F. P. A. selbst abkupfern. Zum Glück sind beide da schon längst eng befreundet, und er hat zahlreiche ihrer Verse in seiner Kolumne abgedruckt.

Im August 1916 legt sie Frank Crowninshield endlich ein Gedicht auf den Schreibtisch, das ihm so gut gefällt, dass er es nicht nur abdruckt, sondern sie auffordert, im selben Stil weiterzuschreiben. Ihr erstes »Hass-Gedicht«, »Women. A Hate Song«, das mit den Zeilen »Ich hasse Frauen. Sie gehen mir auf die Nerven«[73] beginnt, verschafft ihr den Durchbruch bei *Vanity Fair*. Die Frauen, die an ihren Nerven zerren, sind vor allem die perfekten Hausfrauen, die ihre Kleider selbst nähen und Kochrezepte aus der Tageszeitung ausschneiden. Eine Aversion, die nicht von ungefähr kommt. Dorothy selbst würde lieber hungers sterben als zu kochen. Aber auch die permanent Betroffenen, welche die Last der Welt auf ihren Schultern tragen, die ewig Jammernden und Unverstandenen, diejenigen, die überall ihre Nase hineinstecken, und nicht zuletzt die Übriggebliebenen, die verzweifelt auf der Suche nach einem Mann sind, finden sich in ihren Zeilen wieder: »Manchmal sehne ich mich danach, sie umzubringen. Jedes Gericht würde mich freisprechen.«[74] Da sie damit nicht nur 1916 viele Frauen charakterisiert, zeigt das Gedicht deutlich, dass Dorothy innerhalb ihres Geschlechts nur wenige Freundinnen hat. Tatsächlich fühlt sie sich in der Gesellschaft von Männern viel wohler. Möglicherweise rührt ihre Abneigung aber auch aus einer insgeheim verspürten Unzulänglichkeit her, eben nicht so zu sein wie diese Frauen, die sie einerseits verachtet, andererseits aber auch um ihre Bürgerlichkeit beneidet. Sie zeichnet dieses erste Gedicht mit dem Pseudonym Henriette Rousseau, unter dem sie weitere Veröffentlichungen für *Vanity Fair* verfasst. Diesem ersten Hass-Gedicht werden in den nächsten acht Jahren weitere folgen. Zunächst in *Vanity Fair:* »Ich hasse Männer; sie verwirren mich«, »Ich hasse Schauspielerinnen; sie gehen mir auf die Nerven«, »Ich hasse Verwandte; sie sind mir hinderlich«, »Ich hasse Faulpelze; sie gehen mir auf die Nerven«, »Ich hasse Bohemiens; sie untergraben meine Moral«, »Ich hasse das Büro; es unterbricht mein Sozialleben«, »Ich hasse Schauspieler; sie ruinieren meine Abende«, und später im *Life Magazine:* »Ich hasse Langweiler; sie nehmen mir die Freude am Leben«, »Ich hasse das Theater; es unterbricht meinen Schlaf«, »Ich hasse Partys; sie bringen das Schlimmste in mir zum Vorschein«, »Ich hasse Filme, sie senken meine Vitalität«, »Ich hasse Bücher; sie ermüden meine Augen«, »Ich hasse Sommerresorts; sie ruinieren meinen Urlaub«, »Ich hasse Ehefrauen; zu viele Menschen haben eine«, »Ich hasse Ehemänner; sie engen mich ein«.[75]

Doch auch wenn es fast so scheinen könnte, sind diese Jahre keineswegs Jahre des Hasses für Dorothy, sondern Jahre der ersten großen Liebe. Sie lernt ihren ersten Mann kennen: Eddie Parker. Wie so viele Frauen fühlt sich Dorothy angezogen von gutaussehenden Männern, die ihr intellektuell nicht das Wasser reichen können, ja zum Teil ausgesprochen dumm sind. 1916 veröffentlicht sie in *Vanity Fair* den Text »Why I Haven't Married«. Darin entwirft sie ein ganzes Kaleidoskop an Männern. Es ist die ganze Bandbreite von Typen, mit denen sich Frauen auch 95 Jahre später noch herumschlagen: Chauvinisten, Weltverbesserer, Intellektuelle und Schürzenjäger. In wahrer Prophetie beschreibt sie darin auch einen Säufer, bei dem die Frau erst nach dem Whiskey von Haig & Haig kommt. Nach einem halben Dutzend völlig indiskutabler Männer kommt sie schließlich auf ihr Ideal zu sprechen: den griechischen Gott im englischen Tuch, »brillant genug, um unterhaltsam zu sein, böse genug, um aufregend zu sein, und clever genug, um ein guter Zuhörer zu sein«.[76] Bedauerlicherweise würden just diese Traummänner in Momenten geistiger Umnachtung immer dralle blonde Showgirls heiraten und nicht sie. Das reale Vorbild dieses Adonis heiratet zwar kein Showgirl, aber eben auch nicht Dorothy. Dennoch bleibt sie ihrem Männertyp treu und heiratet schließlich einen griechischen Gott im englischen Tuch, der säuft.

Am 30. Juni 1917 ehelicht sie den 26-jährigen Wallstreet-Börsenmakler Edwin Pond Parker II. und das, obwohl sie noch ein Jahr zuvor über die Ehe geschrieben hatte: »Wenn sie doch nur ein Zeitlimit für all dieses Lieben und Hegen und allen anderen Entsagen festlegen würden; das ist das Problem bei diesem ganzen Arrangement – es ist so schrecklich dauerhaft.«[77] Auch wenn sie verschiedene Geschichten zum Besten gibt, wo und wann sie sich zum ersten Mal treffen, ist es wahrscheinlich, dass sie ihn während eines Sommeraufenthaltes in Connecticut kennenlernt. Edwin Parker stammt aus Hartford und blickt auf einen beeindruckenden Stammbaum zurück, der fast bis zur »Mayflower« zurückreicht. So ist sein Urahn William Parker 1636 kurz nach Thomas Hooker, dem Gründer des Staates Connecticut, in die USA gekommen. Die Parkers sind eine angesehene Ostküstenfamilie mit gelebter protestantischer Tradition. Eine Tatsache, die Edwin schon früh zum Atheisten gemacht hat. Dorothys Geständnis, Jüdin zu sein, ist ihm herzlich egal. Er ist eine blendende Erscheinung, groß und blond, genau der Typ Mann, auf den Dorothy fliegt. Gerne ist sie bereit, über das allzu Offensichtliche hinwegzusehen – er ist keine Geistesgröße. Später wird sie sagen: »Er soll an der Wallstreet gewesen sein, aber das bedeutet gar nichts.«[78] Jetzt aber verliebt sie sich leidenschaftlich in Edwin, der ihre Gefühle erwidert. Gemeinsam ziehen sie durch die angesagten Restaurants und Bars der Stadt, die sie sich aufgrund von Edwins finanziellem Background leisten können. Edwin sieht man dort stets trinken, Dorothy stets essen. Dass er weitaus mehr trinkt, als er verträgt, stört sie nicht. Noch halten sich seine Ausfallerscheinungen in Grenzen. Je mehr er trinkt, umso amüsanter wird er. Dorothy liebt seinen Humor und genießt seine Gesellschaft, auch wenn sie selbst keinen Tropfen Alkohol anrührt – sie mag den Geschmack nicht. Was sie an Edwin, den sie zärtlich Eddie nennt, besonders schätzt, ist die Tatsache, dass er keine Probleme mit einer selbstständigen, unabhängigen Frau hat. Die arbeitende, allein lebende Singlefrau ist selbst in einer Metropole wie New York nicht die Norm.

Als das Verhältnis zu Eddie enger wird, beginnen sie die nächtlichen Gespräche mit ihren Zimmernachbarn zu langweilen. Eine nie gekannte Sehnsucht nach einem Zuhause, einem gutbürgerlichen Glück als Ehefrau und Mutter steigt in ihr auf. Als die USA am 6. April 1917 in den Ersten Weltkrieg eintreten, meldet sich Eddie Parker freiwillig. Zeitgleich bittet er Dorothy um ihre Hand. Diese willigt freudig ein. Es wird eine kleine intime Hochzeitsfeier, ohne Freunde und Familie. Während Dorothys Familie vermutlich nicht einmal informiert wurde, lehnt Eddies Familie die moderne New Yorker Jüdin schlichtweg ab. Bei ihrem Antrittsbesuch in Hartford hatte Eddies Großvater beim Tischgebet für die »Ungläubige in unserer Mitte« gebetet, »damit sie den Fehler in ihrem Tun erkenne«.[79] Damit ist für Dorothy die Beziehung zu den Parkers ein für alle Mal beendet. Daran ändert auch die Tatsache nichts, dass man ihr feierlich erklärt, man hätte Mark Twain noch persönlich gekannt.

Dorothy ist, wie sie selbst sagt, gefühlte fünf Minuten eine Braut, dann wird Eddie zum 33. Sanitätskorps eingezogen, einer Einheit, die vorwiegend aus Yale-, Harvard- und Princeton-Absolventen besteht. Als er nach New Jersey beordert wird, verlässt sie ihr Einzimmerapartment und bezieht eine Wohnung an der Upper West Side. Einrichten wird sie diese nicht, sie hat fest vor, nach Eddies Rückkehr gemeinsam mit ihm eine neue Wohnung zu suchen. Die Küche bleibt jungfräulich, sie zieht es weiterhin vor, im Restaurant zu essen. Aus Mangel an Kochkenntnissen verzehrt sie ihren Frühstücksschinken zeitlebens roh. Sie hat keine Ahnung von Haushaltsführung – was sie keineswegs als Defizit betrachtet. Wenn sie ihre Unterwäsche wechselt, wirft sie die getragene in die Schublade mit der frischen und hofft auf Sortierung durch eine kompetente Haushaltshilfe. Kaum jemand in New York ist so sehr auf Personal angewiesen wie Dorothy Parker. Dabei macht sie es ihrer jeweiligen Perle nicht leicht. Einmal bringt sie zwei Babykrokodile mit nach Hause, die im Taxi liegengeblieben sind. Mangels Alternative steckt sie die beiden in die Badewanne, doch bei ihrer Rückkehr findet sie folgende Notiz ihres Hausmädchens: »Ich komme nicht wieder. Ich kann nicht in einem Haushalt arbeiten, in dem es Krokodile gibt. Ich hätte Ihnen das gleich sagen müssen, aber ich dachte nicht, dass sich diese Frage jemals stellen würde.«[80]

Eddies Einheit bleibt zunächst in den USA. Sie wird zur Ausbildung von New Jersey nach Pennsylvania und dann nach North Carolina verlegt, um schließlich wieder nach New Jersey zurückzukehren. Dorothy schreibt ihrem Mann täglich lange Briefe und versucht ihn so oft als möglich zu besuchen. Doch bei diesen Treffen kommt er ihr seltsam fremd vor, es kommt zu ersten Auseinandersetzungen, bei denen Tränen fließen. In ihren heiteren Briefen verbirgt sie ihre Einsamkeit und die Sehnsucht nach Eddie hinter geschliffenen Formulierungen. Doch Eddie schickt ihr statt der erhofften Liebesbriefe nur unpersönliche Postkarten. Sein Alkoholkonsum verstärkt sich jetzt, in seiner Einheit gilt er als starker Trinker. Weil er nach den vielen durchzechten Nächten eine äußerst ungesunde Gesichtsfarbe aufweist, erhält er von seinen Kameraden den Spitznamen »Geist«.

Während Eddie auf seine Verlegung nach Europa wartet, schickt sich Dorothy an, beruflich durchzustarten. Sie hat sich Frank Crowninshield mittlerweile so empfohlen, dass dieser sie im Herbst 1917 von *Vogue* zu *Vanity Fair* holt. Edna Woolman Chase ist über diesen Transfer nicht traurig, Dorothys pikante Zeilen haben ihr mehr als eine schlaflose Nacht bereitet. Für Dorothy hingegen erfüllt sich damit ein lang gehegter Wunsch, auch wenn es nicht einfach ist, Frank Crowninshields Anforderungen zu genügen.

Zunächst arbeitet sie als Redaktionsassistentin, doch im Frühjahr 1918 ernennt Crowninshield sie zur ersten weiblichen Theaterkritikerin New Yorks, als der bisherige Kritiker P. G. Wodehouse sich eine Auszeit nimmt. Die Bezahlung ist nicht überwältigend, aber für Dorothy ist das nicht ausschlaggebend: »Das Gehalt ist Nebensache. Ich brauche nur genug, um Leib und Seele auseinanderzuhalten.«[81]

In ihrer ersten Kolumne im April 1918 verreißt sie ganze vier Stücke, nur eines findet Gnade vor ihren Augen. Eine Quote, die sie beibehalten wird. Eines der Stücke empfiehlt sie allen Ernstes, weil sich dabei so gut stricken lässt: »Und wenn Sie nicht stricken können, bringen Sie ein Buch mit.«[82] Von Objektivität keine Spur, sie wirft sich immer mitten ins Gewühl, ist absolut persönlich und parteiisch. Die weise Kritikerstimme aus dem Off liegt ihr ganz und gar nicht. Vor allem die so beliebten Kriegsdramen gehen ihr gehörig auf die Nerven: »Ich schreibe diese Zeilen von meinem Bett im Sanatorium aus. Es geht mir schon etwas besser. Man hat mir gesagt, dass ich bei guter Pflege durchkommen werde. Allerdings dürfe niemand die Worte ›Hierher‹ oder ›Einer von uns‹ in meiner Nähe benutzen. Nur dann habe ich noch mal eine Chance.«[83] Sie schreibt Kritiken, in denen sie weder den Namen des Autors noch der Darsteller nennt, weil sie nicht über sie sprechen möchte, oder beschreibt einen Theaterabend, indem sie kein einziges Wort über die Show verliert, um stattdessen ausführlich die Suche ihrer Sitznachbarin nach einem verlorenen Handschuh zu beschreiben. Niemand bleibt von ihrem beißenden Spott verschont: »Manchmal denke ich, das kann einfach nicht wahr sein. Es kann keine Stücke geben, die so schlecht sind. Erstens würde sie niemand schreiben und zweitens würde sie niemand produzieren.«[84] Ihre bitterbösen Kritiken werden rasch Kult. Die Leser der *Vanity Fair* lieben sie, die Produzenten lernen sie zu hassen.

Im Mai 1918 wird Eddies Einheit nach Frankreich verlegt. Bei der letzten, kriegsentscheidenden Großoffensive der Alliierten im Juli 1918 erlebt er die Schrecken des Krieges hautnah. Er holt als Ambulanzfahrer Verwundete hinter den Linien heraus, transportiert Schwerverletzte, die bei der Ankunft im Lazarett schon tot sind. Als er auf eine Mine auffährt, kommen alle seine Mitfahrer ums Leben, er selbst harrt zwei Tage lang neben den Toten aus, bis Hilfe kommt. Doch Eddie findet bald eine Methode, die Schrecken des Krieges zu überstehen. Während es schwer ist, an der Front Alkohol zu bekommen, ist es für einen Sanitäter ein Leichtes, an Morphium zu gelangen. Wie viele Soldaten wird auch Eddie morphinsüchtig aus dem Krieg nach Hause zurückkehren.

Am anderen Ende der Welt macht sich Dorothy große Sorgen um ihren Mann. Europa ist so weit weg, doch für sie als unmittelbar Betroffene ist der Schrecken des Krieges ganz nah. Umso mehr ärgert sie sich über die vielen Amerikaner, die die Schlachten des Ersten Weltkrieges nicht an der Front, sondern in ihren vornehmen Apartments ausfechten. Unter dem Pseudonym Helen Wells macht sie sich lustig über die Damen der Gesellschaft, welche die Soldaten, die nach Europa beordert werden, mit ihren Limousinen zum Flughafen chauffieren und ihnen gute Ratschläge zum Umgang mit französischen Mädchen mit auf den Weg geben. Sie ist sich sicher, dass diese Frauen entscheidend dazu beitragen, den Krieg zu beenden, da sich die Soldaten nichts sehnlicher wünschten, als »so schnell wie möglich an die Front zu kommen – mit so wenig Verspätung als möglich«.[85] Über die USA ergießt sich ein ungeheuerlicher Patriotismus. Deutsch wird aus den Lehrplänen verbannt, und die Stadt Berlin in Ohio wird in Canton umgetauft. Die Krönung des Ganzen ist jedoch sicher die Umbenennung von Sauerkraut in »liberty cabbage«.

Albert Lee, rechte Hand von Verleger Condé Nast, bekommt Dorothy Parkers Unmut am eigenen Leib zu spüren. Lee ist ein begeisterter Soldat der Heimatfront, der von seinem sicheren Bürostuhl aus das Vaterland verteidigt. Über seinem Schreibtisch hat er eine große Landkarte hängen, auf der er mit Fähnchen die Bewegungen der Alliierten in Europa nachvollzieht. Tag für Tag bringt er mit großem Enthusiasmus die Frontkarte anhand der neuesten Nachrichten auf den aktuellen Stand. Bald fühlt Dorothy sich bemüßigt, ihm ein wenig unter die Arme zu greifen: »Ich war verheiratet, mein Mann war in Europa, und da ich nichts anderes zu tun hatte, stand ich einmal eine halbe Stunde früher auf, schlich mich in sein Zimmer und versetzte die Fähnchen. Später kam dann Lee, sah auf seine Karte, fiel in einen Zustand sorgenvollen Grübelns, Thema: ›Spionage im Büro‹ – brüllte schließlich los und verbrachte den ganzen Morgen damit, den Fähnchen ihren richtigen Platz zurückzuerobern.«[86]

Ihre Verachtung für sein Benehmen paart sich mit dem Neid auf die glücklichen Paare, die ihr in der Stadt über den Weg laufen. Bei Theaterpremieren wird sie so oft mit fremdem Glück konfrontiert, dass sie schließlich dafür plädiert, Verliebte vom Broadway zu verbannen.

Da ihr Privatleben stagniert, stürzt sie sich in die Arbeit. Am Saisonbeginn im Herbst kommt sie auf bis zu zehn Premieren pro Woche. Ihr Leben ist »eine lange Folge von dürftigen Abenden«.[87] Das meiste, was sie sieht, gefällt ihr ganz und gar nicht: »Es könnte sein, dass ein Leben voller Mühsal meine Wahrnehmung dessen, was amüsant ist, abgestumpft hat.«[88] Einzige Abwechslung bieten die Besuche bei ihrer Schwester Helen. Das nach dem Tod des Vaters etwas abgekühlte Verhältnis wird besser, seit sich das Scheitern von Helens Ehe abzeichnet.

Als am 11. November 1918 mit dem Waffenstillstand von Compiègne der Erste Weltkrieg endet, hofft sie auf die Rückkehr ihres Mannes. Doch sie wird bitter enttäuscht. Eddies Einheit wird ins besetzte Deutschland abgestellt. Statt Eddie kommen Postkarten, unromantisch wie jene aus Cochem an der Mosel: »Wenn du mir ein Stück Seife schickst, könnte ich diese Burg kaufen.«[89] Kein Wort davon, wie sehr er sie liebt und vermisst. Dorothy hegt schlimmste Befürchtungen, ihn an ein »German Fraulein« und Unmengen von Moselwein zu verlieren.

Erneut bleibt ihr nur die Arbeit. Doch diese verbessert ihre Laune nicht, ganz im Gegenteil: »Das Stück beinhaltete zwei der unangenehmsten jungen Liebenden, die man jemals gesehen hat – sie sprudelten schier über, jagten einander um die Tische herum und waren so überschwänglich, dass ich darum betete – leider vergeblich –, dass die Kulissen auf sie stürzen und sie zum Schweigen bringen mögen.«[90] Einen Produzenten bittet sie um Verzeihung, nachdem sie sein Stück verrissen hat: »Falls Mr. Samuel Shipman heute Abend anwesend ist, würde ich mich freuen, wenn er sehen könnte, wie ich demütig auf Knien den Boden entlangkrieche und Abbitte leiste für alles, was ich über sein Stück ›East is West‹ gesagt habe. In der letzten Saison dachte ich, im Überschwang der Jugend, dass kein Stück je schlechter sein könnte; doch das war, bevor uns das ausklingende Jahr ›The Son Daughter‹ brachte.«[91] Nie hält sie mit ihrer Meinung hinterm Berg: »Dieses Stück hält den Rekord der Saison, insofern, als es nur vier Abendvorstellungen und eine Matinee erlebte. Durch eine wunderbare Fügung wurde es nur fünf Mal zu oft aufgeführt.«[92] Zum Schutz des Publikums spricht sie Empfehlungen aus, wie man sich in den entsprechenden Stücken verhalten sollte: »Wenn Sie das Beste aus diesem Abend herausholen wollen, dann verlassen Sie das Theater nach dem ersten Akt, machen einen erfrischenden Spaziergang durch die Gegend und kommen erst dann zurück, wenn der Vorhang zum letzten Akt aufgeht. Sie werden überhaupt nichts verpassen.«[93] Selbst die großen Dramatiker sind nicht vor ihrer spitzen Feder gefeit. Zu Henrik Ibsen schreibt sie: »Schüsse kennzeichnen fast immer das Ende von Mr. Ibsens Heldinnen. Ich wünschte wirklich, dass er ab und zu die Damen Quecksilberdichlorid nehmen lassen würde, oder das Gas aufdrehen, oder irgendetwas anderes Ruhiges und Ordentliches. Ich verpasse stets den Großteil des Gesagten im letzten Akt, weil ich immer die Finger in den Ohren habe und auf den lauten Knall warte, der anzeigt, dass die Heldin soeben von uns gegangen ist.«[94] Doch wenn ihr ein Stück gefällt, dann ergreift sie leidenschaftlich dafür Partei, wie für Leo Tolstois »Der lebende Leichnam«: »Es wird Sie nicht fröhlich stimmen und es ist auch nicht die Art Stück, in das man seine Kinder mitnimmt, aber bitte schauen Sie es sich an; auch wenn Sie eine Hypothek auf Ihr Auto aufnehmen, Ihr Apartment untervermieten oder alles verkaufen müssen bis auf Ihre Kriegsanleihen, um eine Eintrittskarte kaufen zu können.«[95] Das Einzige, was sie hier zu kritisieren hat, sind die russischen Namen. Niemand könne sich die merken und deshalb bitte sie herzlich darum, bei der nächsten englischen Übersetzung aus Fjodor Wassiljewitsch Protossow, Sergei Dmitrijewitsch Abreskow und Iwan Petrowitsch Alexandrow schlicht Joe, Harry und Fred zu machen.

Im Mai 1919 erfährt Dorothy, dass sie sich ihr Büro von nun an mit dem neuen leitenden Redakteur Robert Benchley teilen muss. Das erste Zusammentreffen von Mrs. Parker und Mr. Benchley verläuft unspektakulär. Nichts deutet darauf hin, dass der 29-jährige Harvard-Absolvent der wichtigste Mensch in ihrem Leben wird. So wie er ihr gegenübertritt, groß, schlaksig und blass, ist er überhaupt nicht Dorothys Typ. Er ist ungeheuer um seine Gesundheit besorgt, trägt lange wollene Unterhosen und Galoschen. Dazu kaut er an den Nägeln, raucht nicht, trinkt nicht und flucht nicht. Seiner Frau Gertrude, die soeben ihr zweites Kind erwartet, ist er treu ergeben. Alle Ausgaben, selbst den Kauf einer Briefmarke, notiert er penibel in ein kleines Buch. Robert Benchley ist genau das, was Dorothy Parker als Spießer bezeichnen würde. Es ist ihr ein vollkommenes Rätsel, warum Frank Crowninshield ausgerechnet den früheren Herausgeber der Studentenzeitschrift *Harvard Lampoon* zum Redaktionsleiter mit einem Wochengehalt von 100 Dollar bestimmt hat, und ein noch größeres Rätsel ist ihr, wie dieser Langweiler im *Lampoon* jene herrlich skurrilen Texte verfassen konnte, die ihr so gut gefallen haben.

Als sie sich eben an den Gedanken gewöhnt, mit diesem Pedanten ein Büro teilen zu müssen, setzt Fank Crowninshield ihnen einen weiteren Kollegen ins Zimmer: den 23-jährigen Robert Sherwood. Ohne genaue Aufgabenzuteilung beginnt der ehemalige Freiwillige einer schottisch-kanadischen Einheit seine dreimonatige Probezeit als Mädchen für alles – mit einem Wochengehalt, das nur wenig über dem seiner Sekretärin liegt: 25 Dollar. Bei einem Giftgasangriff ist Sherwood im Krieg schwer verwundet worden, sein Schnappen nach Luft ist im ganzen Büro laut und deutlich vernehmbar. Er ist ungeheuer schüchtern und spricht mit den beiden anderen kein Wort. Als die Sekretärin zum Diktat erscheint, wendet er ihr den Rücken zu. Noch irritierender als sein Verhalten ist jedoch seine Gestalt. Robert Sherwood ist über zwei Meter groß, spindeldürr und geht nach vornüber gebeugt. Er ist Dorothy Parker und Robert Benchley so suspekt, dass sie von nun an gemeinsam zum Lunch gehen, um ungestört über ihn zu lästern. Sie fragen sich ernsthaft, wie es den Deutschen gelungen sei, Sherwood in beide Beine zu schießen, nachdem so viel von Sherwood da gewesen sei, um es zu treffen. Benchley geht davon aus, dass Sherwood auf dem Rücken liegend beide Beine in die Luft gereckt haben müsse.[96] Bei diesen Gesprächen entdecken Dorothy Parker und Robert Benchley ihre Seelenverwandtschaft. Sie sprechen dieselbe Sprache und haben denselben spöttischen Humor. Dazu hat Benchley einen Charme, dem sich niemand entziehen kann. Der gemeinsame Lunch wird zum Beginn einer lebenslangen Verbindung.

Als sie sich eines Tages gerade anschicken, erneut zum Lunch zu gehen, passt Robert Sherwood sie vor dem Haus ab und bittet sie inständig darum, ihn zu begleiten. Nach der ersten Verwunderung erfahren Dorothy und Robert Benchley den Grund dafür: »Unser Büro lag dem Hippodrom genau gegenüber. Oft kamen die Liliputaner auf die Straße und versetzten Mr. Sherwood in Furcht und Zittern. Er war nämlich ungefähr zwei Meter hoch, weshalb sie sich von hinten an ihn heranschlichen, um ihn zu fragen, was für ein Wetter denn dort oben sei. (...) Mr. Benchley und ich ließen unsere Arbeit im Stich und gaben ihm Geleitschutz die Straße hinunter. Etwas Lustigeres konnte es kaum geben.«[97]

Von nun an marschieren sie jeden Tag zu dritt die Straße hinunter: Robert Sherwood in der Mitte, flankiert von seinen Beschützern Dorothy Parker und Robert Benchley. Es ist der Beginn einer wunderbaren Freundschaft: »Mr. Sherwood und Mrs. Parker und Mr. Benchley waren ein unzertrennliches Trio. Sie arbeiteten, spielten und redeten stundenlang miteinander, und dabei nannten sie sich fast ausnahmslos immer Mr. Sherwood, Mrs. Parker and Mr. Benchley«, schreibt Benchleys Sohn Nat in der Biografie seines Vaters.[98] Tatsächlich werden sich Dorothy Parker und Robert Benchley zeitlebens mit »Mrs. Parker« und »Mr. Benchley« ansprechen, nur in Ausnahmefällen wird sie ihn »Fred« nennen.

Die drei Unzertrennlichen werden zum Schrecken ihrer Vorgesetzten. Vor allem Frank Crowninshield hat unter ihnen zu leiden. Dorothy und Robert Benchley sind große Fans der Bestatterfachmagazine *Der Sarg* und *Sonnenschein*. Mit allergrößtem Vergnügen betrachten sie die Fotos der darin abgebildeten Leichen und schütteln sich aus über die Kolumne »Vom Grab zur Heiterkeit«: »Aus dieser Zeitung schnippelte ich mir eine farbige Zeichnung heraus. Auf dieser Zeichnung war detailliert dargestellt, wie und wo man die Flüssigkeit beim Einbalsamieren einzuführen habe, und dieses Prachtstück hängte ich über meinem Schreibtisch auf, bis Mr. Crowninshield mich bat, doch die Möglichkeit einer Entfernung ernsthaft in Erwägung zu ziehen. Mr. Crowninshield war ein netter Mensch, nur etwas schüchtern. Ich muss zugeben, wir haben uns sehr schlecht benommen«, meint Dorothy selbstkritisch.[99] Folgt man Frank Crowninshield, dann hatte sie allerdings nicht eine einzelne, sondern eine ganze Palette von farbigen Abbildungen über ihrem Schreibtisch hängen. Angeregt durch die Lektüre verfassen Dorothy und Benchley schon mal vorsorglich ihre eigenen Grabinschriften: »Das geht auf meine Rechnung«, »Entschuldigen Sie meinen Staub« und »Wenn Sie das lesen können, stehen Sie zu nahe«.[100]

Die drei rauben Frank Crowninshield den letzten Nerv. Eingedenk der Tatsache, dass *Vanity Fair* für jedes Thema offen ist, liefert ihm Robert Benchley eines Tages einen Artikel zum Thema »Das Sozialverhalten der Molche« ab. In einem Absatz schildert er darin detailliert das Paarungsverhalten der Tiere. Als Crowninshield ihn daraufhin bittet, das Ganze doch etwas neutraler zu formulieren, da die Leserschaft der *Vanity Fair* durch eine derartige Beschreibung indigniert sein könnte, legt ihm Benchley Minuten später folgenden Text auf den Schreibtisch: »Das Sonderbare am Balzverhalten der Molche ist ihre Zurückhaltung. Es wird dabei stets ein Abstand von mindestens 50 Schritten (Molcheinheit) zwischen Männchen und Weibchen eingehalten. Einige der kühneren Molchmännchen versuchen zwar hie und da, die Grenzen des Anstands zu überschreiten und in den 45-Schritte-Abstand einzudringen, aber solche Manöver werden vom Komitee zur Überwachung der Regeln schwer geahndet.«[101]

Fassungslos muss Crowninshield dem Treiben der drei Verrückten in seinen Redaktionsräumen zusehen: »Ich glaube wirklich, dass die drei in keinem Abschnitt ihres Lebens mehr Spaß hatten, mehr Freunde gewonnen haben und sich so leicht getan haben wie damals.«[102] Der Arbeitseifer der drei lässt allerdings zu wünschen übrig. Obwohl ihr Arbeitsbeginn mit 9 Uhr nicht allzu früh angesetzt ist, kommen sie meistens zu spät und verbringen den Morgen mit ausgiebigen Gesprächen statt mit konzentrierter Arbeit. Gegen 12 Uhr gönnen sie sich eine extralange Mittagspause – stets zu dritt, selbst nachdem die Liliputaner die Stadt längst verlassen haben und Robert Sherwood keinerlei Gefahr mehr droht. Um den Abend zu genießen, beenden sie ihren Arbeitstag mit einem frühen Feierabend. Nachdem er diesem Treiben eine Weile zugesehen hat, verfügt Herausgeber Condé Nast, dass bei Verspätung von nun an eine schriftliche Begründung eingereicht werden müsse. Der Erste, den diese neue Verordnung trifft, ist Robert Benchley. Auf einem Blatt Papier in Spielkartengröße erklärt er sich. Demnach war er absolut pünktlich, als ihn auf dem Weg von der Grand Central Station zur 44. Straße die Nachricht ereilte, dass die Elefanten des Hippodroms ausgebrochen seien. Selbstverständlich habe er sich sofort bereit erklärt, diese einzufangen, bevor sie hilflose Frauen und Kinder zertrampelten. Er habe sie mit einigen mutigen Zeitgenossen die 5th Avenue hinauf bis zum Plaza Hotel verfolgt. Nachdem sie den Central Park durchquert hatten, sei es ihm auf Höhe der 72. Straße gelungen, die Elefanten über die West End Avenue hinunter zum Hafen zu treiben. Dort hätten die Tiere versucht, ein Schiff in Richtung Boston zu besteigen, doch dank seines tapferen Einsatzes sei es ihm gelungen, sie davon abzuhalten und die Herde mit dem fließenden Verkehr über die 44. Straße zurück ins Hippodrom zu treiben. Dadurch habe er zwar eine größere Schiffskatastrophe verhindert, sei aber leider exakt 11 Minuten zu spät an seinem Schreibtisch erschienen.[103] Es bleibt das einzige Mal, dass Condé Nast von seinen Redakteuren eine schriftliche Erklärung fürs Zuspätkommen fordert. Dorothy bringt die ganze Sache in der ihr eigenen Art zur Sprache: »[Der Boss] hat dich noch nie gesehen, wenn du um 8.45 Uhr ins Büro gekommen bist, aber komm einmal um viertel nach zehn, dann wird er mit dir im Lift hochfahren.«[104]

Ende Juni 1919 gehen Frank Crowninshield und Condé Nast auf eine zweimonatige Promotiontour durch die USA. Die Leitung von *Vanity Fair* übertragen sie Robert Benchley. Er soll mit Unterstützung von Dorothy und Robert Sherwood die nächsten zwei Ausgaben verantworten. Was Crowninshield und Condé Nast reitet, ausgerechnet diesem Trio infernale die Verantwortung für die Zeitung zu übertragen, ist ein Rätsel. Am Tag der Abreise stehen Benchley, Sherwood und Dorothy mit einem Blumengebinde am Kai und wünschen ihren beiden Vorgesetzten lauthals eine gute Reise. Dann kehren sie ins Büro zurück und beginnen ihr Werk der Zerstörung. Als Erstes befördern sie Robert Sherwood und schanzen ihm mehr Gehalt zu. Benchley betraut ihn mit dem Verfassen von mehreren Artikeln, die so schlecht sind, dass sie eher für eine Studentenzeitschrift geeignet sind als für das geistreichste Magazin des Landes. Nichtsdestotrotz wird er mit 75 Dollar pro Artikel fürstlich honoriert. Als der Redakteur für Männermode seinen Urlaub antritt, ohne einen wichtigen Artikel fertigzustellen, übernimmt Sherwood diese Aufgabe und propagiert als Renner der kommenden Saison eine Mode, die nicht einmal der wagemutigste Mann tragen würde. Dass es den dreien nicht gelingt, *Vanity Fair* zu ruinieren, ist einzig und allein der Tatsache zu verdanken, dass Condé Nast und Frank Crowninshield bereits Ende August wieder in der Stadt sind. Um ihren Chefredakteur gebührend zu empfangen, behängen die drei sein von einem noblen Inneneinrichter durchgestyltes Büro mit Girlanden aus Krepppapier und einem riesigen Willkommensschild aus Pappkarton.

Die gute Stimmung im Büro setzt sich fort, als Robert Benchleys Frau am 26. August ihren zweiten Sohn zur Welt bringt. An Arbeit ist wieder einmal nicht zu denken. Die Kollegen müssen dem frischgebackenen Vater beistehen. Wobei die Geburt des Kindes Dorothy klarmacht, dass ihr Mr. Benchley auch noch ein anderes Leben hat. Eines, das ihr nicht zugänglich ist, das sie ausschließt. Neben dem Seelenverwandten und besten Freund gibt es den Familienvater mit Frau und Kindern. Dass er dieses Leben freiwillig gewählt hat, liegt für Dorothy außerhalb ihrer Vorstellungskraft. Zeitlebens wird sie ihn als Opfer unglücklicher Umstände sehen, vor allem aber als Opfer einer besitzergreifenden Dame. Ihr Verhältnis zu Gertrude Benchley ist denkbar schlecht. In der Kurzgeschichte »Nur ein kleines« thematisiert sie nicht nur ihre Freundschaft mit »Fred«, sondern beschreibt darin auch eine Frau, die ohne Zweifel Gertrude Benchley ist: »Abgesehen von einem

Bergwerk untertags kann ich mir keinen Ort vorstellen, wo das Licht schmeichelhafter wäre für ihre Visage. Kennst du wirklich viele Leute, die behaupten, dass sie gut aussieht? Du suchst dir deine Bekannten wohl unter den Hornhautgeschädigten, was, Freddie-Schatz? (…) Also für mich sieht [sie] aus wie ein Etwas, das seine Jungen frisst. Gut gekleidet? (…) Willst du mich veräppeln, Fred? (…) Du meinst im Ernst, was sie anhat, ist *Absicht?* Du lieber Himmel, ich dachte immer, sie kommt gerade aus einem brennenden Haus herausgerannt.«[105]

Im August 1919 kehrt Eddie Parker zurück. Der Krieg hat ihn verändert. Das Grauen, das er erlebt hat, hat sich in sein Gesicht eingeprägt, das Jungenhafte darin ist verschwunden, ein neuer harter Zug ist hinzugekommen. Seine unbekümmerte Fröhlichkeit ist dem Krieg zum Opfer gefallen. Rastlos und ziellos streift er durch New York. Für Dorothy, die von einer Veranstaltung zur nächsten hetzt, ist seine Unruhe schwer zu ertragen. Sie wünscht sich eine Schulter zum Anlehnen, einen Hafen, um sich auszuweinen, wenn sie eine ihrer dunklen Stunden hat, die Kreative ab und an überfallen. Doch Eddies Verständnis für ihre Nöte hält sich, angesichts des erlebten Grauens in Europa, in Grenzen. Dass sie manchmal einfach nur weint, weil ihr danach ist, kann und will er nicht verstehen. Sein schlechter Allgemeinzustand zerrt an ihrer beider Nerven. Um seine Morphinsucht zu bekämpfen, willigt er schließlich in eine Entziehungskur ein. Dass ihr unbeschwerter Eddie als Wrack aus dem Ersten Weltkrieg zurückkehrt, ist für Dorothy ein schwerer Schlag.

Im Sommer 1919 wird die Redaktion von *Vanity Fair* erneut erweitert. Edmund Wilson stößt dazu, ein 24-jähriger Kriegsheimkehrer und Princeton-Absolvent, der von der aparten Dorothy in ihren maßgeschneiderten Kostümen und schicken Designerhüten äußerst angetan ist, bis auf eine Kleinigkeit: »Als ich Dorothy zum ersten Mal im Büro traf, hatte sie meinem Empfinden nach zu viel Parfüm aufgelegt, und meine Hand, mit der ich die ihre geschüttelt hatte, roch den ganzen Tag nach ihrem Parfüm. Obwohl sie ziemlich hübsch war und ich durchaus eine Freundin wollte, stieß mich diese Parfümwolke ab und hielt mich davon ab, ihr den Hof zu machen.«[106] Dorothy liebt Coty's Chypre-Parfüm, den modischen Renner der 1920er Jahre. Ohne diesen Duft würde sie niemals das Haus verlassen. Ihre Freunde gewöhnen sich bald daran, dass Mrs. Parker immer von einer Parfümwolke umgeben ist. Wie fast alle ihre Weggefährten wird auch Edmund Wilson berühmt – als Literaturkritiker und als Herausgeber der Werke vor allem von F. Scott Fitzgerald, der seinen Studienfreund als sein intellektuelles Gewissen bezeichnet. Der Womanizer Wilson wird dreimal heiraten, einzig Anaïs Nin weist ihn zurück.

Um die Enttäuschung über Eddies Rückkehr zu verdrängen, stürzt sich Dorothy exzessiv in die Arbeit. Sie arbeitet mehr, als die Redaktion der *Vanity Fair* ihrer Ansicht nach von ihr erwarten kann. Dasselbe gilt für die beiden Roberts. Alle drei halten sich angesichts ihres Fleißes für unterbezahlt und fordern eine satte Gehaltserhöhung. Als diese zurückgewiesen wird, beginnen sie bei jeder sich bietenden Gelegenheit lautstark über ihre schlechte Bezahlung zu jammern. Als dies Condé Nast zu Ohren kommt, verbietet er über ein Memorandum, im Büro über Gehaltsfragen zu diskutieren. Keine zwei Stunden später zirkuliert ein Gegen-Memorandum, verfasst von Dorothy, Benchley und Sherwood: »Betreffend das Diskussionsverbot unter Angestellten«: »Mit aller Schärfe weisen wir sowohl die neue Richtlinie als auch die Formulierungen Ihres Memorandums vom 14. Oktober zurück. Wir weigern uns, uns vorschreiben zu lassen, was wir besprechen dürfen und was nicht, und wir protestieren gegen den Geist einer kleinlichen Dienstvorschrift, die es ermöglicht, eine derartige Anordnung auszusprechen. Wir möchten Ihre Aufmerksamkeit vor allem auf die Formulierung des letzten Paragraphen richten, der die ›sofortige‹ Entlassung von Angestellten beinhaltet, die gegen diese neue Regel verstoßen. Wir würden gerne wissen, ob *unsere* Verpflichtungen in unseren Arbeitsverträgen ebenso dehnbar sind wie diejenigen des Managements.«[107] Um den Hals tragen die drei große Schilder, auf denen ihre Gehälter stehen. Mehrere Tage laufen sie so durchs Büro und setzen sich schlussendlich durch. Das Verbot wird nicht aufrechterhalten.

Sie feiern ihren gloriosen Sieg mit einem ausgiebigen Lunch. Dabei zieht es sie, wie in letzter Zeit häufiger, ins nur zwei Minuten Fußmarsch entfernte Hotel Algonquin. Hier in der Lobby verbringen Dorothy Parker und Robert Benchley ohnehin den größten Teil des Tages, seit sie beschlossen haben, ein Theaterstück zu schreiben, mit dem bahnbrechenden Plot über einen Mann, der mit einer glamourösen Frau verheiratet ist und dennoch eine Affäre mit einem Hausmütterchen anfängt. Das Stück wird nie das Licht der Welt erblicken, doch das Algonquin wird schon bald zur Bühne für ein ganz anderes Theater werden.

Drink and dance and laugh and lie,
Love, the reeling midnight through,
For tomorrow we shall die!
(But, alas, we never do.)[108]

III.

Hotel Algonquin
und Vicious Circle

oder Mrs. Parker und die Ritter der Tafelrunde

Wenn man vom Broadway aus die 44. Straße in Richtung 5th Avenue entlangläuft, passiert man nach ein paar hundert Metern das Hotel Algonquin. Benannt nach einem Indianerstamm, der einst hier lebte, liegt das wunderschöne Backsteingebäude im Herzen von Manhattan. Seine günstige Lage, nur einen Steinwurf entfernt vom Theaterdistrikt und diversen Zeitungsredaktionen, hat dazu geführt, dass es seit seiner Eröffnung 1902 bevorzugter Treffpunkt von Künstlern und Journalisten ist. Schon Mark Twain hatte die Annehmlichkeiten des Hotels genossen. Tritt der Besucher durch die große Schwingtür in die holzgetäfelte Lobby, ist er in einer anderen Welt. Lärm und Hektik bleiben draußen, die Unruhe der Stadt fällt ab. So ist das noch heute. Doch so ruhig war es hier nicht immer. Denn während der Zeit der Prohibition war das Algonquin Heimat eines weltberühmten Intellektuellenzirkels, vergleichbar mit der englischen Bloomsbury Group um Virginia und Leonard Woolf. Ebenso wie sein europäisches Pendant schufen seine Mitglieder Werke von Weltruhm, ohne darüber das Leben zu vergessen. Genau wie ihre europäischen Schwestern und Brüder im Geiste lebten sie dabei weit über ihre Verhältnisse, waren dem Alkohol nicht abgeneigt und legten ein Benehmen an den Tag, das nicht nur vor mehr als 90 Jahren als schockierend galt. Dem

Algonquin aber bescherte die Gruppe, die sich täglich hier zum Lunch traf, einen legendären Ruf und machte aus dem Hotel ein literarisches Denkmal New Yorks: »Der Algonquin Round Table kam zum Algonquin auf die gleiche Weise wie ein Blitz in einen Baum einschlägt, durch Zufall und gegenseitige Anziehungskraft«, schrieb die Tochter des damaligen Hotelmanagers Frank Case.[109]

Der Beginn der regelmäßigen Mittagessen datiert zurück auf einen Junitag im Jahr 1919. Die Presseagenten Murdock Pemperton und John Peter Toohey wollen die Rückkehr des Theaterkritikers der *New York Times* Alexander Woollcott aus dem Krieg feiern und laden dazu Freunde und Kollegen zum Mittagessen ins Algonquin ein. Das Hotel besitzt eine ausgezeichnete Patisserie und Woollcott ist ein stadtbekanntes Schleckermäulchen. Auch Dorothy Parker erhält als Theaterkritikerin der *Vanity Fair* eine Einladung, obwohl sie Woollcott nicht persönlich kennt. Selbstredend erscheint sie in Begleitung von Mr. Benchley und Mr. Sherwood. Beim Betreten des Algonquin entdecken sie überall große Willkommensbanner, auf denen der Name Woollcott in allen nur erdenklichen Möglichkeiten falsch geschrieben ist. Ein Affront für den eitlen Woollcott, der, aus ärmlichsten Verhältnissen stammend, der einflussreichste Theaterkritiker New Yorks ist. Seine Kritiken sind so gefürchtet, dass das Shubert Theater ihm sogar Hausverbot erteilt. Doch die *New York Times* verzichtet lieber auf eine ihrer größten Einnahmequellen als auf ihren Kritiker und verweigert dem Theater daraufhin sämtliche Annoncen für seine Stücke. Wenn Woollcott ein Stück verreißt, dann gründlich. Der Schauspieler Noel Coward verglich ihn mit einer eingesperrten Kobra, ein Kollege schlägt ihn gar von hinten nieder. Wenn er jedoch von einem Schauspieler überzeugt ist, schreibt er ihn zum Star. Charlie Chaplin, Spencer Tracy oder Orson Welles überschüttet er mit Lobeshymnen, und auch die Marx Brothers verdanken ihm ihren Weltruhm, was sich in einer tiefen Freundschaft zu Harpo Marx widerspiegelt: »Für Woollcott war Woollcott die Achse, um die die Welt sich drehte. Wenn er nicht die Hauptattraktion war, fühlte er sich elend, und wenn er sich elend fühlte, kriegte jemand eine aufs Dach. Er war Meister in der Kunst der Beleidigung und Beschimpfung; mit einem Streich, mit einem Satz, einem Wort konnte er seine Opfer niederstrecken. Viele wurden zu lebenslangen Feinden. Andere, wie ich, wurden zu lebenslangen Freunden.«[110] Diese pflegt Woollcott mit einem herzlichen: »Hallo Widerwärtiger« zu begrüßen. Für mehr als ein Jahrzehnt bestimmt Aleck Woollcott die öffentliche Meinung im Kulturbetrieb der Vereinigten Staaten: »Wenn Woollcott begeistert war, mussten bei Gott alle anderen auch begeistert sein. ›Alle anderen‹ – das konnte sein engerer Freundeskreis sein (als er Krocket ›entdeckte‹), New York City (als er die Marx Brothers ›entdeckte‹) oder die ganze Welt (als er Japan ›entdeckte‹), (…), die Stücke von Thornton Wilder (…), Blindenhunde und Walt Disneys ›Drei kleine Schweinchen‹.«[111] Der exzentrische Woollcott fühlt sich als oberster Geschmacksrichter, obwohl sein eigener Geschmack laut Dorothy mehr als außergewöhnlich ist: »Ich erinnere mich Woollcott sagen zu hören, dass Proust lesen so sei, als ob man sich ins schmutzige Badewasser von jemand anderem lege.«[112] Groß und massig von Gestalt, liebt er Auftritte in Operncapes mit purpurner Bordüre, fettes Essen, Sahnetorten und 40 Tassen Kaffee am Tag. »Alles, was ich mag, ist entweder unmoralisch, illegal oder es macht fett«, ist einer seiner Lieblingssätze.[113] Der 250 Pfund schwere Woollcott ist bevorzugte Zielscheibe des Spottes seiner Freunde, was er entweder mit einem Gegenwitz beantwortet oder dadurch, dass er einen lautstarken Streit vom Zaun bricht. Als junger Mann war er an Mumps erkrankt und als Folgeerscheinung der Krankheit impotent geworden. Nun lebt er als Junggeselle mit einer für seine Freunde durchaus mysteriösen Sexualität. Latent homosexuell, pflegt er enge Beziehungen zu beiderlei Geschlechtern: »Er hat, grob geschätzt, so zwischen 700 und 800 enge Freunde, mit denen er ausschließlich in Form von Beleidigungen verkehrt. Es ist allerdings noch lange kein Zeichen von Zuneigung, wenn er dich ein- oder zweimal beleidigt; erst wenn er dich andauernd schwach anredet, dann weißt du, du gehörst dazu«, beschreibt Dorothy die Lage.[114] Doch bei all seiner Exzentrik ist Woollcott ein warmherziger Mensch, der für die Nöte seiner Freunde immer ein offenes Ohr hat. Er ist Philanthrop und unterstützt zahlreiche Einrichtungen. Zu seinen engen Freunden zählen auch Franklin und Eleanor Roosevelt, die er später mehrfach im Weißen Haus besucht. Denn seiner Ansicht nach führt die First Lady der Vereinigten Staaten die beste Theaterpension in ganz Washington. Es gibt nur eine Sache, die er absolut nicht ausstehen kann: wenn ihn jemand langweilt. Dann kann es durchaus vorkommen, dass er ein Gespräch mit den Worten beendet: »Entschuldigung, meine Füße sind gerade eingeschlafen. Macht es Ihnen etwas aus, wenn ich mich dazugeselle?«[115]

In den 1930er Jahren wird Woollcott im Radio mit einer Literatursendung für Furore sorgen. Dabei hat er keinerlei Skrupel, seine eigenen Bücher so massiv zu bewerben, dass sie allesamt Bestseller werden. Seine Eitelkeit ist legendär. Als er beim Signieren einer Erstausgabe seines Buches *Shouts and Murmurs* mit den Worten: »Ach, was ist schon so selten wie eine erste Auflage von Woollcott?« aufseufzt, antwortet F. P. A. trocken: »Eine zweite Auflage.«[116] Dorothy Parker und Alexander Woollcott werden mit den Jahren enge Freunde, und in seinem Buch *While Rome Burns* liefert Woollcott eine der besten Beschreibungen von ihr: »Das Verhalten, das Dorothy Parker in der Öffentlichkeit an den Tag legt, ist eines, das es darauf anlegt, die Unvorsichtigen zu verwirren und selbst die zu verunsichern, die nach dem unvergleichlichen Genuss ihrer Gesellschaft schier süchtig sind. Sehen Sie, sie ist eine ungewöhnliche Mischung aus der kleinen Nelly [aus Charles Dickens' Roman *Der Raritätenladen*] und Lady Macbeth. Es ist nicht so sehr das allbekannte Phänomen von der Stahlhand im Samthandschuh, als vielmehr ein Spitzenärmel, in dessen Falten sich eine Giftflasche verbirgt. Von allen Menschen, die ich kenne, hat sie das liebenswürdigste und entwaffnendste Auftreten.«[117]

Bei ihrem ersten Treffen im Juni 1919 aber ist Dorothy sich absolut nicht sicher, ob sie diesen Woollcott nun mag oder nicht. Jede seiner Kriegserzählungen beginnt mit dem Satz: »Als ich im Theater des Krieges war …« Das langweilt sie entsetzlich, und so ist sie Arthur Samuels, dem Herausgeber von *Harper's Bazaar,* durchaus dankbar, als er Woollcott mit den Worten: »Aleck, falls du im Theater des Krieges warst, dann war es in der letzten Reihe, ganz nahe am Ausgang«, unterbricht.[118]

Zum Kreis der eingeladenen Journalisten zählen auch zwei andere Kriegsheimkehrer, die mit Woollcott in Paris bei der Zeitschrift *Stars and Stripes* gearbeitet haben. Der eine ist F. P. A., den Dorothy nach ihrem literarischen Zusammenstoß nun persönlich kennenlernt. Auch er ist ein durchaus selbstbewusster junger Mann. So hatte er einmal die Schauspielerin Beatrice Kaufman gefragt, ob sie denn wisse, wessen Geburtstag heute sei. Als sie daraufhin fragend sagt: »Deiner?«, antwortet er: »Nein, aber du bist nah dran – Shakespeares.«[119] Auch er veröffentlicht im Laufe seines Lebens mehr als 20 Bücher und wird einer der ersten Radiostars der USA. Dennoch lässt er im Algonquin anschreiben, wozu er im Auskunftsbogen in die Zeile, die nach seiner

Position fragt, schreibt: »Horizontal.«[120] Für Dorothys berufliche Karriere wird er einer der wichtigsten Kontakte.

Der andere Kriegsheimkehrer von *Stars and Stripes* ist Harold Ross, der zum Begründer einer der herausragendsten Zeitschriften des 20. Jahrhunderts wird: *The New Yorker*. Als Dorothy Ross zum ersten Mal begegnet, geht es ihr so wie allen anderen. Niemand traut dem linkisch wirkenden Ross eine derartige Leistung zu. Alles an ihm scheint zu groß, außer seine winzigen Augen. Zwischen seinen beiden Vorderzähnen klafft eine so große Zahnlücke, dass er auf die Frage nach einem Stück Zahnseide von Woollcott während des Krieges zur Antwort erhalten hatte: »Vergesst die Zahnseide, bringt ihm ein Seil.«[121] Der Sohn irischer Einwanderer ist ein Vollblutjournalist, der mit 13 Jahren die Schule abgebrochen hat, um bei der *Denver Post* anzuheuern. Mit 25 Jahren schreibt er bereits für sieben verschiedene Zeitungen. Sein ehrgeiziges Ziel ist die Gründung eines ganz neuen Magazins: »Der *New Yorker* wird in Wort und Bild Spiegelbild des Großstadtlebens sein. (…) Er wird nicht das sein, was man gemeinhin hochintellektuell oder radikal nennt. Er wird das sein, was man gemeinhin sophisticated nennt. (…) Der *New Yorker* wird keine Zeitschrift für die nette alte Dame in Dubuque sein. Er wird sich nicht damit befassen, was sie über die Dinge denkt. Das ist nicht despektierlich gemeint, aber der *New Yorker* ist eine Zeitschrift, die für eine großstädtische Leserschaft herausgegeben wird.«[122] Dorothy erscheint dies ein gewagtes Vorhaben, denn Ross selbst ist ihrer Ansicht nach weder kosmopolitisch noch sophisticated. Als sie ihn einmal mit Tschechows *Kirschgarten* nimmt, hat er zu ihrem Erstaunen noch niemals etwas davon gehört: »Der war von Berufs wegen leicht durchgedreht; ich weiß aber nicht recht, ob er nicht doch was draufhatte. Er durfte sich jedenfalls einer sagenhaften Unkenntnis rühmen. Bei einem Manuskript von Mr. Benchley schrieb er neben den Namen ›Andromache‹ an den Rand: ›Wer is'n der?‹ – ›Lass die Finger davon‹, schrieb Mr. Benchley darunter.«[123] Sie findet es hochgradig lächerlich, dass gerade dieser Mann die bedeutendste Zeitschrift der Stadt ins Leben rufen will. Ross und Woollcott verbindet eine leidenschaftliche Hassliebe, die immer wieder zu schweren Zerwürfnissen führt. So nennt Ross Woollcott einmal »eine fette Herzogin mit den Gefühlsregungen eines Fisches«.[124] Dennoch teilen sie sich nach ihrer Rückkehr aus Europa ein Haus, das Schauplatz legendärer Feste ist, so lange, bis

Ross Woollcott eines Tages unmissverständich auffordert, sich etwas Eigenes zu suchen. Ergebnis dieser Suche wird ein Apartment in der 52. Straße im East End sein. Als die Freunde überlegen, auf welchen Namen die neue Wohnung getauft werden soll, gehen die Vorschläge von »Das-kleine-Apartment-am-East-River-wo-es-schwierig-ist-ein-Taxi-zu-bekommen« bis zu »Wit's End« (Dorothy Parker). Jeden Sonntag gibt es hier ein ausgiebiges Frühstück für die New Yorker Künstlerszene, serviert von Aleck Woollcott in Pyjamahose und Kimono. Trotz der komplizierten zwischenmenschlichen Beziehungen wird Woollcott einer der ersten Autoren des *New Yorker* und verhilft ihm mit seiner Kolumne »Shouts and Murmurs« zum Durchbruch. Dies hält ihn jedoch nicht davon ab, an Ross zu schreiben: »Ich finde deinen Slogan ›Freiheit oder Tod‹ großartig und wofür du dich auch entscheidest, es soll mir recht sein.«[125]

Zur illustren Schar der Gäste im Algonquin zählen an diesem Juni-tag im Jahr 1919 auch der Journalist Heywood Broun und seine Frau Ruth Hale. 1888 in Brooklyn als Sohn eines erfolgreichen englischen Geschäftsmannes geboren, hatte Broun in Harvard studiert und war während des Ersten Weltkrieges als Kriegsberichterstatter in Frankreich. Als leidenschaftlicher Hypochonder, der Angst vor Autos, Zügen, Fahrstühlen und tausend anderen Dingen hat, war ihm das nicht leicht gefallen. Während des Krieges sorgte er für großes Gelächter, als er, nachdem General Pershing angeordnet hatte, dass auch Korrespondeten in Uniform erscheinen müssten, sich in der Galerie Lafayette in Paris mit pinkfarbenen Reiterhosen, Filzhut und Waschbärmantel ausgestattet hatte. Als Pershing Broun, der immer wie ein Obdachloser herumlief, bei einer Truppeninspektion wie üblich zerzaust, ungewaschen, die Gamaschen bis auf die Knöchel herabgerutscht sieht, fragte er ihn entgeistert, ob er denn hingefallen sei. Allen, die ihn kennen, ist es ein Rätsel, wie Heywood Broun den Krieg überlebt hat. Seine Angewohnheit, wie ein Penner auszusehen, führt dazu, dass ihm eine freundliche Dame vor dem Algonquin einmal eine Münze in die Hand drückt. Obwohl er eigentlich Sportjournalist ist, kämpft Broun für den kleinen Mann. Er ist engagierter Gewerkschafter und Mitbegründer und erster Präsident der American Newspaper Guild. Den Einsatz für die Rechte seiner Kollegen bezahlt er zwar mit einem fulminanten Rausschmiss durch Verleger Ralph Pulitzer, doch bis heute verleiht seine Organisation, der inzwischen über 32 000 Journalisten und Zeitungsmacher angehören, jährlich den Heywood-Broun-Preis. Seine sozialistische Einstellung bringt ihn in Konflikt mit seinem konservativen Elternhaus, allen voran mit seiner Mutter, die seine Ansichten absolut nicht teilt. Darauf angesprochen, meint Heywood trocken: »Wenn die Revolution kommt, wird die Frage, was wir mit ihr machen sollen, ein großes Problem sein. Wir müssen sie entweder erschießen oder sie zum Volkskommissar ernennen. In der Zwischenzeit dinieren wir weiterhin miteinander.«[126] Von 1921 an schreibt er die Kolumne »It Seems To Me« in der *New York World,* die zum Aushängeschild der Zeitung wird. Darin prangert er Todesstrafe, Rassendiskriminierung und Ausbeutung an. Er ist der festen Überzeugung, dass Journalisten die Welt ein Stück besser machen sollten. Dies beweist er nicht zuletzt im Fall der Scottsboro Boys, einem der großen politischen Skandale jener Zeit. 1931 werden neun junge Schwarze zwischen 13 und 20 Jahren von zwei weißen Frauen fälschlicherweise der Vergewaltigung bezichtigt. Dieser Fall, der international großes Aufsehen erregt, ist nicht nur einer der größten Justizskandale der USA, sondern gilt heute als Schlüsselereignis im Kampf gegen Rassendiskriminierung. Die Freilassung der Beschuldigten, die im Falle des letzten Angeklagten mehr als 19 Jahre auf sich warten lässt, erlebt Broun, der 1939 an einer Lungenentzündung stirbt, nicht mehr. Ihr Leben aber verdanken die Scottsboro Boys mutigen Journalisten wie Heywood Broun – und Dorothy Parker.

Berühmt ist Broun jedoch nicht nur als Ikone des amerikanischen Journalismus, sondern auch durch seine Ehe mit Ruth Hale. Immer wieder erzählt er von ihrer ersten Verabredung, einem Spaziergang durch den Central Park. Dabei war ihnen ein Eichhörnchen vor die Füße gelaufen, das um Futter bettelte. Nachdem Ruth sich mehrfach wortreich bei dem Tier dafür entschuldigt hatte, dass sie leider keine Erdnüsse dabei habe, meinte Heywood trocken: »Ich sag dir was. Ich geb ihm jetzt einen Nickel, dann kann es sich selbst welche kaufen.«[127] Seit diesem Tag sind die beiden ein Paar. Ruth Hale ist ebenfalls Journalistin und eine der großen Frauenrechtlerinnen Amerikas. Sie kämpft für das Recht der Frau, nach der Hochzeit ihren eigenen Namen zu behalten. Mehrmals verweigern ihr die US-Behörden einen Reisepass unter ihrem Mädchennamen, doch Heywood Broun unterstützt seine Frau in ihrem Bestreben, nicht Mrs. Heywood Broun, sondern Miss Ruth Hale zu sein, voll und ganz. 1921 gründet Ruth Hale die Lucy Stone League, benannt nach der amerikanischen Frauenrechtlerin Lucy Stone, der es im 19. Jahrhundert gelungen war, ihren Mädchennamen trotz Heirat zu behalten. Zahlreiche Mitglieder des Algonquin Round Table gehören der Gruppe an und kämpfen mit Ruth Hale darum, einen Reisepass beantragen, sich im Hotel registrieren lassen, Bücher in einer Bücherei bestellen, Gehaltsschecks bekommen und ein Copyright auf den eigenen Namen eintragen lassen zu können. 1927 kann die Lucy Stone League das Copyright für Frauen unter ihrem eigenen Namen durchsetzen. Ruth Hale wird die erste verheiratete Frau sein, die in Manhattan unter ihrem Mädchennamen ein Apartment an der Upper West Side erwirbt. Ihr Anliegen, dass verheiratete amerikanische Frauen ihren Mädchennamen behalten dürfen, erfüllt sich jedoch erst 1972.

Das sind die Menschen, auf die Dorothy Parker, Robert Benchley und Robert Sherwood an jenem denkwürdigen Tag im Juni 1919 treffen. Obwohl sie einander teilweise fremd sind, müssen sich die Gäste bei diesem Lunch im Algonquin gut amüsiert haben. Denn schon an diesem Tag wird beschlossen, daraus eine feste Einrichtung zu machen.

Zunächst ist es nur ein kleiner Kreis, der sich an einem der langen Tische im Pergola Room im Hotel trifft. Ein Kreis, der billige Gerichte wie Rührei oder Vorspeisen bestellt und sich vor allem am kostenlosen Brot sattisst, ohne einen Blick in die exklusive Speisekarte des Restaurants zu werfen. Rasch jedoch wird die Gruppe größer. Harold Ross bringt seine Frau Jane Grant mit, die er in Paris kennengelernt hat, wo sie zur Truppenunterhaltung stationert war. Ursprünglich Sängerin und Tänzerin, wird Jane Grant in den 1920er Jahren der erste weibliche Lokalreporter der *New York Times*. Die überzeugte Feministin ist eine der Mitbegründerinnen der Lucy Stone League und bleibt bis zu ihrem Tod 1972 eine der führenden Feministinnen der USA. Sie hat entscheidenden Anteil an der Gründung des *New Yorker,* was sich nach ihrer Scheidung 1928 durch ihre Anteile am *New Yorker* in barer Münze niederschlägt, obwohl sie auf sämtliche Unterhaltszahlungen verzichtet.

Neu hinzu kommt auch der Journalist, Dramatiker und Schriftsteller Marc Connelly, das ruhigste Mitglied der Runde. Er wird alle seine Freunde überleben und zum Chronisten des Round Table werden: »Wir mochten einander einfach sehr gern, und so trafen wir uns zum Lunch und verbrachten den ganzen Tag zusammen, um zum

Schluss bei irgendwem zu Abend zu essen und irgendwelche Gesellschaftsspiele zu spielen oder wieder ins Hotel zurückzukehren auf eine Runde Poker.«[128] Noch mit 90 Jahren konnte man Connelly regelmäßig in der Lobby des Algonquin antreffen. Er schreibt mehrere höchst erfolgreiche Theaterstücke und erhält 1930 den Pulitzerpreis für sein Stück »Die grünen Weiden«, in dem das Alte Testament aus der Sicht eines schwarzen Mädchens aus den Südstaaten interpretiert wird. Das Stück ist ein Meilenstein der amerikanischen Literatur und führt am 26. Februar 1930 im Mansfield Theater zur ersten afro-amerikanisch besetzten Broadwayshow. In den kommenden Jahren wird er für einen Oscar, einen Emmy und als Schauspieler sogar für den Tony Award nominiert. All dieser Erfolge zum Trotz ist er völlig ehrgeizlos, was einen Freund, nachdem posthum eine neue Geschichte von Charles Dickens entdeckt worden war, zu dem Ausspruch verführt: »Dickens tot schreibt mehr als ein lebender Connelly.«[129] Connelly heiratet später den Stummfilmstar Madeline Hurlock, die ihn jedoch für Robert Sherwood verlassen wird. Obwohl Sherwood mit vier Pulitzerpreisen, einer Oscarnominierung sowie einem Oscar für das beste Drehbuch 1946 auch noch wesentlich erfolgreicher ist als Connelly, bleiben sie Freunde.

Was den Erfolg anbelangt, kann auch ein anderes Mitglied der Runde nicht klagen: George S. Kaufman, der in der ersten Häfte des 20. Jahrhunderts zum Inbegriff der amerikanischen Bühnenunterhaltung wird. Als Autor, Produzent und Regisseur ist er der ungekrönte König des Broadways. Meist schreibt er gemeinsam mit einem Kollegen vom Round Table. Die Musik zu seinen Stücken steuern Größen wie Irving Berlin und George Gershwin bei. Sein erstes Theaterstück »Someone in the House« war 1918 allerdings so ein Flop, dass er angesichts einer Grippeepidemie in New York auf die Plakate drucken ließ: »Schützen Sie sich vor der Grippe. Vermeiden Sie Menschenmassen. Besuchen Sie ›Someone in the House‹.«[130] Doch mit den Jahren stellt sich der Erfolg ein. Er verfasst zahlreiche Bühnenshows für die Marx Brothers, verfolgt die Aufführungen jedoch stets mit einem weinenden Auge, da die Brüder sich nie ans Drehbuch halten. Einmal beendet er im Theater ein Gespräch mit Heywood Broun abrupt mit den Worten: »Entschuldigung, ich muss mal zur Bühne. Ich glaube, ich habe dort gerade einen meiner Sätze gehört.«[131] 1931 und 1936 gewinnt er einen Pulitzerpreis und 1951 einen Tony Award als bester Regisseur.

Fernsehen und Radio tragen verstärkt zu seiner Popularität bei. Noch heute wird jeden Tag irgendwo in Amerika ein Stück von Kaufman aufgeführt. So pointenreich und witzig seine Stücke sind, so schüchtern und nervös ist Kaufman selbst. Seinen Posten als Theaterkritiker bei der *New York Times* behält er auch nach seinen Broadwayerfolgen bei, in ständiger Angst vor einem Flop. Dabei ist er selbst einer der gefürchtetsten Theaterkritiker, berühmt für seine gnadenlosen Verrisse. So schreibt er über eine Komödie: »Hinten im Theater wurde gelacht, ich glaube, dort hat jemand Witze erzählt.«[132] Er nimmt seine Aufgabe als Journalist sehr ernst, ist absolut unbestechlich. Als ihn der Agent einer Schauspielerin anspricht, was er denn tun müsse, um den Namen seiner Klientin in die *Times* zu bringen, antwortet Kaufman ungerührt: »Erschießen Sie sie.«[133] Ebenso wie Dorothy Parker ist George S. Kaufman eingefleischter New Yorker: »Ich möchte niemals irgendwo hingehen, von wo aus ich nicht bis spätestens Mitternacht zum Broadway und in die 44. Straße zurückkommen kann«, pflegt er zu sagen.[134] Zu den Treffen ins Algonquin wird er manchmal von seiner Frau Beatrice Kaufman begleitet, die sich einen Namen als Herausgeberin von T. S. Eliot, Djuna Barnes, William Faulkner, E. E. Cummings, John Steinbeck und Eugene O'Neill macht.

Nicht weniger erfolgreich als Kaufman wird Edna Ferber, das fleißigste Mitglied der Runde. Die Tochter ungarischer Einwanderer aus Michigan erscheint nur sonntags zum Lunch, den Rest der Woche verbringt sie allein mit ihrer Schreibmaschine. Am Beginn der Mittagsrunde ist Edna Ferber 34 Jahre alt, macht sich jedoch zwei Jahre jünger. Sie ist ein herber Frauentyp und trägt maßgeschneiderte Anzüge. Einmal wird sie im Algonquoin von Noel Coward mit den Worten begrüßt: »Du siehst fast aus wie ein Mann«, worauf sie zurückgibt: »Du auch.«[135] Sie schreibt insgesamt zwölf Romane, acht Theaterstücke und über 100 Kurzgeschichten, die sich zumeist sozialkritisch rund um eine zentrale Frauenfigur entfalten. Der erste große amerikanische Musicalerfolg des 20. Jahrhunderts, »Showboat«, basiert auf ihrem gleichnamigen Roman und ist bis heute ein Kassenknüller. Zusammen mit Kaufman schreibt sie mehrere Broadwayhits. Doch die Zusammenarbeit gestaltet sich angesichts Edna Ferbers Temperament und ihrer Lust an der Auseinandersetzung als so schwierig, dass Kaufman gegen Ende seines Lebens an sie schreibt: »Ich bin ein alter Mann und es geht mir nicht gut. Ich hatte schon zwei oder drei Herzinfarkte, und ich kann es mir nicht leisten, weiterhin mit dir zu streiten, um mein Leben zu verkürzen. Deshalb möchte ich hiermit unsere Freundschaft beenden.«[136] In den 1920er und 1930er Jahren ist sie die Bestsellerautorin der USA schlechthin. Für ihren Roman *Eine Frau allein* erhält sie 1924 den Pulitzerpreis. Berühmtheit erlangt auch die Verfilmung ihres Romans *Giganten* mit Elizabeth Taylor und James Dean sowie die Verfilmung von *Cimarron* mit Glenn Ford und der jungen Maria Schell in den Hauptrollen. Ebenso wie Dorothy Parker logiert auch Edna Ferber zeitweise im Algonquin. Die beiden wichtigsten Frauen am Round Table begegnen sich mit Respekt und höflicher Distanz, wirklich warm werden sie nie miteinander. Eine offene Feindschaft hingegen verbindet Edna Ferber mit Aleck Woollcott. Mit ihm, der für sie nichts weiter ist als ein »New Jersey Nero, der seine Schürze für eine Toga hält«,[137] ist sie bis zu seinem Tod spinnefeind.

Zu den Geistesgrößen, die sich täglich treffen, gehört auch der ehemalige Sportjournalist der *Chicago Tribune* Ring Lardner, der sich nun an Kurzgeschichten versucht. Sein Thema ist der Sport, allem voran Baseball. Viele seiner Zeitgenossen halten ihn für den begabtesten der amerikanischen Kurzgeschichtenautoren. Er beeinflusst die Autoren der Lost Generation enorm, und Ernest Hemingway, großer Bewunderer seiner Kunst, verfasst einige seiner Artikel in der High School unter dem Pseudonym Ring Lardner Jr. Lardner verbindet eine enge Freundschaft mit F. Scott Fitzgerald. Die beiden eint neben der Genialität vor allem der Alkohol. Beides zusammen führt zu einer der denkwürdigsten Anekdoten der amerikanischen Literaturgeschichte. Als Joseph Conrad im Mai 1923 seinen ersten und einzigen USA-Besuch absolviert und dabei im Landhaus seines Verlegers in Oyster Bay logiert, versuchen Fitzgerald und Lardner ihn kennenzulernen. In einem alkoholschwangeren Moment führen sie auf dem Rasen vor dem Haus einen wilden Tanz auf, um Conrads Aufmerksamkeit zu erregen und eingeladen zu werden. Ergebnis dieser Aktion ist ein hochkantiger Rauswurf und ein niemals stattgefundenes Zusammentreffen mit Joseph Conrad.[138] Fitzgerald nimmt Lardner später zweimal zum Vorbild für Personen in seinen Romanen. Einmal für die Rolle des eulengesichtigen Hornbrillenmanns in *Der große Gatsby* und zum anderen für die Rolle des Abe North in *Zärtlich ist die Nacht.* Als die Fitzgeralds nach Europa gehen, schreibt Ring Lardner: »Sie verließen die USA im letzten Mai, weil New Yorker ihr Haus auf Long Island permanent mit einem Rasthaus verwechselten.«[139] Doch er vermisst die beiden so sehr, dass er ihnen ein Telegramm hinterherschickt: »Wann kommt ihr zurück und warum? Bitte antwortet!«[140] Wie fast alle Mitglieder des Round Table ist auch Ring Lardner schwerer Trinker und stirbt 1933 geschwächt durch seine Sucht an Herzversagen.

Zu diesem festen Kreis, der sich jeden Tag zum Lunch trifft, kommen im Laufe der Zeit assoziierte Mitglieder hinzu, die nur ab und an, allerdings in schöner Regelmäßigkeit vorbeischauen. Die meisten sind Freunde der Kerngruppe. So bringt Woollcott eines Tages den Schauspieler, Pantomimen und begnadeten Kartenspieler Harpo Marx mit. Harpo (die Harfe), der immer mit roter Perücke auftritt und Harfe spielt statt zu sprechen, ist der stumme Marx Brother. Er spricht im Film nie ein Wort, sondern macht sich durch Hupen und Pfeifen verständlich. Grund dafür ist, dass ihm ein Kritiker einst ein außergewöhnliches pantomimisches Talent bescheinigte, das verschwinde, sobald er spreche. Auch am Round Table bleibt er meist stumm und lauscht den Debatten der anderen: »[Ich] hatte nichts, aber auch gar nichts zur Tafelrunde beizutragen. Dennoch behandelten mich alle, als ob ich dazugehörte. Dass ich etwas sagte, erwartete wohl niemand; nicht nur, weil ich auf der Bühne und manchmal im Leben einen albernen Stummen spielte, sondern hauptsächlich, weil ich in die Runde ein anderes rares Talent einbrachte – die Fähigkeit, einfach nur dazusitzen und zuzuhören. Das Algonquin war ein Zufluchtsort für die berühmtesten Autoren, Herausgeber, Kritiker, Kolumnisten, Künstler, Finanziers, Komponisten, Regisseure, Produzenten und Schauspieler jener Jahre. Die Ecke im Speisesaal war eine Brutstätte für Geschichtenerzähler und Plauderer. Aber vor mir hatte es dort keinen hauptberuflichen Zuhörer gegeben. Ich hätte auch nicht willkommener sein können, wenn ich die Macht gehabt hätte, die Prohibition abzuschaffen.«[141]

Der Broadwayproduzent Brock Pemberton, heute vor allem als Begründer der Tony Awards bekannt, schaut auch ab und an vorbei. Der Preis, benannt nach seiner langjährigen Lebensgefährtin Antoinette (Tony) Perry, gilt als wichtigster amerikanischer Theaterpreis. Er ist das Äquivalent zum Oscar für Film, zum Grammy für Musik und zum Emmy für Fernsehen. 1950 wird Pemberton selbst posthum mit einem Special Tony Award geehrt.

Sein Freund, der Drehbuchautor und Journalist Herman J. Mankiewicz, wird ebenfalls Teil der Runde. Nach einem der ersten Treffen im Algonquin, als die Anwesenden noch jung und weitgehend unbe- kannt sind, wendet sich Mankiewicz an Murdock Pemperton mit den Worten: »Das war dann wohl die größte Ansammlung von unverkäufli- chem Witz in ganz Amerika.«[142] Er sollte sich täuschen. Auch Mankie- wicz selbst, den Woollcott für den witzigsten Mann New Yorks hält, wird seinen legendären Wortwitz in den nächsten Jahren gut verkaufen. 1926 geht er als Drehbuchautor nach Hollywood und holt viele seiner alten Freunde nach. Mit dem Beginn des Tonfilms wird er zu einem der höchstbezahlten Drehbuchautoren der Welt. 1935 wird ihm eine beson- dere Ehre zuteil. Goebbels höchstpersönlich verfügt, dass von Mankie- wicz geschriebene Filme in Nazideutschland nicht mehr gezeigt werden dürfen, solange sein Name im Abspann genannt wird.[143] Seine berühm- teste Arbeit ist das gemeinsam mit Orson Welles verfasste Drehbuch zu »Citizen Kane«. Nach dem Erfolg des Films entspinnt sich eine erbit- terte Kontroverse darüber, wer von beiden was geschrieben hat. Orson Welles präsentiert sich als Regisseur, Darsteller und Autor in Personal- union und zieht sich damit den Zorn seines Mitautors zu. Mankiewicz, der mit William Randolph Hearst, dem Vorbild von Citizen Kane, per- sönlich bekannt ist, erklärt sich daraufhin zum Alleinautor und enthüllt, dass Orson Welles ihm angeblich 10 000 Dollar geboten habe, wenn er seinen Namen zurückziehe. 1941 erhalten beide gemeinsam einen Oscar für das Drehbuch. Wenig überraschend für ein Mitglied der Round- Table-Runde stirbt Mankiewicz 1953 an den Folgen seiner Alkoholsucht.

Deems Taylor, Komponist, Radiomoderator und Musikkritiker, schneit ebenfalls herein, wenn es seine Zeit erlaubt. Doch das ist bei dem berühmtesten amerikanischen Komponisten der 1930er und 1940er Jahre nur selten. Seine Oper *The King's Henchmen* ist die erste amerikanische Oper geschrieben von einem Amerikaner, ein Auftrags- werk der Met in New York. Zu seinen Lebzeiten in den USA öfter ge- spielt als jeder andere Komponist, ist Deems Taylor heute nur mehr Insidern ein Begriff. Anders der Journalist Frank Sullivan, der von 1925 bis 1974 das Weihnachtsgedicht im *New Yorker* verfasst und sich so einen festen Platz im Herzen der Nation sichert. Über seine Zeit am Round Table sagt er: »Zutritt zu diesem charmanten Kreis zu bekom- men, war schwierig, weil es Grundvoraussetzung war, dass der Kandi- dat sich ein Mittagessen leisten konnte.«[144]

Heute nahezu vergessen ist Donald Ogden Stewart, erfolgreicher Drehbuchautor und Dichter. Der attraktive Yale-Absolvent aus Ohio, dessen größtes Bestreben es zunächst ist, Millionär zu werden, wird ein enger Freund von Dorothy Parker und Robert Benchley. Er erinnert sich daran, dass er sich bei einem langen Spaziergang umgehend in die beiden verliebt hätte und dies bis zum Ende seines Lebens so geblieben sei. Niemals zuvor seien ihm zwei Menschen begegnet, denen er sich so nahe gefühlt hätte. Vor den Treffen im Algonquin ist er allerdings so nervös, dass er zu Hause mehrere Cocktails trinkt, um mit dem dort gepflegten Wortwitz mithalten zu können. Er ist eng mit Ernest Hemingway befreundet, der ihn 1926 zum Vorbild für Bill Gorton im Roman *Fiesta* nimmt. Nachdem er lange Jahre für *Life, Vanity Fair* und den *New Yorker* schreibt, geht er nach Hollywood und wird 1931 für einen Oscar nominiert. Neun Jahre später kann er die begehrte Trophäe für das Drehbuch zur Screwball-Kömodie »Die Nacht vor der Hochzeit« mit Katharine Hepburn, Cary Grant und Jimmy Stewart mit nach Haue nehmen. 1956 wird seine Vorlage mit Grace Kelly, Bing Crosby und Frank Sinatra unter dem Titel »Die oberen Zehntausend« neu verfilmt.

Der Theateragent David H. Wallace und der Journalist Laurence Stallings gehören ebenfalls zur lockeren Runde. Stallings hat während des Ersten Weltkriegs an heftigen Gefechten teilgenommen und widmet sich seitdem ganz der Friedensfrage. Als er 1922 nach New York kommt, um einen Job bei der *New York World* zu übernehmen, stößt er zum Round Table. Er wird ein erfolgreicher Bühnen- und Drehbuchautor und trägt wie kaum ein anderer Autor dieser Zeit dazu bei, den Krieg zu ächten und ihm jeden Anschein von Glorie zu nehmen.

Alexander Woollcott ist es zu verdanken, dass ferner der Literaturredakteur des *Daily Eagle* John V. A. Weaver regelmäßiger Gast ist. Der Slang-Poet gibt seine Gedichte über Hausmeister, Freudenmädchen und Lastwagenfahrer 1921 in einem Sammelband heraus und landet einen Bestseller, der bereits im ersten Jahr sieben Auflagen erlebt. Nach einem kurzen Intermezzo in Hollywood stirbt er mit nur 44 Jahren an Tuberkulose. Weaver führt auch seine spätere Ehefrau, den Broadwaystar Peggy Wood, in die Runde ein. Wood wird dem deutschsprachigen Publikum vor allem durch ihre Oscarnominierung für die beste Nebenrolle in »The Sound of Music«, das Filmmusical über die österreichische Familie Trapp, bekannt.

Sie ist eine der wenigen Frauen am Round Table. Die meisten werden durch Liebhaber oder Ehemänner in die Gruppe eingeführt. Nur

Dorothy Parker und Edna Ferber kommen als eigenständige Autorinnen ohne persönliche Bande hinzu. Dorothy Parker sagt über die Frauen in der Runde: »Wir waren furchtlos, zäh und leichtsinnig. Wir waren kleine schwarze Schafe, die vom rechten Weg abgekommen waren, so was wie die Fraueneinheit in der Legion der Verdammten. (…) Als Gertrude Stein von der ›Verlorenen Generation‹ sprach, da bezogen wir das auf uns und hielten es für das schönste Kompliment, das wir je bekommen hatten.«[145]

Zu den weiblichen Mitgliedern des Round Table gehört auch die Schauspielerin Ethel Barrymore, Mitglied einer der berühmtesten Schauspielerdynastien Amerikas und Großtante von Hollywoodstar Drew Barrymore. Sie ist bekannt für ihren schwarzen Humor und einer der ersten großen Broadwaystars. 1944 gewinnt sie für ihre Darstellung der sterbenden Mutter von Cary Grant in »None But The Lonely Heart« den Oscar als beste Nebenrolle. Drei Jahre später bringt ihr die Darstellung der bettlägrigen Mutter des Mörders in dem Film »Die Wendeltreppe« eine weitere Oscarnominierung ein. Bevor sie jedoch in fortgeschrittenem Alter die verschrobene alte Dame gibt, ist sie der Inbegriff des Glamourstars, der Verehrer rund um den Globus hat und es sich leisten kann, einen Heiratsantrag von Winston Churchill höflich, aber entschieden abzulehnen.

Die Nähe des Algonquin zum Broadway lockt viele Schauspielerinnen an. Darunter Margalo Gillmore, das Baby des Round Table. Trotz steter Präsenz auf amerikanischen Bühnen schafft sie niemals den Durchbruch und wird vor allem für ihre außergewöhnliche Schönheit berühmt. Ganz anders Tallulah Bankhead, die Schauspielerin werden will und mit ihrer Tante im Algonquin lebt. Noch besitzt sie nur ein einziges schwarzes Kleid und muss auf dem Zimmer bleiben, wenn es in der Reinigung ist. Doch das wird sich ändern. Das exaltierte Geschöpf mit der flamboyanten Persönlichkeit und der tiefen Stimme wird eine würdige Vertreterin des Round Table. Sie raucht mehr als 100 Zigaretten am Tag und säuft Gin und Bourbon wie Wasser. Als ihr Arzt sie ermahnt, doch lieber jedes Mal einen Apfel zu essen, wenn sie an einen Drink denkt, entgegnet sie ihm entgeistert: »Also wirklich, Darling, 60 Äpfel am Tag?« Auf Reisen hat sie einen ganzen Koffer voll Tabletten bei sich, um einschlafen zu können. Einmal auf ihren Drogenkonsum angesprochen, erwidert sie kopfschüttelnd: »Ob Kokain das Verhalten verändert? Natürlich nicht. Ich sollte es wissen, schließlich nehme ich es seit Jahren.« Man sagt ihr Hunderte von Affairen mit Frauen und Männern nach. Als sie einen ihrer früheren Liebhaber nach Jahren auf der Straße wiedertrifft, herrscht sie ihn an: »Hatte ich dich nicht gebeten, im Auto zu warten?« Tallulah Bankheads Benehmen ist unmöglich: »Niemand kann genauso sein wie ich. Manchmal hab ich ja selbst Schwierigkeiten damit.« Als sie am 12. Dezember 1968 stirbt, sind ihre letzten Worte: »Codein ... Bourbon.«[146] Bankhead, berühmt dafür, alle Menschen mit »Darling« anzusprechen, und Dorothy Parker werden innige Freundinnen, was Dorothy nicht davon abhält, auch mit ihr ihre Scherze zu treiben. Als Tallulah einmal völlig betrunken auf einer Party auftaucht, Gläser an die Wand wirft und sich so daneben benimmt, dass vier Männer nötig sind, um sie aus dem Haus zu tragen, fragt Dorothy anschließend unschuldig: »Ist Whistlers Mutter schon weg?« (Der amerikanische Maler James McNeill Whistler stellt in seinem berühmtesten Gemälde seine Mutter dar. Ursprünglich war geplant, sie stehend zu malen, aber dies war der alten Dame zu beschwerlich.) Am nächsten Morgen nimmt Tallulah Bankhead im Algonquin neben Dorothy Platz, zieht einen Spiegel aus der Tasche und sagt ungerührt: »Je weniger ich mich am Abend zuvor wie Whistlers Mutter aufführe, umso mehr sehe ich am Morgen danach so aus.«[147]

Die Dichterin und Feministin Alice Duer Miller, nicht besonders erfolgreich, aber ungeheuer charmant, wird von ihren Freunden geradezu verehrt: »Am Round Table behandelten sie alle, als ob sie Henry James wäre. Natürlich hat sie so eine Anerkennung niemals verlangt.«[148] Die blonde Schauspielerin Peggy Leech, die als Autorin historischer Sachbücher zwei Pulitzerpreise (1942 und 1962) gewinnt, schaut ebenfalls ab und an vorbei, um das zu pflegen, was Dorothy Parker so zusammenfasst: »Der ganze Sinn ihres Lebens bestand darin, Spaß zu haben und smart zu sein. Zu wissen, wo es die besten Barkeeper gab, und die Stadt wie ihre Westentasche zu kennen. Immer über den neuesten Klatsch, die neuesten Trends und die neueste Mode Bescheid zu wissen, zu allen Premieren zu gehen, spöttisch und blasiert zu sein und so wenig wie möglich zu arbeiten.«[149]

Zwischen 1919 und 1929 treffen sich all diese Menschen jeden Mittag zum Lunch im Algonquin. Zunächst speisen sie an einem langen Tisch im Pergola Room, doch nachdem sie täglich mehr werden und der Tisch sie nicht mehr fasst, werden sie vom Hotelmanager und späteren Besitzer Frank Case im Rose Room um jenen runden Tisch gruppiert, der ihnen schließlich den Namen gibt. Dabei beweist Frank Case ein gutes Näschen, denn auch wenn die jungen Leute nicht viel konsumieren, so sind sie doch eine gute Werbung für sein Hotel. Nicht nur, dass ihre tägliche Anwesenheit zahlreiche Kiebitze anlockt, die einen Blick auf die Gruppe werfen wollen, erwähnen sie sein Hotel doch auch immer wieder namentlich in ihren Texten, in die sie alles einarbeiten, was beim Lunch besprochen wird. Und so sorgt Frank Case dafür, dass am Tisch immer genügend kostenlose Popovers, ein amerikanisches Gebäck aus Eiern, Milch, Mehl und Butter, zur Verfügung stehen. Es ist nicht zuletzt Frank Cases Großzügigkeit zu verdanken, dass die Gruppe dem Algonquin treu bleibt, denn gerade in der Anfangszeit gibt es viele Mitglieder, die sich nicht täglich eine warme Mahlzeit leisten können, noch dazu in einem der teuersten Restaurants der Stadt. Im Gegenzug dazu machen sie sein Hotel weltberühmt: »Für die Theaterbegeisterten dieser Tage war der Algonquin Round Table so etwas wie ein neues Kapitel in der Geschichte von König Artus' Tafelrunde. (…) Der Hauptspeisesaal von Mr. Cases Hotel, wo sich Berühmtheiten trafen und die Nichtberühmten sich in den Ecken drängten, um einen Blick auf diese öffentliche Zusammenkunft der Großen zu erhaschen (…), sollte die ›Mermaid Tavern‹ [Londoner Taverne, in der sich im 17. Jahrhundert der »Friday Street Club« der Literaten traf], Will's Coffee House [Londoner Café, in dem sich der Dichter John Dryden mit seinen Freunden traf] und einen Donnerstagabend bei Lamps [legendärer New Yorker Theaterclub am Times Square] in sich vereinen.«[150]

Zunächst bezeichnen sie sich als »The Board« und nennen ihre Treffen »Board Meetings«. Als ihnen Case einen eigenen Kellner namens Luigi zuteilt, wird daraus »Luigis Board«, ehe sie sich ganz offiziell den Titel »The Vicious Circle« geben. Nachdem Karikaturist Edmund Duffy sie im *Brooklyn Eagle* jedoch am runden Tisch zeichnet, wird im Volksmund daraus endgültig die Round-Table-Runde: »Es war nicht mehr als ein unendliches Schwatzen, Leute kamen und gingen, aßen, stritten, klatschten, erzählten Witze, fachsimpelten und hatten Geistesblitze«, erinnert sich Harpo Marx.[151]

Während Alexander Woollcott als Oberhaupt der Runde und F.P.A. als Ältester als ihr Vater gilt, wird Dorothy Parker zum unbestrittenen Mittelpunkt des Kreises. Ihr feiner Spott und ihr scharfzüngiger Witz machen sie zur Legende. Bald wagt niemand mehr auch nur zur Toilette zu gehen, solange sie am Tisch sitzt, um nicht Opfer einer ihrer spitzen Bemerkungen zu werden. Als die anwesenden Herren einmal die Talente einer anderen Dame preisen, hört sie eine Zeit lang aufmerksam zu, um die Konversation mit nur einem Satz zu beenden: »Also, die Frau spricht 18 Sprachen? Und sie kann in keiner davon ›Nein‹ sagen.«[152] Nachdem Robert Sherwoods Frau Mary monatelang alle mit ihrer Schwangerschaft genervt hat, schreibt Dorothy nach der Geburt ihres Sohnes an sie: »Liebste Mary, wir wussten alle, was in dir steckt.«[153] Sie ist so geistreich, dass Alexander Woollcott zu Recht befürchtet, dass alle seine Bonmots später Dorothy zugeschrieben werden würden. Und so geht es nicht nur ihm. Jahrelang wird der legendäre Satz »Raus aus den nassen Klamotten, rein in einen trockenen Martini« Dorothy in den Mund gelegt, obwohl es Robert Benchley ist, der diesen Ausspruch nach einem plötzlichen Regenguss in der trockenen Lobby des Algonquins von sich gibt.[154] Dorothy selbst gesteht in einem Interview, dass sie nicht die Hälfte der schlauen Sätze gesagt habe, die man ihr zuschreibt: »Ich hätte keine Zeit mehr gehabt, meinen Lebensunterhalt zu verdienen, wenn ich all diese Sachen gesagt hätte.«[155]

Die zierliche Frau mit den großen Augen und der sanften Stimme stellt alle in den Schatten, wie Sheilah Graham, eine junge Journalistin, die einmal mit am Tisch sitzt, anerkennen muss: »Neidvoll betrachtete ich Dorothy Parker. Alles, was diese herzliche, attraktive Frau sagte, schien gedruckt zu werden. Die Männer sammelten sich in Scharen um sie. Siehst du, dachte ich, eine Frau muss nicht strahlend schön sein, um Bewunderer anzuziehen: Es gelingt ihr auch, wenn sie eine hohe Intelligenz besitzt und sprühenden Witz und eine Menge von dem weiß, was in der Welt vorgeht.«[156] Die zierliche Dorothy wirkt ungeheuer hilflos, doch rasch wird allen klar, dass diese perfekt gekleidete Frau mit den weißen Handschuhen und den überdimensionalen Hüten, auf denen Blumen, Früchte und manchmal sogar Gemüse angebracht sind, alles andere als schutzbedürftig ist. Manchmal trägt sie eine Federboa, die mit Vorliebe in den Tellern der anderen Gäste landet und bei der einen oder anderen Gelegenheit auch mal Feuer fängt, wenn sich jemand eine Zigarette anzündet.

Es dauert nicht lange, da beginnen die Round-Table-Mitglieder einander in ihren Kolumnen zu zitieren. In einer Zeit, in der das geschriebene Wort einen derart großen Einfluss hat, muss Dorothy Parker mit ihren Bonmots zweifellos zum Star werden. Fernsehen und

Radio stecken noch in den Kinderschuhen. Der erste abendfüllende Tonfilm, »Der Jazzsänger«, wird erst 1927 Premiere haben, und es wird weitere zehn Jahre dauern, ehe der Tonfilm den Stummfilm endgültig verdrängt. Noch bedeutet Unterhaltung Theater, und Theaterkritiker wie Parker, Woollcott, F.P.A. und andere haben großen Einfluss auf den Geschmack ihrer Zeit. Wer informiert sein will, liest Zeitungen und Magazine, und dabei stößt der interessierte Zeitgenosse immer öfter auf den Namen Dorothy Parker. Sie ist auf dem besten Weg, zur geistreichsten Frau New Yorks erklärt zu werden. Noch ehe sie selbst viel geschrieben hat, wird sie die Königin der »smartcrackers«, der eleganten witzigen Bemerkungen, die in jener Zeit Hochkonjunktur haben. Glücklich ist sie darüber nicht: »Man hat mich ›Smartcracker‹ genannt. Wenn ich das Wort höre, wird mir übel, dieses Wort versetzt mich in eine ganz trübselige Stimmung. Witzelei und ›Wit‹ (= Esprit) – welch ein himmelweiter Unterschied! Das Geistreiche ist in sich wahr; smarte Bemerkungen dagegen sind eine Art Hopserei mit Worten. Solange das gut gemacht wird, habe ich nichts dagegen. Aber es gab einmal eine Zeit, da wurde jeder sogenannte Witz auf mein Konto gebucht, und dabei fiel man von einem Gähnen ins andere.«[157] Doch sie kann nichts dagegen tun: »Mrs. Parker zu zitieren wurde zur beliebtesten Indoor-Sportart der Stadt«, meint ihr Freund, der Humorist Corey Ford.[158] Weiß man, dass Dorothy einmal einem Taxifahrer, der ihr entgegenruft: »Bin schon vergeben«, antwortet: »Na, dann herzlichen Glückwunsch«, kann man es den New Yorkern kaum verübeln, dass sie Dorothy Parker zur Königin des Spotts erklären.[159] Und ganz abgesehen davon: »Herrgott, wir lebten ja in den ›Zwanzigern‹, und da mussten wir einfach smart sein. Außerdem *wollte* ich es auch sein, das ist ja gerade das Schreckliche! Ich hätte wohl etwas mehr Grips aufwenden sollen, damals«, sagt sie später in einem Interview.[160]

Nachdem sich die tägliche Lunchrunde im Algonquin so wohl fühlt, zieht in den zweiten Stock die legendäre Pokerrunde der Truppe, der »Thanatopsis Literary and Inside Straight Club« ein. Seinen Namen »Thanatopsis« leitet er aus dem gleichnamigen Gedicht des amerikanischen Autors William Cullen Bryant ab, das zum Nachdenken über den Tod einlädt. Die Pokerrunde war bereits während des Ersten Weltkriegs in Paris von F.P.A., Alexander Woollcott und Harold Ross gegründet worden. Nach ihrer Rückkehr hatten sie sich zunächst in verschiedenen Privatwohnungen getroffen, ehe sie jetzt ins

Algonquin umziehen. Es erscheint naheliegend, den samstäglichen Lunch nahtlos in eine Partie Poker übergehen zu lassen – die oftmals bis zum Montagmorgen geht. Aus den Mitgliedern und Fans der Round-Table-Runde werden immer wieder neue Mitspieler rekrutiert. Dies können in seltenen Fällen auch Frauen sein – Frauen, die gut pokern, versteht sich. Ruth Hale oder Jane Grant sind sehr gute Kartenspielerinnen, während Dorothy zwar oft anwesend ist, aber nie mitspielt. Es wird teuer gespielt, und je berühmter und wohlhabender die Mitspieler werden, umso höher werden die Einsätze. Harpo Marx gewinnt über die Jahre hinweg am meisten, während Aleck Woollcott wohl die meisten Verluste hinnehmen muss. Er trägt es mit Fassung. Die Pokerrunde ist für Manager Frank Case allerdings mehr ein Ärgernis als Werbung. Ungeniert tragen die Spieler ihr Essen aus dem benachbarten Delikatessenladen durch die Lobby. Irgendwann lässt Case ein Schild anbringen: »Picknick nicht erwünscht – Frank Case, Besitzer«. Schwer beleidigt angesichts dieser Niedertracht zieht die Pokerrunde aus dem Algonquin aus und lässt sich erst durch mehrmaliges Abbitteleisten durch Frank Case dazu überreden zurückzukehren. Bei ihrer Ankunft werden sie mit einem großen Willkommen-Daheim-Blumengebinde begrüßt.[161]

Neben Poker stehen auch andere Spiele beim Round Table hoch im Kurs. So zum Beispiel Scharade oder Cribbage, ein Kartenspiel, das sich im angloamerikanischen Raum höchster Beliebtheit erfreut, bei uns jedoch kaum bekannt ist. Dabei verdankt die Welt diesem Spiel eine ihrer wichtigsten Erfindungen. Der Legende nach soll nämlich John Montagu, 4. Earl of Sandwich, Erfinder des gleichnamigen belegten Brotes, ein leidenschaftlicher Cribbage-Spieler gewesen sein. Bei einer über Stunden gehenden Partie soll er seine Bediensteten angewiesen haben, ihm das Essen zwischen zwei Brotscheiben zu legen, damit er das Spiel nicht unterbrechen muss. Ein weiteres höchst beliebtes Spiel des Round Table beruht auf dem Schülertest »Verwende dieses Wort in einem Satz«. Es führt zu einem der unvergesslichen Sätze von Dorothy Parker, die mit dem Wort »horticulture« folgenden Satz bildet: »You can lead a horticulture, but you can't make her think.« (»Du kannst einer Hure Kultur beibringen, aber du kannst sie nicht zum Denken bringen.«)[162]

Die Lunchzeit wird mit den Jahren immer mehr ausgedehnt. Die Teilnehmer verbringen bald den ganzen Tag miteinander. Einige nehmen sich gar im Algonquin ein Zimmer und sehen von nun an ihre

Freunde öfter als ihre Familien. Sie sind so unzertrennlich, dass, sobald einer die Stadt verlässt, er umgehend ein Telegramm ins Algonquin schickt. Vom Frühstück bis zum frühen Morgen bleiben sie zusammen. Noel Coward erinnert sich, dass er an einem Tag gleich dreimal auf dieselbe Gruppe stieß: »Gott verdammt, treffen die sich denn nie mit jemand anderem?«[163] Doch danach haben sie kein Verlangen, sie sind sich selbst genug, empfinden einander als die beste Gesellschaft und das beste Auditorium. Sie tolerieren ihre gegenseitigen Grillen, besuchen nach einiger Zeit sogar denselben Arzt, der sie mit Diätpillen, Schlaftabletten und Hustentabletten versorgt. Gerüchteweise besuchen sie gar ein und denselben Psychoanalytiker. Eifersucht gibt es nur selten, sie sind alle auf dem Sprung nach oben, um Pfründe kämpfen müssen sie nicht. Die Gruppe gibt ihnen die Möglichkeit, die Einsamkeit, die sie fast alle als Fremde in der großen Stadt dann und wann überkommt, zu überstehen. Sie sind Individualisten, die unabhängig bleiben wollen und dennoch nicht allein sein können.

Das einzig wirkliche Problem der Runde ist, dass just in dem Augenblick, da ihre Zusammenkünfte beginnen, die Prohibition eingeführt wird. Mit dem 18. Zusatzartikel zur Verfassung wird am 16. Januar 1920 im ganzen Land der Verkauf, die Herstellung und der Transport von Alkohol verboten, nachdem zuvor schon zahlreiche Einzelstaaten dieses Verbot erlassen haben. Dorothy schreibt darüber: »Sie haben herausgefunden, dass jeder, der zusammen mit einer Flasche Scotch unter einem Dach lebt, auf direktem Weg zu einem gemütlichen Platz auf dem elektrischen Stuhl ist.«[164] Von 1920 bis 1933 dauert dieses Experiment, gegen das sich Präsident Woodrow Wilson bis zuletzt vehement gewehrt hatte. Statt des erhofften Rückgangs des Alkoholmissbrauchs beginnt die illegale Produktion und Verbreitung von Alkohol in großem Stil. Allein in New York City entstehen bis 1927 mehr als 30 000 »Speakeasies«, sogenannte Flüsterkneipen, in denen illegal Alkohol ausgeschenkt wird – dort soll nur geflüstert werden, um nichts nach außen dringen zu lassen. Die Prohibition führt zu einem Anstieg der organisierten Kriminalität, in deren Folge Ganoven wie Al Capone oder Dutch Schultz zu Gangsterkönigen aufsteigen. Deren gewalttätige Auseinandersetzungen, die zu wahren Bandenkriegen auf den Straßen der amerikanischen Städte führen, tragen schließlich dazu bei, dass die Prohibition wieder abgeschafft wird, um der organisierten Bandenkriminalität den Nährboden zu entziehen.

Bis dahin aber wird in den USA doppelt so viel destillierter Alkohol getrunken wie zuvor und danach. Im Gegensatz zu Bier oder Wein kann man diesen selbst herstellen. Schlechter Alkohol wird mit einem hohen Anteil an Fuselölen gestreckt, guter Alkohol wird zum selben Zweck auf Eis serviert. So entsteht ganz nebenbei der Albtraum jedes Whiskeykenners und eines der beliebtesten Getränke der Amerikaner: Whiskey on the Rocks.

Auch die Mitglieder des Round Table versuchen sich im Schwarzbrennen. Jeden Nachmittag zwischen zwei und sieben Uhr treffen sie sich im Studio von Neysa McMein, die in der Badewanne eine Destillieranlage installiert hat. Die Illustratorin und Frauenrechtlerin Neysa McMein ist eine der zentralen Figuren des Round Table. Geboren in eine wohlhabende Familie in Illinois, hat sie in Chicago Kunst studiert und während des Ersten Weltkrieges als Dozentin in Paris gearbeitet. Jetzt ist sie für alle großen Zeitschriften tätig und entwirft Werbekampagnen für Palmolive und Lucky Strike. Sie gilt als die bestbezahlte Illustratorin ihrer Zeit. Neysa McMein ist Mitglied der Lucy Stone League und führt mit dem Bergbauingeneur und Bühnenautor John C. Baragwanath eine offene Ehe. Sie ist spirituell veranlagt und konsultiert Wahrsagerinnen. Ihr großes, karg möbliertes Studio in der 57. Straße wird zu einer Art Salon des Vicious Circle. Während der Cocktailpartys, die hier täglich stattfinden, steht Neysa ungerührt auf einem kleinen Podest an ihrer Leinwand und arbeitet, Gesicht, Hände und Kleidung immer voller Farbe. Sie ist groß, hübsch, ernsthaft und immer leicht schmutzig – mit einem unwiderstehlichen Lächeln. Unter den ganzen Neurotikern, die sich in ihrer Wohnung treffen, ist sie mit Sicherheit die Normalste. Dorothy und die fünf Jahre ältere Neysa werden enge Freundinnen. Lässt sie auch manchmal aus Geldmangel den Lunch im Algonquin ausfallen, so doch niemals das Treffen bei Neysa, dem Zweitwohnsitz der Tafelritter. Dort ist es immer lustig und es kann durchaus vorkommen, dass Dorothy zeitgleich mit Charlie Chaplin, Jascha Heifetz, Irving Berlin und George Gershwin dort eintrifft. Woollcott schildert in einem Porträt von Neysa McMein einen typischen Nachmittag in ihrem Studio: »Am Klavier versuchen Jascha Heifetz und Arthur Samuels herauszufinden, was vier Hände mit der Verschiebung der Betonung in einer Komposition anstellen können, die nie zuvor so geschändet wurde. Unbequem auf einer Ottomane kauernd, spielen Franklin P. Adams, Marc Connelly und

Dorothy Parker darum, wer heute Abend das Dinner bezahlen muss. Am Bücherregal machen sich Robert C. Benchley und Edna Ferber einen Spaß daraus, McMeins Mark-Twain-Sammlung für sie zu signieren. (…) Chaplin, Alice Duer Miller oder Wild Bill Donovan, Vater Duffy oder Mary Pickford – einige oder alle von ihnen könnten hier sein.«[165]

Alkohol fließt bei diesen Treffen reichlich. Dafür sorgt die Destillieranlage, die von Connelly und Benchley fachmännisch gewartet wird. Dorothy bietet Neuankömmlingen kostenlose Führungen durchs Badezimmer samt Destillieranlage an. Sie selbst trinkt mittlerweile auch. Irgendwo zwischen dem Round Table im Algonquin und Neysa McMeins Apartment geben sowohl der überzeugte Abstinenzler Robert Benchley, für den Alkohol reines Teufelszeug war, als auch Dorothy Parker ihre Abneigung auf und werden ebenso wie ihre Freunde hartgesottene Trinker. Schlüsselerlebnis für Benchley ist eine regnerische Nacht, in der er miterlebt, wie ein betrunkener Don Stewart sich bei einem Fremden unter den Schirm stellt mit den Worten: »Ins Plaza bitte.« Von da an ist Benchley überzeugt, dass am Alkoholgenuss etwas dran sein müsse. Seinen ersten Drink in einer Flüsterkneipe kommentiert er mit: »Dieser Ort sollte von der Polizei geschlossen werden«, und nimmt dann einen zweiten.[166] Dorothy trinkt anfangs vor allem populäre Damencocktails wie Tom Collins oder Pink Lady. Später werden daraus Whiskey Sour, Manhattans und trockene Martinis.

Auch hier in Neysas Studio findet Dorothy Opfer für ihre Bosheiten. Dabei kommen ihre Bemerkungen meist so unvermittelt, dass sie ihr Gegenüber völlig kalt erwischen. Ehe man sich vom Schock erholt hat, ist Dorothy längst bei einem neuen Thema. Aus ihrem perfekt geschminkten kleinen Mund kommen ganz sanft die übelsten Flüche, die größten Provokationen und die ungeheuerlichsten Obszönitäten. Sie ist berüchtigt dafür, Leuten freundlich ins Gesicht zu lächeln und sich umzudrehen und zu lästern. Viele amüsiert das, andere sind geschockt und angewidert. Die Drehbuchautorin von »Blondinen bevorzugt«, Anita Loos, die Dorothy bei Neysa erlebt, hält Dorothy jedoch für mehr als das Enfant terrible der Gruppe: »Als ich Dorothy vorgestellt wurde, begrüßte sie mich mit nahezu überschwänglicher Begeisterung, die in krassem Gegenzug stand zu der zwanglosen Atmosphäre, die in Neysas Salon herrschte. Aber ich spürte, dass ihre Überfreundlichkeit nur ein süffisanter Kommentar zu der Tatsache war, dass sie nicht an Freundschaft glaubte und sich selbst für eine einsame Wölfin hielt. Ich bezweifle, dass sie unter den Mitgliedern des Round Table einen wahren Freund hatte, und denke, dass sie sich einfach den Vorteilen der Theorie ergeben hatte, wonach sie ebenso gut hier sein konnte wie anderswo.«[167]

Eines von Dorothys Lieblingsopfern ist und bleibt Gertrude Benchley. Diese ist meist bei ihren Kindern zu Hause und hält sich vom Round Table fern. Bei einem ihrer seltenen Besuche bei Neysa McMein erlaubt sich Dorothy einen Spaß mit ihr. Sie zeigt Gertrude im Bad die Destillieranlage und erneuert bei dieser Gelegenheit ihr Make-up. Mit einem Blick auf Gertrude rät sie ihr, sich ebenfalls die Nase zu pudern, und bietet ihr dazu ihr eigenes Make-up an. Obwohl Gertrude ablehnt, da sie sich nie schminke, besteht Dorothy darauf, und um des lieben Friedens willen nimmt Gertrude Dorothys Pinsel. Als sie später in den Spiegel blickt, sieht sie, dass Dorothy ihr statt Puder Rouge gegeben hat: »Sie war wirklich keine besonders nette Person. Das würde ich wirklich nicht sagen. Aber es hat Spaß gemacht mit ihr«, erinnert sich eine durchaus faire Gertrude Benchley an jenen Abend.[168] Bei Neysa ist alles erlaubt. Einmal berät Dorothy einen Freund bei seinem ersten Ehebruch. Sie begleitet ihn gar zur Apotheke, um Kondome zu kaufen. Als er ihr daraufhin, von schlechtem Gewissen geplagt, erklärt, dies sei sein erster Seitensprung, erwidert sie ungerührt: »Reg dich ab, es wird nicht der letzte sein.«[169]

Neben dem Studio von Neysa McMein und Alexander Woollcotts Apartment ist das Haus von Harold Ross und Jane Grant in Hell's Kitchen Anlaufstation für den Round Table. Als die beiden 1923 dorthin ziehen, mieten Dorothy und ihre Freunde ein Kinderkarussell, das sie vor der Wohnung aufstellen. Mit Handzetteln laden sie vorbeieilende Passanten zur Einweihungsparty ein. Hell's Kitchen wird Ort legendärer Partynächte, und sowohl die Häufigkeit der Besuche als auch die Anzahl der Besucher lässt bei den Nachbarn den Verdacht aufkommen, dass hier eine neue Flüsterkneipe eröffnet hat.

Nach den gemütlichen Cocktailstunden bei Neysa oder in Hell's Kitchen geht es meist ins Theater. Es ist die Glanzzeit des Broadway. Allein 1924 öffnen 256 neue Produktionen. Manchmal gibt es bis zu zwölf Premieren in einer Nacht. Da viele der Tafelritter Theaterkritiker sind, haben sie alle Hände voll zu tun, Beruf und Vergnügen unter einen Hut zu bringen.

Zum Ausklang des Abends trifft man sich bei Tony Soma's oder bei Jack and Charlie's, dem späteren Club 21, zwei der berühmtesten Flüsterkneipen New Yorks. Eintritt gibt es dort nur gegen das richtige Passwort. Als Jack and Charlie's 1929 dem Bau des Rockefeller Centers weichen muss, rücken Robert Benchley & Co. höchstpersönlich an, um das Lokal mit Äxten und Hämmern abzureißen. Anschließend marschiert die ganze Truppe die Straße hinunter, wo die Kneipe neu eröffnet. Eine Beschreibung aus jener Zeit lautet: »Wird besucht von Schriftstellern der besseren Sorte, den Kosmopoliten, den Männern, die in die nahe gelegenen Kunstgalerien gehen, Matisse, Ravel und Ernst Bloch verstehen.«[170] Die von Tony Soma's: »Sehr beliebt bei jener Art von Broadway Sophisticates, für die Heywood Broun das Denken übernimmt und das Algonquin das Catering. (…) Zur Teestunde sind meist viele Frauen hier, mit ihnen zu flirten ist nicht schwer.«[171] Tony Soma's, dessen Besitzer der Großvater von Hollywoodstar Anjelica Huston war, ist die Lieblingskneipe von Dorothy und Robert Benchley. Einige ihrer völlig verrückten Aktionen finden hier statt. So lauschen sie einmal, als ein Herr am Nebentisch ganz begeistert von seiner neuen Uhr erzählt, die nie stehen bleiben würde. Daraufhin bitten die beiden den Mann, ihnen die Uhr zu geben. Sie legen sie auf den Boden und treten mit voller Wucht darauf, ehe sie sie dem völlig entgeisterten Mann zurückgeben. Auf sein entsetztes: »Sie geht nicht mehr«, entgegnen sie nur: »Vielleicht haben Sie sie zu stark aufgezogen?«[172] Für alle, die jetzt immer noch nicht nach Hause wollen, steht noch ein Abstecher im Knickerbocker Hotel am Broadway an, das einen Privatzugang direkt von der U-Bahn am Times Square hat, oder ein Besuch im Edelbordell von Polly Adler, wo Gangster, Intellektuelle, das reiche New York und der gesamte Round Table, inklusive Frauen, verkehrt.

So beginnen für Dorothy Parker die 1920er Jahre. Mit vielen neuen Gesichtern, die ihre Zeit und ihr Land prägen werden wie nur wenige. »Sie waren die größten Talente der Zukunft«, wie Frank Case meint.[173] Es sind Menschen, die keine Rebellen sind, sondern Elite, und von denen Edna Ferber sagt: »Sie [waren] wirklich gnadenlos, wenn sie etwas missbilligten. Ich bin niemals einer härteren Truppe begegnet. Aber wenn ihnen gefiel, was du geschrieben hast, dann sagten sie das auch, öffentlich und aus tiefstem Herzen. (…) Sie hatten starken Einfluss auf einander und auf die amerikanische Literatur insgesamt. Die Leute, die sie überhaupt nicht mochten, waren Langweiler,

Heuchler, Sensibelchen und Angeber. Sie waren gnadenlos gegenüber Scharlatanen, Wichtigtuern und geistig und künstlerisch Unehrlichen. Sie waren locker und lässig, aber fürchterlich integer, was ihre Arbeit anbelangte. Und dabei waren sie alle grenzenlos ehrgeizig.«[174]

Als sie sich kennenlernen, sind die meisten jung und unbekannt. Als der Round Table sich zehn Jahre später auflöst, haben sie es alle geschafft. Dennoch kreiden ihnen Kritiker an, dass sie vor allem fürs Berühmtsein berühmt waren: »Auch wenn sie selbsternannte Intellektuelle waren, waren sie doch mit nichts anderem beschäftigt als mit sich selbst und ihren persönlichen Angelegenheiten, die in den Klatschspalten aufgegriffen wurden; ihre Unterhaltung war ein dauernder Aufguss der einfachsten Form von Exhibitionismus, in dem sie bereits kürzlich geschwelgt hatten. (...) Als Gruppe benahmen sie sich in der typisch lässigen Art, mit der nicht wirklich weltgewandte Menschen versuchen, locker zu wirken«, schrieb Anita Loos in ihrer Autobiografie.[175] Und auch manches Mitglied des Round Table selbst kratzt später am Mythos, so zum Beispiel George S. Kaufman: »Die Wahrheit ist, dass der Round Table von einer bunt zusammengewürfelten, nichtssagenden Gruppe von Menschen gegründet wurde, die zusammen Mittagessen wollten, und das ist alles. (...) Die Mitglieder des Round Table aßen im Algonquin, weil Frank Case so freundlich war, ihnen einen Tisch zu reservieren, und weil es Spaß machte. Die Gags, soweit ich mich erinnere, waren ziemlich gut, aber vollkommen unbedeutend. Ich kann mich nicht daran erinnern, dass auch nur eine ernsthafte literarische Bemerkung dort eingeflossen wäre, und jeder, der versucht hätte, so eine zu machen, hätte sofort ein Stück Zitronenkuchen in den Hals gestopft bekommen.«[176] Die Algonks gelten als »Bronx Zoo für die Neurotiker der Gegenwart«[177] oder Provinzler, die es in die große Stadt geschafft haben: »Sie kamen alle aus den Vororten und aus der ›Provinz‹, und der Ton, der dort herrschte, leitete sich ab von der provinziellen Erziehung dieser Leute, denen man eine bestimmte Art von Verhalten gelehrt hatte, die dieselben Spiele gespielt und dieselben Kinderbücher gelesen hatten – und über all das konnten sie sich nun von dem hohen Ross ihrer New Yorker Weltgewandtheit aus lustig machen.«[178] Ob eine solche Einschätzung gerechtfertigt ist angesichts der Tatsache, dass diese zwei Dutzend Menschen zusammen sieben Oscarnominierungen, vier Oscars, zehn Pulitzerpreise und zwei Tony Award erhielten, sei dahingestellt.

Heute sind viele der Round-Table-Mitglieder tatsächlich vergessen. Doch 1919 steht ihnen die Welt offen. Es ist Sommer, der Krieg ist aus, sie alle haben ihn überlebt. Sie befinden sich in der aufregendsten Stadt der Welt, sind jung, talentiert und hungrig. Sie wollen leben, lieben, Karriere machen. Ihre Erwartungen sind hoch: Reich und berühmt wollen sie werden, und sie sind sich hundertprozentig sicher, das zu schaffen, vor allem, seit sie der »berühmtesten Tafelrunde seit den Tagen von König Artus« angehören.[179]

The sun's gone dim, and
The moon's turned black;
For I loved him and
He didn't love back.[180]

IV.

Privates und Berufliches
oder Mrs. Parkers unkonventionelle Art

Am 11. Januar 1920 wird Dorothy Parker bei *Vanity Fair* gefeuert. Diesmal ist sie zu weit gegangen. In einer Theaterkritik hatte sie Billie Burke, Ehefrau von Broadway-Impresario Florenz Ziegfeld Jr., Gründer der legendären Ziegfeld Follies, beleidigt. In einer Kritik über die jüngste Ziegfeldshow »Caesar's Wife«, nach dem gleichnamigen Roman von Somerset Maugham, hatte sie Billie Burke mit einer vulgären Varietéschauspielerin verglichen. Das Donnerwetter, das über *Vanity Fair* hereinbricht, führt nicht nur zur eilfertigen Entschuldigung seitens der Zeitung, sondern auch zur Entlassung der Theaterkritikerin. Florenz Ziegfeld Jr. ist nicht nur einer der engsten Freunde von Condé Nast, sondern auch einer seiner größten Anzeigenkunden. Und nachdem sich über die Theaterkritik der letzten Ausgabe noch zwei weitere Produzenten beschweren, muss Dorothy ihren Hut nehmen. Zusammen mit ihrem unmöglichen Benehmen, dem ständigen Zuspätkommen, der laxen Arbeitseinstellung, den Streichen und Eigenwilligkeiten bringt dies das Fass zum Überlaufen. Beim Sonntagsbrunch im Palmengarten des Plaza Hotels am Central Park überbringt Frank Crowninshield ihr die schlechte Nachricht. Nicht jedoch, ohne zuvor ihre Arbeit in den höchsten Tönen zu loben und ihr zu prophezeien, dass sie gewiss eines Tages berühmt sein wird, nur eben nicht als Theaterkritikerin der *Vanity*

Fair. Die Beschwerden der Produzenten erwähnt er mit keinem Wort, offiziell trennt man sich von ihr, weil ihr Vorgänger zurückkehrt. Dorothy bleiben 60 Tage, um ihre Angelegenheiten zu regeln und das Büro zu verlassen. Wenn sie von zu Hause aus Artikel für *Vanity Fair* schreiben möchte, könne sie dies gerne tun. Dorothy lehnt dankend ab und bestellt sich zum Abschied das teuerste Dessert auf der Speisekarte: »*Vanity Fair* war ein Magazin ohne eigene Meinung. Ich aber hatte, was die Zeitschrift nicht hatte. Also musste ich abdampfen.«[181]

Dem Plaza Hotel nimmt sie dieses unangenehme Erlebnis nicht krumm. Sie wird noch oft hierher zurückkehren. Florenz Ziegfeld Jr. hingegen verzeiht sie nicht. Im September 1920 schreibt sie in einer Kritik für *Ainslee's,* dass die Ziegfeld Follies ein paar gute Lieder brauchen könnten, damit die Zuhörer zumindest irgendetwas von diesem Abend in Erinnerung behielten.[182] Ein Jahr später vergleicht sie die neue Show der Follies mit Weihnachten. Man habe riesige Erwartungen, die letztlich enttäuscht würden und sich wie Blähungen in Luft auflösten, sobald der lang ersehnte Moment endlich da sei.[183] Dass sie damit ein Nationalheiligtum der Amerikaner, das von 1907 bis 1951 vor ausverkauftem Hause auftritt, beleidigt, ist Dorothy herzlich egal.

Am Tage ihrer Kündigung verabschiedet sie sich nicht nur von der *Vanity Fair,* sondern auch für sehr lange Zeit von einer Festanstellung, die sie von morgens bis abends ins Büro verdammt. Es ist der Beginn ihres Daseins als freie Autorin, mit allen Vor- und Nachteilen. Als Robert Benchley am nächsten Morgen von ihrer Kündigung erfährt, kündigt er aus Solidarität zu ihr ebenfalls. Und auch Robert Sherwood schließt sich an, nachdem er seine Position zuvor schon für die Musiklehrerin von Condé Nasts Kindern freigeben musste. Dorothy ist überwältigt: »Mr. Sherwood und Mr. Benchley gingen auch. Mr. Sherwood machte das nichts aus, aber Mr. Benchley hatte eine Frau und zwei Kinder. Für mich war das ein unüberbietbarer Freundschaftsbeweis. Mr. Benchley malte ein Plakat ›Schlachtopfer für Miss Billie Burke‹, und dieses grafische Meisterwerk ließen wir bei unserem Hinausmarsch im Vorraum von *Vanity Fair* zurück. Unser Benehmen war wirklich nicht das beste. Wir machten uns Entlassungszeichen wie beim Militär und steckten sie an.«[184] Der Weggang der drei ist tagelang Stadtgespräch, sogar die *New York Times* berichtet darüber.

Zusammen mit Robert Benchley mietet Dorothy ein Büro in den Studios der Metropolitan Oper nahe dem Times Square – ein winziges

Zimmer mit einem kleinen Fenster, für 30 Dollar pro Woche: »Wäre es auch nur einen Zentimeter kleiner gewesen, wäre es kein Büro mehr gewesen, sondern Ehebruch. Unsere Telegrammadresse war ›Parkbench‹ (Parkbank), aber wir bekamen nicht ein einziges Telegramm. Es ist schon so lange her, und wir waren so unbedeutende Zeitgenossen, dass ich fast glaube, es gab noch gar keine Telegrafie«,[185] erinnert sie sich später. Die Einrichtung besteht aus zwei klapprigen alten Küchentischen, drei Stühlen, einer davon für Gäste, einer Hutablage, zwei Schreibmaschinen und ihren Schreibutensilien. An die Wände hängen sie die Bilder aus den Bestattermagazinen. Freunde wie Marc Connelly schneien oft und gern herein: »Mit Bob oder Mrs. Parker gab es immer was zu lachen, denn es kümmerte sie einen Dreck, was sie sagten oder machten. Sie lehnten sich aus dem Fenster und riefen den Leuten, die am Broadway entlangspazierten, ›Yeah! Yeah!‹ hinterher. Ich kann zwar nicht erklären, wie sie es hinkriegten, aber irgendwie schafften sie es so ganz nebenbei auch noch zu schreiben.«[186] Der Legende nach hängt an der Tür ein Schild mit den Worten: »Utica Schmiede und Werkzeug Company. Benchley and Parker, Präsidenten.«[187]

Robert Benchley arbeitet zunächst als freier Rezensent und Werbetexter. Doch als Robert Sherwood im April 1920 einen hohen Posten beim *Life Magazine* erhält, bietet er Benchley die Stelle des Theaterkritikers an. Dieser nimmt an und verlässt das gemeinsame Büro. Damit ändert sich sein Leben dramatisch. Bei acht oder gar zehn Premieren pro Woche schafft er es nur mehr selten zum gemeinsamen Abendessen mit der Familie, die außerhalb New Yorks lebt. Meist schlüpft er auf der Toilette der Grand Central Station in seinen Smoking. Wenn es spät wird, schläft er bei Dorothy und Eddie auf dem Sofa. Nach seinem Auszug aus dem Büro soll Dorothy an ihrer Tür ein WC-Schild mit der Aufschrift »Herren« angebracht haben, um neue Leute kennenzulernen. Doch nur einen Monat später erhält auch sie die Möglichkeit, wieder als Theaterkritikerin zu arbeiten. Diesmal beim Literaturmagazin *Ainslee's*. Erleichtert gibt sie ihre Herrentoilette auf.

Von Mai 1920 bis Juli 1923 wird ihre Kolumne »In Broadway Playhouses« bei *Ainslee's* erscheinen. Man lässt ihr völlig freie Hand, und zum Entsetzen von Produzenten und Schauspielern schreibt sie in gewohnter Weise weiter: »Miss Mackays beste Momente waren die, wenn sie hinter der Bühne war«, schreibt sie über Dorothy Mackays Auftritt in »Getting Gertie's Garter«.[188] Und auch George Bernard

Shaw, den sie eigentlich verehrt, bekommt sein Fett weg, als bei einem seiner Stücke auf der Bühne Kaffee serviert wird: »Ach, wie hat man diese Glücklichen doch darum beneidet, dass sie mit Kaffee wachgehalten wurden.«[189]

Sie arbeitet jetzt für verschiedene Zeitungen, unter anderem die *Saturday Evening Post* und das *Ladies Home Journal,* und sie macht ihren Frieden mit *Vanity Fair,* allen voran mit Frank Crowninshield, der sie als Mitautorin für sein Buch *High Society* gewinnen kann. Condé Nast aber vergibt sie nicht. Als sie ihm zum ersten Mal nach ihrem Rausschmiss in der Lobby des Algonquin begegnet, bemühen sich beide vordergründig um Freundlichkeit. Condé Nast plant gerade eine Schiffsreise: »Ach, Dorothy«, seufzt er, »ich wünschte, Sie würden mitkommen.« – »Oh, ich wünschte, ich könnte«, lautet ihre zuckersüße Antwort. Doch als der Verleger ihr den Rücken zukehrt, hört man sie laut und vernehmlich sagen: »Lieber Gott, mach, dass das Schiff sinkt.«[190]

Das Verhältnis von Dorothy Parker und Robert Benchley wird in diesen Jahren immer enger und lässt durchaus Raum für Spekulationen. Doch obwohl die beiden ganz offensichtlich mehr Gemeinsamkeiten miteinander haben als mit ihren Ehepartnern, sind und werden sie im herkömmlichen Sinne niemals ein Paar. Sie bleiben verheiratet, auch wenn es Bereiche in ihrem Leben gibt, zu denen ihre Ehepartner keinen Zugang haben, die ausschließlich Mrs. Parker und Mr. Benchley gehören. Als in einer Kolumne ein außereheliches Verhältnis der beiden angedeutet wird, marschieren Dorothy und Robert Benchley umgehend gemeinsam zu Eddie Parker, um ihn vom Gegenteil zu überzeugen. Dass Eddie und Gertrude dennoch eifersüchtig sind, ist nachvollziehbar, für Dorothy und Mr. Benchley jedoch irrelevant. Edmund Wilson stellt fest: »Die Verbindung zwischen Benchley und Dorothy Parker war sehr speziell und irgendwie seltsam (...). Dorothy hielt ihn für einen Heiligen.«[191] Die New Yorker Gesellschaft gewöhnt sich bald daran, dass die beiden immer und überall im Doppelpack erscheinen, und lädt sie konsequent zusammen ein.

Die große Intimität verstärkt sich, als sich das Scheitern von Dorothys Ehe mit Eddie abzeichnet. Nach seinem Morphinentzug ist Eddie nicht nur an die Wallstreet zurückgekehrt, sondern auch zum Alkohol. Dennoch hofft Dorothy lange Zeit auf ein Happy End. Wie sie es sich erträumt hatte, nehmen sie sich eine gemeinsame Wohnung. Sie ziehen in den heruntergekommenen Häuserblock in der 57. Straße, in dem auch Neysa McMeins Studio liegt. Nach langer Zeit schafft Dorothy sich auch wieder einen Hund an, einen Boston Terrier namens Woodrow Wilson. Mangels Zeit und Fürsorge seiner Besitzer entwickelt Woodrow Wilson jedoch die Angewohnheit, sein Geschäft mitten in der Wohnung zu verrichten. Die beiden stört das nicht, wohl aber die Freunde, die sie mit dem Hund in deren Wohnungen besuchen. Doch weder die neue Wohnung noch ein Sommerausflug nach Maine kann die wachsende Distanz zwischen den beiden überwinden: »Oh, hüten Sie Ihre Liebe wie einen Schatz, Kind«, wird sie einst schreiben. »Bewachen Sie sie, leben Sie in ihr. Lachen und tanzen Sie in der Liebe Ihres Mannes. Bis Sie merken, wie er wirklich ist.«[192]

Der kriegstraumatisierte Eddie passt nicht ins Algonquin zu ihren geistreichen, aber auch grausamen Freunden. Die wenigen Male, die er sie begleitet, bleibt er still, geht im lauten Geschnatter der anderen unter. Auf Partys steht er allein in einer Ecke und trinkt. Bald zieht Dorothy die Gesellschaft ihrer Freunde der ihres Mannes vor. Dafür gibt sie im Algonquin kuriose Geschichten über ihren tollpatschigen Ehegatten, der gegen geschlossene Türen läuft und Kellner umrennt, zum Besten. Sie erzählt, er habe sich beim Anspitzen eines Bleistifts den Arm gebrochen. Oder er sei beim Lesen des *Wall Street Journal* auf der Straße in einen offenen Kanalschacht gefallen. Die Lieblingsgeschichte der Runde ist jedoch folgende: Als Dorothy und Eddie einmal zu einer Beerdigung müssen, nennt Eddie Dorothy eine frühere Anfangszeit, weil sie immer zu spät ausgehfertig ist. Obwohl sie auch jetzt wieder eine halbe Stunde zu spät sind, sind sie doch aufgrund von Eddies Schwindelei viel zu früh im Krematorium. Da niemand da ist, beginnt Eddie aus Langeweile an den verschiedenen Hebeln und Knöpfen, die an dem Podest angebracht sind, auf dem der Sarg steht, herumzuspielen. Plötzlich setzt sich der Sarg in Bewegung und verschwindet vor ihren entsetzten Augen in der Versenkung des Verbrennungsofens. Ihnen bleibt nur die Flucht, um nicht den trauernden Angehörigen in die Hände zu fallen. Ob sich dieses Ereignis tatsächlich so zugetragen hat, bleibt fraglich. Dorothy liebt es, Geschichten zu erfinden – ein untrügliches Zeichen dafür, dass sie jemanden nicht leiden kann.

Auch wenn sie ihn nicht sonderlich ernst nimmt, bemüht sie sich doch, Eddie das Leben einigermaßen erträglich zu machen. Sie kümmert sich um all das, was er aufgrund seiner Alkoholsucht nicht leisten kann: entschuldigt ihn bei seinem Arbeitgeber, wenn er wieder einmal unfähig ist, morgens aufzustehen, und organisiert auch ansonsten sein ganzes Leben. Angesichts der Tatsache, dass Dorothy genug Schwierigkeiten damit hat, ihr eigenes Leben geregelt zu bekommen, ist das ein wirklicher Liebesdienst. Doch alles Bemühen ändert nichts daran, dass sie todunglücklich miteinander sind. Dennoch können sie sich noch nicht zu einer Trennung durchringen. Stattdessen kommt es täglich zu Auseinandersetzungen, die heftiger sind, seit auch Dorothy trinkt. Oft endet die vorgebliche Harmonie zu später Stunde mit Beschimpfungen, Türenknallen und Weglaufen. Auch das Trinken macht mit den Freunden vom Round Table mehr Spaß – hier kann sie ihre unglückliche Ehe zumindest kurzzeitig vergessen.

Eddie beginnt New York zu hassen. Er macht die Stadt für sein Unglück verantwortlich und beschwört Dorothy, mit ihm nach Hartford zu ziehen. Hoch und heilig verspricht er das Trinken aufzugeben, wenn sie nur die Stadt verlassen würden. Ein Ansinnen, das Dorothy zwangsläufig zurückweisen muss. Sie liebt New York und alles, was damit verbunden ist: Theater, Freunde, Schreiben, das Algonquin. Und ganz offensichtlich liebt sie New York mehr, als sie Eddie liebt, auch wenn sie offiziell die Abneigung seiner Familie ihr gegenüber als Grund vorschiebt, nicht in Hartford leben zu können. Es geht ihr so wie Hazel Morse, der Figur in einer ihrer Kurzgeschichten: »Sie fand den Gedanken, irgendwo anders als in New York zu leben, schon immer enorm grotesk. Sie konnte doch Heiratsangebote mit Wohnsitz irgendwo im Westen nicht ernst nehmen.«[193] Ihr Gedicht »Song of the Open Country« drückt exakt aus, was sie denkt: »When lights are low and day has died, | I sit and dream of the countryside | (…) | And thank whatever gods look down | That I am living right here in town.«[194]

Schließlich geht Eddie allein nach Hartford. Dorothy ist 28 Jahre alt, und ihre Ehe scheint am Ende. Niemandem zeigt sie, wie sehr die Trennung sie trifft. Ihren Freunden gegenüber spielt sie das Ganze als eine völlig normale Entwicklung herunter, erklärt offen, es mache ihr überhaupt nichts aus, wenn er nicht zurückkomme, sie habe ihn nur geheiratet, um seinen Namen anzunehmen. Jetzt habe sie zumindest mehr Zeit, die sie mit ihren Freunden verbringen kann.

Zu diesen gehören seit einiger Zeit auch F. Scott und Zelda Fitzgerald. Edmund Wilson hat die beiden mitgebracht, und nach einigen

Drinks ist sich Dorothy sicher: »Das sieht nach einer Reisegesellschaft zum Letzten Abendmahl aus.«[195] Dorothy und Scott sind sich 1919 schon einmal begegnet. Sie kann sich gut daran erinnern, dass er damals vorhatte, einen großen Roman zu schreiben und dann das schönste Mädchen der Südstaaten zu heiraten. Beides hat er verwirklicht. Mit nur 24 Jahren hat ihn die Veröffentlichung seines Romans *Diesseits vom Paradies* im März 1920 mit einem Schlag berühmt gemacht. Acht Tage später hat er Zelda Sayre geheiratet, von der Dorothy nicht ganz so begeistert ist wie Scott: »Ich habe sie nie für schön gehalten. Sie war sehr blond, hatte ein Pralinenschachtelgesicht mit einem kleinen herz-förmigen Mund, war ziemlich klein und hatte etwas Mürrisches an sich. Wenn ihr etwas nicht gefiel, schmollte sie. Nicht gerade ein sym-pathischer Zug.«[196] Für sie ist Zelda das typische Flapper-Girl: rauchend und trinkend, mit Bubikopf, schlechtem Benehmen und viel zu viel Make-up. Doch auch Dorothy muss neidlos anerkennen, dass die Fitz-geralds zu Recht das Traumpaar der wilden Zwanziger werden: »Sie sahen aus, als wären sie gerade aus der Sonne hervorgetreten; ihre Jugend war überwältigend. Alle Welt wollte Scott kennenlernen.«[197]

Niemand verkörpert das junge Amerika so perfekt wie Zelda und Scott, der 1925 auch noch das ultimative Buch seiner Zeit vorlegt: *Der große Gatsby*. Eine ganze Generation ergötzt sich an den Kapriolen und Eskapaden des Traumpaares, das in Abendgarderobe in den Spring-brunnen vor dem Plaza hüpft. Nachdem die Fitzgeralds sich in un-mittelbarer Nachbarschaft zu Dorothy niederlassen, ist sie oft bei ihnen zu Gast und entdeckt überraschend viele Gemeinsamkeiten zwi-schen sich und Zelda. So sind Zeldas haushalterische Fähigkeiten den ihren sehr ähnlich. In der Wohnung herrscht das blanke Chaos, was niemanden stört, da die Fitzgeralds ohnehin zumeist auf Partys sind. Mehr als einmal bringt sie ein Taxifahrer betrunken nach Hause, manchmal sitzen sie dabei auf der Motorhaube. Obwohl Scott eine Menge Geld verdient, sind sie aufgrund ihres ausschweifenden Lebens-stils ständig pleite. Und ihre Auseinandersetzungen stehen denen von Dorothy und Eddie in nichts nach, auch sie schaffen es nicht, ihre Ehe zu leben.

So geht es fast allen in Dorothys Umgebung. Die Ehe ihrer Schwes-ter scheitert ebenso wie die Ehen ihrer Freunde. Dorothy zieht daraus den Schluss, dass Freunde gegen Einsamkeit auf Dauer besser sind als Ehepartner. Dazu kommt, dass es mit Freunden immer unterhaltsam ist. Erst vor Kurzem hatte Robert Benchley einen Uniformierten vor einem Restaurant angewiesen, ihm ein Taxi zu besorgen. Als der empörte Mann daraufhin erklärte, er sei ein Admiral der US-Marine, hatte Benchley ungerührt erwidert: »Auch in Ordnung, dann beschaffen Sie uns ein Kriegsschiff.«[198] Jeden Tag gibt es etwas zu lachen, wie sich F. P. A. erinnert: »Ich traf Neysa McMein und Dottie Parker, und sie luden mich ein, mit ihnen einen Schaufensterbummel zu machen. Ich sagte zu, unter der Prämisse, dass sie mich nicht dazu nötigen dürften, ihnen etwas zu kaufen. Sie versprachen mir das, aber bei allem, was sie sahen, ganz gleich, ob es Perlenketten oder Taschentücher waren, machten sie ein Riesentamtam. Doch ich bin standhaft geblieben und habe ihnen nichts gekauft.«[199] Und auch beim Streiten kommt der Humor nicht zu kurz. Eines Nachmittags antwortet Alexander Woollcott auf einen der üblichen Scherze auf seine Kosten in Richtung George S. Kaufman: »Halt die Klappe, du Christusmörder.« Daraufhin wirft Kaufman seine Serviette auf den Tisch und erklärt empört, dass er sich ein für alle Mal Scherze auf Kosten seines Glaubens verbitte: »Ich werde jetzt aufstehen und diesen Tisch, dieses Restaurant und dieses Hotel verlassen. Und ich hoffe, Mrs. Parker wird mich begleiten – zumindest die Hälfte der Strecke.«[200]

Seit November 1921 arbeitet Dorothy auch als Literaturkritikerin für *Life*. Hier war vor einigen Monaten ihre allererste Kurzgeschichte »Sorry. The Line is Busy« erschienen.[201] In ihrer ersten Rezension bespricht sie den neuesten Roman von Bestsellerautorin Kathleen Norris, die mit ihren sentimentalen Geschichten nicht ganz ihr Geschmack ist: »Denken Sie daran, das Buch ist von Kathleen Norris. Alles wird gut und es wird nichts drin stehen, was den Leser schockieren oder die Verkaufszahlen nach unten drücken könnte.«[202]

1922 veröffentlicht sie gemeinsam mit F. P. A. ein dünnes Büchlein mit dem Titel *Men I'm Not Married To/Women I'm Not Married To.* Jeder verfasst eine Hälfte des Bandes, den man auf den Kopf stellen muss, um die andere Hälfte zu lesen. Ihre Ansichten zu diesem Thema waren zuvor bereits mit großem Erfolg samt Gedicht in der *Saturday Evening Post* erschienen.[203]

Essen, Trinken und Schwatzen ist dem Round Table bald nicht mehr genug. Als Theaterkritiker belästigt mit den oftmals schauderhaften Stücken anderer, beschließt die Runde Anfang 1922 ein eigenes Theaterstück auf die Bühne zu bringen, in Personalunion als Drehbuchautoren, Komponisten, Produzenten, Regisseure und Schauspieler. Am 30. April 1922 wird »No Sirree!« zum ersten und einzigen Mal aufgeführt. Es beginnt mit einem Eröffnungschor bestehend aus Woollcott, Toohey, Kaufman, Connelly, F. P. A. und Benchley – im Bademantel. Dann folgen verschiedene Auftritte, bis endlich Dorothys Nummer dran ist: »He Who Gets Flapped« zeigt Robert Sherwood umringt von naiv-unschuldigen Showgirls, bestehend aus Tallulah Bankhead, Helen Hayes, Ruth Gillmore, Leonore Ulric und Mary Brandon. Sie singen Dorothys legendäre Zeilen aus »The Everlasting Ingenue Blues«: »We've got the blues, we've got the blues, | We believe we said before we've got the blues.«[204] Das Ganze ist völlig verrückt, für die Akteure jedoch ein großer Spaß. Zur allgemeinen Erheiterung erlebt zudem der stets korrekte Robert Benchley mit seinem Auftritt den Durchbruch als Bühnenstar. Seine Nummer »The Treasurer's Report« kommt so gut an, dass Irving Berlin ihn damit für seine neue Revue bucht. Als Benchley spaßeshalber 500 Dollar Gage pro Woche verlangt, willigen die Produzenten zu seinem grenzenlosen Erstaunen sofort ein.

Ein paar Monate später versuchen die Freunde ein zweites Stück, diesmal für ein großes Publikum, mit richtigen Schauspielern, zu produzieren. Kaufman und Connelly bringen im November 1922 die Revue »The Forty-Niners« im Punch and Judy Theater auf die Bühne. Das Ganze wird ein totaler Reinfall, und nach nur 15 Aufführungen ist Schluss. Frank Crowninshield, der bei der Welturaufführung dabei ist, fragt sich staunend, ob das Ganze in einer Irrenanstalt spielen soll.[205]

Dorothy verfasst jetzt viele Gedichte für *Life* und die *Saturday Evening Post*. Leichte Verse mit der überraschenden Wendung am Ende, in denen die letzte Strophe alles konterkariert, was im Vorangegangenen gesagt wurde. Leichte Verse, die ihren Ruhm begründen und für die sie sich später schämt: »Gedichte kann man diese Gebilde nicht nennen. Damals wandelte jeder in den zarten Spuren von Edna St. Vincent Millay. Auch ich wandelte, war aber leider angewiesen auf meine eigenen fürchterlichen Latschen. An meinen Versen ist nichts dran. Machen wir uns doch nichts vor (…), das sind Produkte schlimmsten Epigonentums. Grässlich altmodisch wie alles, was an modischer Eintagsunsterblichkeit leidet. Ich gab's dann ja auch auf. Respektables kam dabei ja doch nicht heraus. Aber es gibt anscheinend niemanden, der Notiz genommen hätte von dieser meiner großzügigen Geste.«[206]

Dabei nehmen die New Yorker eigentlich von allem Notiz, was sie tut. Auf einer Party wird sie von einer Verehrerin gefragt: »Sind Sie Dorothy Parker?« und antwortet trocken: »Ja, haben Sie was dagegen?«[207] Jeder, der mit ihr zusammentrifft, muss damit rechnen, Opfer ihres beißenden Spotts zu werden. Als sie sich von einem Date einmal zu einer Party begleiten lässt, versucht der junge Mann, sie durch besondere Coolness zu beeindrucken: »Es tut mir leid, ich kann in diese allgemeine Heiterkeit nicht einstimmen. Ich ertrage dumme Menschen nicht.« Dotties Antwort ist legendär: »Das ist aber seltsam. Deine Mutter konnte es durchaus.«[208] Auf einer Party erkundigt sich die Gastgeberin, ob Dorothy sich denn amüsiere, worauf diese zur Antwort gibt: »Ob ich mich amüsiere? Noch ein Martini und ich lieg unterm Gastgeber.«[209]

Sie empfindet die Erwartung, stets witzig und geistreich zu sein, bald als Zwang, unter dem auch ihr Ruf als ernsthafte Autorin leidet: »Mir macht's durchaus keinen Spaß, als humoristische Autorin abgestempelt zu werden. Das mobilisiert Schuldgefühle bei mir. Einen guten, einen knallharten Humoristen weiblichen Geschlechts, den man zitieren könnte – einem solchen Exemplar bin ich noch nie begegnet. Und ich selbst hab' es nie so weit gebracht.«[210] Sprudeln Bonmots und leichte Verse nur so aus ihr heraus, tut sich die notorisch unzuverlässige Dorothy mit längeren Texten schwer. Diese erfordern eine Disziplin, die sie nur selten aufbringen kann. Thomas Masson, Feuilletonchef von *Life,* der sie sehr schätzt, erlebt so manch kuriose Geschichte mit ihr. Als er einmal einen lange versprochenen Artikel anmahnt, tischt sie ihm auf, sie säße gerade darüber. Eine Stunde später hält Masson auf seiner Fahrt durch Connecticut an einer Flüsterkneipe an und findet dort in fröhlicher Runde eine aufgeräumte Dorothy vor. Gut gelaunt begrüßt sie ihn mit den Worten, dass sie, wenn sie sich nicht gerade von einer fast tödlich verlaufenden Krankheit erholen müsste, schon längst mit seinem Text fertig wäre.[211]

Sie hat aber auch deshalb nur wenig Zeit für seinen Artikel, weil sie gerade an einem längeren Stück Prosa sitzt. Im Dezember 1922 erscheint die Kurzgeschichte »Such a Pretty Little Picture« im literarischen Magazin *The Smart Set*. Dies ist der Beginn ihrer Karriere als eine der besten Kurzgeschichtenautorinnen Amerikas. Somerset Maugham wird über sie schreiben: »Sie hat ein wunderbar empfindliches Ohr für die menschliche Sprache, und mit ein paar Worten

Dialog, die fast zufällig erscheinen, gibt sie ein vollendetes Charakterbild in all seiner unwahrscheinlichen Glaubwürdigkeit. Ihr Stil ist leicht, aber nicht nachlässig kultiviert und niemals affektiert. Er ist ein vollendetes Werkzeug, um ihren vielseitigen Humor zur Geltung zu bringen, ihre Ironie, ihren Sarkasmus, ihre Zärtlichkeit und ihr Pathos. Was vielleicht ihrem Werk das besondere Aroma gibt, ist ihre Gabe, in den bittersten Tragödien des Menschen-Tieres noch etwas Erheiterndes zu finden.«[212] So chaotisch sie privat ist und so unzuverlässig bei Terminen, so akkurat und akribisch schreibt sie an ihren Kurzgeschichten. Hier wägt sie jedes Wort ab, feilt stunden-, ja tagelang an der richtigen Formulierung. 1956 erklärt sie in einem langen Interview, wie ihre Geschichten entstehen:

»*Parker:* Sechs Monate brauche ich für eine Story. Zunächst denke ich den Einfall durch, und dann geht's ans Schreiben, Satz für Satz und ohne Entwurf. Auf fünf geschriebene Wörter kommen sieben, die der Korrektur zum Opfer fallen.

Interviewer: Wie finden Sie die Namen für Ihre Figuren?

Parker: Telefonbuch und Todesanzeigen.

Interviewer: Benutzen Sie ein Notizbuch?

Parker: Habe ich mal versucht, aber ich konnte das verflixte Ding nie wiederfinden! Morgen will ich mir eins anschaffen, das nehme ich mir jeden Tag vor.

Interviewer: Womit schreiben Sie?

Parker: Anfangs schrieb ich mit der Hand, aber das habe ich total verlernt. Heute schreibe ich Schreibmaschine, Zweifingersystem. Übrigens finde ich Ihre Frage nicht gerade sehr taktvoll. Ich verstehe von der Schreibmaschine so wenig, dass ich mir einmal eine neue kaufen musste, nur weil ich mich nicht darauf verstand, das Farbband auf der alten gegen ein neues auszuwechseln.«[213]

Sie beginnt jetzt damit, ihr Leben und das ihrer Freunde literarisch zu verarbeiten, und stellt fest: »Am leichtesten lässt sich über Leute schreiben, die man hasst.«[214] Dabei beschreibt sie ihre Figuren so lebendig, dass jeder sofort erkennt, wer dafür Pate gestanden hat. »Such a Pretty Little Picture« handelt von dem Menschen, der ihr am nächsten steht: Robert Benchley. Es ist die Geschichte einer nach außen hin perfekten Vorstadtfamilienidylle, in der die Gedanken des unglücklichen Vaters ständig darum kreisen, wann er seine perfekte Hausfrau samt Tochter, die er nicht leiden kann, verlassen wird. Aufgrund seiner

Sozialisation und seines Charakters wird er seine Tagträume jedoch niemals verwirklichen.

Von nun an ist Dorothy immer auf der Suche nach neuem Material, geht mit offenen Augen durch die Welt, die ihr mehr als eine unmögliche Geschichte anbietet. Als sie bei einer Halloweenparty beobachtet, wie Gäste mit dem Mund Äpfel aus einem Wasserbassin aufpicken, ist sie sich sicher, gerade der Geschichte ihres Lebens gegenüberzustehen.

Noch während sie an »Such a Pretty Little Picture« schreibt, tritt ein neuer Mann in ihr Leben, der ihren Gefühlshaushalt mächtig durcheinanderwirbelt. Charles MacArthur ist groß, dunkelhaarig und unwiderstehlich charmant. Als sie einander begegnen, ist der aus armen, streng religiösen Verhältnissen stammende MacArthur 27 Jahre alt, zwei Jahre jünger als Dorothy. Nach seiner Rückkehr aus dem Ersten Weltkrieg hat er als Journalist beim *Herald Examiner* in Chicago angeheuert und ist gemeinsam mit seinem Freund Ben Hecht, der später sein Biograf werden wird, zum bestbezahlten Journalisten der Stadt avanciert. Nun ist er nach New York gekommen, um Drehbuchautor zu werden. Alexander Woollcott bringt ihn, höchst angetan von seinem Charisma, zum Lunch ins Algonquin mit. Als der unglücklich verheiratete Charles MacArthur auf die unglücklich verheiratete Dorothy trifft, begegnen sich zwei einsame Seelen. Dabei steht MacArthur in Sachen Alkoholkonsum Eddie in nichts nach: »Er musste den Dämon in sich mit sehr viel Alkohol füttern, um ihn zu zähmen«, wird Ben Hecht über seinen Freund schreiben.[215] Manchmal sieht man MacArthur sturzbetrunken am Eingang zur U-Bahn stehen und brüllen: »Ihr gottverdammten New Yorker! Gestehe, dass du einer dieser beschissenen New Yorker bist!«[216] Mehr als einer dieser beschissenen New Yorker wird ihm daraufhin einen Kinnhaken versetzen.

Dorothy erscheint MacArthur die Antwort auf ihre Gebete zu sein. Attraktiv, verrückt, witzig, charmant – genau der Typ Mann, auf den sie steht: »Ich erwarte nur drei Dinge von einem Mann: gutes Aussehen, Rücksichtslosigkeit und Dummheit.«[217] Auch MacArthur ist begeistert von der attraktiven, schlagfertigen Dorothy. Rasch werden sie unzertrennlich, machen ihre Affäre ohne Scheu öffentlich. Sie gelten als ideales Paar, die Freunde sind keineswegs überrascht, dass sie aneinander Gefallen finden. Eher überraschend kommt für sie, wie ernst

Dorothy die Affäre mit MacArthur nimmt. »Sie liebte ihn so sehr, es war wirklich eine ernsthafte, verzweifelte Sache. Wenn Dottie sich verliebte, großer Gott, dann im wahrsten Sinne des Wortes. Sie war verrückt vor Liebe. (...) Das Ganze war kein Spiel, sie nahm es wirklich sehr ernst. Sie verliebte sich bis über beide Ohren«, erinnert sich Don Stewart.[218] MacArthur ist fasziniert von Dorothy, doch er ist auch ein Frauenheld, der sich seit seiner Ankunft in New York bereits einen sagenhaften Ruf erarbeitet hat. Neysa McMein schenkt ihm Stempel, um die Worte »Ich liebe dich« schneller verteilen zu können. Er trifft sich auch weiterhin mit anderen Frauen, was bei Dorothy zu heftigen Gefühlsausbrüchen, Tränen und Vorwürfen führt. Aber je verzweifelter sie um seine Liebe kämpft, umso mehr entzieht er sich ihr.

Die Situation verschlimmert sich, als sie feststellt, dass sie schwanger ist. Während ihrer Ehe hat sie oft davon geträumt, ein Kind zu bekommen, doch im Hinblick auf ihr unstetes Leben hat sie die Finger davon gelassen. Nun, mit 29 Jahren, verheiratet, ohne festes Einkommen, ist sie von einem Mann schwanger, der mit einer anderen Frau verheiratet ist. Ihr Leben ist das reinste Chaos. Sie hat keine Ahnung, wie es weitergehen soll, lässt sich treiben und träumt von einer Zukunft mit MacArthur und dem gemeinsamen Kind. Eine Zukunft, die für MacArthur niemals zur Debatte steht. Erst im Herbst trifft sie eine Entscheidung und lässt das Kind abtreiben. Der Arzt stellt dabei fest, dass ihre Schwangerschaft viel weiter fortgeschritten ist, als sie offiziell angegeben hat.

Die Abtreibung wird ein traumatisches Erlebnis, sie bildet sich ein, die bereits ausgeformten Händchen des Embryos gesehen zu haben. Darüber sprechen mag sie nicht, bei den Treffen im Algonquin ist sie stiller als sonst. Nur nachts, zu fortgeschrittener Stunde, bei einer Zigarette und einem Drink wird sie über Jahre hinweg immer wieder davon anfangen. Wird die Geschichte ihrer Abtreibung unter Tränen völlig verblüfften, auch fremden Mittrinkern erzählen und dabei voller Bitterkeit sagen, dass dies wohl die gerechte Strafe dafür sei, dass sie all ihre Eier an einen Bastard verschwendet habe.[219] Es geht das Gerücht, dass MacArthur 30 Dollar zu der Abtreibung beigesteuert habe, die Dorothy höhnisch als Judaslohn bezeichnet. Auch wenn die Freunde versuchen, ihr in dieser Stunde so gut als möglich beizustehen, Dorothys Einsamkeit und die Trauer und Wut über das Verhalten des Geliebten können sie ihr nicht nehmen. Zynisch redet sie sich ein:

»(…) Joy has gone the way it came, | That is nothing new; | I could get along the same – | Many people do. (…)«[220]

Doch ganz so einfach ist es nicht. Sie versinkt in tiefe Depression. Um Weihnachten herum besteht ihr Tagesablauf nur mehr aus Schlafen bis zum Ausgehen am Abend. Sie fühlt sich schrecklich allein. Ihr Alkoholkonsum verstärkt ihre seelische Not, macht sie schläfrig und benommen und bereitet ihr schier körperliche Pein. Einem Barkeeper antwortet sie auf die Frage: »Was kriegen Sie?«, »Nicht viel zu lachen«.[221] Jeder neue Tag wird ihr zur Qual, jede neue Nacht zum Versuch, den Tag zu vergessen. In ihr reift der Entschluss, all dem ein Ende zu machen, wie sie in ihrem Gedicht »Rhyme Against Living« schreibt: »If wild my breast and sore my pride, | I bask in dreams of suicide; | If cool my heart and high my head, | I think, ›How lucky are the dead!‹«[222]

Akribisch durchforstet sie die Zeitungen nach Meldungen über Selbsttötungen, in der Hoffnung, eine brauchbare Methode für den eigenen Freitod zu finden. An einem Sonntagabend im Januar 1923 setzt sie ihre Recherchen in die Tat um. Völlig betrunken ordert sie im Swiss Alps Restaurant ein Abendessen, bevor sie ins Bad wankt und sich dort mit Eddies Rasierer die Pulsadern aufschneidet. Ein Botenjunge des Restaurants findet die bewusstlose Dorothy auf dem Fußboden. Keine Minute zu früh fährt ein Krankenwagen vor, der sie ins Presbyterian Krankenhaus bringt.

Sie überlebt. Als sie stabil genug ist, um Besuch zu empfangen, trudeln nach und nach die Algonks ein. Sie werden von einer sichtlich blassen und mitgenommenen Dorothy mit lautem Hallo begrüßt, ganz so, als ob nichts geschehen sei. Um ihre verletzten Handgelenke hat sie große blaue Schleifen gebunden, mit denen sie den Freunden zuwinkt. Und spätestens als Dorothy ungehemmt ihre geliebten Vier-Buchstaben-Worte benutzt, sind die Besucher der Meinung, es sei eine Kurzschlusshandlung gewesen, ohne tiefere Bedeutung. Die Show, die sie vor ihren Freunden abzieht, festigt ihren Ruf als Exzentrikerin par excellence. Viele empfinden den Versuch ohnehin als halbherzig, da sie ja dafür gesorgt habe, vom Botenjungen des Restaurants rechtzeitig gefunden zu werden. Als sie nach ihrer Genesung zu ihrer Damenbridgerunde zurückkehrt, erklärt sie dort lachend, dass sie sich zwar sehr wohl habe umbringen wollen, aber sich nur die Pulsadern angeritzt hätte, da ihr Eddie nicht einmal ein scharfes Rasiermesser hinterlassen habe.

Kurz nach ihrem ersten Selbstmordversuch kehrt Eddie aus Hartford zurück. Er zieht wieder bei ihr ein. Dorothy kündigt ihre Kolumne bei *Ainslee's* und konzentriert sich verstärkt auf das Schreiben von Kurzgeschichten. Ihr Stil passt in die Jahre der Jazz-Ära, er ist frivol und zynisch, ihre Geschichten geben die Alltagserlebnisse der städtischen Mittelschicht der 1920er Jahre wieder. In ihrer neuen Kurzgeschichte »Too Bad« verarbeitet sie ihre Ehe und schildert, wie eine nach außen hin harmonisch scheinende Verbindung am Schweigen zerbricht.[223] Eine Geschichte, die deutlich macht, dass sie zwar augenblicklich mit Eddie unter einem Dach lebt, beide aber eigentlich aufgegeben haben. Leichte Verse schreibt sie weiterhin, verkauft diese zu Höchstpreisen. Aber sie sieht realistisch, dass es trotzdem lange dauern wird, bis sie auf diese Weise Millionärin wird: »Ich denke, so wie die Dinge momentan laufen, müsste ich es irgendwann im Spätfrühling 2651 geschafft haben.«[224]

Der Tenor ihrer Gedichte hat sich verändert. Sie sind bitterer geworden, spiegeln Dorothys zerplatzte Träume, ihre enttäuschten Hoffnungen, ihre Verletzungen, ihre Einsamkeit wider. Sie sind nun vor allem Spiegel der eigenen Seele. Einer Seele, die Ablenkung und Zerstreuung sucht.

Und davon gibt es mehr als genug. Der Sommer 1923 wird für Dorothy eine schier endlose Abfolge von Partys. Beinahe jeden Freitag verlassen die Freunde die Stadt in Richtung Long Island. Hier lebt Dorothys Lieblingsgastgeber, der Journalist Herbert Bayard Swope, erster Pulitzerpreisträger von 1917. Die Partys auf seinem großen Anwesen in Great Neck dienen F. Scott Fitzgerald als Vorlage für seinen Roman *Der große Gatsby:* »Aus meines Nachbars Hause hörte man an Sommerabenden Musik bis tief in die Nacht. Im blauen Dämmer der Gärten war von Männern und Mädchen ein Kommen und Gehen, wie Mottengeschwirr, und Flüstern und Sekt unter Sternen. Auch nachmittags konnte ich seine Gäste schon beobachten, wie sie bei Flut vom Turm des großen Floßes ihre Kopfsprünge machten oder sich im heißen Sand seines Privatstrandes sonnten, während seine zwei Motorboote die Wasserfläche des Sunds durchschnitten und Wellenreiter hinter sich her durch schaumige Katarakte zogen. Am Wochenende wurde sein Rolls-Royce jedesmal zu einem wahren Omnibus, der von neun Uhr früh bis lange nach Mitternacht Gäste aus der Stadt und wiederdorthin beförderte (…). Am Montag hatte dann ein achtköpfiges

Dienstpersonal nebst Extragärtner den ganzen Tag zu tun, um mit Besen und Schrubber, mit Hammer und Gartenschere die Verwüstungen der Nacht zu beseitigen.«[225] Hier trifft sich die intellektuelle High Society New Yorks zum Feiern. Ring Lardner, der Swopes Nachbar ist, beschwert sich mehrmals darüber, dass dessen betrunkene Gäste zu vorgerückter Stunde schon mal die Häuser verwechseln und sich ihre Erfrischungen bei ihm holen.

Auf der Terrasse der wunderschönen Villa kann man Dorothy von Freitag bis Sonntag in einem Liegestuhl antreffen, einen eisgekühlten Drink in der Hand. Bei Swopes gehen die Uhren anders, hier herrscht eine Zeitrechnung, die ihr sehr entgegenkommt. Den Tee nimmt man hier um 18 Uhr ein, das Abendessen wird um Mitternacht serviert, und niemand geht vor drei Uhr morgens zu Bett. Nach dem Aufwachen bringen dienstbare Geister auf ein Klingeln hin Tabletts voll mit edlem Geschirr und feinsten Speisen sowie allen wichtigen Zeitungen ans Bett.

Ein paradiesisches Leben, das die Mitglieder des Round Table geradezu magisch anzieht. Sie nehmen jede Einladung an, egal bei wem. Auch wenn sie sich einmal zusammen mit einer Gruppe Menschen bei einer Party wiederfinden, die sich ganz offensichtlich nur unregelmäßig wäscht. Auf Aleck Woollcotts erstaunte Frage, was diese Leute wohl später noch machen würden, antwortet Dorothy weise: »Ich denke, sie werden wieder in ihre Löcher zurückkriechen.«[226] Eine dieser Wochenendeinladungen kostet sie in diesem Sommer ihren Job bei der *Saturday Evening Post*. Als sie im Haus des Herausgebers George Lorimer zu Gast ist, ist ihr so langweilig, dass sie den Hausherrn bittet, ein Telegramm an Robert Benchley absenden zu dürfen: »Bitte schicken Sie mir einen Laib Brot und vergessen Sie nicht eine Säge und eine Feile einzubacken.«[227] Unglücklicherweise verlangt das Telegrafenamt von Lorimer, die Nachricht gegenzulesen. Von da an steht Dorothy nie wieder auf der Gästeliste und auch nicht mehr auf der Gehaltsliste der Zeitung.

Die Wochenenden vergehen mit viel Gelächter, viel Champagner und nicht immer den richtigen Männern: »Der junge Mann in diesem komischen Pullover hat mich herausgepickt, um seinen Highball über mich zu verschütten. Das konnte ich an seinem Blick ablesen, in der Minute, als ich reinkam. So was hab ich noch nicht erlebt. Egal, wo ich hingehe auf Gottes weiter Flur, immer ist da so ein gutgebautes Jüngelchen, das nur darauf wartet, dass er mich mit seinem Highball abkleckern kann. Das ist mein ganzes Sexleben.«[228] Am Ende eines solchen Wochenendes nimmt sie am Montagmorgen den Zug zurück nach New York, wo sie zu ihrem größten Erstaunen stets an der Station Jamaica in Queens umsteigen muss: »Egal, wo ich hinfahre, ich muss immer in Jamaica umsteigen. Sie würden lieber den kompletten Zugplan umwerfen, als mich einfach durchfahren zu lassen. Ich wette, wenn ich auf einem Nonstop-Transatlantikflug wäre, müssten wir in Jamaica umsteigen. Das ist alles, worauf ich mich freuen kann: Umsteigen in Jamaica. Da liegt meine Zukunft, genau hier.«[229]

Im Herbst 1923 kehrt Charles MacArthur, der den Sommer in Chicago verbracht hat, nach New York zurück. Zu Dorothys Entsetzen wird er in der Folgezeit einer der engsten Freunde von Robert Benchley. Da er somit täglich am Lunch im Algonquin teilnimmt, kann sie ihn schlecht meiden und gewöhnt sich schließlich, wenn auch mit Widerwillen, an seine Anwesenheit. Viel schlimmer ist für sie, dass Robert Benchley, den sie zwar in einer unglücklichen Ehe gefangen sieht, von dem sie aber fest überzeugt war, er würde seine Frau niemals verlassen, ja nicht einmal betrügen, eine Affäre mit einem Showgirl beginnt. Benchley, seit »The Treasurer's Report« ein Revuestar, bringt seine Geliebte sogar in seiner Show unter. Auch die Freunde sind überrascht von Benchleys neuer Obsession. Für Dorothy ist die 19-jährige Telefonistin kaum die Art von Frau, mit der sie sich anfreunden möchte. Doch sie merkt bald, dass weder Gertrude Benchley noch Benchleys Showgirl ihr die herausragende Stellung bei Mr. Benchley streitig machen können.

Im Januar 1924 geht Eddie erneut nach Hartford zurück, diesmal ist die Trennung endgültig, auch wenn sie lose in Kontakt bleiben.

(…)
If you and I were one, my dear,
A model life we'd lead.
We'd travel on, from year to year,
At no increase of speed.
Ah, clear to me the vision of
The things that we should do!
And so I think it best, my love,
To string along as two.[230]

Im Winter 1928 lassen sie sich in aller Stille scheiden. Kurz darauf heiratet Eddie erneut. Fünf Jahre später stirbt er mit nur 39 Jahren an einer Medikamentenvergiftung, und Dorothy wird bittere Tränen um ihn weinen.

Nach Eddies Auszug bleibt sie noch einige Monate in ihrem ehemals gemeinsamen Apartment, ehe sie ihre Sachen packt und ins Algonquin zieht. Kein Ort auf dieser Welt scheint besser geeignet, all ihre Wünsche zu erfüllen: Zimmerservice, nur ein paar Schritte zum Round Table und die ständige Möglichkeit, all ihre Freunde zu sehen. Viel Platz braucht sie nicht, nur so viel, um einen Hut und ab und zu ein paar Freunde abzulegen. In den nächsten Jahren wird Zimmer Nr. 1112 immer voller Menschen sein. Die Kellner geben sich die Klinke in die Hand, um Kaffee und Essen zu bringen, während sich die Zimmermädchen alle Mühe geben, die Spuren der wüsten Saufgelage zu beseitigen. Manager Frank Case hat seine liebe Not mit dem prominenten Gast, der sich beharrlich weigert, seine Rechnungen zu bezahlen, es stattdessen als eine Ehre für das Hotel ansieht, dass sie hier lebt. Die Auseinandersetzungen zwischen den beiden werden legendär. Als ein Freund Dorothy um Weihnachten herum einmal fragt, ob sie denn plane, Nikolausstrümpfe in ihrem Zimmer aufzuhängen, antwortete sie nur trocken: »Nein, ich werde stattdessen Frank Case aufhängen.«[231]

Motiviert durch ihre neue Umgebung, beschließt sie, ein Theaterstück über Benchley und seine Liaison zu schreiben. Nachdem sie sich durch den ersten Akt gequält hat, zeigt sie das Stück dem Theaterproduzenten Philip Goodman, der ihr als Co-Autor Elmer Rice an die Seite stellt. Dorothy ist entzückt, denn Rice gehört zu den herausragendsten amerikanischen Dramatikern. Rice selbst akzeptiert, zum einen weil er Geld braucht, zum anderen weil er im ersten Akt durchaus Potenzial sieht. Sie werden schnell ein gutes Team und treffen sich jeden Tag in einem Studio, das Rice angemietet hat, um fern von seiner Familie in Ruhe zu arbeiten. Dorothy ist für die Dialoge, Rice für die Dramaturgie zuständig. Sie übernimmt die Figuren aus ihrer Kurzgeschichte »Such a Pretty Little Picture« und entwickelt sie weiter. Der Vorstadtehemann, gequält von seiner perfekten Familie, verliebt sich nun in seine Nachbarin, ein ehemaliges Showgirl. Doch als es darum geht, die Familie zu verlassen, entscheidet er sich fürs Bleiben. Das ehemalige Showgirl jedoch verlässt ihren Ehemann, dankbar, dass der

Nachbar ihr geholfen hat, sich zu befreien. Obwohl die Nachbarin nach Benchleys Showgirl gestaltet ist, trägt sie viele Züge Dorothys, die es nicht zuletzt mit Hilfe von Benchleys Freundschaft geschafft hat, ihre unglückliche Ehe hinter sich zu lassen. Benchley aber gibt sie den unmissverständlichen Rat zu bleiben. Er ist, trotz oder gerade wegen Gertrude, in ihren Augen »ein lebendiger Heiliger, das ist er. Wie überhaupt noch irgendetwas übriggeblieben ist, nach zehn Jahren mit der Frau, das versteh ich nicht. Die kann ihn keine Sekunde in Ruhe lassen; immer muss sie bei allem mitmischen, immer muss sie die Pointe erklärt kriegen und worüber er gerade lachte, und ach, er soll's ihr doch sagen, er soll's ihr doch sagen, damit sie auch mitlachen kann. Dabei gehört sie zu diesen bierernsten Tatterköpfen, die sowieso nie was komisch finden (...).«[232] Zum ersten Mal in ihrem Leben arbeitet Dorothy hart und diszipliniert. Rice ist von der anmutigen Dorothy so angetan, dass sie schließlich miteinander im Bett landen. Doch so gut sie künstlerisch harmonieren, sexuell tun sie es nicht. Noch Jahre später wird Dorothy über diese Affäre sagen: »Ohne Zweifel der schlechteste Fick, den ich jemals hatte.«[233] Im Juli 1924 übergeben sie das Stück ihrem Produzenten.

Robert Benchley, für den eine Scheidung tatsächlich nicht infrage kommt, nimmt sich zwischenzeitlich eine Wohnung in der Madison Avenue in New York und verbringt nur noch die Wochenenden bei seiner Familie auf dem Land. Zu Dorothys Entsetzen wird sein neuer Mitbewohner niemand anderer als Charles MacArthur. Drei Jahre wird diese Wohngemeinschaft Bestand haben – drei Jahre, in denen auch Dorothy irgendwie dazugehört.

Von 1924 an verbringen die Mitglieder des Round Table ihre Sommer gemeinsam in Neshobe Island, der Privatinsel von Alexander Woollcott im See Bomoseen in Vermont. Woollcott hat hier für seine Freunde eine Art Privatclub errichtet, der von Touristen und Einheimischen gleichermaßen vom Ufer aus misstrauisch beäugt wird. Hier vertreibt man sich die Zeit mit Krocket und derben Späßen. So kann es durchaus vorkommen, dass Harpo Marx vor den Augen entgeisterter, heimlich auf die Insel geruderter Touristen nackt aus den Büschen springt. Oder dass Dorothy ein ganzes Wochenende einzig und allein mit einem Hut bekleidet verbringt.[234] Krocket wird zum Dreh- und Angelpunkt der Gruppe. Zurück in New York erwirken sie eine Sondergenehmigung von der Stadt, um im Central Park spielen zu dürfen. Sie spielen überall. Einmal sogar während eines heftigen Schnee-gestöbers in den Adirondack Mountains. Ein Team von acht Männern steht bereit, um mit Schneepflügen, Schaufeln und Traktoren das Spielfeld freizuhalten. Dabei wird stets um Geld gespielt, und die Verluste sind für manchen durchaus schmerzlich: »Die Einzigen, die beim Krocket nichts verloren, waren Abercrombie und Fitch, die uns Mitte bis Ende der zwanziger Jahre importierte Krocketausrüstungen im Wert von 50 000 Dollar verkauft haben müssen«, schreibt Harpo Marx.[235] Und überall und ständig wird geredet und geredet und geredet.

Nach Abschluss des Theaterstücks sagt Dorothy ihre Beteiligung an einem Fortsetzungskrimi zu, an dem 19 verschiedene Autoren arbeiten. Doch wieder einmal ist sie so unzuverlässig, dass sie erst, als Herausgeber George Palmer Putnam ihr damit droht, Polizei und Feuerwehr einzuschalten, um sie am Schreibtisch zu halten, ihren Part fertig schreibt. »Bobbed Hair« erscheint 1925.

Im selben Jahr startet Harold Ross endlich sein großes Zeitschriftenprojekt. Jahrelang musste er mitansehen, wie andere große Magazine gegründet wurden: 1922 *Reader's Digest*, 1923 das *Time Magazine*. Doch nun ist er an der Reihe. Mit Hilfe des reichen Erben Raul Fleischmann setzt er sein Vorhaben in die Tat um. Nachdem die Finanzierung gesichert ist, fehlt ihm nur noch der geeignete Name. Aber auch dieses Problem wird beim Lunch im Algonquin gelöst. Als bei einem ausgiebigen Brainstorming alle möglichen Namen diskutiert werden, fragt Peter Toohey Ross, für wen seine neue Zeitschrift denn genau sein soll. Als Ross daraufhin antwortet, dass sie eben für den New Yorker sei, erwidert Toohey seufzend, dann solle er sie doch auch so nennen und endlich Ruhe geben. Um weitere Geldgeber zu finden, setzt Ross den gesamten Round Table – ungefragt – auf die Liste seiner Redakteure. Allerdings machen ihm diese Redakteure später nicht immer Freude. Sie sind alle unzuverlässig, was für einen Pedanten wie Ross unerträglich ist. Als er Dorothy einmal nach einem versprochenen Artikel fragt, antwortet sie nur mit betrübter Mine: »Jemand hat meinen Bleistift benutzt.«[236]

Von 1925 bis zu seinem Tod 1951 bleibt Harold Ross Herausgeber des *New Yorker,* und in dieser Zeit redigiert er jeden einzelnen Artikel höchstpersönlich. Er ist ein Workaholic, dessen strenge Arbeitsauffassung seine drei Ehen ruiniert. Bis heute jedoch steht die Redaktion des *New Yorker* in dem Ruf, die Fakten genauer zu prüfen als jede andere.

Nach ersten Anlaufschwierigkeiten wird die Zeitung mit ihren Kurzgeschichten, Essays, Kritiken und Cartoons eine beispielhafte Erfolgsgeschichte. Autoren wie J. D. Salinger, Vladimir Nabokov, John Updike, Philip Roth oder Richard Yates veröffentlichen hier. Die Karikaturen von James Thurber und anderen erlangen Weltruhm. Mit den Jahren wird der *New Yorker* zudem Plattform für politischen Journalismus. Im August 1946 wird einer Reportage über den Atombombenabwurf in Japan, »Hiroshima« von John Hersey, die gesamte Ausgabe gewidmet. Das Risiko ist groß, doch Ross beweist das richtige Gespür: Die gesamte Auflage ist innerhalb weniger Stunden ausverkauft, die Reportage wird im Radio verlesen. 1999 wird Herseys Arbeit von einer Expertenkommission der New York University zur bedeutendsten journalistischen Arbeit des 20. Jahrhunderts gekürt. Ross sagt über diese Ausgabe seiner Zeitung: »Ich glaube, nichts hat mir in meinem Leben je eine größere Befriedigung gegeben als das.«[237]

Dorothy verfasst Gedichte und Kurzgeschichten für den *New Yorker*. Eine davon nimmt Charles MacArthur zum Vorbild. Zwar pflegt sie zwangsläufig einen freundlichen Umgang mit ihm, doch sein Verhalten hat sie ihm keineswegs verziehen. Und nun rächt sie sich auf ihre Weise. In »Mr. Durant« schildert sie einen Mann, der frappant an MacArthur erinnert, als selbstgefälligen Idioten, der nicht nur seine Frau, sondern auch seine schwangere Geliebte tyrannisiert und zur Abtreibung zwingt und zudem den Hund der Kinder aussetzt, während diese schlafen.[238]

Im Sommer 1925 beginnt sie gemeinsam mit George S. Kaufman an einem Einakter zu schreiben. Es entsteht »Business is Business«, das leidlich erfolgreich ist, jedoch ihre einzige Zusammenarbeit bleiben wird, da sie sich nicht leiden können. Im Dezember kommt endlich ihr mit Elmer Rice verfasstes Stück unter dem Titel »Close Harmony« auf die New Yorker Bühnen. Obwohl sie hervorragende Kritiken bekommt, läuft der Ticketverkauf nur schleppend an. Sie telegrafiert an Benchley: »Die Matinee von Close Harmony hat stolze 90 Dollar eingespielt. Frag die Jungs im Hinterzimmer, was sie trinken möchten.«[239] Nach 42 Aufführungen wird das Stück abgesetzt. Unter dem Namen »The Lady Next Door« wird es im Sommer darauf 15 Wochen lang in Chicago gespielt, gefolgt von einer zehnwöchigen Tournee durch Kleinstädte des Mittleren Westens. Es gibt nichts zu beschönigen. Das Stück ist ein Flop.

Nach all der harten Arbeit stürzt sie sich mit Begeisterung ins Privatleben – und in unzählige Affären. Marc Connelly sagt darüber: »Ich bin mir sicher, als sie noch zusammenlebten, hatte sie keine Liebhaber. Aber nachdem Eddie ausgezogen war, gingen die Männer in ihrem Haus ein und aus wie die Post.«[240] Sie ist eine 30-jährige New Yorker Berühmtheit, hübsch und gescheit. Dies zieht die Männer magisch an. Auf Polospieler folgen Industrielle und Börsenmakler, allesamt gutaussehende, wohlhabende Tennisspieler, die ihren Sommerurlaub auf den Hamptons, Long Island verbringen. Snobs ohne tiefere Gefühle, die sich mit der erfolgreichen Dorothy schmücken: »Dottie zog alle an – ihre Augen waren so wundervoll und erst ihr Lächeln. Es war nicht schwer, sich in sie zu verlieben. Sie war stets bereit, irgendetwas anzustellen, war für jeden Spaß zu haben. Sie war immer dabei, wenn irgendwo was los war, und es war eine Menge los in diesen Tagen.«[241] Die Liebhaber kommen und gehen in einem Ausmaß, dass ihre Freunde darüber nur den Kopf schütteln können. Gertrude Benchley erinnert sich: »Sie widmete eines ihrer Bücher einem John, aber als das Buch erschien, gab es schon einen anderen John! Gut, dass das so ein gebräuchlicher Name ist.«[242] Die meisten ihrer Liebhaber hält sie für dumm und ihr unterlegen: »Ich liebte sie, bis sie mich liebten.«[243] Sie betrachtet es als Privileg, dass diese ihre Gesellschaft genießen dürfen, dafür können sie ruhig die Rechnung bezahlen. Später finden sie sich ungefragt in ihren Gedichten und Geschichten wieder, keineswegs vorteilhaft porträtiert. Dorothy dienen ihre Lover nicht nur zur Unterhaltung, sondern auch zu Studienzwecken. Einige ihrer besten Zeilen entstehen durch die Beobachtung der Männer:

Lady, lady should you meet
One whose ways are all discreet,
One who murmurs that his wife
Is the lodestar of his life,
One who keeps assuring you
That he never was untrue,
Never loved another one …
Lady, lady better run![244]

Sich in Dorothy zu verlieben, tut nicht gut. Das muss auch Seward Collins schmerzlich erfahren, der 26-jährige Herausgeber des literarischen Magazins *The Bookman,* der sich rühmt, die weltgrößte Sammlung erotischer Literatur und Pornografie zu besitzen. Die beiden kennen sich seit Jahren, doch Dorothy hat kein Interesse an dem blassen, wohlerzogenen, schwerreichen Tabakerben aus Pasadena, der in Liebesdingen mehr Beobachter als Akteur ist. Sie hält ihn für einen ausgemachten Trottel und verliebt sich stattdessen in ihren Round-Table-Kollegen Deems Taylor, den unglücklich verheirateten Komponisten. Doch je mehr sie sich auf ihn stürzt, umso mehr weicht er zurück. Zeitlebens wird sie sich mit Vorliebe in Männer verlieben, die ihre Gefühle nicht erwidern. Die Sätze, die sie den weiblichen Figuren ihrer Kurzgeschichten in den Mund legt, kommen direkt aus ihrem Herzen. Erneut ist sie über alle Maßen unglücklich: »Mein einzig Geliebter, er ist mein ganzes Herz – und ich wünschte, jemand würde ihn erschießen.«[245] Ihr späterer Verleger George Oppenheimer nennt sie »eine Masochistin, deren Leidenschaft fürs Unglücklichsein keine Grenzen kannte«.[246]

In ihrem Kummer wendet sie sich an Ring Lardner, der ihr vorschlägt, einige Zeit zu ihm nach Great Neck zu kommen, um sich zu erholen. Gemeinsam mit ihrer Schreibmaschine quartiert sie sich dort ein, doch an Arbeit ist nicht zu denken. Lardner, selbst ein schwerer Trinker, macht die Nacht zum Tage. Seine Frau geht ihm aus dem Weg, vier Kinder lärmen unbeaufsichtigt durchs Haus. Freunde und Nachbarn sind gern gesehene Gäste. Nach einer Woche kehrt Dorothy entnervt in die Stadt zurück, nicht jedoch, ohne vorher mit dem Hausherrn zu schlafen.

Sie verbringt den Sommer mit Deems Taylor, dessen Frau nach Europa abgereist ist, auf dem Land in Connecticut, wo sie sich zum ersten Mal mit dem Gedanken trägt, einen Roman zu schreiben. Dass ihr das Landleben diesmal zusagt, liegt nicht nur am Alkohol, sondern vor allem daran, dass der halbe Round Table dort ebenfalls Häuser gemietet hat. Und so vergeht der Sommer mit gelegentlichen Besuchen in New York und ausgelassenen Landpartien.

Als Mary Kennedy Taylor aus Europa zurückkehrt, gehen Deems Taylor und Dorothy Parker auseinander. Ein Jahr später bekommen Deems und seine Frau ihr erstes Kind, und Dorothy schreibt wieder einmal ein Gedicht:

Into love and out again,
Thus I went, and thus I go.
Spare your voice, and hold your pen –
Well and bitterly I know
All the songs were ever sung,
All the words were ever said;
Could it be, when I was young
Someone dropped me on my head.[247]

Sie stellt fest, dass der Umstand des Verlassenwerdens und der Zustand der Verlassenen nur wenig Variationsmöglichkeiten bieten.

Some men break your heart in two,
Some men fawn and flatter,
Some men never look at you;
And that cleans up the matter.[248]

V.

Zyankali on the Rocks und Sacco & Vanzetti

oder Mrs. Parkers schmerzvolle Melancholie

Das unrühmliche Ende einer weiteren Liebesbeziehung stürzt Dorothy in tiefe Verzweiflung. Sie steigt jetzt auf Scotch um – pur: »Lass das Soda weg. Zur Hölle damit. Einfach Scotch pur. Was soll ich lange überlegen, einfach pur. So bin ich nun mal.«[249] Haig & Haig wird und bleibt ihre bevorzugte Whiskeymarke. Sie ist selten auffallend betrunken, aber ebenso selten ist sie nüchtern, dafür aber oft ungehalten und aggressiv. Als eine Frau am Round Table begeistert davon erzählt, dass sie ihren Ehemann nun schon seit sieben Jahren hätte, antwortet Dorothy zynisch: »Keine Sorge, wenn Sie ihn lange genug behalten, kommt er bestimmt wieder in Mode.«[250]

Ihre neue Kurzgeschichte »The Wonderful Old Gentlemen«, die im Januar 1926 in *Pictorial Review* erscheint, lässt keinen Zweifel an ihrer Gemütsverfassung. Es ist eine düstere Geschichte, in der den Leser das Unrecht und die Ungerechtigkeit förmlich anspringen. Dorothy fühlt sich ums Glück betrogen, hält sich für eine wertlose Versagerin. Ein Gefühl, das sich mit zunehmendem Alkoholkonsum verstärkt. Ihre wütende Selbstzerstörung beginnt selbst dem flatterhaften Round Table Sorge zu bereiten. Doch sie verbittet sich jegliche Einmischung: »Gott sei Dank verdiene ich mein eigenes Geld und muss niemanden um irgendwas bitten.«[251]

Doch das stimmt nicht so ganz. Ihr Leben steht finanziell auf äußerst wackligen Beinen, und Dorothy lebt weit über ihre Verhältnisse. Noch immer weigert sie sich beharrlich, ihre Zimmerrechnung im Algonquin zu begleichen. Ihre Verpflegung stellt sie durch diverse Dinnereinladungen sicher. Die Gäste ihrer täglichen Hotelzimmerpartys sind Selbstversorger und bringen den nötigen Alkohol als Willkommensgeschenk mit. Geld braucht Dorothy vor allem für Kleidung, Parfüm und ihre geliebten Chesterfield-Zigaretten. Und in den Phasen ihres Lebens, in denen sie nicht im Hotel lebt, auch für das dringend benötigte Hausmädchen, das sich um Wäsche und Abwasch, Ordnung und Durchlüften kümmert und von einer verkaterten Dorothy getriezt und herumgescheucht wird. Vom Schreiben kann sie mehr schlecht als recht leben, auch wenn Geld manchmal der einzige Grund ist, warum sie sich überhaupt an den Schreibtisch setzt. Von einer Journalistin gefragt, was sie denn zu ihrer Arbeit inspiriere, antwortet sie trocken: »Geldmangel, meine Liebe.«[252] Sie schreibt, um zu überleben, psychisch, aber auch physisch. Was ihr einst Spaß gemacht hat, ist längst zu einem sehr anstrengenden Broterwerb geworden: »Ich möchte mal wissen, warum alle so scharf drauf sind, irgendwie Schriftsteller zu werden. Und was machen Sie so, Mrs. Parker? Oh, ich schreibe. Das ist ein harter Job für eine gesunde Frau. Ich wünschte, ich hätte einen Kurs in Inneneinrichtung belegt oder wäre zur Bühne gegangen. Ja, ich wünschte wirklich, ich müsste überhaupt nicht arbeiten. Ich bin ohnehin für die Liebe erschaffen worden.«[253] Schreiben ist eine einsame Tätigkeit. Die quälenden Stunden vor dem leeren Blatt, die Isolation und das Abgeschnittensein vom wahren Leben sind in Dorothys Augen nur gerechtfertigt, wenn man gut davon leben kann. Doch mit dem, was sie schreibt, ist nicht allzuviel Geld zu verdienen: »Ich wünschte, ich würde mal was schreiben, was eine Menge Geld bringt. Das ist echt eine super Sache, in meinem Alter hier zu sitzen und weinerliche Verse über gebrochene Herzen und andern Kitsch zu schreiben. Einen Dollar die Zeile, echt super.«[254] Ein Drama oder einen Roman müsste man schreiben, das würde nicht nur Ruhm und Ehre, sondern auch viel Geld bringen. Doch der Respekt der ansonsten so respektlosen Dorothy vor einem derart umfangreichen Werk ist zu groß, ihre Angst zu versagen verhindert die Realisierung aller Pläne. Und so bleibt die endgültige Lösung ihrer finanziellen Misere bis auf Weiteres aus: »Niemand profitiert davon, dass er in einer Klause unterm Dach haust, falls es sich nicht um einen Ableger von John Keats handelt. (…) Was mich angeht, mir wäre finanzielle Sicherheit sehr willkommen, und hätte ich sie, würde ich mich anstrengen, nur gute Sachen zu schreiben. Diese beiden Dinge widersprechen einander nicht, ich hoffe, eines Tages dafür den Beweis antreten zu können. Sollte ich aber vor die Alternative gestellt werden, entweder so oder so – ich zöge das Geld vor.«[255] Die zwei schönsten Wörter der englischen Sprache sind für Dorothy Parker: »Scheck beiliegend«.[256] Die Geldquelle, die sie anzapft, wenn gar nichts mehr geht, und die ganz offensichtlich niemals versiegt, sind reiche Freunde. Von denen leiht sie sich ungeniert auch hohe Beträge, die diese zumeist nie mehr wiedersehen.

Statt des großen Romans schreibt sie eine neue Kurzgeschichte, die in beängstigender Weise ihr eigenes Leben reflektiert. »Dialogue at Three in the Morning« ist die Geschichte einer Frau, die einen großen petunienfarbenen Hut tragend um drei Uhr morgens in einer Bar sitzt und voller Selbstmitleid einen tränenreichen Monolog über die Sinnlosigkeit des Lebens hält. Zwar versucht ihr Begleiter sein Bestes, um sie zu beruhigen, aber er kommt nicht einmal zu Wort.[257] Beide Personen erinnern auch optisch frappant an Dorothy Parker und ihren treuen Verehrer Seward Collins.

Als der Leidensdruck unerträglich wird, entschließt sie sich zu einer Psychotherapie. Auf einer Party lernt sie Alvan Barach, einen jungen Psychotherapeuten, kennen, der ihren Fall für 25 Dollar die Stunde übernimmt. Bezahlen wird Dorothy die Rechnung nie. Dr. Barach versucht ihr klarzumachen, dass ihr größtes Problem der Alkohol ist. Doch er stößt auf taube Ohren. Obwohl sie längst nicht mehr aus Genuss trinkt, sondern nur noch, um den Tag zu überstehen, erweist sie sich als beratungsresistent. Dabei nimmt das Quantum, das sie nötig hat, um sich gut zu fühlen, immer mehr zu. Trinkt sie zu wenig, ist alles voll »schmerzvoller Melancholie«.[258] Was ihr Angst macht? »Alles. Die Dunkelheit. Der Morgen. Die Nacht. Morgen. Die nächste Woche. Die ganze Zukunft.«[259] Ihre Depressionen bleiben, Psychotherapie hin oder her. Als sie dann auch noch ihren neuen Hund weggeben muss, weil dieser einen schier unstillbaren Heißhunger auf das Mobiliar des Algonquins entwickelt, ist es erneut kurz vor knapp.

Doch während Dr. Barach dringend zu einer Entziehungskur rät, entdeckt Dorothy die Vorzüge von Veronal. Das beliebte Barbiturat ist zwar in New York verschreibungspflichtig, im benachbarten New

Jersey jedoch frei erhältlich. Dorothy unternimmt eine ausgedehnte Shoppingtour in den Nachbarstaat, um sich damit einzudecken. Wann immer Scotch nicht mehr ausreicht, um das Leben zu ertragen und den Schmerz zu betäuben, greift sie nun darauf zurück. Dr. Barach gegenüber vergisst sie geflissentlich, ihr Wundermittel zu erwähnen. Praktischerweise hält sie mit Veronal auch gleich das Lieblingsmedikament der Selbstmörder der 1920er Jahre in den Händen. Eines Nachts, als sie von einer Party in ihr leeres Hotelzimmer zurückkommt, mischt sie sich einen Veronalcocktail und unternimmt den zweiten Selbstmordversuch. Diesmal retten ihr drei Dinge das Leben: zum einen, dass sie im letzten Moment die leere Tablettenhülle aus dem Fenster auf die Straße wirft, zum zweiten, dass sie wahrscheinlich nicht genügend genommen hat, und zum dritten, dass ein Zimmermädchen rechtzeitig zur Stelle ist. Erneut wird sie ins Krankenhaus eingeliefert, bleibt zwei Tage ohne Bewusstsein. Als sie erwacht, ist ihr erster Satz das Bedauern, überlebt zu haben, und ihr zweiter die Frage nach einem Drink. Dr. Barach erlässt ein striktes Alkoholverbot fürs Krankenhaus, doch Dorothy weiß es mit Hilfe von Heywood Broun, der sie fürsorglich mit Scotch versorgt, erfolgreich zu umgehen. Auch mit ihrem zweiten Selbstmordversuch geht sie gewohnt zynisch um. Als Robert Benchley sie besucht, liegt sie unter einem großen Sauerstoffzelt. Er versucht ihr ins Gewissen zu reden. »Dottie, wenn du damit nicht aufhörst, wirst du dich noch ernsthaft verletzen.«[260] Doch sie bittet ihn nur um eine Flagge für ihr Zelt und verfasst erneut ein Gedicht.

Razors pain you;
Rivers are damp;
Acids stain you;
And drugs cause cramp.
Guns aren't lawful;
Nooses give;
Gas smells awful;
You might as well live.[261]

Dabei ist auch ihr inzwischen klar, dass es so nicht weitergehen kann. Entweder sie schafft die Kehrtwende oder sie geht vor die Hunde. Die Freunde vom Round Table können ihr nicht helfen, Dr. Barach ist dies längst klar: »Sie führten ein sehr oberflächliches Leben. Immer mussten sie witzig und unterhaltsam sein. Niemals redeten sie länger als eine Minute über ein und dasselbe Thema. Nie vertieften sie etwas, und so waren sie gezwungen, die andere Seite ihrer Natur zu vernachlässigen, die ernsthafte, die nachdenkliche. Sie schrieben, um Geld zu verdienen oder um witzig zu sein, und wussten doch instinktiv, dass irgendetwas fehlte. Deshalb brauchten sie die Sicherheit, die ihnen die Gruppe gab. Die Exklusivität der Gruppe, die viele Zeit, die sie miteinander verbrachten – all das ist für mich ein Zeichen dafür, wie unsicher sie alle waren. Und ein Ergebnis dieser Unsicherheit war eine geradezu erschreckende Bosheit. Fast alle hatten einen sehr boshaften Zug an sich.«[262]

Dorothy versucht jetzt ihrem Leben einen neuen Halt zu geben. Sie wendet sich Seward Collins zu, den sie all die Jahre verschmäht hat und der trotzdem an ihrer Seite geblieben ist. Vom Round Table zieht sie sich zurück, findet plötzlich, dass ihre Freunde ihr Leben und ihre Zeit vergeuden würden, anstatt etwas aus ihren Talenten zu machen. Im Februar 1926 trifft Dorothy endlich einen, der etwas aus sich gemacht hat: Ernest Hemingway. Er ist ein enger Freund Don Stewarts. Als Dorothy Hemingway auf einer Party zum ersten Mal begegnet, ist sie fasziniert von ihm. Sie sieht in ihm einen Verwandten im Geiste, denn auch Hemingway ist berühmt dafür, einzelne Passagen seiner Geschichten 60- bis 70-mal zu überarbeiten, kennt das Zweifeln und Verzweifeln. »Nichts geht ihm leicht von der Hand, er kämpft mit sich, schreibt ein Wort nieder, streicht es aus und beginnt von Neuem. Er empfindet seine Kunst als harte und schmutzige Arbeit und hat keine Hoffnung, dass es einmal leichter wird«, schreibt sie über ihn.[263] Sie hält Hemingway für ein literarisches Genie, allerdings mit einer Einschränkung: »Für mich ist er zwar der größte lebende Autor von Kurzgeschichten, aber sicher nicht der größte lebende Romancier.«[264]

In den folgenden Tagen sucht sie verstärkt seine Nähe, verfolgt mit großem Interesse seine Berichte über Europa. Besonders faszinieren sie seine Geschichten über das Leben der amerikanischen Schriftsteller in Paris. Eingedenk ihrer schwierigen persönlichen Situation erscheint ihr, die New York niemals verlassen wollte, ein Ortswechsel plötzlich sehr verlockend. Kurzerhand bucht sie eine Passage auf dem Überseedampfer, mit dem Hemingway zurück nach Frankreich reist. Bezahlen darf die Passage Seward Collins, mitfahren darf er nicht. An einem stürmischen Februartag verlässt die »President Roosevelt« mit Dorothy an Bord den Hafen von New York. An ihrer Seite ihr alter Freund Robert Benchley, der seine Frau nur mit Mühe von der Dringlichkeit dieser Reise überzeugen konnte. Begleitet von viel Champagner, Bridge und langen Gesprächen erreichen Dorothy Parker, Ernest Hemingway und Robert Benchley nach sechs Tagen Cherbourg in Frankreich. Von hier aus reisen sie gemeinsam weiter nach Paris.

Es werden wunderbare Tage. Hemingway spielt für die Neuankömmlinge den Fremdenführer, abends treffen sie Zelda und Scott Fitzgerald, die in den Pyrenäen überwintert haben, zum Dinner. Nach ein paar Wochen reisen die beiden weiter an die Riviera, und Benchley kehrt nach Hause zurück. Dorothy bleibt nicht lange allein. Seward Collins taucht in Paris auf und lädt sie sowie den Schriftsteller Gilbert Seldes samt Frau zu einer Reise durch Südfrankreich und Spanien ein – bei Übernahme aller Kosten, versteht sich. Durch die begeisterten Erzählungen Hemingways auf Spanien neugierig geworden, stimmt Dorothy zu. Sie freut sich auf Land und Leute. Doch Spanien wird zum Kulturschock für die sensible Dichterin. Bei ihrem ersten Stierkampf verliert sie die Fassung und verlässt fluchtartig die Arena. Das Töten von Tieren ist für Dorothy Parker weder Sport noch Tradition, sondern schlichtweg grausam. Weder Sevilla noch Madrid noch Barcelona können ihr Urteil über Spanien revidieren. In ihren Erinnerungen erscheint Spanien als bettelarmes, rückständiges, intolerantes und bigottes Land. Im Zug bekommen sie tatsächlich Probleme, weil Seldes in der Öffentlichkeit seine schwangere Frau küsst, was als unsittlich gilt. Als Seward Collins sich daraufhin beschwert, wird er verhaftet. Dorothy ist über das Verhalten der spanischen Behörden so wütend, dass sie ihr bisher bevorzugtes Einzelzimmer aufgibt mit der Ankündigung: »Ich werde heute Nacht mit ihm schlafen und es ist mir scheißegal, ob die Polizei kommt.«[265] Dass sie von Gilbert Seldes vollkommen genervt ist, trägt nicht unbedingt dazu bei, die Stimmung zu verbessern: »Ich reise einmal mit einer Gruppe von Leuten, zu denen auch ein bedeutender amerikanischer Schriftsteller gehörte, durch Spanien. Er sprach Französisch wie ein Franzose, anstatt sich wie einer zu benehmen, sein Deutsch war fehlerfrei, er überzeugte in Italienisch und las zu seinem Vergnügen in Magyar. Aber als wir aufbrachen, hatte er keinerlei Spanischkenntnisse. Doch schon als der Zug aus Hendaye wegfuhr, tauschte er mit dem Schaffner ulkige Anekdoten aus, und als wir in Saragossa ankamen, half er den Einheimischen dabei, den

Konjunktiv richtig anzuwenden. Kurz gesagt, er machte mich völlig krank.«[266]

Ihre schlechte Laune hält an, auch als sie wieder zurück in Paris sind. Das Wetter ist miserabel und Seward Collins' Leidenschaft für pornografische Postkarten geht ihr extrem auf die Nerven. In einem Wutanfall wirft sie eine diamantenbesetzte Armbanduhr, die er ihr verehrt hat, aus dem Fenster. Er holt die Uhr zurück, dann reist er ab. Dorothy hält ihn nicht auf. Neue Menschen sind in ihr Leben getreten, Menschen, die ihr im Lauf der nächsten Jahre sehr ans Herz wachsen: Gerald und Sara Murphy samt ihrer drei Kinder. Die Murphys sind außerordentlich reiche Erben. In ihrer großartigen Stadtwohnung gehen Cole Porter, John Dos Passos, Hemingway und die Fitzgeralds ein und aus. Die Murphys sind über die Maßen großzügig und freundlich und allseits beliebt, da sie die Gabe besitzen, aus jedem Tag einen Festtag zu machen. F. Scott Fitzgerald wird ihnen mit seinem großen Roman *Zärtlich ist die Nacht* ein literarisches Denkmal setzen.

Auch Dorothy mag sie sehr. Dafür kühlt die Freundschaft mit Hemingway merklich ab. Als er sie nach ihren Eindrücken in Spanien fragt, reagiert sie so heftig und mit einer solchen Abscheu auf das Land, das er so liebt, dass dies ihr Verhältnis für immer zerstört. Dazu kommt, dass sie ihn tief in ihrem Innern für einen »gottverdammten Snob« hält.[267]

Nachdem sie ihrer Schreibmaschine mehr als zwei Monate ferngeblieben ist, kehrt sie schweren Herzens zurück an die Arbeit. Sie stellt ihre besten Gedichte für einen Gedichtband zusammen. Allerdings findet sie die meisten ihrer Verse so schlecht, dass sie sich genötigt fühlt, neue zu schreiben, um das Buch zu füllen. Beherrschendes Thema ihrer Gedichte sind erneut zerplatzte Träume und unerfüllte Sehnsüchte und – der Tod. Sie verfasst auch eine neue Kurzgeschichte mit dem Titel »The Last Tea«. Darin schildert sie ein Paar beim Rendezvous. Der Mann kommt zu spät und beginnt dann der Frau von einer anderen Frau vorzuschwärmen. Die Frau macht gute Miene zum bösen Spiel und zeigt nicht, wie sehr seine Gleichgültigkeit ihre Gefühle verletzt.[268] Eine Situation, die Dorothy nur allzu gut kennt. Auch sie ist eine der »Alles in bester Ordnung«-Frauen.

Ganz New York scheint es in diesem Sommer an die Riviera zu ziehen, und alle schauen auf einen Sprung bei Dorothy in Paris vorbei. Aleck Woollcott kommt ebenso wie Marc Connelly. Nachdem die meisten ihrer Freunde die Stadt wieder verlassen haben, bleiben ihr noch immer Don Stewart und seine Frau Bea, die auf ihrer Hochzeitsreise durch Europa in Paris Station machen. Trotzdem fühlt sie sich einsam, was nicht zuletzt daran liegt, dass ihr Französisch viel zu schlecht ist, als dass sie sich damit in Konversation üben könnte. Um sich abzulenken, reist sie nach Monte Carlo. Hier wird ihr der Eintritt ins Spielcasino verwehrt, weil sie keine Strümpfe trägt: »Also ging ich los und erstand Strümpfe und dann kam ich zurück und verlor mein letztes Hemd.«[269] Bevor sie nach Paris zurückkehrt, kauft sie einen neuen Hund, einen Scotch Terrier namens Daisy, der so nobel ist, dass er glatt der elitären Studentenverbindung Phi Beta Kappa angehören könnte. Zurück in Paris schreibt sie eine weitere Kurzgeschichte für den *New Yorker:* »Oh, He's Charming«.[270] Darin schildert sie das Zusammentreffen eines berühmten Autors mit einem weiblichen Fan. Nicht von ungefähr erinnert die restlos von sich überzeugte Figur des Schriftstellers an Ernest Hemingway. So großartig sie ihn als Schriftsteller findet, so wenig mag sie ihn mittlerweile als Menschen. Dass dies auf Gegenseitigkeit beruht, wird sich bald zeigen. Bei einer Party im Hause des Dichters Archibald MacLeish im Oktober 1926, auf der Dorothy fehlt, rezitiert Hemingway ein Gedicht über sie, »Für eine tragische Dichterin. Nichts in ihrem Leben passte besser zu ihr als ihr Versuch, es aufzugeben«. Es ist ganz und gar grausam und kostet den berühmten Autor viele Sympathien:

Oh du, die mit einer Rasierklinge,
einer neuen, um eine Infektion zu vermeiden,
Sich beide Handgelenke aufschnitt
Die Narben sind kaum zu entdecken
Die zuviel Veronal nahm bei dem Versuch, zu spähen
in den Schatten
Des nahen Landes, aus des Bezirk
kein Wanderer wiederkehrt, der nicht dort war.
Doch stets erbrachst du dich noch rechtzeitig
und verbandest deine Handgelenke.
Um zu berichten, wie du seine kleinen Hände sehen konntest,
die schon geformten,
Hast du Monate zu lang gewartet
das war der Jammer.

Aber du liebtest Hunde und andrer Leute Kinder
Und hasstest Spanien, wo sie grausam sind zu Eseln.
Du hofftest, dass der Stier die Matadoren töten würde.
Die Nationalhymne von Spanien sei »Tea for Two«,
sagtest du, und keiner soll dir was von Spanien sagen –
Du hättest mit den Seldes es besucht,
Einem Juden, seiner Frau und einem Schwindsüchtigen,
ihr amüsiertet euch auf eurem Weg
durch Arragonien, Kastilien, Andalusien.
Spanier zwickten
dich in den feisten jüdischen Hintern,
in der Karwoche in Sevilla,
Nicht gedenkend unseres Herrn und seiner Leiden.
Zurück mit heilem Hintern, in Paris
schreibst du noch weitere Gedichte für »The New Yorker«.
(…)
Du zelebriertest in erborgtem Rhythmus
deine alte Qual und deine Glut für Charley,
der fortging und dich nicht mehr ganz so flach zurückließ
Und deshalb bildeten sich später diese kleinen Hände
diese schöngeformten kleinen Hände
Und gab es auch schon kleine Füße und
hingen die Hoden schon herab? (…)[271]

Dass Hemingway sich über ihre Depressionen, ihre Abtreibung, ihre Unsicherheit ihre jüdische Herkunft betreffend, ihre sexuelle Freizügigkeit und ihren Alkoholmissbrauch lustig macht, kommt bei den Zuhörern keineswegs gut an. Die Anwesenden finden das Gedicht ganz und gar nicht komisch, sondern sind schockiert über seine Herzlosigkeit. Dorothy wird nie davon erfahren, die Freunde werden schweigen. Als das Gedicht 1979 zum ersten Mal publiziert wird, sind sowohl Dorothy Parker als auch Ernest Hemingway längst tot. Don Stewart aber, einer der engsten Freunde Hemingways, kündigt ihm an diesem Abend die Freundschaft.[272]

Doch auch ohne von diesem Affront zu wissen, sind Dorothys Tage in Paris gezählt. Sie vermisst New York und ihre Freunde. Als Bea und Don Stewart im November 1926 das Schiff in Richtung Amerika besteigen, sind Dorothy und Hund Daisy mit von der Partie. Nach einer

Seereise, »die so stürmisch war, dass alles, was ich in mir behalten konnte, der erste Offizier war«,[273] trifft Dorothy nach mehr als zehn Monaten wieder in ihrer geliebten Stadt ein.

Erneut bezieht sie Quartier im Algonquin, geht auf Partys, begleitet den Schriftsteller Thornton Wilder zu einem todlangweiligen Liederabend und sitzt am Round Table. Doch mit der gewohnten Umgebung kommen auch die gewohnten Stimmungen zurück. Erneut kommen Selbstmordgedanken in ihr hoch. Dennoch setzt sie die Psychotherapie nicht fort. Nachdem sie ihrem Therapeuten erzählt habe, dass sie ihren Vater hasst, hätte sie nicht mehr gewusst, was sie den Rest der Stunde hätte erzählen sollen. Stattdessen kehrt sie zu ihrer altbewährten Therapie zurück: Scotch.

Noch vor Jahresende kann sie einen großen Erfolg verbuchen. Ihr erster Gedichtband *Enough Rope* erscheint bei Boni and Liveright. Auf dem Titelblatt steht: »A woman supplies enough rope to hang a hundred Egos«. Darunter ist ein Strick abgebildet. Zwei Dollar kostet das Buch und wird nicht nur ein literarischer, sondern auch ein großer finanzieller Erfolg. Die Rezensionen sind geradezu hymnisch: Sie würde Gedichte schreiben wie ein Engel und Kritiken wie ein Teufel. Der hochgelobte Band enthält auch jenen Zweizeiler, »News Item«, den bis heute viele Amerikaner aus dem Stegreif zitieren können: »Men seldom make passes | At girls who wear glasses.«[274] Es ärgert sie bis an ihr Lebensende, dass »seldom« oft mit »never« wiedergegeben wird. Ist sie doch selbst Brillenträgerin, wenn auch nur heimlich, und nach ihr drehen die Männer sich durchaus um.

Der Erfolg von *Enough Rope* ist für Dorothys angeknackstes Selbstbewusstsein ein wahrer Segen. Bereits im Frühjahr 1927 erscheint die dritte Auflage. Für einen Gedichtband ein unglaublicher Erfolg. Dabei hält Dorothy sich selbst noch immer nicht für eine große Dichterin. Ihre Zweifel an ihrer Arbeit sind beständig, daran ändert auch der Erfolg nichts. Die vielen Komplimente sind ihr lästig, sie ist überzeugt davon, diese Bewunderung nicht zu verdienen. Nur mit größter Anstrengung kann sie ihren Verleger davon abhalten, sie als weiblichen Alan Alexander Milne zu vermarkten, dessen Roman über Pu, den Bären, gerade zum Millionenseller wird. Sie kann Milnes Stil nicht ausstehen und findet es ganz und gar nicht komisch, dass Robert Benchley sie überall Dottie the Pooh nennt. In einer Rezension über ein Theaterstück von Milne, in dem der Protagonist sich zu Dotties Entsetzen mit seiner Angebeteten per Morsezeichen verständigt, wird sie dereinst schreiben: »Als Erstes klopfte er den Buchstaben ›I‹. Dann klopfte er ein ›L‹, und fast jedem im Publikum kam der Gedanke, dass er wahrscheinlich als nächstes ein ›O‹ klopfen würde. Oh, nein, er wird doch jetzt nicht ein ›V‹ klopfen, sagte zu ich zu mir. Nicht einmal Milne würde das tun. Aber er hat es getan. Er klopfte ein ›V‹ und dann ein ›E‹ und ich dachte noch, wenn er jetzt ein ›Y‹ klopft, dreh ich durch. Doch er tat es. Und da hab ich mich erschossen.«[275]

Der Sommer des Jahres 1927 markiert eine Wende in Dorothy Parkers Leben. Es ist der Beginn ihres politischen Engagements auf Seiten der Unterprivilegierten und Unterdrückten. Für ihre Freunde kommt das überraschend. Bis zu diesem Zeitpunkt ist Dorothy völlig unpolitisch gewesen. Nicht einmal wählen war sie gegangen und das, obwohl Frauen seit 1920 in den Vereinigten Staaten das Wahlrecht besitzen. Dorothy ist das egal. Politik langweilt sie, hat in einem Leben aus Alkohol, Partys, Literatur und Theater keinen Platz.

Dies ändert sich mit einem Schlag. Ebenso wie viele andere ihrer Generation wird Dorothy Parker durch ein Ereignis politisiert, das die Nation spaltet und international für Aufsehen sorgt: den Prozess gegen Nicola Sacco und Bart Vanzetti. Am 15. April 1920 werden in South Braintree in der Nähe von Boston der Wachmann und der Zahlmeister einer Schuhfabrik überfallen und ermordet. Die Räuber erbeuten knapp 16 000 Dollar Lohngelder. Kurz darauf nimmt die Polizei den Fabrikarbeiter Nicola Sacco und den Fischverkäufer Bart Vanzetti fest. Beide tragen Waffen bei sich und verwickeln sich im Laufe des Verhörs in zahlreiche Widersprüche. Die 1908 aus Italien eingewanderten Männer gehören der anarchistischen Bewegung an und waren vor ihrer Einberufung in den Ersten Weltkrieg nach Mexiko geflüchtet. Sie werden wegen zweifachen Raubmordes vor Gericht gestellt. Was jetzt folgt, geht als Justizskandal in die Geschichte ein und gilt als Paradebeispiel einer politisch motivierten Klassenjustiz. Ein Richter, der Ausländer nicht leiden kann, ein überehrgeiziger Staatsanwalt, der die Geschworenen auf Teufel komm raus von seiner Version des Tathergangs überzeugen will, Belastungszeugen, die sich offen widersprechen, Sachverständigengutachter, die sich nicht festlegen wollen, und Zeugen, die den Angeklagten ein einwandfreies Alibi ausstellen, tummeln sich in einem Gerichtssaal, in dem die Angst vor der Roten Gefahr deutlich spürbar ist. Die beiden Arbeiter haben keine Chance auf ein faires Verfahren. Es scheint, als wollten die staatlichen Institutionen nicht zuletzt aufgrund des Engagements der Angeklagten innerhalb der anarchistischen Arbeiterbewegung um jeden Preis eine Verurteilung erreichen. Am 14. Juli 1921 werden Sacco und Vanzetti von den Geschworenen schuldig gesprochen. Daraufhin geht ein Aufschrei um die Welt. Die internationale Solidarität ist überwältigend. Ein jahrelanger Kampf um die Aufhebung des Urteils und das Leben der beiden Männer beginnt. Zu Hunderttausenden gehen die Menschen auf die Straße, weltweit müssen US-amerikanische Einrichtungen vor wütenden Demonstranten geschützt werden. Es gründet sich ein Komitee, das die Wiederaufnahme des Falles anstrengt. Bedeutende Persönlichkeiten der Zeitgeschichte wie Albert Einstein, Thomas Mann oder der Papst unterstützen diese Bemühungen. Kurt Tucholsky schreibt in der *Weltbühne* einen offenen Brief an den Justizminister der Vereinigten Staaten: »Als Herausgeber einer Wochenschrift, die seit langen Jahren für die Gerechtigkeit und die Freiheit eingetreten ist, erlaube ich mir, Euer Exzellenz den Protest eines großen deutschen Kreises von Intellektuellen und Angehörigen der arbeitenden Klasse gegen die geplante Hinrichtung dieser beiden Männer zu übermitteln. (…) Ich darf Euer Exzellenz ergebenst darauf aufmerksam machen, dass die Sympathie politisch denkender und aktiver Schichten Deutschlands durchaus auf Seiten der Verurteilten ist. Die Verletzung der einfachsten Menschenrechte bedarf einer Reparatur; die Begnadigung der beiden Leute ist in unseren Augen das mindeste, was von der amerikanischen Regierung erwartet wird. Wir protestieren auf das schärfste gegen die beabsichtigte Hinrichtung von Sacco und Vanzetti.«[276]

Im November 1925 gesteht ein verurteilter Raubmörder das Verbrechen und entlastet Sacco und Vanzetti. Doch all dies beeindruckt die amerikanische Justiz nicht. Am 9. April 1927 fällt der zuständige Richter nach sechs langen Jahren das Todesurteil gegen die beiden Anarchisten. Damit beginnt der letzte Akt in dem verzweifelten Kampf um das Leben der beiden Männer, dem sich auch Dorothy Parker anschließt. Am 10. August 1927 steigt sie in den Zug nach Boston, wo Sacco und Vanzetti im Gefängnis auf ihre Hinrichtung warten. Die Stadt steht unter Kriegsrecht, sämtliche verfügbaren Polizisten und Feuerwehrmänner sind im Einsatz. Auf den Straßen um das Gefängnis sind Panzer aufgefahren, das Gebäude selbst wird von Soldaten mit Maschinengewehren gesichert. Unmittelbar nach ihrer Ankunft wird

Dorothy von zwei Polizisten überprüft. Doch schon allein aufgrund ihrer Aufmachung darf die Dame mit den weißen Handschuhen, den schicken Pumps und der teuren Handtasche rasch ihrer Wege gehen. Sie macht sich auf den Weg in den Norden der Stadt, wo das Hauptquartier des Verteidigungskomitees von Sacco und Vanzetti liegt. Nur wenige Stunden später marschiert sie an der Spitze eines Demonstrationszuges durch Boston. An ihrer Seite marschieren viele Kommunisten sowie der Schriftststeller John Dos Passos. Es ist das erste Mal, dass Dorothy Parker die Internationale singt. Am Shaw Memorial wird der Zug durch ein Polizeieinsatzkommando gestoppt. Die Gruppe wird aufgefordert, sich zu zerstreuen. Als sich herumspricht, dass unter den Demonstranten die berühmte New Yorker Schriftstellerin Dorothy Parker ist, kommen immer mehr Gaffer. Zu deren Freude wird genau diese berühmte Schriftstellerin verhaftet, weil sie sich weigert, den Platz zu verlassen. Es ist ihre erste Verhaftung, und sie behält es in keiner angenehmen Erinnerung, von zwei Polizisten unterm Arm gepackt und übers Kopfsteinpflaster geschleift zu werden. Nach wenigen Stunden wird sie von Ruth Hale und Seward Collins aus ihrer misslichen Lage befreit. Vor dem Gefängnis wartet ein Pulk Journalisten auf sie, die sie mit einem typischen Dorothy-Parker-Satz zufriedenstellt: »Ich dachte immer, dass man entlassenen Strafgefangenen fünf Dollar und einen Satz Kleidung mitgibt.«[277] Ihr Engagement im Fall Sacco und Vanzetti bringt sie auf die Titelseiten sämtlicher amerikanischen Zeitungen. Bei einem Tags darauf stattfindenden Gerichtsverfahren wird sie zu einer Strafe von fünf Dollar wegen Widerstands gegen die Staatsgewalt verurteilt.

Nachdem die Hinrichtung noch einmal um zwölf Tage aufgeschoben wird, fährt sie zurück nach New York, um den Round Table für die Sache zu gewinnen. Seward Collins stellt ihr 500 Dollar für eine Anzeigenkampagne in der *New York Times* zur Verfügung, Robert Benchley, Heywood Broun und Ruth Hale sind bereits engagiert. Doch die meisten ihrer Freunde bleiben unberührt, was sie sehr wütend macht: »Diese Leute vom Round Table verstanden absolut gar nichts. Sie hielten uns für Idioten, weil wir nach Boston fuhren und dort für Sacco und Vanzetti demonstrierten. (…) Die hatten von nichts eine Ahnung und dachten über nichts anderes nach als über das Theater.«[278]

Sie kehrt nach Boston zurück und arbeitet jetzt Tag und Nacht im Verteidigungskomitee von Sacco und Vanzetti, dem sich berühmte

Kollegen wie Edna St. Vincent Millay, Upton Sinclair und Katherine Anne Porter anschließen. Weltweit kommt es zu Anschlägen, gewalttätigen Demonstrationen und wilden Streiks. In einigen Ländern Südamerikas wird der Generalstreik ausgerufen. Doch alle Mühen sind vergebens. Die Nacht vom 23. auf den 24. August verbringt Dorothy mit Kollegen im Presseraum des Charlestown Gefängnisses. Es herrscht große Anspannung. Um halb ein Uhr kehrt ein Reporter der Associated Press, welcher der Hinrichtung als Augenzeuge beigewohnt hat, zu seinen Kollegen zurück. Sacco und Vanzetti sind tot, hingerichtet auf dem elektrischen Stuhl. Ihre letzten Worte waren »Vergebung« und »Es lebe die Anarchie«.

Vierzig Jahre später werden die beiden Arbeiter vom demokratischen Gouverneur des Staates Massachusetts, Michael Dukakis, rehabilitiert. Eine Untersuchung ergibt, dass der Staatsanwalt absichtlich unfaire und irreführende Beweise vorgelegt hat, der Richter voreingenommen war und der Prozess in einer Atmosphäre der Fremdenfeindlichkeit stattgefunden hat, die ein faires Gerichtsverfahren nicht zuließ. Dorothy aber wird diese Tage niemals vergessen. Von nun an steht sie engagiert und solidarisch auf Seiten der Unterprivilegierten: »Mein Herz und meine Seele gehören dem Sozialismus.«[279] Die Freiheit des Wortes erhält eine neue Bedeutung in ihrem Leben. Auch die Polizei wird diese Tage nie vergessen. Sie wird von nun an ein Auge auf Dorothy Parker haben.

Deren nächste Kurzgeschichte ist zum ersten Mal politischen Inhalts. »Arrangement in Schwarz und Weiß« ist ein Text über den alltäglichen offenen Rassismus einerseits und den verdeckten Rassismus der angeblich so aufgeklärten Weißen andererseits: »Ich habe nicht die geringsten Ressentiments gegenüber Farbigen. Tja, ich bin sogar ganz verrückt auf einige. Sie sind genau wie Kinder – genau so unbekümmert, und immer singen und lachen sie und so. Sind sie nicht die glücklichsten Wesen, die Sie je im Leben gesehen haben?«, lässt sie ihre weibliche Hauptfigur sagen, die ganz versessen darauf ist, einen schwarzen Gospelsänger kennenzulernen, und deshalb den Gastgeber einer Party von ihrer Liberalität zu überzeugen sucht.[280] Vorbild für den Sänger ist Paul Robeson, einer der ersten afroamerikanischen Superstars, dem Dorothy später, während der Jahre der Kommunistenhatz, beistehen wird.

Während sie sich mit den Armen solidarisiert, werden einige Superreiche in ihren Kreis aufgenommen: John Hay »Jock« Whitney, der spätere US-Botschafter in London und in den 1970er Jahren einer der zehn reichsten Männer der Welt; seine Schwester Joan Whitney Payson, ebenfalls reiche Erbin, Kunstsammlerin und spätere Besitzerin des Basketballteams New York Mets; John Pierpont Morgan Jr., Sohn und Erbe von J. P. Morgan, dem mächtigsten Bankier der Welt und Inhaber einer der größten Unternehmensgruppen der USA; Robert A. Lovett, der unter Harry S. Truman 1951 als Verteidigungsminister dient, sowie seine Frau Adele. Robert Benchley und Seward Collins sorgen dafür, dass ihre alten Yale-Kommilitonen in den Kreis des Round Table aufgenommen werden. Sie alle sind schwer reich, kultiviert, schick und auf dem Sprung nach ganz oben. Früher wären sie unter sich geblieben, in ihren Villen in Newport oder an der Park Avenue, doch jetzt mischen sie sich unter die Algonks. Längst ist es nicht mehr Geld, das alle Türen öffnet, sondern Witz. Allen geht es darum, eine gute Zeit zu haben, sich nicht mit Langweilern zu umgeben. So entsteht eine neue High Society, zu der man nicht durch Geburt, Geld oder Status Zugang erhält, sondern dadurch, dass man unterhaltsam ist. Dorothy bringen diese neuen Freundschaften Vorzüge wie kostenlose Reisen, kostenlose Wohnungen und kostenlose Wochenendeinladungen. Doch obwohl sie die Annehmlichkeiten, die ihre neuen reichen Freunde ihr bieten, durchaus genießt, hält sie sie im Geheimen doch für aufgeblasen, affektiert und dumm. In ihren Geschichten erzählt sie, wie ein Abend in diesen Kreisen abläuft: »Die Gastgeberin wird sich erheben und sagen: ›Wir haben heute Abend eine wahre Berühmtheit unter uns. Mrs. Parker ist eine berühmte Autorin, ich hoffe, Sie sind sich dessen bewusst.‹ Und alle werden anerkennend grunzen und sagen ›So so‹ und werden mich neugierig anschauen. Und irgendwer wird sagen: ›Ach du meine Güte! Und was schreiben Sie so, Mrs. Parker? Guter Gott, ich schäme mich, es zu sagen, aber ich komme einfach nicht dazu, ein Buch zu lesen. Dabei würde ich es gern tun.‹ Und die Gastgeberin wird sagen: ›Na, warten wir's ab. Vielleicht ist Mrs. Parker ja so freundlich, uns nach dem Essen ein paar ihrer Gedichte vorzutragen.‹ Aber ja. Vielleicht wird sie das tun. Und vielleicht gab's auch keinen Krieg!«[281] Sie fühlt sich vorgeführt, zum Amüsement einer reichen Gesellschaft. Und das ist nicht immer lustig. Manches Mal wünscht sie sich von ganzem Herzen, sie hätte der Einladung für ein kostenfreies Wochenende auf dem Land widerstehen können: »Ich wusste, ich hätte nicht hierherkommen sollen. Ich wusste, es würde schlimm werden. Ich dachte nur nicht, dass es so schlimm wird. Es ist nicht einfach nur schrecklich, es ist geradezu grotesk. Ich hätte gestern ein Telegramm schicken sollen: ›Es bricht mir das Herz, aber ich kann dieses Wochenende nicht bei euch sein, weil ich gerade von der Cholera befallen wurde.‹ (…) Ich überlege, ob ich nicht irgendwen anrufen könnte, der mir ein Telegramm schickt: ›Komm sofort, Erklärung folgt später.‹«[282] Auch wenn sie aus guten Gründen die Reichen in ihrem Leben nicht missen möchte, fällt ihr Urteil über sie hart aus: »Wenn du wissen willst, was Gott über Geld denkt, dann guck dir bloß die Leute an, denen Er es gegeben hat.«[283] Ihrer Ansicht nach sollten Reiche Steuern auf ihr Leben zahlen.

In diesem Sommer tritt ein neuer Mann in ihr Leben, der Investmentbanker John Garrett II. Es scheint sie nicht zu stören, dass der gleichaltrige Garrett politisch ein reaktionärer Republikaner ist, dafür sieht er zu gut aus. Freunde wie Don Stewart hingegen verstehen nicht ganz, warum Dorothy schon wieder auf denselben Typ Mann hereinfällt: »Es war uns allen etwas peinlich. Aber wir dachten ›Okay, das ist also Dorothys aktueller Freund, und er war auch wirklich verrückt nach ihr.‹ Man wollte Dorothy einfach beschützen. Sie verliebte sich so leicht. Irgendwie war sie doch unsere Dottie und man wollte sie davor bewahren, verletzt zu werden.«[284] Sie lässt sich ohnehin nicht abhalten. Umgehend trennt sie sich von Seward Collins. Sie bricht ihm das Herz, doch so ist das Leben.

Am 1. Oktober 1927 beginnt sie als Literaturkritikerin beim *New Yorker,* der bis 1933 die publizistische Heimat der notorisch unpünktlichen Dorothy sein wird. Nie wird sie es schaffen, ihre Artikel wie erwartet am Freitagabend abzuliefern. Stets wird am Sonntagmorgen jemand aus der Redaktion anrufen müssen und nachfragen. Und dann wird sie versprechen, den Artikel in spätestens einer Stunde zu liefern, es fehle nur mehr ein letzter Satz. Dieses Gespräch wird sich im Laufe des Tages mehrmals wiederholen. Doch erst dann, wenn sie völlig genervt ist, wird sie sich an den Schreibtisch setzen und zu schreiben beginnen: »Ich bin immer am Arbeiten. Und das sind die besten Jahre meines Lebens. Oh, kümmert euch nicht um mich. Ich bleibe hier und arbeite, und ihr geht aus und habt eine gute Zeit. Und wenn ihr es schaffen würdet, euch dabei totzulachen, während ich hier sitze, dann würdet ihr mir einen Gefallen tun.«[285] Ihre Kolumne im *New Yorker* trägt zunächst den Titel »Recent Books«, ehe daraus »Reading and Writing« wird. Weil sie aber immer mit »The Constant Reader« unterschreibt, wird dies letztlich zum inoffiziellen Titel der Kolumne. Hier verfasst sie von nun an Rezensionen, die so manchem Kollegen Schweißperlen auf die Stirn treiben: »Ich muss vorwegschicken, dass dies mein erstes Mal mit einem Buch von Mr. Hamilton ist, und vielleicht muss man sieben weitere lesen, bis man auf den Geschmack kommt. Bis heute ging ich hocherhobenen Hauptes unter meinen Mitmenschen, schaute ihnen in die Augen und sagte mit fester Stimme: ›Es gibt zwei Dinge, die ich noch niemals getan habe. Ich habe niemals Widerstand gegen die Staatsgewalt geleistet und ich habe niemals irgendwas von Cosmo Hamilton gelesen.‹ Heute stimmt nur noch die erste Hälfte dieser Prahlerei. Und wie üblich habe ich die falsche Wahl getroffen.«[286] Und auch Nathalie Colby wird wohl kaum begeistert gewesen sein über folgende Bemerkung: »In diesem Roman gibt es so viele Personen wie bei einem Player's Club Treffen, und Mrs. Colby stopft auf eine nicht gerade behutsame Art so viele Menschen in ihr erstes Kapitel, dass der Leser ernsthaft Gefahr läuft, vom Mob totgetrampelt zu werden.«[287]

Über das jüngste Buch der Gattin des ehemaligen englischen Premierministers Margot Asquith schreibt sie: »Die Affäre zwischen Margot Asquith und Margot Asquith wird in die Geschichte eingehen als eine der schönsten Liebesgeschichten der Literatur.«[288] Und auch das Buch eines Yale-Professors mit dem schönen Titel *Happiness* kann sie empfehlen: »Als Begleitung für die Badewanne wird es nur von einer Quietscheente übertroffen. Man kann es in der Hand halten, ohne dass Muskulatur und Nerven ermüden. Man kann es auch ganz ordentlich auf dem Rücken des Wasserhahns abstellen und man kann es auslesen, ehe das Wasser kalt ist. Wenn es dann den Abfluss hinunterschwimmt, auch gut, dann lassen Sie es schwimmen.«[289] Freundlicherweise lässt sie die Leser auch an ihren alljährlichen Schlafstörungen im Frühling teilhaben: »Summer makes me drowsy, Autumn makes me sing, Winter's pretty lousy, but I hate Spring.«[290] Sie habe alles versucht: Schäfchenzählen, lange Spaziergänge, Lesen, Schlaftabletten, nichts habe geholfen. Bis ihr das Buch *Appendicitis* in die Hände gefallen sei. Da sei sie sofort eingeschlafen. Auf die Vorwürfe der Geliebten von Ex-Präsident Harding, man habe versucht, ihr Enthüllungsbuch mit Hilfe von Polizisten zu verhindern, antwortet sie in ihrer Kolumne: »Lady, das waren keine Polizisten, sondern verkleidete

Literaturkritiker.«²⁹¹ Überhaupt versteht sie nicht, warum nicht mehr Menschen eingreifen, um gewisse Bücher zu verhindern: »Unglücklicherweise ist niemand eingeschritten und hat den irregeleiteten Autor dazu überredet, sein Manuskript in kleine Stücke zu zerreißen und sich wieder um seine eigenen Angelegenheiten zu kümmern.«²⁹²

Ihre Kritik schließt auch die überall aus dem Boden schießenden Zirkel der Literaturfreunde und schreibenden Laien mit ein. Einmal nimmt sie an einem dieser Literaturabende teil, nur um bereits vor den Ansprachen fluchtartig den Saal zu verlassen: »Irgendetwas geschrieben zu haben, sei es Ulysses oder sei es der Bericht, wer neben wem beim Dinner des PEN-Clubs gesessen hat, bedeutet ein Schriftsteller zu sein. ›Und was macht er?‹ ›Nun, er schreibt.‹ Es ist unmöglich, das ohne Ehrfurcht in der Stimme zu sagen. Diese Literatur-Rotarier haben für uns und sich eine Bühne geschaffen, wo es scheißegal ist, was du schreibst, wo alle Schriftsteller gleich sind.«²⁹³ Schreiben ist ein harter Job, der Disziplin und Talent erfordert. Die Tatsache, dass jedermann sich für einen Schriftsteller hält, ärgert sie maßlos.

Manchmal trifft ihre Kritik aber auch die Leser und nicht den Autor. Zum Beispiel beim neuen Buch von Ring Lardner: »Es gibt zwei Sorten von Menschen, denen ich gerne mal begegnen würde: diejenigen, die denken, dass Ring Lardner ein Humorist ist, und diejenigen, die gerade entdeckt haben, dass Ring Lardner weitaus mehr ist als ein Humorist – die letzte Gruppe ärgert mich noch mehr als die erste. Aber es gibt Hoffnung, dass die weite Verbreitung dieser Geschichten, die über Jahre hinweg geschrieben wurden, nicht nur Ring Lardner endlich den Platz einräumen wird, den er verdient, sondern dass sie auch das Denken der Literaturfreunde ändert. Wenn das nicht passiert, werde ich wieder rumlaufen und Leute erschießen müssen, und dabei hatte ich mich eigentlich auf diesem Gebiet schon vor längerer Zeit zur Ruhe gesetzt.«²⁹⁴

Die späten 1920er Jahre sind eine arbeitsame Zeit für Dorothy. Sie nimmt noch eine zweite Kolumne an, für *McCalls,* und sie schreibt einige ihrer besten Kurzgeschichten. Darunter »Ein Telefonanruf«, der Monolog einer Frau, die verzweifelt vor dem Telefon sitzt und auf einen Anruf wartet, der niemals kommen wird. Ein Monolog, den in dieser Form Millionen von Frauen geführt haben und bis heute führen: »Lieber Gott, lass ihn jetzt anrufen. Ich will Dich auch um nichts mehr bitten, wirklich nicht. (…) Nur lass ihn jetzt telefonieren. Bitte, lieber

Gott. Bitte, bitte, bitte. Wenn ich nicht daran denke, dann würde das Telefon vielleicht läuten. (…) Angenommen, ich zähle in Fünferschritten bis fünfhundert, dann läutet es bis dahin vielleicht. Ich werde langsam zählen. Ich werde nicht mogeln. Und wenn es läutet, wenn ich bei dreihundert bin, dann werde ich nicht aufhören, ich werde nicht abnehmen, ehe ich bei fünfhundert bin. Fünf, zehn, fünfzehn, zwanzig, fünfundzwanzig, dreißig, fünfunddreißig, vierzig, fünfundvierzieg, fünfzig … Oh, bitte, läute. Bitte.«[295]

Dorothy weiß nur zu gut, wovon sie schreibt. Die Liebesbeziehung zu Garrett, in die sie sich Hals über Kopf gestürzt hat, entwickelt sich mehr und mehr zu einem Drama: »Man sagt, dass Lippen, die nach Tränen schmecken, am besten zum Küssen sind«, hatte sie einmal geschrieben.[296] Garrett ist ein Windhund, der nicht im Traum daran denkt, sein flottes Leben zu ändern. Sie teilen nur die Liebe zum Alkohol, ansonsten interessiert sich Garrett einen Dreck für Dorothy und ihre Literatur. Stundenlanges Warten am Telefon wird eine ihrer Hauptbeschäftigungen in dieser Beziehung sein. Er betrügt und hintergeht sie ganz offen, es kommt zu heftigen Szenen, bei denen Dorothy ihre geliebten Vier-Buchstaben-Worte, die sie nach Ansicht Garretts nicht verwenden sollte, mehr als einmal benutzt. Ihre Texte aus dieser Zeit sind voller Anspielungen auf diese unglückliche Beziehung, die sie einmal mehr an ihre Grenzen bringt. »Hilf mir, Liebling. Sag irgendwas, damit ich die Nacht überstehe. Sag, dass du mich liebst, um Gottes willen, sag, dass du mich noch liebst. Sag es. Sag es.«[297]

Die Arbeit als Literaturkritikerin macht ihr längst keinen Spaß mehr: »Brauchen Sie vielleicht einen Hausmeister? Oder eine Reisebegleitung, ruhig, gebildet, spricht fließend Französisch, wenn auch nur im Präsens? Oder ein Liftgirl? Oder einen Zauberlehrling? Oder eine Bibliothekarin für Ihre hauseigene Bibliothek? Oder eine Dame, die Ihr Auto wäscht? Wenn das so ist, dann würde ich mich freuen, wenn Sie es mit mir versuchen würden. Denn in einer Minute werde ich eine der vielen Arbeitslosen sein. Ich bin dabei, die Literatur hinter mir zu lassen. Ich will keine Bücher mehr besprechen. (…) Und wenn Sie selbst keinen Job für eine Literaturkritikerin im Ruhestand haben, dann vielleicht einer Ihrer Freunde. Würden Sie bitte so gut sein und mal rumfragen?«, schreibt sie in einer Kolumne.[298]

Im Mai 1928 erscheint ihr zweiter Gedichtband *Sunset Gun*. Die Rezensionen übertreffen *Enough Rope* bei Weitem: »Sie flüchtet sich wie heute üblich in Ironie und Satire, aber zum ersten Mal seit Suckling oder Heine sehen wir hier Selbstsatire, nicht Sozialsatire.«[299] Sie widmet das Buch John Garrett, doch die verfahrene Situation zwischen den beiden ändert das nicht. Dorothy weiß, dass sie ihr Leben in neue Bahnen lenken und alte Abhängigkeiten hinter sich lassen muss. Wieder fällt es ihr schwer. Sie zögert lange, ehe sie den ersten Schritt wagt. Nach Jahren verlässt sie das Algonquin und bezieht ein möbliertes Apartment in der 54. Straße. Die Freunde ziehen mit, die täglichen Cocktailpartys finden nun hier statt. Unglücklich und gesundheitlich schwer angeschlagen, kämpft sie sich durch den Tag. Jeden neuen Morgen blickt ihr ein völlig verkatertes Spiegelbild entgegen. Ihre Schönheit verblasst, ihre Jugend schwindet. Mit den Jahren ist aus der zierlichen Dorothy eine kleine Matrone geworden. Ihr Alkoholkonsum zeigt sich nun auch äußerlich. Ihr Gesicht wirkt aufgedunsen, ihre Augen wässrig, ihre Haut fahl. Sie fühlt sich zunehmend unwohl. Nur wenige Wochen nach ihrem Umzug wird sie mit einer akuten Blinddarmentzündung ins Krankenhaus eingeliefert und notoperiert. Ihr dreiwöchiger Aufenthalt dort wird zur Belastungsprobe für sie und das Krankenhauspersonal: »Sie stecken dir ständig Thermometer in den Hintern, leuchten dich mit der Lampe an oder unterweisen dich in irgendeiner Beschäftigungstherapie (Teppiche knüpfen – eine faszinierende Beschäftigung).«[300] In einem Brief an Seward Collins schreibt sie über die für sie zuständige Krankenschwester: »Ich hab sie noch nicht erschossen. Vielleicht am Montag.«[301]

Aleck Woollcott erinnert sich später, dass sie eine Schreibmaschine erbeten habe, um die Krankenhausrechnung zu bezahlen. Dabei hat sie augenblicklich zwei Bestseller auf dem Markt und ist finanziell so gut gestellt wie seit Jahren nicht mehr. Allerdings denkt sie keinen Augenblick ernsthaft daran, die Rechnung selbst zu bezahlen. Stummfilmstar John Gilbert wird dazu auserkoren und erklärt sich prompt bereit, 2000 Dollar zu überweisen. Er wird das Geld erst kurz vor seinem Tod 1936 wieder zurückerhalten. Da ist er völlig pleite, und als er Bea Stewart bittet, seine Schuldner abzuklappern, sendet Dorothy ihm die komplette Summe.[302] Jetzt aber holt Bea Stewart das Geld in Form von 1-Dollar-Scheinen von der Bank ab und schleppt es in einer Plastiktüte zu Dorothy ins Krankenhaus. Hier lassen die beiden das Geld zum Entsetzen des Pflegepersonals wild im Zimmer herumfliegen – und das in einer Zeit, da bei den meisten Menschen das Geld knapp ist. Abgesehen davon, dass sie liebend gern die Krankenschwestern schockiert, ist ihr schrecklich langweilig, und so kommt sie wieder auf ihren alten Plan zurück, einen Roman zu schreiben. Was dabei rauskommt, ist zwar kein Roman, aber eindeutig ihre beste Kurzgeschichte: »Eine starke Blondine«. Ihr gelingt das Kunststück, eine ganze Biografie in eine Kurzgeschichte zu packen. Die Geschichte der Hazel Morse ist in vielerlei Hinsicht auch die Geschichte der Dorothy Parker. Hazel ist ein ehemaliges Mannequin, das langsam aus der Form gerät, eine gute Kameradin, mit der man eine Menge Spaß haben kann und die nichts so sehr fürchtet wie die Einsamkeit. Sie ist die Ex-Ehefrau eines Alkoholikers, die selbst trinkt und Tiere über alles liebt. Liebhaber kommen und gehen. Als verhinderte Selbstmörderin liest sie alles, was über Selbstmörder in der Zeitung steht, und lässt sich stets von einem ihrer vielen Freunde finanzieren. Im Grunde aber ist sie nur auf der Suche nach einem Zuhause. »Eine starke Blondine« ist so autobiografisch, dass es einen schaudern lässt. Im Februar 1929 erscheint die Geschichte in Seward Collins' *The Bookman*. Die Kritiken sind hymnisch und bescheren ihr den angesehenen O. Henry Literaturpreis für die beste Kurzgeschichte des Jahres. Es ist ihre letzte Zusammenarbeit mit Seward Collins, der in den Folgejahren immer mehr auf die politische Rechte einschwenkt und ein glühender Bewunderer Mussolinis und der Nationalsozialisten wird. Das befördert den persönlichen Bruch. Als er 1952 stirbt, wird Dorothys ganzer Kommentar sein: »Ich weiß nicht, was er sonst hätte tun sollen.«[303]

1929 reist sie zum ersten Mal nach Hollywood, um über ein Drehbuch zu verhandeln. Dabei kann sie die Filmindustrie eigentlich nicht ausstehen. Sie geht ja nicht einmal ins Kino: »Ich geh nie ins Kino, weil jedes Kino auf mich nur wie eine vergrößerte, prächtig dekorierte Todeszelle wirkt.«[304] Doch MGM-Produktionschef Irving Thalberg bietet ihr einen Vertrag über 300 Dollar pro Woche – für drei Monate. Endlich das große Geld, von dem sie so lange geträumt hat. Allerdings versteht sie diese Summe auch als Schmerzensgeld dafür, dass sie in der Wüste Kaliforniens sitzt, noch dazu in einer Stadt voller Palmen, »dem hässlichsten Gemüse, das Gott erschaffen hat«.[305] Trotzdem sagt sie zu, diese Aufgabe könne sie erfüllen mit einer Hand auf den Rücken gebunden und mit der anderen den Puls des 29-jährigen Irving Thalbergs fühlend. So simpel erscheint es ihr, ein Drehbuch zu schreiben. Zudem hofft sie etwas Abstand von John Garrett zu gewinnen.

Die MGM-Studios sind überglücklich und präsentieren sie in einer Werbebroschüre als die international bekannte Autorin des berühmten Romans *Too Much Rope*. Ein perfekter Einstand, der Dorothys Vorurteile gegenüber dem dummen Hollywood postwendend bestätigt. Als sie Irving Thalberg persönlich vorgestellt wird, hat dieser keinen blassen Schimmer, wer sie ist. Sie bezieht ein Büro auf dem Studiogelände, das sie vom ersten Moment an hasst, genau so wie Los Angeles. Als einmal eine Besuchergruppe draußen vorbeigeht, öffnet sie ihr Fenster und brüllt hinaus: »Lasst mich raus. Ich bin so normal wie ihr!«[306] Sie kann Kalifornien nichts abgewinnen. Alles ist teuer, das Klima bekommt ihr nicht und die Partys langweilen sie entsetzlich. MGM für Metro-Goldwyn-Mayer nennt sie nur Metro-Goldwyn-Merde. Als man ihr voller Begeisterung ein Zeitungsfoto zeigt, auf dem drei Elefanten als Pfarrer, Braut und Bräutigam verkleidet abgebildet sind, meint sie trocken: »Ich gebe ihnen drei Monate.«[307] Einziger Lichtblick ist die Tatsache, dass sowohl die Familie Murphy als auch Edmund Wilson sich ebenfalls gerade hier aufhalten. Und nach ein paar Wochen kommt wie ein Engel vom Himmel auch noch Robert Benchley, der in einem Film mitwirken soll. Obwohl die Arbeit sie intellektuell völlig unterfordert, fällt sie ihr schwer. Nach zwei Monaten hat sie noch keine Zeile geschrieben. Dennoch unterschreibt sie zwei weitere Verträge für Filme von Cecil B. DeMille. Für dessen Film »Dynamite« soll sie einen Songtext schreiben, doch sie hat keine Ahnung, wovon der Film handelt. Also sucht sie DeMille auf und lässt eine mehrstündige ermüdende Inhaltsangabe über sich ergehen, die sie zu dem Schluss kommen lässt, dass der Film absolut uninteressant ist. Sie schreibt in Rekordzeit das gewünschte Lied und steigt umgehend in den Zug nach New York City. Hier schließt sie mit Harold Guinzburg und George Oppenheimer, den Gründern des neuen Verlages Viking Press, einen Vertrag ab über den Roman, der ihr seit Langem im Kopf herumspukt. Sie verspricht, bis Ende des Jahres zu liefern. Mit dem Vertrag in der Tasche, dem Roman im Kopf und der gescheiterten Liebe zu John Garrett im Herzen wagt sie erneut einen Ortswechsel und besteigt im April 1929 ein Schiff nach Europa.

Better be left by twenty dears
Than lie in a loveless bed;
Better a loaf that's wet with tears
Than cold, unsalted bread. [308]

VI.

Europa und Hollywood
oder Mrs. Parkers Wanderjahre

Nach einem kurzen Zwischenstopp in London, wo sie einen Dandie Dinmont Terrier erwirbt, dem sie den Namen Timothy gibt, reist Dorothy weiter nach Paris. Hier erkrankt sie schwer: die Leber. Mehr als sechs Wochen bleibt sie ans Bett gefesselt, ohne Alkohol und ohne Gesellschaft, mit Ausnahme von Timothy und einigen Exilamerikanern, zu denen auch Ernest Hemingway und seine Frau Pauline gehören. Als sie die Isolation nicht mehr länger aushält, unternimmt sie gegen den Rat ihres Arztes eine ausgedehnte Shoppingtour durch die Pariser Haute-Couture-Läden. Erschöpft, aber glücklich schleppt sie einen Sommerpelz, mehrere Kleider und teure Lingerie auf ihr Hotelzimmer. Schön, aber nach kurzem Überlegen völlig überflüssig: »Das ist genau das, was sich jemand ausgesucht hätte, der einen Leberschaden hat.« [309] Nahezu alles, was sie bei diesem Frustkauf erstanden hat, schenkt sie später ihrer Schwester Helen.

Sie nutzt die Zeit, um endlich ihr Französisch auf Vordermann zu bringen. Um neue Kontakte zu knüpfen, ist dies unerlässlich. Als Lehrbuch benutzt sie einen Klassiker: *The Ideal System for Acquiring a Practical Knowledge of French* von Mlle. V. D. Gaudel. Es ist ein Kampf auf verlorenem Posten: »Es ist äußerst zweifelhaft, ob ich jemals in die Verlegenheit komme zu rufen: ›Auch wenn der Kapitän weit weg ist, ich denke immerzu an ihn.‹ (...) Doch ich will verdammt sein, wenn es mir tatsächlich irgendwann von Nutzen sein sollte, Mlle. Gaudels Meisterstück bei der Hand zu haben: ›Ich fürchte, er wird nicht rechtzeitig hier sein, um mich auf der Harfe zu begleiten.‹«[310]

Im Juni 1929 treffen die Benchleys samt Kindern in Paris ein. Auch wenn sie Gertrude noch immer nicht mag (»Oh mein Gott, was für eine Frau, oh mein Gott, was für eine Frau!«[311]) und die beiden halbwüchsigen Jungs ebenfalls nicht gerade die Gesellschaft sind, nach der sie sich sehnt, willigt Dorothy ein, mit ihnen zusammen Sara and Gerald Murphy in ihrer wunderbaren Villa America in Antibes zu besuchen. Entgegen allen Erwartungen wird es ein schöner Aufenthalt an der Côte d'Azur, und die gesundheitlich noch immer angeschlagene Dorothy kommt in dem 14-Zimmer-Anwesen mit seinen Gästehäuschen und Ateliers endlich wieder zu Kräften. Sie zieht ins Poolhaus der Villa America, schwimmt täglich zwei Kilometer und spielt sogar mit den Kindern der Murphys. Von Benchleys Rabauken hält sie sich geflissentlich fern. In der angenehmen Atmosphäre der Villa America beginnt sie wieder zu schreiben. Es entstehen zwei neue Kurzgeschichten für den *New Yorker,* »The Cradle of Civilization« und »But the One on the Right«.[312] Die größte Konzentration verwendet sie jedoch auf ihren Roman. Er trägt den anheimelnden Titel *Sonnets in Suicide or the Life of John Knox* und soll ihr endlich den erhofften Erfolg als ernsthafte Autorin bringen. Doch sie hat kaum begonnen, da wird sie schon wieder aus der Routine des Schreibens herausgerissen. In der Villa America geht es zu wie im Taubenschlag. So einsam es in Paris war, so viel Ablenkung gibt es hier. Halb New York scheint seinen Sommer an der Riviera zu verbringen, täglich schneien Freunde herein. Über Zelda und F. Scott Fitzgerald allerdings ist sie schockiert. Fast ein Jahr lang hat sie Scott nicht mehr gesehen, sein Zustand ist katastrophal. Dass er mehr denn je trinkt, ist ihm deutlich anzusehen. Zeldas Benehmen hingegen hat die Grenze des Amüsements längst überschritten, ihre Schizophrenie tritt immer deutlicher zutage. Vom einstigen Glamourpaar ist nicht mehr viel übrig. Dafür stellt Scott fest, dass Dorothy der Aufenthalt in Antibes außerordentlich gut tut: »In diesem Sommer taten die Murphys alles, was sie konnten, um Dorothy zu unterhalten, und auch wenn sie es niemals zugegeben hätte, sie verbrachte dort die beste Zeit ihres Lebens.«[313] Und das, obwohl sie sich von Männern fernhält, zumeist jedenfalls. »Der Glückliche war

Laddie Stanford, und wir würden einander nicht wiedererkennen, selbst wenn wir uns noch mal begegnen würden. Es ist mir nicht mal peinlich, denn ich kann dir gar nicht sagen, wie wenig mir Sex momentan bedeutet. (…) Und Polospieler zählen ohnehin nicht«, schreibt sie an ihre Schwester Helen.[314]

Ihr Herz ist nicht frei. Noch immer trägt sie schwer an ihrer unglücklichen Liebe zu John Garrett. Als sie erfährt, dass Garrett in Frankreich ist und es nicht einmal der Mühe wert findet, sich bei ihr zu melden, wirft sie ihren ganzen Stolz über Bord und schreibt ihm einen verzweifelten Brief, in dem sie in Aussicht stellt, zu ihm zurückzukehren. Ein paar Tage später erhält sie ein Telegramm: »Habe mich über deinen Brief gefreut, bin froh, dass es dir gut geht.«[315]

Garretts Gleichgültigkeit trifft sie mitten ins Herz. Doch als ob dies noch nicht genügen würde, muss sie feststellen, dass sie wieder einmal pleite ist. Sie macht sich auf den Weg nach Paris, wo soeben Viking-Verleger Harold Guinzburg samt Gattin eingetroffen ist. In der Tasche hat sie das hauchdünne Manuskript ihres unvollendeten Romans. Um bei Guinzburg Eindruck zu schinden, hat sie zwischen die Seiten alte Artikel, Kurzgeschichten und Briefe geschummelt, es sozusagen ein wenig aufgepeppt. Ihrem Verleger gegenüber gibt sie sich als zu schüchtern, um ihn einen Blick in ihr unvollendetes Manuskript werfen zu lassen.[316] Dabei legt sie eine so sorgenvolle Miene an den Tag, dass Guinzburg ihr umgehend einen Vorschuss anbietet, damit sie diesen großen Roman vollenden kann. Erneut ist Dorothys üblicher Methode, an Geld zu kommen, Erfolg beschieden. Um Geld zu bitten, käme für sie niemals in Frage. Allein ihr stetes Gejammer über finanzielle Probleme führt zu freiwillig offerierten, oftmals ziemlich hohen Summen der Geberseite. Fürs Erste ist sie nun aus dem Schneider.

Sie kehrt nach Antibes zurück, wo das Leben auf Kosten der Murphys billig und angenehm ist. Und sie ist froh darüber, noch in Frankreich bleiben zu können, wie sie an Helen schreibt: »Ich möchte noch nicht nach New York zurück. Ich vermisse dich schrecklich und ich würde meinen rechten Arm dafür hergeben, dich zu sehen, aber ich habe Angst davor, zurückzukommen. Ich kann dieses schäbige Leben, das ich dort geführt habe, einfach nicht mehr ertragen. Und die Sache mit Garrett – ich hasse es, darüber zu reden, es ist so mies und so niederträchtig. (…) Ich fühle mich billig und hilflos und würdelos und schmutzig.«[317] Für den Moment zieht sie Antibes New York City eindeutig vor.

Doch die sorglose Zeit an der Riviera endet jäh, als der achtjährige Patrick an Tuberkulose erkrankt. Voller Sorge um ihr Kind brechen die Murphys ihre Zelte in Südfrankreich ab und verlagern ihren kompletten Haushalt in ein Sanatorium nach Montana Vermala im Schweizer Kanton Wallis. Damit sind auch Dorothys Tage in Frankreich gezählt. Sie packt die Koffer und bucht eine Rückfahrkarte nach New York. Kurz vor ihrer Abreise gelingt es ihr noch, Ernest Hemingway zu einem Interview für den *New Yorker* zu überreden. Allerdings erschwert Hemingways Weigerung, auch nur ein Sterbenswörtchen über sein Privatleben preiszugeben, die Zusammenarbeit beträchtlich und macht ihren Artikel »The Artist's Reward«, in dem sie Hemingway als »den mit Abstand größten amerikanischen Künstler« bezeichnet, nicht ganz so interessant, wie sie gehofft hat.[318]

Sie ist schon fast auf dem Sprung nach New York, als Sara Murphy sie bittet, die Familie in die Schweiz zu begleiten. Zum allgemeinen Erstaunen entschließt sich Dorothy, die sich niemandem gegenüber verpflichtet fühlt, zu diesem für sie äußerst ungewöhnlichen Freundschaftsbeweis. Sie storniert ihre Überseepassage und übersiedelt im November 1929 in die Schweiz. Leicht fällt ihr das Ganze nicht. Sie ist eine Großstadtpflanze und hat höllische Angst vor den Bergen. Zudem gehört die Schweiz keineswegs zu ihren bevorzugten Ländern: »Was soll man von einem Land halten, das außer Wilhelm Tell keine Geschichte hat?«[319] Sara und Gerald fahren mit den Kindern voraus, Dottie übernimmt es, den Rest des Hausstandes, bestehend aus drei Hunden, elf Koffern und 17 Stück Handgepäck, mit dem Zug in die Schweiz zu überführen: »Nun, immerhin war Gott so gnädig und hat uns nur dreimal umsteigen lassen.«[320] Die Murphys mieten für sich und ihre Entourage ein Stockwerk im Palace Hotel, einem teuren Lungensanatorium. Als Dorothy nach ihrer Ankunft zum ersten Mal auf den Balkon ihres Zimmers tritt, fällt es ihr wie Schuppen von den Augen: »Hier bin ich, auf dem Gipfel dieser gottverdammten Alpen, und ich habe keine Ahnung, wie ich hier jemals wieder runterkommen soll. Denn nichts auf dieser Welt wird mich dazu bringen, nochmal in diese Seilbahn zu steigen, die mich Memme hier hochgebracht hat.«[321]

Die Stimmung im Haus ist bedrückend, die Murphys tun ihr entsetzlich leid. Als dann auch noch Tochter Honoria an schwerem Fieber erkrankt, sind die Eltern völlig verzweifelt. Zu beobachten, wie Gerald und Sara sich aufreiben, um ihre Kinder zu retten, bricht der sonst so zynischen Dorothy fast das Herz: »Ach, warum zur Hölle passiert das von allen Menschen ausgerechnet ihnen? (…) Sie sind so verdammt tapfer und sie bemühen sich so sehr, ein bisschen Heiterkeit in all das hier zu bringen, dass es einem schier das Herz bricht.«[322] In dieser Atmosphäre des Todes kann sie nicht schreiben. Als Harold Guinzburg sie daran erinnert, dass sie den Roman eigentlich bis Ende des Jahres abliefern wollte, schreibt sie ihm nicht einmal zurück: »Schreiben Sie Romane, schreiben Sie Romane, schreiben Sie Romane – das ist alles, was die sagen können. Manchmal hab ich es so satt.«[323] Stattdessen verfasst sie in einem Anfall von Galgenhumor einen Brief an Robert Benchley: »Nun Fred, wenn Sie mir im vergangenen Jahr erzählt hätten, dass ich diesen November in einem Sanatorium für Tuberkulosekranke in der Schweiz verbringen würde, dann hätte ich gesagt: ›Super‹!, denn letzten November war ich in Hollywood, und überall ist es besser als dort. Und Fred, ich hoffe, Sie können es einrichten, mich im nächsten November im Todestrakt von Sing-Sing zu besuchen.«[324]

Wieder fühlt sie sich einsam. Die Murphys sind rund um die Uhr mit der Pflege ihrer Kinder beschäftigt, zu den anderen Patienten hat sie keinerlei Kontakt. Das Einfachste wäre, nach New York zurückzukehren. Doch zum einen will sie Sara und Gerald, denen jede Ablenkung gut tut, nicht im Stich lassen, zum anderen sind in New York ihr altes Leben und – John Garrett: »Ehrlich gesagt weiß ich nicht mehr, wo John aufhört und ich anfange.«[325] Sie hat schreckliche Angst vor dem, was dort mit ihr passieren könnte. Der innere Konflikt zwischen Vernunft und Wunschvorstellung zerreißt sie fast. Doch so deprimierend in der Schweiz auch alles ist, ihrer Gesundheit ist der Aufenthalt hier nur förderlich. Im Palace Hotel gibt es keinen Alkohol, allenfalls ab und an ein Gläschen Glühwein.

Die Weihnachtstage bringen endlich die ersehnte Abwechslung. John Dos Passos und seine Verlobte sowie Ernest und Pauline Hemingway trudeln ein. Zusammen feiern sie ein traditionelles amerikanisches Weihnachtsfest. Es werden fünf wunderbare Tage voller Lachen und Unbeschwertheit, wie Dorothy und die Murphys sie lange nicht erlebt haben.

Doch mit der Abreise der Freunde kehrt die Einsamkeit zurück, und Dorothy telegrafiert an Robert Benchley: »Sie kommen sofort hierher und erklären mir, warum es nochmal ein neues Jahr geben muss.«[326]

Ende Januar 1930 hält sie es nicht länger aus. Sie beschließt, zumindest für einen Monat nach New York zu fahren. Hier angekommen, bezieht sie ein Zimmer im New Weston Hotel in der 50. Straße, verfolgt von einer Meute Journalisten, die alles über ihre weiteren Pläne wissen wollen und die sie schlussendlich, genervt von den vielen Fragen, hinauswirft. Es fällt ihr schwer, sich wieder an das rasante Tempo der Stadt zu gewöhnen. Sie versucht sich erneut am Roman, dabei weiß sie längst, dass sie ihn nie vollenden wird. Sie schafft es einfach nicht, sich so lange zu disziplinieren. Die wenigen Monate, die eine Kurzgeschichte in Anspruch nehmen, sind das höchste der Gefühle. Mehr kann sie nicht leisten. Je klarer ihr dies wird, umso wütender und enttäuschter über sich selbst wird sie. Gedanklich legt sie den Roman ad acta, doch sie findet lange Zeit nicht den Mut, ihren Verleger davon in Kenntnis zu setzen. Stattdessen nimmt sie ihr altes Leben wieder auf: wenig Schlaf, viele Partys, noch mehr Alkohol. Ihr Alkoholkonsum ist so beängstigend, dass Robert Benchley ihr zu einem Treffen mit den Anonymen Alkoholikern rät. Als er sie nach ihrem ersten Besuch fragt, ob sie denn nun regelmäßig dorthin gehen würde, antwortet sie entrüstet: »Ganz sicher nicht. Die wollten, dass ich sofort mit dem Trinken aufhöre.«[327] In einem Anfall von Lebenspanik trinkt sie eine ganze Flasche Schuhpolitur aus, anschließend pumpt man ihr im Krankenhaus den Magen aus. Es ist alles wie gehabt.

Anfang März ist sie noch immer in New York, die Rückkehr in die Schweiz scheint auf unbestimmte Zeit verschoben. Erneut kursieren die wunderbarsten Geschichten über sie. So soll sie einem Showgirl, das zeitgleich mit ihr durch eine Tür gehen will, auf den Satz »Alter vor Schönheit« geantwortet haben: »Und Perlen vor Säue«.[328] Sie ist wieder in aller Munde.

Nachdem Verleger Harold Guinzburg kapiert, dass auch 1930 kein Roman von Dorothy Parker bei Viking Press erscheinen wird, bemüht er sich um finanzielle Schadensbegrenzung und veröffentlicht einen Band mit 13 ihrer besten Kurzgeschichten, *Laments for the Living*. Bereits im ersten Jahr erlebt das Buch vier Auflagen und wird von der Kritik begeistert aufgenommen: »Wir sehen hier einen ganz eigenen Stil, der (...) so individuell und unverwechselbar ist wie der von Ring Lardner oder Hemingway.«[329] Doch sie ist nicht zufrieden. Angesichts des Zerplatzens ihres großen Traums vom Roman, findet sie ihre Kurzgeschichten klein und unbedeutend. Sie ist so enttäuscht von sich selbst, dass sie ihrem Verleger erklärt, sie werde nie wieder schreiben. Der kann das absolut nicht nachvollziehen: »Sie tanzen in den Straßen, Mrs. Parker, und trinken zu Ihren Ehren Champagner aus Magnumflaschen, und Sie sitzen da und erklären mir, Sie wollen nie wieder ein Buch schreiben.«[330]

Im Mai kehrt sie endlich in die Schweiz zurück. John Garrett ist von da an kein Thema mehr. Sie hat drei Monate in New York verbracht, ohne ihn zu sehen, und sie weiß nun, dass ihr Leben ohne ihn weitergehen kann und wird. Die Zeiten, in denen sie sich für einen Mann verbogen hat, sind endgültig vorbei: »(…) now I know the things I know, | And do the things I do; | And if you do not like me so, | To hell, my love, with you!«[331]

John Garrett heiratet 1945 und lässt sich auf Martha's Vineyard nieder. 1961 steckt er sich eine Pistole in den Mund und erschießt sich.

Zurück in der Schweiz erfährt Dorothy, dass sich der Zustand des kleinen Patrick so verbessert hat, dass die Familie das Sanatorium verlassen kann. Sie mieten ein wunderbares Chalet und eröffnen zu Dorothys großer Freude in der Stadt eine amerikanische Bar namens »Harry«. Als im Juli Robert Benchley zu Besuch kommt, ist ihr Glück perfekt. Erneut geht es jetzt auf Reisen. Gemeinsam fahren sie nach Venedig und machen einen Abstecher nach München ins Hofbräuhaus. In der bayerischen Landeshauptstadt ersteht Dorothy einen Dackel namens Eiko von Blutenberg, der sich nur von Bratwürsten ernährt und ihre große Liebe wird. Wieder in der Schweiz tauft sie ihn in Robinson um, was ihr weniger dramatisch erscheint. Robinson ist von nun an ihr ständiger Begleiter. Ob in Hotel, Bar oder Bett, ohne ihren geliebten Dackel, mit dem sie nicht nur ihren Whiskey, sondern auch ihre Schlaftabletten teilt, wenn er unter dem Tisch unruhig wird, geht Dorothy nirgendwo hin, was bei manchem ihrer Freunde durchaus Kopfschütteln auslöst: »Der arme Robinson. Der arme kleine Hund verbrachte die meiste Zeit bei Tony's unter dem Tisch. In dieser stickigen Luft, bis zwei Uhr morgens. Bei ihrer ach so großen Tierliebe hätte sie ruhig ein bisschen rücksichtsvoller sein können.«[332] Ernest Hemingway widmet den beiden Unzertrennlichen sein Gedicht »Kleine Tropfen Kornschnaps«.[333]

Nach Benchleys Abreise taucht Ende August unvermutet F. Scott Fitzgerald auf. Nachdem sich Zeldas Schizophrenie verschlimmert hat, ist sie in eine psychiatrische Klinik in Genf eingewiesen worden. Scott versinkt in Selbstmitleid und hat, beschäftigt mit seinen eigenen Problemen, keinerlei Gespür für das Leid der Murphys. Dorothy macht seine Gedankenlosigkeit fuchsteufelswild. Es kommt zum Streit zwischen ihr und Scott, den auch die Ankunft von Don und Bea Stewart nicht beilegen kann. Da alle die Berge ebenso bedrückend empfinden wie Dorothy, reisen sie bereits nach ein paar Tagen wieder ab. Wieder allein, entlädt sich nun bei Dorothy und den Murphys die Anspannung der vergangenen Monate. Wegen Nichtigkeiten gehen sie einander an die Gurgel. Der lange unterdrückte Lagerkoller bricht sich Bahn. Es geht nicht mehr. Dorothy entschließt sich zur Rückkehr in die Vereinigten Staaten. Im November 1930 kehrt sie der Schweiz endgültig den Rücken.

Wieder zu Hause, stellt sie fest, dass sie wieder einmal pleite ist. Außer einer Kurzgeschichte für die *Cosmopolitan,* »Here we are«, hat sie in den letzten Monaten absolut nichts zu Papier gebracht.[334] Das Geld dafür ist genau wie die Tantiemen für ihr neues Buch längst aufgebraucht. Nach zwei Jahren kehrt sie deshalb zum *New Yorker* zurück. In ihrer ersten Kolumne nach langer Abwesenheit begrüßt sie ihre Leser freudig unter dem Motto »Home is the Sailor«: »Sie dachten vielleicht, ich sei die ganze Zeit auf der Damentoilette gewesen, aber tatsächlich war ich in der Schweiz. (…) Die Schweizer sind ordentliche und fleißige Menschen, niemand dort ist unter 75. Sie stellen Käse, Milchschokolade und Uhren her, all das, was bei näherer Betrachtung ziemlich überflüssig ist. (…) Sie haben den höchsten Pro-Kopf-Verbrauch an Alkohol in ganz Europa (obwohl es jetzt eine kleine Änderung geben könnte, nachdem Ihre Korrespondentin wieder zu Tony's zurückgekehrt ist). (…) Gott möge mir meinen Chauvinismus verzeihen, aber New York ist einfach wunderbar.«[335]

Wieder rezensiert sie Bücher, doch als Robert Benchley im April 1931 für zwei Monate zu Filmaufnahmen nach Hollywood geht, übernimmt sie seine Theaterkritik im *New Yorker.* Den Stil, den ihre Leser schon von *Vanity Fair* und *Ainslee's* her kennen, behält sie bei: »Die einzige Sache, die ich an ›The Barretts of Wimpole Street‹ nicht mochte, war das Stück.«[336] Über ein anderes Stück wird sie schreiben: »Im ersten Akt wurde die Heldin von einem ihrer Verehrer erdrosselt. Für mich kam der Mord zu spät.«[337] Und über eine noch unbekannte Schauspielerin namens Katharine Hepburn wird sie sagen: »Mrs. Hepburn beherrscht die ganze Bandbreite der Emotionen – von A bis B.«[338]

Als Katharine Hepburn 2003 stirbt, zitiert die *New York Times* in ihrem Nachruf exakt diesen Satz. Manchmal erscheinen Dorothy die Stücke so schrecklich, dass sie am liebsten selbst eingreifen würde: »Wäre die Hauptdarstellerin nicht durch eine glückliche Fügung des Schicksals von einem ihrer Mitspieler erwürgt worden, (…) hätte ich mich zur Bühne vorgekämpft und die Sache selbst in die Hand genommen.«[339] Am Ende jeder Kritik schreibt sie: »Robert Benchley, bitte kommen Sie nach Hause. Im Fenster brennt ein Licht für Sie.«[340] Sie ist überglücklich, wieder in New York zu sein. Die Arbeit macht ihr sichtlich Spaß, und es dauert nicht lange, da tritt auch wieder ein Mann in ihr Leben. Dabei hatte sie »Sex sorgsam in eine Schachtel mit der Aufschrift ›Winter-Hüte 1916‹ gelegt und ganz oben aufs Regal gepackt«.[341] Diesmal ist es ein Lokalreporter der *New York Sun,* der ihr das Herz brechen wird. John McClain, ein 27-jähriger Ex-College-Football-spieler aus Ohio, groß, blond, gutaussehend und erfolglos. McClain will nach oben, und dafür soll ihm die zehn Jahre ältere Dorothy als Eintrittskarte dienen. Bereits am ersten Abend, als er sie von Tony's nach Hause begleitet, bleibt er über Nacht. Ein Erfolg, mit dem er sich tags darauf lautstark im Freundeskreis brüstet, doch wie sagt Dorothy: »Einsamkeit lässt Frauen in unserem Alter die verrücktesten Dinge tun.«[342] McClain wird ihr ständiger Begleiter – neben Robinson, versteht sich.

Erneut setzt sich jene Spirale in Bewegung, an deren Ende Dorothy allein und zutiefst unglücklich sein wird. Auch McClain ist nicht treu. Er trifft andere Frauen, vornehmlich solche, die ihm von Nutzen sein können. Ein ums andere Mal versetzt er Dorothy, beschwert sich in aller Öffentlichkeit über ihre lästigen Telefonanrufe. Die Freunde warnen Dorothy vergeblich vor dem Emporkömmling, der aus ihrer Prominenz Kapital schlagen will. Doch Dorothy hält an ihm fest, lässt sich demütigen und quälen in einem Ausmaß, dass es die Freunde kaum mitansehen können. Immer wieder findet sie Entschuldigungen und Ausreden für sein Verhalten, das schlichtweg gemein und grausam ist. Erst nach einem heftigen Streit, bei dem er sie aufs Übelste beschimpft, wirft sie ihn raus. Für McClain ist das kein Problem, er kommt sofort bei einer reichen älteren Dame unter. Viele ihrer Gedichte im neuen Gedichtband *Death and Taxes* (1931) scheinen direkt auf die unglückliche Liaison mit McClain gemünzt zu sein, auch wenn sie lange zuvor entstanden sind.

By the time you swear you're his,
Shivering and sighing,
And he vows his passion is
Infinite, undying –
Lady, make a note of this:
One of you is lying. [343]

Nachdem McClain ihr Leben Knall auf Fall verlassen hat, versucht sie erneut, sich das Leben zu nehmen. Sie verfasst ein Testament und bestimmt Robert Benchley zum Testamentsvollstrecker. Ende Februar 1932 schluckt sie eine Überdosis Schlaftabletten. Aber es sind zu wenige, sie überlebt und schafft es selbst, den Arzt zu rufen. Diesmal berichten die Zeitungen über ihren Selbstmordversuch, auch wenn das Krankenhaus die ganze Sache als Unfall deklariert. Wieder versucht sie sich Mut zuzusprechen: »Der ist es nicht mal wert, dass man über ihn redet. Guck dir doch die Frau an, in die er verliebt ist, dann kannst du sehen, was für eine Sorte er ist. Du warst viel zu gut für ihn. Du warst viel zu lieb zu ihm. Du warst zu nachgiebig. Im selben Moment, wo er dich hatte, hat er dich nicht mehr gewollt. So einer ist das.«[344]

Aus der Klinik entlassen, zieht sie kurz noch einmal ins Algonquin, dann verlässt sie das Hotel für immer und nimmt Quartier im Lowell, einem schicken, neu eröffneten Art-Déco-Hotel an der Upper East Side, das sich noch heute als europäische Luxusenklave mitten in Manhattan präsentiert. Wie sie sich einen Aufenthalt dort leisten kann, ist allen ein Mysterium, denn sie ist mal wieder völlig abgebrannt, schuldet allen und jedem Geld. Ihre Erkenntnis der vergangenen Monate lautet: »Hass kann einen erfüllen, aber nicht ernähren.«[345] Doch mit ihren Geldsorgen ist sie nicht allein. Die ganze Stadt scheint pleite zu sein. Die Große Depression hat New York voll im Griff, auch wenn die meisten ihrer Freunde wie durch ein Wunder nicht betroffen sind. Die mit dem Schwarzen Freitag im Oktober 1929 einsetzende Talfahrt des Dow-Jones-Index hat ihren endgültigen Tiefpunkt erreicht. Abgestürzt vom Rekordstand von 381,17 Punkten am 3. September 1929, steht der Dow-Jones im Juli 1932 bei 41,22 Punkten. Tausende Groß- und Kleinanleger haben all ihr Hab und Gut verloren, sind völlig verarmt. Mehr als 4000 Bankhäuser werden geschlossen. Die Produktion amerikanischer Firmen ist um 50 Prozent zurückgegangen. Die Unternehmen haben die Löhne drastisch gesenkt und Mitarbeiter entlassen. Jeder vierte Erwerbstätige ist ohne Arbeit, die Zahl der Arbeitslosen steigt auf knapp 13 Millionen. Der Central Park ist bevölkert mit Obdachlosen, die im Müll nach Essen suchen. Auch wenn die Menschen nicht mehr öffentlichkeitswirksam aus den Fenstern der Hochhäuser springen, gibt es in der Stadt so viele Selbstmorde wie nie zuvor. Dorothy befindet sich in bester Gesellschaft. Doch auch wenn ihre eigene finanzielle Misere nicht der Weltwirtschaftskrise, sondern dem schlechten Wirtschaften von Dorothy Parker höchstpersönlich geschuldet ist, kann auch sie nicht umhin, die langen Schlangen vor den Suppenküchen zu bemerken. Alle müssen sparen, auch Dorothy, die sich an einen luxuriösen Lebensstil gewöhnt hat, den sie sich eigentlich gar nicht leisten kann. Zu ihrer Ehrenrettung muss man allerdings sagen, dass ihre ständigen Geldsorgen nicht allein ihrem Lebenswandel geschuldet sind, sondern vor allem ihrer Großzügigkeit. Sie verleiht ohne zu zögern Geld, auch solches, das sie nicht hat. Bei so vielen Schulden ist das ohnehin egal.

Um die Kasse etwas aufzubessern, verfasst sie in Rekordzeit neue Kurzgeschichten für einen zweiten Sammelband. Entgegen der naheliegenden Vermutung sind ihre neuen Geschichten, wenn auch schnell geschrieben, gut und werden 1933 unter dem Titel *After Such Pleasures* verlegt.

Zu ihrer großen Freude kehren jetzt auch die Murphys nach New York zurück. Sie ist glücklich, die beiden nach so langer Zeit endlich wiederzusehen, alte Unstimmigkeiten sind vergessen. Weitaus weniger erfreut ist sie über die Tatsache, dass ihr Verleger George Oppenheimer ein Theaterstück über sie, Robert Benchley und Don Stewart verfasst hat. Weder hält sie ihn für einen großen Dramatiker, noch will sie sich selbst auf der Bühne sehen. Am Tag der Premiere von »Here Today. A Comedy of Bad Manners« sitzt sie angespannt in ihrer Loge und schleudert nach Bericht der Umsitzenden wütende Flüche gegen Oppenheimer in den Raum. Nichtsdestotrotz marschiert sie nach der Vorstellung schnurstracks hinter die Bühne, umarmt Oppenheimer mit einem strahlenden Lächeln und gratuliert ihm zu dieser hervorragenden Beschreibung ihrer selbst, die sie schlichtweg wundervoll gefunden hätte. Zu ihrer Erleichterung ist das Stück ein Flop und wird nach nur fünf Wochen abgesetzt.

Während es beruflich besser läuft, bereitet ihr Robinson große Sorge. Er wird von einem größeren Hund angefallen und schwer verletzt. Der Besitzer des Hundes gibt dem kleinen Robinson die Schuld an diesem Zwischenfall und zieht sich damit Dorothys ganzen Zorn zu. »Zweifellos hatte Robinson auch noch einen Revolver bei sich«, schreibt sie wütend an Robert Benchley.[346] Zu ihrem großen Kummer stirbt Robinson an den Folgen der Attacke und hinterlässt ein tieftrauriges Frauchen.

Um sie auf andere Gedanken zu bringen, lädt Sara Murphy sie nach Paris ein. Mit einem Vorschuss von Viking Press reist Dorothy erster Klasse nach Europa. George Oppenheimer und einige Freunde bringen sie zum Schiff. Dort verschwindet sie kurz unter Deck, erscheint dann winkend an der Reling und ruft hinunter: »Ratet mal, wer an Bord ist – Marlene Dietrich! Und ratet mal, wer nicht an Bord ist – mein Koffer!«[347] Auf der Überfahrt lernt Dorothy die 84-jährige Mutter des inhaftierten Arbeiterführers Tom Mooney kennen. Die beiden Gewerkschaftsführer Tom Mooney und Warren Billings waren 1916 in San Francisco fälschlicherweise eines Bombenattentats bezichtigt worden und nach Umwandlung ihrer Todesstrafe zu einer lebenslangen Haftstrafe verurteilt worden. Trotz Beweisen für ihre Unschuld bleiben sie mehr als 20 Jahre im Gefängnis. Heute nahezu vergessen, war Mooney in den 1920er Jahren der berühmteste Gefangene der Welt, für dessen Freilassung sich zahlreiche Prominente, wie Heywood Broun, George Bernard Shaw und Upton Sinclaire, einsetzten. In einer 1935 veröffentlichten Umfrage war Mooney in Europa neben Franklin D. Roosevelt, Charles A. Lindbergh und Henry Ford der bekannteste Amerikaner. Als Dorothy Mooneys Mutter kennenlernt, ist dieser noch immer inhaftiert. Die alte Frau ist mit einer Delegation der Kommunistischen Partei Amerikas auf dem Weg in die UdSSR, um dort um Unterstützung zu werben. Mary Mooney beeindruckt Dorothy Parker tief. Als die Gruppe unter Deck eine politische Versammlung abhält, nimmt sie teil. Die Integrität und Ernsthaftigkeit der jungen Leute beeindruckt sie sehr. Nach ihrer Rückkehr schreibt sie einen offenen Brief an die *New York Sun* zum Fall Mooney, der in zahlreichen Zeitungen veröffentlicht wird. Sie lässt keinen Zweifel daran, dass sie Mooney für unschuldig hält.

Die vier Wochen Paris sind Balsam für ihre geschundene Seele. Sie spannt aus, trifft alte Freunde und lässt es sich gut gehen. Am 1. Dezember 1932 ist sie mit altem Schwung und neuem Mut zurück in New York City. Mit ungewöhnlicher Disziplin setzt sie sich von nun an jeden Tag fünf Stunden an ihre Schreibmaschine. Die abendlichen Cocktailpartys behält sie dennoch bei. Sie ist nun bald 40 Jahre alt, ein

Umstand, den sie ganz und gar nicht schätzt: »Es ist Zeit, das Handtuch zu werfen und aufzuhören, Kleider eine Nummer größer zu kaufen, in der Hoffnung, dass man noch hineinwächst.«[348] Doch eigentlich wartet sie, allem Zynismus zum Trotz, noch immer aufs Happy End. Im Frühling 1933 ist es so weit. Das Glück erscheint auf der Bildfläche in Person des 29-jährigen Schauspielers und Schriftstellers Alan Campbell. Robert Benchley macht die beiden bei Tony's miteinander bekannt. Campbell ist blond, groß gewachsen, schlank und hat feine Gesichtszüge. So fein, dass er oft Frauenrollen spielt, zumindest aber immer jugendliche Liebhaber. Anzeichen für eine verborgene homosexuelle Neigung sind da, doch Campbell wird diese Seite nie ausleben. Er gefällt Dorothy sofort, weniger gefallen ihr die elf Jahre Altersunterschied. Sie weiß um ihren schleichenden Verfall und fürchtet erneut ein bitteres Ende. Es vergehen einige Wochen, ehe sich die beiden bei einer Party wiedersehen. Ebenso wie Dorothy hat auch Alan einen jüdischen Hintergund und ist nach der Scheidung seiner Eltern in der Familie seiner Mutter aufgewachsen. Verwöhnt von Mutter und Großmutter, hat er eine hervorragende Ausbildung an den besten Schulen und Militärakademien des Landes genossen. Doch sein Interesse galt der Kunst, und so verließ er bei Nacht und Nebel seine Familie in Richmond, um in New York Schauspieler zu werden. Als er Dorothy trifft, ist er bereits ein gefragter Broadwayschauspieler, der auch selbst Stücke schreibt. Sie verlieben sich, und zum ersten Mal hat Dorothy damit einen Mann an ihrer Seite, mit dem sie tatsächlich viele Gemeinsamkeiten hat. Alan wird eine Art persönlicher Assistent für Dorothy. Er kümmert sich um alles, sorgt für eine saubere Wohnung, regelt ihre Finanzen, versucht sie vom Trinken abzuhalten, berät sie bei ihrer Garderobe und ihren Haaren. Er ist es, der ihr die Frisur mit dem überlangen Pony und den hochgesteckten Haaren, mit der man sie von nun an auf allen Bildern sieht, vorschlägt. Dass er dies alles tut, ohne ihr das Gefühl der Bevormundung zu geben, rechnet sie ihm hoch an. Er bringt Ordnung und Struktur in ihr chaotisches Leben, und Dorothy nennt ihn nicht nur aufgrund seines Südstaatenhintergrundes bewundernd den »Colonel«. Für enge Freunde geht es allerdings ein wenig weit, dass er gar ihre Privatpost beantwortet und dabei mit »alandotty« unterschreibt. Eine vollkommene Symbiose, die Dorothy – noch – gut gefällt. Sie ist selig mit Alan. Dem Alkohol zu entsagen, schafft sie trotzdem nicht. Sie ist und bleibt eine schwere

Trinkerin, unglücklich über ihren Zustand und gepeinigt von Blackouts, bei denen ihr ganze Abende fehlen: »Die Krankheit befiel mich Donnerstagnacht bei einem eher zwanglosen Treffen. Ich bin überzeugt davon, schuld ist allein ein Stängel von einem schlechten Staudensellerie, den ich zum Abendessen hatte. Der Sellerie muss schlecht gewesen sein. Sie können mir nicht weismachen, dass zwei oder drei Sidecars, etwas Champagner zum Essen und eine Reihe von B & B's (…) eine Frau in einen Zustand versetzen können, in dem sie Angst davor hat, sich umzudrehen, weil dort wieder dieses kleine grüne Männchen sitzt, 46 cm groß, bekleidet mit einem gelben Regenmantel und auf Rollschuhen.«[349]

Mehr als einmal kommt es zu peinlichen Szenen. Bei einer Pressekonferenz in ihrem Hotelzimmer, zur Unterstützung der Kandidatur von Fiorello La Guardia zum Bürgermeister von New York, steht sie vollkommen neben sich. Sie gesteht den Journalisten offen, noch nie gewählt zu haben, und weigert sich strikt, auch nur ein Wort zur Unterstützung von La Guardia zu sagen. Stattdessen ordert sie beim Zimmermädchen eine Runde Drinks.

Der 5. Dezember 1933 ist für Dorothy und ihre trinkfesten Freunde ein nationaler Feiertag. Die Prohibition wird aufgehoben. Vorbei sind alle Heimlichkeiten, jetzt wird vor den Augen der Weltöffentlichkeit gesoffen. Dorothy und die Algonks genießen die neue Freiheit in vollen Zügen. Als F. Scott Fitzgerald Robert Benchley einmal darauf hinweist, dass Alkohol in diesen Mengen ein schleichender Tod sei, antwortet dieser ungerührt: »Na und, wer ist in Eile?«[350] Für Dorothys Gesundheit ist diese politische Entwicklung nicht förderlich. Ihr Alkoholkonsum steigt jetzt, da Alkohol überall unbegrenzt frei verfügbar ist, ins schier Unermessliche.

Mit dem neuen Mann an ihrer Seite bezieht Dorothy nach mehr als zehn Jahren Hotellebens wieder ein Apartment in Midtown Manhattan. Alan zieht faktisch mit ein. Die kleine Familie komplettiert ein Bedlington Terrier namens Wolf. Damit dieser nicht so einsam ist, besteht Alan auf einem zweiten Bedlington, Cora. Beide Hunde sind und bleiben völlig unerzogen und sorgen in dem kleinen Haushalt für ein riesiges Durcheinander.

Im Frühjahr 1934 trifft sie nach langer Zeit F. Scott Fitzgerald wieder. Seine Frau ist augenblicklich im Johns-Hopkins-Krankenhaus in Baltimore, ihr Zustand ist bedenklich. Scott sitzt über den letzten Zeilen seines Romans *Zärtlich ist die Nacht* und organisiert gerade eine Ausstellung mit Zeldas Bildern in einer New Yorker Kunstgalerie. Ihm zuliebe ersteht Dorothy das Bild »Der Kornettist«, ein Porträt Scotts, sowie die Zeichnung »Arabesque«. Die Bilder aufzuhängen, daran denkt sie keine Sekunde: »Ich hätte es nicht ertragen, die Bilder zu Hause an der Wand zu haben. Diese blutrote Farbe ... der Schmerz, die Verzweiflung, die sich hinter den Bildern verbarg.«[351] Sie weiß genau, was Zelda bewegt: »Rot steht nämlich für Trauer. Scharlachrot für eine Liebe, die gestorben ist. Wussten Sie das etwa nicht?«[352] Scotts Alkoholkonsum hat, falls überhaupt möglich, weiter zugenommen. Als Dorothy ihn einmal von einer Party mit zu sich nimmt, ist er so betrunken, dass sie die Hilfe des Concierge benötigt, um ihn nach oben zu schaffen. Sie schläft mit ihm – bei dieser und wohl auch bei anderen Gelegenheiten. Zwei verzweifelte Seelen, die sich aneinanderklammern. Es ist Gelegenheits-, vielleicht auch Mitleidssex, Liebe ist es nicht. Die gehört ganz und gar Alan Campbell. Die beiden sind so verliebt, dass sie sich eines Nachts als Zeichen ihrer Liebe einen blauen Stern auf die rechte Schulter tätowieren lassen.

Als Alan im Sommer ein Engagement in Denver erhält, geht Dorothy mit. Anfang Juni 1934 fahren sie mit Sack und Pack und zwei Hunden in einem klapprigen Ford Cabrio aus New York ab. Ein paar Tage später erreicht die Murphys folgendes Telegramm: »Hiermit zeigen wir die Ankunft der beiden ersten Bedlington Terrier in New Castle an, die jemals den Kontinent in einem Ford Cabriolet durchquert haben. Viele Eingeborene machen eine verblüffende Ähnlichkeit zum Schaf aus.«[353] Es wird eine wunderbare Reise. An Don Stewart schreiben sie nach Hollywood: »Wir sind in Julesburg, Colorado, in einem Ford Baujahr 1929 mit zwei Bedlington Terriern. Erbitten weitere Instruktionen.« Stewart schreibt zurück: »Ich war noch nie in Julesburg, Colorado.«[354] Mittlerweile hat auch die Presse von der Reise Wind bekommen. Bei ihrem nächsten Tankstopp werden sie von einer ganzen Meute Journalisten erwartet. Ein unverheiratetes Paar, das sich in Denver niederlassen will, ist im Mittleren Westen ein Skandal. Dorothy und Alan werden davon kalt erwischt. In New York hatte niemand an ihrem Verhältnis Anstoß genommen. Alan war bei Dorothy stets aus- und eingegangen. Doch hier gehen die Uhren anders. Hier werden sie von den Reportern aufgrund ihres unmoralischen Lebenswandels in die Mangel genommen. Fotoapparate klicken, um das schamlose Pärchen abzulichten. In seiner Not erklärt Alan sie kurzerhand für verheiratet. Die Hochzeit habe im letzten Oktober auf Long Island stattgefunden. Dummerweise erzählt Dorothy zeitgleich einem anderen Reporter von einer Hochzeit im Hause ihrer Schwester. Recherchen der Journalisten bestätigen weder das eine noch das andere. Allerdings haben sich die beiden damit so in Zugzwang gebracht, dass ihnen letztlich nichts anderes übrigbleibt, als den Worten Taten folgen zu lassen. Am 18. Juni 1934 heiraten Dorothy und Alan vor einem Friedensrichter in New Mexico. Auf Anraten ihres Anwalts zeigen sie neugierigen Reportern die Heiratsurkunde nur so, dass das Datum nicht zu entziffern ist. An Aleck Woollcott schreibt Dorothy: »Ich bin im siebten Himmel. Alans Frau zu sein, ist schöner als alles, was ich mir jemals erträumt habe.«[355]

In Denver angekommen, starten sie in einem möblierten Bungalow ins Eheleben. Dorothys Anteil an der täglichen Arbeit hält sich in Grenzen: »Es wurde nach unparteilicher Probezeit für das Beste befunden, wenn ich mich aus der Küche ganz heraushielte. (…) Es wurde außerdem für besser befunden, wenn ich alle anderen Zimmer mied. Als ich das letzte Mal die Betten machte, kam der Colonel herein und begutachtete das Resultat. ›Was ist das?‹, erkundigte er sich. ›Ein Studentenulk?‹«[356]

Als für Alan die Theaterproben beginnen, engagieren sie eine Haushaltshilfe. Dorothy besteht auf einem Mann, weil weibliche Hausangestellte ihrer Erfahrung nach zu viel schwatzen und sie beim Schreiben stören. Allein in der ersten Woche verschleißen sie drei Kandidaten. Einen von ihnen beschreibt sie später als die unglaubliche Nervensäge Horace Wrenn in ihrer Geschichte »Mrs. Hofstadter aus der Josephine Street«.[357] Schließlich aber finden sie doch jemanden, der gut zu ihnen passt: einen Likörliebhaber.

Entgegen allen Befürchtungen gefällt ihr das Leben in Denver: »Ich liebe es. Ich liebe es. Ich liebe es, eine junge Braut zu sein und in einem Bungalow zu leben und die verwelkten Blüten von den Rosenstöcken zu zupfen. Ich kann es kaum fassen.«[358] Sie trinkt nun auch weniger. Nur ein einziges Mal fährt sie mit Alan ins Theater. Zum einen will sie ihm nicht die Show stehlen, zum anderen ist sie rasend eifersüchtig auf seine Kolleginnen. Ihrer Ansicht nach sieht seine Bühnenpartnerin aus wie eine »Zwei-Dollar-Nutte, die irgendwann mal fünf verlangen konnte«.[359]

Während sie in Denver weilt, kommt in New York das neueste Stück von George S. Kaufman und Moss Hart auf die Bühne, »Merrily We Roll Along«. Hauptfigur ist eine Alkoholikerin mit beißendem Witz – eine überdeutliche Anspielung auf Dorothy. Diesmal kann sie nicht darüber lachen, denn die Hauptfigur ist eine tragische Gestalt, deren Geist und Körper immer mehr verfallen. Sie sieht das Stück nicht, aber den Inhalt wird sie Kaufman niemals verzeihen.

Vielleicht einer der Gründe, warum sie nach Beendigung von Alans Engagement nicht nach New York zurück will. Alan schlägt einen Besuch bei Don und Bea Stewart in Hollywood vor, doch Dorothy zögert. Da nimmt das Schicksal in Person der Agentin Rosalie Stewart ihr die Entscheidung ab. Sie offeriert den beiden einen zehnwöchigen Vertrag als Autorenteam bei den Paramount Studios. Dorothy ist zunächst wenig begeistert, der Schrecken ihres ersten Hollywoodaufenthalts steckt ihr noch in den Knochen. Doch Alan schafft es, sie zu überreden, und im Herbst 1934 schreibt sie an Aleck Woollcott: »Der Vertrag von Paramount, oder besser gesagt der Kuss des Todes, ist da. Er ist für zehn Wochen und er scheint der einzige Ausweg aus diesem gewaltigen Schuldenloch zu sein, das mein geliebter Mann Dotties Mitgift nennt. (…) Wenn das Elitch Garden Theater am ersten September die Theatersaison beendet – mit dem makellosen Rekord, nicht eine einzige anständige Produktion auf die Beine gestellt zu haben –, dann werden wir die Bedlingtons einpacken und wieder dieses gottverdammte 1929er Modell von Alans Rosinante nehmen.«[360]

Das liebe Geld hat den Ausschlag gegeben. Der Vertrag garantiert Alan 250 Dollar, Dorothy sogar 1000 Dollar pro Woche. Ein Unterschied, den Alan ohne Murren akzeptiert. Seine Frau ist der Star, er muss sich erst noch beweisen. Allerdings wird sich bald zeigen, dass Dorothy ohne Alan nichts zustande bringt. Er entwirft die Geschichte, arbeitet Szene für Szene sauber aus, sodass sie ihre pointierten Dialoge nur mehr einsetzen muss. Sie sind ein perfektes Team: Alan Campbell, der Geschichtenerzähler, und Dorothy, die Dialogschreiberin. Für die zentrale Rolle, die er in diesem Team spielt, ist er eindeutig unterbezahlt.

»Los Angeles: 27 Vorstädte, die auf der Suche nach einer Stadt sind«, das ist Dorothys ganzer Kommentar zu ihrer neuen Heimat.[361] Eine große Liebe wird es nie. »Dahinten« wird ihr Synonym für Hollywood sein: »Wissen Sie, was ich unter ›Dahinten‹ verstehe?«, fragt sie in einem Interview. »Einmal kam ich in Beverly Hills die Straße herunter und sah da einen Cadillac stehen, lang wie ein Häuserblock, und weiter sah ich auf der Kante des Seitenfensters einen wundervollen glatten Nerz liegen, genauer: ich sah den Ärmel eines Nerzmantels, und dann sah ich, dass die Hand, die aus diesem Ärmel hervorlugte, mit einem weißen Wildlederhandschuh bekleidet war, der sich ums Gelenk ringelte, und in der Hand, was sah ich da? Einen Ölkrapfen, einen fetttriefenden Ölkrapfen.«[362] Interessanterweise wird sie über ihre Beobachtungen und Erlebnisse hier nie schreiben, nicht einmal eine Kurzgeschichte. Während Kollege Nathanael West mit *Der Tag der Heuschrecken* das beste Buch vorlegt, das über Hollywood geschrieben wird, schafft sie es auch diesmal nicht, ihre Beobachtungen zu einem Roman zu verarbeiten.

Sie mag die Stadt nicht, und dabei ist sie hier in so guter Gesellschaft. Nirgendwo auf der Welt gibt es auf so engem Raum so großes Talent und so viel Mittelmaß. Zahlreiche Schriftsteller der Ostküste verdingen sich in Hollywood als Drehbuchautoren. William Faulkner ist ebenso hier wie Thornton Wilder. Alle sind auf der Suche nach dem ganz großen Geld. Dorothy und Alan beziehen ein Büro im Writers Building der Paramount Studios. Die nächsten Monate arbeiten sie hart, auch wenn nicht jedes ihrer Projekte realisiert wird. »Twentyfour Hours by Air« heißt eines ihrer Projekte, das mit einigen Tücken verbunden ist: »Es wurde so lange in den Studios herumgereicht, dass in der Zwischenzeit die Luftfahrt so große Fortschritte gemacht hatte, dass es nun ›Elf Stunden mit dem Flugzeug‹ heißt. Wenn wir damit fertig sind, wird der Titel ganz sicher ›Bleib wo du bist‹ heißen.«[363] Bei einem anderen Drehbuch ist die ganze Information, die sie bekommen, die, dass die männliche Hauptrolle entweder von Tullio Carminati oder Bing Crosby gespielt werden soll. Sie sollen einfach mal eine Geschichte entwickeln, die zu beiden Männern passt. Die ganze Filmbranche geht ihr bald ziemlich auf die Nerven. Überhaupt hat sie langsam die Nase voll von all den launenhaften Künstlerseelen, mit denen sie sich schon seit Jahren herumschlägt: »Ein Königreich für einen Mann, der Versicherungen verkauft.«[364]

Einmal arbeiten sie an der Filmversion des erfolgreichen Broadwaystücks »Sailor, Beware«. Als die Produzenten das Skript durchlesen, verlangen sie die Streichung einer Sexszene: »Der Haken an der Sache, so schien es, war jene Szene, in der der Seeman darum wettet,

DOROTHY PARKER, 1933,
kurz nach der Veröffent-
lichung ihres zweiten
Kurzgeschichtenbandes
After Such Pleasures [1]

ROBERT BENCHLEY,
Dorothys Lebensfreund,
während einer Rundfunk-
sendung, 1938 [2]

ZELDA und SCOTT
FITZGERALD, 1920:
Nach Scotts erstem
großen Romanerfolg
schicken sich die
Frischvermählten an,
New York zu erobern. [3]

NEYSA MCMEIN in ihrem Studio in der 57. Straße, einem der Treffpunkte des
Round Table, 1920 [4]

ROBERT E. SHERWOOD
an Bord der Queen Mary
von New York nach
Europa, 1939 [5]

ALEXANDER WOOLLCOTT
an Bord eines Ozean-
Liners, 1933 [6]

CHARLES MCARTHUR,
Dorothys unglückliche
Liebe und Vater
ihres ungeborenen
Kindes, 1928 [7]

DOROTHY PARKER
nach ihrem zweiten
Selbstmordversuch,
1932 [8]

DOROTHY PARKER
und ALAN CAMPBELL
als Drehbuchautoren in
Hollywood, 1934 [9]

DOROTHY PARKER
und ALAN CAMPBELL auf
dem Flughafen Newark
beim Besteigen einer
Maschine nach
Hollywood, 1937 [10]

DOROTHY PARKER, 1939, kurz nach der Veröffentlichung ihres dritten Kurzgeschichtenbandes *Here Lies* [11]

DOROTHY PARKER und ALAN CAMPBELL im Arbeitszimmer auf ihrer Farm in Bucks County, Pennsylvania, 1942 [12]

WYATT COOPER und seine Frau, die Millionenerbin GLORIA VANDERBILT, 1967. Sie gehörten in den 1960er Jahren zu Dorothys engsten Freunden in New York. [13]

LILLIAN HELLMAN und DOROTHY PARKER bei einem Wohltätigkeits-dinner der Spanish Refugee Appeal Campaign, 1945 [14]

DOROTHY PARKER, 1959, mit ihrem Pudel Cliche [15]

dass er das Mädchen klarmacht. Sie sagten, das sei anstößig. Doch meinst du, sie hätten unsere Änderung akzeptiert, diesen Triumph der Genialität, wo der Seemann nur darauf wettet, dass er einen weiteren Seemann macht? Nein, das war auch nichts. Manchmal glaube ich, die wissen selbst nicht so genau, was sie wollen.«[365]

Das Problem ist, dass oft mehrere Autoren an einem Drehbuch sitzen. Mal als Team, mal als Konkurrenten, mal aufeinander aufbauend, mal einander schlichtweg ersetzend. Zudem haben Produzenten und Regisseure ständig neue Einfälle, die sie ins Skript einbauen möchten. Tägliche Text- oder Inhaltsänderungen sind normal, jeder hält sich zu Dorothys Entsetzen für einen begnadeten Autor: »Hier schreibt jeder. Wirklich jeder. Sowas hab ich noch nicht erlebt. Der nette Mann am Tor schreibt und der Produzent schreibt auch – was noch viel schlimmer ist.«[366] Vieles, was in mühevoller Arbeit niedergeschrieben wird, wird niemals verwirklicht. Das Ganze ist Fließbandarbeit ohne die geringste Garantie auf Erfolg. Angesichts der Belastung, die ein derartiges Arbeiten für kreative Geister bedeutet, sieht Dorothy in ihrem hohen Wochenlohn nicht mehr als ein fürstliches Schmerzensgeld: »Nicht nur die Leute allein machen Hollywood so schlimm, nein, es sind auch die Taktlosigkeiten, mit denen man begabte Leute auf sein Niveau herabzuziehen versucht.«[367]

Dorothy und Alan mieten ein Haus in Beverly Hills, das sie dank ihres hohen Honorars mit erlesenen Möbeln und Teppichen einrichten können. Eine Idee, die sich angesichts zweier neuer Mitbewohner nicht unbedingt als die schlaueste erweist. Ein junger Dackel namens Fraulein und eine Promenadenmischung namens Scrambles komplettieren jetzt die Familie, wobei Scrambles eine Besonderheit ist, denn sie ist »halb Welsh Terrier, halb Zombie« und »durch einen glücklichen Zufall der einzige Hund auf dieser Welt, den man einfach nicht lieben kann«, wie Dorothy an Woollcott schreibt.[368] Der kleine Zombie bringt sie mehrmals in allergrößte Schwierigkeiten. So verrichtet er im vornehmen Beverly Hills Hotel sein Geschäft direkt auf dem teuren Teppich in der Lobby. Als der aufgebrachte Hotelmanager Dorothy auf das Malheur aufmerksam macht, erwidert diese ungerührt: »Das war ich.«[369]

Vor der Tür ihrer Villa steht jetzt nicht mehr der alte Ford, sondern ein nagelneues, luxuriöses Packard Cabriolet. Es gibt Personal, an der Wand hängt ein Picasso. Dorothy hat es geschafft, endlich kann sie sich den luxuriösen Lifestyle, den sie so liebt, auch tatsächlich leisten: »Ach, um Himmels willen, wenn ich schon hier sein muss, kann ich es mir zumindest gut gehen lassen.«[370]

Einziger Wermutstropfen ist die Entfernung von New York. Die Stadt fehlt ihr sehr. Immer wenn sie Alexander Woollcott in seiner Radioshow hört, fängt sie an zu heulen. Als körperliche Reaktion entwickelt sie Allergien auf alles Mögliche. Im Winter 1935 werden diese so schlimm, dass sie ins Krankenhaus muss. Doch alle Tests sind vergebens, die Ursache wird nicht gefunden: »Der Arzt sagt, irgendwas muss die Ursache dafür sein; ist es da ein Wunder, dass ich großes Vertrauen zu ihm habe?«[371]

Kurz bevor sie ins Krankenhaus kommt, erfährt sie vom Tod ihrer alten Freundin Ruth Hale. Sie ist schwer getroffen. Auch wenn sie Ruths Kampf um den eigenen Namen immer ein wenig übertrieben fand, respektierte sie Ruth uneingeschränkt. Ihr Tod ist ein großer Verlust für Dorothy, die arm an Freundinnen ist: »Ich komme einfach nicht über Ruth hinweg. Ich denke, ich werde niemals über Ruth hinwegkommen. Es vergeht kein Tag, an dem ich nicht die Zeitung aufschlage in der Erwartung, irgendein furioses Dementi von ihr zu lesen (…). Die Nachricht von ihrem Tod im *Los Angeles Examiner* war eine einzige Ironie, eine Bilanz aus fünf Worten, über das völlige Misslingen eines Lebens. Die Überschrift lautete: ›Ex-Frau von Heywood Broun verstorben.‹«[372]

Obwohl sie viele Leute kennenlernt, vermisst sie die alten Freunde vom Algonquin. Daran ändert sich auch nichts, als Robert Benchley, der eine erfolgreiche Karriere als Schauspieler gemacht hat, beschließt, die Hälfte des Jahres in Hollywood zu verbringen. Die legendäre Freundschaft ist abgekühlt. Benchley hat aufgund seines aufreibenden Privatlebens mit Familie und wechselnden Gespielinnen keine Zeit mehr für Dorothy. Zum Glück tritt nun jedoch ein neuer Freund in ihr Leben – diesmal eine Frau. Es ist Lillian Hellman, die Lebensgefährtin von Dashiell Hammett, Autor des *Malteser Falken*. Dorothy bewundert Hammett glühend. Bereits 1931 hatte sie im *New Yorker* geschrieben: »Es scheint mir, dass viel zu wenig Aufhebens um die Arbeit von Dashiell Hammett gemacht wird. Meine eigenen Jubelschreie sind immer lauter geworden, seit ich zum ersten Mal *Rote Ernte* in Händen hielt. Und seit diesem Tag ist der Mann, Gott steh mir bei, mein Held. (…) Alles, was ich sagen kann, ist, dass jeder, der ihn nicht liest, viel vom modernen Amerika versäumt.«[373] Als sie ihm 1931 auf einer Cocktailparty vorgestellt worden war, brachte sie diese Verehrung unmissverständlich zum Ausdruck, indem sie vor Hammett auf die Knie fiel und seine Hand küsste. Hammett war peinlich berührt und die Frau an seiner Seite nicht minder. Jetzt trifft sie diese Frau wieder. 1905 in New Orleans geboren, lebt Lillian Hellman seit Langem mit Hammett zusammen, auch wenn sie noch mit dem Schriftsteller Arthur Kober verheiratet ist und Hammett Frau und Kinder hat. Sie ist die Autorin des gefeierten Bühnenstücks »Kinderstunde«, das soeben zum besten Stück des Jahres gewählt wurde. Es handelt von zwei schottischen Lehrerinnen, die von einer Schülerin der lesbischen Liebe bezichtigt werden. 1961 wird der Stoff überaus erfolgreich mit Audrey Hepburn und Shirley MacLaine in den Hauptrollen unter dem Titel »Infam« verfilmt. Als sich Dorothy und Lillian Hellman in Hollywood wiedersehen, kommen sie ins Gespräch und finden Gefallen aneinander. Die elf Jahre jüngere Lillian ist ebenso wie Dorothy eine selbstbewusste, moderne Frau mit dem nötigen Ehrgeiz und der nötigen Rücksichtslosigkeit, um sich im Leben durchzuboxen. Sie werden gute Freundinnen, auch wenn sie den Mann der jeweils anderen nicht besonders leiden können: »So wie ich Alan nicht mochte, mochte sie Hammett nicht, obgleich sie immer viel zu höflich war, es zu sagen. Aber was wichtiger war, Hammett, der selten eine ausgesprochene Abneigung gegen irgendjemanden hatte, mochte Dottie nicht, und wenn sie in späteren Jahren zu uns zu Besuch kam, zog er aus«, notiert Lillian Hellman in ihren Erinnerungen.[374]

Dashiell Hammett verabscheut es, dass Dorothy Menschen freundlich ins Gesicht lächelt, nur um sie hinterrücks zu verspotten. Dieses Spiel von Umarmung und Verrat ist ihm zutiefst zuwider, auch wenn Lillian Hellman es als Selbstschutz eines Menschen mit großen Ängsten interpretiert: »Das Spiel entsprang vermutlich dem Wunsch, zu bezaubern, geliebt und bewundert zu werden, und die Selbstverachtung, die solche Wünsche mit sich brachten, konnte nur getilgt werden durch böse Reden hinter dem Rücken, die von einer schon fast komischen Heftigkeit waren.«[375]

Die neue Freundschaft lässt ihr Kalifornien vorübergehend zur Heimat werden. Die Rückkehr nach New York wird auf unbestimmte Zeit verschoben. Dorothy und Alan beziehen eine große weiße Villa mit Säulen und duftenden Magnolienbäumen im Garten. Weitere

Drehbücher wie »The Big Broadcast of 1936«, »Mary Burns, Fugitive«, »Hands Across the Table«, »Paris in Spring«, »The Case against Mrs. Ames«, »Lady be Careful«, »The Moon's Our Home« und »Suzy« entstehen. Dorothys Gehalt steigt auf 1500 Dollar die Woche. Sie verdient jetzt so viel, dass sie ohne Probleme für einen Bankkredit ihres neuen Schwagers Victor Grimwood, den Helen nach dem Tod ihres ersten Mannes 1932 geheiratet hat, bürgen kann, nicht jedoch, ohne sich hintenrum zu beklagen. »Die Mitglieder meiner Familie haben sich aus dem Erwerbsleben komplett zurückgezogen. Außer natürlich mein Schwager. Der baut Schiffsmodelle. Das läuft zwar momentan ein bisschen schleppend, aber das wird schon wieder.«[376]

Sie ist eine Fließbandarbeiterin geworden wie all die anderen – mit negativen Auswirkungen auf ihre Kreativität. Nur mehr selten verfasst sie Gedichte. Nach 1935 wird sie nur mehr drei Gedichte veröffentlichen, was aber nicht nur der veränderten Arbeitssituation geschuldet ist, sondern auch ihren veränderten privaten Umständen. Zum ersten Mal im Leben hat sie keinen Liebeskummer, denkt nicht über Selbstmord nach, und der Mann an ihrer Seite beschützt und liebt sie. Aleck Woollcott ist der festen Meinung, dies verhindere weitere Gedichte: »Dieses Vögelchen singt nur, wenn es unglücklich ist.«[377] 1936 erscheint ein letzter Sammelband, der die Gedichte aus den vergangenen Jahren beinhaltet: *Not so deep as well*. Die Kritiken sind verhalten. Was zuvor mit Begeisterung aufgenommen worden war, erscheint nun angesichts der weltweiten politischen und wirtschaftlichen Probleme zynisch: die Probleme moderner Großstädterinnen. Nicht ihr Können hat sich verändert, sondern die Zeit. Das spürt auch Dorothy.

Die Politik nimmt nun einen immer größeren Raum in ihrem Leben ein. Ganz Hollywood wird in jenen Jahren politisiert. So unterstützen Dorothy und Alan Heywood Broun und sein Komitee im Fall der Scottsboro Boys und geben in ihrer Villa Partys, bei denen Geld für die Verteidigung gesammelt wird. Doch ihr Blick geht auch nach Europa. Gerade als Jüdin schockiert sie der Antisemitismus in Deutschland. Voller Sorge verfolgt sie die Geschehnisse jenseits des großen Teiches, macht sich Gedanken, auf welche Weise sie helfen kann. Die meisten ihrer Freunde reagieren wie im Fall Sacco und Vanzetti mit Unverständnis auf ihr Engagement. Vor allem Dorothys immer stärker werdende Affinität zum Kommunismus empfinden sie als hochgradig lächerlich. Sie halten sie für« eine Salonsozialistin, die aus Langeweile Revolution spielt. Doch Dorothy sieht das ganz anders: »Ich glaube, zum ersten Mal wurde mir bewusst, auf welcher Seite ich stand, da war ich ungefähr fünf Jahre alt – eine Zeit, als noch niemand vor Büffeln sicher sein konnte. Es war in einem Backsteinhaus in New York, ein Blizzard tobte, und meine reiche Tante – eine schreckliche Frau, damals wie heute – war zu Besuch. Ich erinnere mich, dass ich am Fenster stand und den Männern zusah, die auf der Straße Schnee schippten. Ihre Hände waren vor lauter Kälte ganz blau und sie hatten ihre Füße mit Sackleinen umwickelt. Meine Tante sah mir über die Schulter und sagte: ›Ist es nicht wunderbar, dass gerade ein Blizzard tobt? So haben all diese Männer Arbeit.‹ Doch ich wusste, dass es nicht wunderbar war, dass diese Männer ihren Lebensunterhalt nur bei schlechtem Wetter verdienen konnten, dass es keinerlei Arbeit für sie gab, wenn das Wetter gut war. Das war der Augenblick, wo ich zur Antifaschistin wurde, durch die sanfte Stimme meiner reichen und bequemen Tante.«[378] Wer ihre Artikel und Rezensionen der letzten Jahre genau gelesen hat, konnte darin schon Hinweise auf ihr soziales Gewissen entdecken. So hatte sie Anfang der 1920er Jahre als Theaterkritikerin für *Ainslee's* die stereotype Darstellung von Afroamerikanern auf der Bühne scharf kritisiert: »Die Charaktere, die auftreten, sind keine Schwarzen, sondern schwarz angemalte Schauspieler – die typischen Bühnenschwarzen, faul, schlecht gekleidet, verrückt nach Würfelspielen und nicht in der Lage, ein Wort, das aus mehr als drei Silben besteht, fehlerfrei auszusprechen.«[379] Dass viele ihrer alten Freunde sie nicht verstehen, kann sie verschmerzen, doch dass auch Robert Benchley skeptisch ist und keinerlei Anstalten macht, sich politisch zu positionieren, schmerzt sie sehr. Für sich selbst sieht sie keine andere Möglichkeit, als sich einzumischen. In dieser Situation wird ihr alter Freund Don Stewart bewundertes Vorbild und Berater in einem: »Ich möchte über Donald Ogden Stewart sprechen, der für mich und viele andere so viel getan hat. Er war einmal das Gleiche wie ich: Autor von humorigen Texten, ein Hofnarr, einer, der die endlosen, stumpfsinnigen Stunden der Reichen mit Leben erfüllte. Doch dann, mit einem Mut, den die Menschen ihm nicht zugetraut hätten, weil er nie darüber gesprochen hatte, erkannte er, was er tun musste, und stellte seinen Intellekt, sein Herz, sein ganzes Leben dem Kampf gegen den Faschismus zur Verfügung. Man hat ihm blaue Flecken verpasst und ihn mitten ins Herz getroffen, aber er macht immer weiter. Er ist wahrlich ein bedeutender Mann.«[380] Don Stewart ist so aktiv, dass kolportiert wird, Präsident Roosevelt beginne jeden Morgen mit einem Glas Orangensaft, einer Tasse Kaffee und den ersten zehn Protesttelegrammen von Don Stewart.

Bei einem von Don Stewart organisierten Wohltätigkeitsdinner lernt sie den Journalisten Otto Katz kennen. Der tschechische Schriftsteller, der unter dem Decknamen André Simone arbeitet, ist eine der führenden Figuren des kommunistischen Widerstandes gegen die Nationalsozialisten. Katz, dem in Berlin ein Verhältnis mit Marlene Dietrich nachgesagt wurde, ist die rechte Hand des roten Pressezaren Willi Münzenberg. Zu seinen engen Freunden zählen Egon Erwin Kisch, Max Reinhardt und Erwin Piscator. Berühmt ist er vor allem als Mitherausgeber des 1933 erschienenen *Braunbuch über Reichstagsbrand und Hitlerterror,* einer Materialsammlung zur Entlarvung des Faschismus. Das Buch erreicht eine Auflage von mehreren Millionen und wird in 17 Sprachen übersetzt. Seine Berichte aus Nazideutschland lassen Dorothy schaudern. Zum ersten Mal fühlt sie sich wahrhaft als Jüdin, fühlt sich solidarisch mit den Verfolgten ihres Glaubens. Katz ist nach Hollywood gekommen, um Intellektuelle und Prominente für seine Sache zu gewinnen. Er wirbt für die Gründung einer Vereinigung aller Filmschaffenden, um gemeinsam gegen Hitler vorzugehen. Dass es dabei auch um die Verhinderung eines großen Krieges geht, ist allen klar, die sich intensiv mit der Materie beschäftigen, auch Dorothy. Zusammen mit Don Stewart, dem Schauspieler Frederic March und dem Produzenten und Texter Oscar Hammerstein gründen Alan und sie im Juni 1936 die Hollywood Anti Nazi League, die Schriftsteller in Deutschland unterstützen und zugleich Aufklärungsarbeit in den USA leisten will. Don Stewart wird deren Vorsitzender, Alan wird sein Sekretär und Dorothy Mitglied des Exekutivkomitees. Von Seiten der Branche erfahren sie großzügige Unterstützung. Zahlreiche Filmstars treten bei, sodass bald Büros angemietet und öffentlichkeitswirksame Veranstaltungen durchgeführt werden können: »Es ist mein ganzer Stolz, dass ich gemeinsam mit Donald Stewart und fünf anderen die Hollywood Anti Nazi League ins Leben gerufen habe. Aus den sieben Gründungsmitgliedern sind innerhalb von zwei Jahren 4000 geworden. Die Liga hat ganze Arbeit geleistet«, wird sie später berichten.[381]

Otto Katz verlässt Hollywood bald wieder, um seinen Kampf gegen den Faschismus in Europa fortzuführen. Dorothy wird ihn nie wiedersehen. Nach Aufenthalten in Mexiko und Moskau kehrt er nach dem Krieg in die Tschechoslowakei zurück, wo er 1952 im Zusammenhang mit dem Slánský-Prozess auf Stalins Geheiß hingerichtet wird. Die Liga aber bleibt stark, auch wenn viele ihr den Rücken kehren, als ihnen die Verbindung zur Komintern klar wird. Dorothy stört sich nicht daran, ganz im Gegenteil. Sie will etwas tun, und die Einzigen, die ganz offensichlich bereit sind, etwas gegen Hitlerdeutschland und andere Ungerechtigkeiten zu unternehmen, sind nun mal die Kommunisten.

Bei einem Treffen der linksgerichteten League of American Writers lernt sie neue Mitstreiter wie Ella Winter, die Witwe des berühmten amerikanischen Journalisten Lincoln Steffens, kennen. Dieser war in die Geschichte eingegangen mit einem einzigen Satz, den er nach einer Reise durch die UdSSR gesagt hatte: »Ich habe die Zukunft gesehen und sie funktioniert.« Ella Winter ist eine der führenden Kommunistinnen der USA und eine gute Freundin von Otto Katz. Sie wird die zweite Frau von Don Stewart, nachdem Bea Stewart ihren Mann, nicht zuletzt aufgrund seiner politischen Entwicklung, 1939 verlässt. Bei diesem Treffen lernen Alan und Dorothy auch den Gewerkschafter Harry Bridges kennen. Der Australier Bridges steht unter besonderer Beobachtung, da er für zahlreiche Fabrikausstände verantwortlich ist und als heimliches Mitglied der Kommunistischen Partei gilt. Die US-Behörden unternehmen mehrere Versuche, ihn zu deportieren. Gemeinsam mit Bridges und Winter besuchen Dorothy und Alan den noch immer inhaftierten Arbeiterführer Tom Mooney im Gefängnis von St. Quentin, wo Johnny Cash 30 Jahre später sein berühmtestes Konzert geben wird. Dies alles bringt Dorothy erneut auf die Beobachtungslisten des FBI.

Inspiriert durch ihre neuen Freunde, verändert Dorothy nun ihr Aussehen. Die Designerkleider und Modellhüte wandern in den Schrank, einfache Kleidung von der Stange erfüllt auch ihren Zweck. Sie, die immer nach der neuesten Mode gekleidet war, sieht in Dirndl und Kopftuch aus wie eine russische Bäuerin. Ein Erscheinungsbild, das auf den Straßen Hollywoods höchstes Erstaunen auslöst und irgendwie nach Proletariatsshow aussieht.

Eine Herzensangelegenheit dieser Jahre ist ihr die Gründung einer Gewerkschaft der Drehbuchautoren. Dabei geht es zum einen darum, den Drehbuchautoren die Rechte an ihrer Arbeit zu sichern. Dies ist gar nicht so einfach, da immer mehrere Autoren an einem Buch arbeiten und zuletzt niemand mehr sagen kann, wer was geschrieben hat. Zum anderen weiß Dorothy sehr genau, dass die wenigsten ihrer Kollegen derart exorbitante Gehälter bekommen wie sie und Alan: »Eine Gewerkschaft für Drehbuchautoren war unumgänglich. Da gab es Leute, die bekamen überhaupt kein Geld, weil alles so durcheinander war, immer wieder neue dazu kamen und dann nicht bezahlt wurden. Das höchste der Gefühle waren 40 Dollar pro Woche und dann auf einmal gar nichts mehr. Ein Drehbuchautor konnte, sagen wir mal, für zwei Wochen im Jahr angestellt sein, und dann konnten sie ihn einfach rauswerfen. Das ist nicht okay. Alles, was wir versuchten, war, anständige Arbeitsbedingungen zu schaffen.«[382] Sie ist der festen Überzeugung, dass nur die Organisierung der Drehbuchautoren an dieser Situation etwas ändern kann. Doch diese Ansicht teilen nicht alle ihrer Kollegen. Viele halten es für unvereinbar mit dem Diktum von Kunst und Kreativität, sich wie Arbeiter in einer Gewerkschaft zu organisieren. Einige hatten es dennoch vor Jahren versucht und die Screen Writers Guild gegründet. Sie waren auf den erbitterten Widerstand der Studiobosse gestoßen, die sich strikt weigerten, mit ihnen als Arbeitnehmervertretern zu verhandeln. Kein Wunder in einer Stadt, in der nach Dorothys Meinung die Straßen mit »Goldwyn« gepflastert sind.[383] Jetzt aber soll ein neuer Anlauf gewagt werden. Überall wird darum geworben, Mitglied zu werden und Hollywood tatsächlich in das Paradies zu verwandeln, von dem alle träumen.

Dorothys Verständnis für die Zurückhaltung mancher Kollegen in Sachen Organisation hält sich in Grenzen: »Sieh mal, Schätzchen, das Wort ›Union‹ besteht aus fünf Buchstaben, es ist kein ›Vier-Buchstaben-Wort‹.«[384]

Unter den Autoren, die für Paramount schreiben, sind auch Sid und Laura Perelman, die Schwester von Nathanael West. Perelman hatte Dorothy 1932 bei einer Party kennengelernt. Die volltrunkene Dorothy in ihrem schwarzen Modellkleid von Lavin hatte ihn damals so genervt, dass er geschworen hatte, sie beim nächsten Zusammentreffen mit einer ihrer Hutnadeln zu erdolchen.[385] Ganz offensichtlich hatte er davon abgesehen und sich stattdessen entschlossen, einer ihrer engsten Freunde zu werden. Die Perelmans sind häufig zu Gast bei Dorothy und Alan. Einmal erzählen sie dabei von ihrer kleinen Farm in Bucks County, Pennsylvania. Hier haben sie sich wie so viele ihrer

Kollegen ein Freizeitrefugium geschaffen, von dem sie nicht müde werden zu schwärmen. Dorothy hört es mit wachsender Begeisterung. Seit sie mit Alan verheiratet ist, möchte sie, die Rastlose, endlich Wurzeln schlagen. Weder Los Angeles noch New York hält sie dafür geeignet. Doch warum nicht Bucks County? In ihr reift der Gedanke, eine Farm in Pennsylvania zu kaufen. Für die großstädtische Dorothy, die schon auf den Hamptons Zustände bekommt, ein gewagtes Unterfangen. Es gelingt ihr, Alan davon zu überzeugen, wie wunderbar es wäre, ein Stück Land zu besitzen, mit frischem Gemüse, sauberer Luft und sehr viel Ruhe. Alles Dinge, auf die Dorothy bekanntlich bisher nur wenig Wert legte. Bei ihrer nächsten Reise nach New York machen sie in Bucks County Station und besuchen Sid und Laura Perelman. Am nächsten Morgen gehen sie mit einem Makler auf Besichtigungstour. Bereits beim zweiten Haus werden sie fündig. Fox House liegt inmitten eines großen Privatgeländes hoch über dem Fluss Delaware. Das Backsteinhaus aus den Tagen der Revolution mit seinem alten Baumbestand begeistert sie ebenso wie der unfassbar niedrige Preis von 4500 Dollar. Als einziger Nachteil erweist sich, dass das Haus wohl nur nach umfassenden Renovierungsarbeiten bezogen werden kann. Nach kurzem Überlegen beschließen Dorothy und Alan, das Haus zu kaufen und die Renovierung zu ihrem diesjährigen Sommerprojekt zu machen. Sie würden am liebsten sofort loslegen, doch sie haben die Rechnung ohne die Mieter des heruntergekommenen Hauses gemacht: ein altes Ehepaar aus Litauen, das nicht daran denkt auszuziehen. Obwohl die Anwälte, die Dorothy und Alan einschalten, ihr Bestes geben, bleiben die alten Leute stur, sodass die Campbells drei Monate lang in ein Gasthaus ziehen müssen statt nach Fox House: »Die litauische Lady ergriff ziemlich heftige Maßnahmen, um uns fernzuhalten. Sie legte ein totes Murmeltier auf die Schwelle der Vordertür. Es war August und das Murmeltier noch nicht lange tot … Falls es bei Ihnen jemals so weit kommen sollte, empfehle ich Ihnen diese Methode, um potenzielle Käufer zu vertreiben«, schreibt sie später in einer Zeitschrift.[386] Als die alten Leutchen nach langwierigen Verhandlungen endlich das Feld räumen, können die Arbeiten beginnen. Insgesamt kostet die Renovierung mehr als 98 000 Dollar und das in einer Zeit, da das Durchschnittseinkommen einer amerikanischen Familie jährlich bei rund 1500 Dollar liegt.

Im September 1936 kehren sie nach Los Angeles zurück – zum ersten, aber keineswegs zum letzten Mal mit dem Flugzeug. Dorothy betont, dass das einzige Mal, da sie die USA nochmal in einem unbequemen Zug durchqueren würde, in einer Kiste sein würde, geschmückt mit der amerikanischen Flagge. Sie haben einen neuen Auftrag, ein Drama für David O. Selznick. Der 34-Jährige ist ein absoluter Newcomer, der soeben seine erste eigene Produktionsgesellschaft gegründet hat. Von »Vom Winde verweht« ist er noch zwei Jahre entfernt, obwohl er die Genehmigung zur Verfilmung des Romans von Margaret Mitchell schon in der Tasche hat. Sie schreiben für ihn einen anderen Kassenknüller: »A Star Is Born«. Die hintergründige Kritik an Hollywood liegt Dorothy so sehr, dass sie gemeinsam mit Alan und ihrem Co-Autor Robert Carson für einen Oscar nominiert wird. Der Film wird ein überwältigender, auch finanzieller Erfolg und später sowohl mit Judy Garland als auch mit Barbra Streisand noch einmal neu verfilmt.

Den Oscar erhält Dorothy nicht, aber das ist augenblicklich nicht so wichtig. Denn womit niemand mehr gerechnet hat, sie selbst wohl am allerwenigsten, ist eingetreten: Sie ist schwanger. Mit 43 Jahren erwartet sie noch einmal ein Kind. Überglücklich beginnt sie Babykleidung zu stricken. Nach ein paar Wochen hält sie es nicht mehr aus und geht damit an die Öffentlichkeit. Sie lädt Louella Parsons, Hollywoods Klatschreporterin Nr. 1, zu sich ein und gibt ihre Schwangerschaft bekannt. Dabei lässt sie sich fotografieren – Babykleidung strickend. Die alten Freunde sind nicht unbedingt von ihren Mutterqualitäten überzeugt. Der Witz macht die Runde, dass das Baby, das ja an eine Diät bestehend aus Martini und Brandy gewöhnt sei, auch mal einen Kaffee vertragen könnte. Man fragt sich ernsthaft, was sie mit einem Baby anfangen wird, das keinen Alkohol verträgt. Doch Dorothy lässt sich nicht beirren. Sie freut sich sehr auf das Kind. Zu Weihnachten fliegen die werdenden Eltern nach New York. Hier erleidet Dorothy zwischen Weihnachten und Silvester eine Fehlgeburt. Zwei Wochen später erscheint sie zur Überraschung aller auf einer Party. Es geht ihr den Umständen entsprechend gut. Diesmal versucht sie nicht, sich in Galgenhumor zu retten, und sie unternimmt auch keinen weiteren Selbstmordversuch. Diesmal muss sie das Unglück nicht allein durchstehen. Alan ist an ihrer Seite und hilft ihr, den Verlust zu ertragen. Als sie in diesen Tagen erfährt, dass Patrick Murphy nach achtjährigem Kampf gegen die Tuberkulose ebenfalls gestorben ist, fühlt sie sich den Murphys noch näher als zuvor. Unmittelbar nach ihrer

Rückkehr nach Los Angeles versucht sie mit allen Mitteln der Medizin, wieder schwanger zu werden. Noch gibt sie den Traum vom Mutterglück nicht auf.

Im Frühjahr 1937 ist Fox House endlich bezugsfertig. Komplett elektrifiziert, mit Badezimmer, Waschmaschine und allen wichtigen elektronischen Geräten ausgestattet, fehlt es an nichts, außer vielleicht an einer Telefonleitung, für die die Telefongesellschaft 3000 Dollar verlangt hätte. Die Inneneinrichtung obliegt Alan. Sie besteht aus einem wilden Stil- und Mustermix, den die meisten Besucher hinter vorgehaltener Hand schlichtweg als grauenhaft bezeichnen. So strahlt das Wohnzimmer in neun verschiedenen Rottönen: Pink, Rosa, Purpurrot, Magenta, Zinnoberrot, Dunkelrot, Weinrot, Rotbraun und Himbeerfarben. Dorothy und Alan gefällt's. Auch die Außenanlagen werden einer Neugestaltung unterzogen. Drei wunderbare Ahornbäume werden gefällt, weil sie die Sicht auf den Fluss nehmen. Die Nachbarn, allen voran die Perelmans, sind über diesen Baumfrevel empört und beschweren sich lautstark. Dorothy bezeichnet sie spöttisch als »Thoreaus der 52. Straße«.[387] Alan lässt auch einen Swimmingpool anlegen, damit seine Frau wie einst an der Riviera ihre Bahnen ziehen kann. Die Arbeit auf der Farm übernimmt ein Verwalter, der mit seiner Familie in die Verwalterwohnung einzieht. Er kümmert sich um die Felder, den Garten, das Auto und die sieben Hunde. Dazu kommt weiteres Personal, das jedoch aufgrund der unkonventionellen Besitzer einer hohen Fluktuation unterworfen ist: »Sie standen einfach nicht auf. Du konntest von Glück reden, wenn sie um elf Uhr aus den Betten krochen. Abendessen gegen neun Uhr war früh, meistens war es eher elf, und dann blieben sie ewig auf, manchmal bis vier Uhr morgens.«[388] Dorothy kümmert sich wie immer am liebsten um gar nichts. Nicht einmal um den Garten: »Ich bin viel zu faul dafür – und das Unkraut ist ohnehin immer schneller als ich.«[389] Ihre Vorstellung vom Landleben ist langes Schlafen, Lesen, Schreiben und ein gemütliches Dinner mit Freunden. Endlich kann sie verwirklichen, wovon sie so lange geträumt hat: aufs Land zu ziehen und Schecks zu züchten![390]

If I had a shiny gun
I could have a world of fun
Speeding bullets through the brains
Of the folk who give me pains.[391]

VII.

Spanien und
der Zweite Weltkrieg

oder Mrs. Parkers Kampf gegen den Faschismus

Zum ersten Mal in ihrem Leben ist Dorothy wirklich glücklich. Doch das idyllische Leben in Fox House steht in krassem Gegensatz zur weltpolitischen Lage. Die Tatsache, dass die Welt langsam, aber sicher aus den Fugen gerät, ist nicht zu leugnen und Dorothy bereits viel zu sehr politische Aktivistin, als dass sie davon ablassen könnte, sich zu engagieren. So besuchen sie und Alan auch hier regelmäßig die Treffen der Kommunistischen Partei. Ihre Begeisterung für den Kommunismus ist nicht zwangsläufig, aber auch nicht ungewöhnlich. In den Jahren der Großen Depression ist Hollywood zur Anlaufstelle vieler politischer Aktivisten geworden. Die Filmindustrie ist immer linksliberal gewesen, und selbst wenn die meisten Intellektuellen und Schauspieler New-Deal-Liberale sind und auf Seiten Franklin D. Roosevelts stehen, gibt es viele, die der kommunistischen Idee gegenüber aufgeschlossen sind. Ausgehend von der Idee der Volksfront, versucht die Kommunistische Partei (CP) hier Mitstreiter zu gewinnen. Möglich wird dies nicht zuletzt durch zahlreiche Hilfsorganisationen, die im Einflussbereich der Partei stehen. Eine, die von der Richtigkeit dieser Ideen absolut überzeugt ist, ist Dorothy Parker. Ihre Affinität zum Kommunismus und zur Weltverbesserung zeigt sich jetzt auch in ihren Texten – mit weitreichenden Folgen. Zum allerersten Mal lehnt der *New Yorker* eine ihrer Kurzgeschichten ab. »Clothe the Nacked«[392] ist ihre erste Geschichte in drei Jahren, und sie ist so offen Agitprop, dass Harold Ross sich und seine Zeitung verweigert: »Dottie, tut mir leid, das sagen zu müssen, aber das ist mehr Propaganda als Kunst, und ich denke, es sind zudem eine Menge Klischees drin.«[393] Die Geschichte einer schwarzen Wäscherin und ihres blinden Enkelsohns, der von einem Weißen fast totgeschlagen wird, ist kein großer literarischer Wurf, aber ein flammendes Plädoyer gegen Rassismus – offensichtlich zu flammend für den sophisticated *New Yorker.* Dennoch dauert es Wochen, bis Harold Ross den Mut findet, Dorothy die Ablehnung zu übermitteln, immerhin ist sie eine der Autorinnen, die den *New Yorker* groß gemacht haben. Harold Guinzburg bringt die Geschichte schließlich in *Scribner's* unter, mit der fadenscheinigen Begründung, dort sei sie viel besser aufgehoben, »um endlich von der weitverbreiteten Annahme wegzukommen, dass du ausschließlich für den *New Yorker* schreibst, im Algonquin lebst und dich nur mit Woollcott und Ferber triffst«.[394] Eine Erklärung, die Dorothy zu dem Ausspruch verleitet: »Wenn die Revolution einst kommt, wird es heißen: die ganze Welt gegen Harold Ross.«[395] Von nun an wird Harold Ross ihre Texte nicht mehr nur auf Doppeldeutigkeit hin untersuchen, sondern auch auf kommunistische Propaganda. In den nächsten Jahren wird er immer wieder einzelne ihrer Texte ablehnen.

Noch während ihres Aufenthalts in Fox House naht der Tag der Entscheidung über das Fortbestehen der Screen Writers Guild. Nachdem die Studiobosse Künstlern jegliche gewerkschaftliche Organisation in Abrede gestellt haben, ist jetzt der Oberste Gerichtshof gefragt. Dieser entscheidet am 12. April 1937 auf der Grundlage des National Labor Relations Act von 1935, der Arbeitnehmern das Recht zur Bildung eigenständiger Vertretungen garantiert, dass auch Drehbuchautoren ein Recht haben, sich zu organisieren. Einen Monat später findet im Hollywood Athletic Club die erste Versammlung der Screen Writers Guild statt, zu der mehr als 400 Drehbuchautoren erscheinen. Dorothy, zurück aus Bucks County, wird in den Vorstand gewählt. Es wird beschlossen, dem National Labor Relations Board, das über die Einhaltung des Rechts auf Organisierung wacht, eine Petition zu überreichen, mit der Bitte, die Gewerkschaft offiziell anzuerkennen. Im Juni 1938 wird das National Labor Relations Board Drehbuchautoren endgültig als Arbeiter einstufen und dadurch ihre gewerkschaftliche

Organisierung ermöglichen. 1941 wird die Gewerkschaft der Drehbuchautoren ihren ersten Tarifvertrag durchsetzen.

Im Mai 1937 kehren Dorothy und Alan für längere Zeit nach
Hollywood zurück. Sie unterschreiben einen Fünf-Jahres-Vertrag bei
Samuel Goldwyn, mit einem Verdienst von 2500 Dollar pro Woche.
Die Verhandlungen führt Alan, während Dottie strickend in ihrem
Stuhl sitzt und nur ab und an mit dem Kopf nickt. Bei einer dieser
Gelegenheiten schnippt Samuel Goldwyn die Asche seiner Zigarette
nach ihr, und der Stuhl unter ihr geht in Flammen auf.

Zunächst nehmen sie Quartier im luxuriösen Beverly Wilshire
Hotel am Rodeo Drive, ehe sie auf Alans Betreiben erneut ein Haus in
Beverly Hills anmieten. Ihr neues Büro befindet sich auf dem Studiogelände, gleich neben Lillian Hellmans. »The Cowboy and the Lady«,
eine romantische Komödie mit Gary Cooper, ist ihr erstes gemein-
sames Pojekt für MGM. Das Skript hat bereits mehrere Autoren ver-
schlissen, und auch Dorothy und Alan können es nicht zu Goldwyns
Zufriedenheit erledigen. Sie werden abgezogen und stattdessen an das
Musical »The Goldwyn Follies« mit Musik von George Gershwin gesetzt. Doch auch hier ist ihnen kein Erfolg beschieden, sie müssen die
Ausarbeitung an Ben Hecht abtreten. Bei »You can be beautiful«
kommt es schließlich zum Eklat. Samuel Goldwyn will in seinem Film
die Geschichte einer Frau erzählen, die ähnlich Helena Rubinstein den
Kosmetikmarkt erobert. Dorothy schlägt als Hauptperson ein hässliches
Entlein vor, das sich zum Schluss in eine schöne, aber unglückliche
Frau verwandelt. Goldwyn aber besteht auf einem Happy End: »Verdammt noch mal, Dottie! Sie und Ihr gottverdammter hintergründi-
ger Humor. Sie sind eine große Schriftstellerin. Sie sind eine große
Dichterin. (…) Sie sind unglaublich witzig. Sie sind eine bedeutende
Frau, aber Sie erreichen kein großes Publikum, und wissen Sie auch,
warum? Weil Sie den Leuten nicht geben, was sie wollen. (…) Mit zynischen Bemerkungen lässt sich kein Geld verdienen. Die Leute wollen
ein Happy End.« Mit großer Würde erhebt sich Dorothy daraufhin
von ihrem Stuhl und sieht den großen Studioboss mitleidig an: »Ich
weiß, es wird ein großer Schock für Sie sein, Mr. Goldwyn, aber in der
Geschichte der Menschheit, die Millionen und Abermillionen Men-
schenleben gesehen hat, hatte nicht ein einziges ein Happy End.«[396]

Im Juni 1937 kommt F. Scott Fitzgerald nach Hollywood. Er bezieht ein Zimmer im legendären Garden of Allah am Sunset Boule-

vard, das einst Stummfilmstar Alla Nazimova gehört hatte. Bestehend aus kleinen zweistöckigen Bungalows im maurischen Stil, ist das Hotel einer der Hot Spots von Los Angeles. Es heißt, in seinem Swimmingpool habe es mehr Sex gegeben als an allen anderen öffentlichen Orten der USA, außer vielleicht dem 20th Century Unlimited, dem Zug zwischen New York und Chicago. Auf den Partys dort trifft sich alles, was Rang und Namen hat, inklusive Dorothy und Alan. Zelda ist nicht mehr an Scotts Seite. Ihr Zustand hat sich so verschlechtert, dass sie in die Psychiatrie des Highland Krankenhauses von Asheville, North Carolina gebracht wurde. In der ersten Zeit wird Scott Zelda immer wieder aus dem Sanatorium herausholen und mit ihr an jene Orte zurückkehren, an denen sie einst glücklich waren. Doch bei einem Ausflug nach New York entwendet sie seine Kleidung und sperrt ihn ins Zimmer ein. Dem herbeigeholten Arzt erklärt sie, Scott sei geisteskrank. Dieser hat alle Mühe, den Arzt davon zu überzeugen, dass nicht er es ist, der den Verstand verloren hat. Sie finden Zelda nach langer Suche im Central Park, wo sie ein Grab für Scotts Hosen aushebt.

Zeldas Unterbringung ist teuer und Scott ist dankbar für den Sechs-Monats-Vertrag bei MGM, der ihm 1000 Dollar die Woche einbringt. Er braucht dringend Geld, seine Jahre als umjubelter Chronist der Jazz-Ära sind lange vorbei, seine Schulden immens. Der von Alkoholausfällen und Schreibblockaden gequälte Dichter hat seinen Zenit überschritten. Zehn Jahre nach seinen großen Erfolgen ist F. Scott Fitzgerald nahezu vergessen. Als er in der größten Buchhandlung von Los Angeles eines seiner Bücher kaufen will, erntet er Erstaunen, jahrelang hatte niemand mehr nach einem Fitzgerald gefragt. Auch in anderen Geschäften sucht er seine Romane vergebens. Niemand erkennt ihn. Wenn er sich vorstellt, löst er blankes Erstaunen darüber aus, dass er überhaupt noch am Leben ist. Dorothy bedauert ihn und Zelda über alle Maßen: »Ich weiß, sie können eine solche Pest sein, aber ich werde immer ganz sentimental, wenn ich an die Fitzgeralds denke. Ich seh sie noch vor mir, als sie das erste Mal nach New York kamen. (…) Sie waren frisch verheiratet und er hatte diesen unglaublichen Erfolg mit *Diesseits vom Paradies*. Sie waren Glückskinder. (…) Wenn das das Ende ist, ist es verdammt trostlos.«[397]

Sie versucht, Scott für ihre Sache zu gewinnen. Doch der Dichter hat zu große Probleme mit sich selbst, als dass er Energie und Kraft für die Probleme der Welt aufbringen könnte. Als Drehbuchschreiber bleibt er erfolglos und wird schließlich bei MGM gefeuert. Seine letzten Jahre verbringt er an der Seite der berühmten Hollywood-Klatschkolumnistin Sheilah Graham, die Dorothy in New York einst wegen ihrer Tattoos interviewt hatte.

Kurz nach Fitzgeralds Ankunft erreicht der Spanische Bürgerkrieg Hollywood. Exakt ein Jahr, nachdem der ehemalige Oberbefehlshaber der spanischen Armee, General Franco, mit seinen Legionären aus Marokko in Spanien gelandet war, um die rechtmäßig gewählte republikanische Regierung der Volksfront zu stürzen, kommt Ernest Hemingway nach Hollywood, um für die Unterstützung der republikanischen Regierung zu werben. Im Spanischen Bürgerkrieg, ausgebrochen wegen der großen Spannungen innerhalb der spanischen Bevölkerung, stehen sich Großgrundbesitzer, Adel und Kirche auf der einen sowie die Mehrheit der spanischen Bevölkerung, bestehend aus Proletariat, Bauern und städtischen Mittelschichten, auf der anderen Seite gegenüber. Während die Mehrheit der Bevölkerung die Regierung unterstützt, unterstützen das faschistische Italien und Hitler-Deutschland die Putschisten mit modernster Waffentechnik und Truppenverbänden. Der Spanische Bürgerkrieg wird zum Versuchsfeld des Faschismus. Die Bombardierung der spanischen Stadt Guernica durch die Legion Condor am 26. April 1937 wird dank Pablo Picasso zum berühmtesten Beispiel für diese unheilige Allianz. Tausende Freiwillige machen sich in diesen Jahren auf nach Spanien, um als Teil der Internationalen Brigaden die Republik zu unterstützen. Außer von der UdSSR erhalten sie von der internationalen Staatengemeinschaft, die sich auf eine Appeasementpolitik verständigt, keinerlei Unterstützung.

Dafür engagieren sich viele Einzelpersonen für das bedrängte Spanien, darunter viele Künstler wie Ernest Hemingway. Als dieser im Juli 1937 in Hollywood auftaucht, hat er den Film »The Spanish Earth« im Gepäck. Gemeinsam mit dem holländischen Regisseur Joris Ivens hat er als Drehbuchautor den Kampf der republikanischen Regierung gegen Francos Faschisten dokumentiert. Eigentlich stammt das Originaldrehbuch von John Dos Passos. Doch nachdem spanische Stalinisten seinen besten Freund, den Republikaner José Robles, als angeblich faschistischen Spion hingerichtet haben, hatte Dos Passos voller Empörung Spanien verlassen. Dies war das Ende der Freundschaft mit Hemingway, der ihn öffentlich als Feigling beschimpfte und in den Film einstieg. Dorothy ist eine der Finanziers dieses Films. Ebenso wie Gerald Murphy, Lillian Hellman, Dashiell Hammett und zahlreiche andere stellt sie ihrerseits 500 Dollar für die Produktion des Aufklärungsfilms zur Verfügung. Den Rest übernehmen das North American Committee for Spain und Ernest Hemingway aus seiner Privatschatulle.

Hemingway hat den Film bereits Präsident Roosevelt im Weißen Haus vorgeführt und setzt nun darauf, dass die großen Studios sich dafür interessieren und für seine Verbreitung sorgen. Auf diese Weise hofft er, nicht nur Aufmerksamkeit für die Situation in Spanien zu erlangen, sondern auch Geld zur Unterstützung der kämpfenden Republikaner zusammenzubekommen: »Man war an einer Sache beteiligt, an die man von ganzem Herzen glauben konnte und in der man sich mit seinen Mitkämpfern brüderlich verbunden fühlte. Das ist etwas, das man vorher nicht gekannt hat. (...) Aber das Beste daran ist, dass man dieses Gefühl und diese Notwendigkeit nicht untätig hinnehmen muss. Man kann kämpfen«, lässt Hemingway Robert Jordan in »Wem die Stunde schlägt« sagen und drückt damit alles aus, was der Einsatz für das bedrängte Spanien für die Aktivisten bedeutet.[398]

Im Haus des zweimaligen Oscargewinners Fredric March wird der Film einem handverlesenen Publikum vorgeführt. March, heute vor allem als Gegenspieler Humphrey Bogarts in »An einem Tag wie jeder andere« bekannt, ist zu dieser Zeit der höchstbezahlte Schauspieler Hollywoods und für Hemingways Vorhaben ungeheuer wichtig. Nach Ende der Vorführung erklären sich mehrere der Anwesenden bereit, jeweils 1000 Dollar für die Anschaffung eines Krankenwagens zu spenden, unter ihnen auch Dorothy.

Noch kann sie großzügig sein, doch das Glück ist ihr nicht treu. Statt des erhofften Fünf-Jahres-Vertrages werden sie bei Goldwyn entlassen. Sie ziehen sich wieder nach Bucks County zurück, doch diesmal ist ihnen das Landleben zu eintönig. Da Dorothys letzte Europareise einige Zeit zurückliegt und Alan noch nie in Europa war, beschließen sie kurzerhand, der Alten Welt einen Besuch abzustatten. Gemeinsam mit Lillian Hellman gehen sie am 17. August 1937 an Bord der »Normandie«. Bei der Überfahrt lernen sie Ernest Hemingways zukünftige dritte Frau, die amerikanische Kriegsberichterstatterin Martha Gellhorn kennen, mit der sich Dorothy sofort anfreundet, obwohl, wie Lillian Hellman später schreibt, »Martha (...) einen guten Teil ihrer Zeit in der Sporthalle des Schiffes [verbrachte], wo, wie Dottie meinte,

alle Freundinnnen von Ernest ihre Grundausbildung für die Lebens-
partnerschaft mit ihm begonnen hatten«.[399]

In Paris angekommen, stürzen sie sich in das Getümmel der Welt-
ausstellung und treffen zu ihrer großen Freude Sara und Gerald
Murphy nach langer Zeit wieder. Dorothy ist der große Star in Paris.
Lillian Hellman schildert in ihren Erinnerungen, wie sich alle Welt
darum riss, die amerikanische Schriftstellerin als Gast begrüßen zu
dürfen: »In diesem Sommer waren noch viele andere Leute in Paris,
berühmte und reiche, die Dottie zum Dinner oder zum Lunch aufs
Land einluden, zum Tennis, das sie nicht spielte, und an Swimming-
pools, in denen sie nicht schwamm. (…) Ihre übertrieben feinen Manieren amüsierten mich; es war eine Art, sich zu mokieren, oft um die
Verachtung und Abneigung gegen diejenigen zu verbergen, die ihr im
selben Augenblick schmeichelten, in dem sie nach Schmeichelei ver-
langte. Wenn sie genug zu trinken hatte, wurden die feinen Manieren
so fein, dass sie albern wirkten, aber dann formulierte sie witzig und
scharf, als wolle sie sich (…) zeigen, dass niemand sie kaufen könne. Sie
irrte sich; man *konnte* und kaufte sie jahrelang. Aber sie erhielten nur
begrenzt Zugang zu ihrem Leben, und am Ende war sie auf ihrem
eigenen Weg.«[400]

Inmitten dieser Vergnügungen läuft Dorothy eines Tages dem
pulitzerpreisgekrönten Auslandskorrespondenten der *New York Herald
Tribune,* Leland Stowe, über den Weg. Er kommt soeben aus Madrid
zurück und versucht Dorothy davon zu überzeugen, selbst nach Spanien zu fahren und sich ein Bild von der Situation zu machen. Aber ein
Abstecher ins Kriegsgebiet steht nicht auf ihrem Programm, sie hat
Angst vor dem Krieg. Menschen, die damit klarkommen, dass die
Straßen mit Leichen gepflastert sind, hält sie schlicht und einfach für
meschugge. Sie flüchtet sich in Ausreden und erklärt ihm, sie könne
den Menschen dort unmöglich das letzte bisschen Essen wegfuttern.
Doch als Stowe ihr rät, Konserven in den Koffer zu packen, gibt sie
schließlich klein bei. Anfang Oktober reist sie für zehn Tage mit Alan
nach Spanien. In Madrid treffen sie auf Martha Gellhorn und Ernest
Hemingway. Die Stadt wird seit über einem Jahr belagert, und doch
gehen mehr als eine Million Menschen, allen Schüssen und Bomben-
einschlägen zum Trotz, scheinbar ungerührt ihrem täglichen Leben
nach. Eine Haltung, die Dorothy tief beeindruckt: »Alles, was ich
weiß, ist, dass ich dort die tapfersten Menschen sah, die ich je getrof-

fen habe, und dass ich dort begriffen habe, dass es keine andere Möglichkeit gibt, als sich solidarisch zu zeigen.«[401] Sie fahren weiter nach Valencia, der Hauptstadt der spanischen Republik. Unmittelbar nach ihrer Ankunft wird die Stadt bombardiert. Schockiert besichtigt Dorothy im Hafen die entstandenen Schäden. Ganze viermal wird die Stadt während ihres Aufenthalts angegriffen, doch auch hier beweisen die Spanier größten Mut. »Am Morgen hatte es eine Bombardierung aus der Luft gegeben, umso schrecklicher am helllichten Tag. Aber niemand im Café saß angespannt und verkrampft da, niemand erzwang verzweifelt Vergessenheit. Man trank Kaffee oder in Flaschen abgefüllte Limonade in der frohgemuten, wohlverdienten Muße eines Sonntagnachmittags, plauderte über kleine, heitere Dinge, wobei alle gleichzeitig redeten, alle zuhörten und antworteten«, schreibt sie über dieses Erlebnis.[402]

Sie selbst empfindet Panik während der Angriffe und schämt sich dafür. Sie weiß nur zu gut, dass sie die Stadt wieder verlassen wird, während die Einheimischen gezwungen sind, auszuharren. Auf ihrer Reise besucht Dorothy Flüchtlingslager und Kinderheime, trifft verzweifelte Menschen, die nach ihren Angehörigen suchen, und sieht traumatisierte Kinder durch die Straßen irren: »Sie weinen nicht. Aber du siehst diese Augen. Die ganze Zeit, wenn du dort bist und auch wenn du wieder weg bist, siehst du diese Augen.«[403] Wieder zurück in Paris, veranlassen ihre drastischen Schilderungen Lillian Hellman dazu, ebenfalls nach Spanien zu reisen, um dort den republikanischen Abwehrkampf zu unterstützen. Dorothy jedoch kehrt in die Vereinigten Staaten zurück, um hier ihren Teil für die spanische Sache zu leisten: »Seit ich aus Spanien zurück bin, versuche ich alles, was in meiner Macht steht. Ich habe viele Vorträge gehalten, von den Menschen dort erzählt und von allem, was ich gesehen habe. (…) Aber das Problem ist, ich spreche immer nur vor Zuhörern, die genauso denken wie ich, denn sonst lädt mich niemand ein. (…) Aber es ist meine Pflicht und meine Aufgabe als Schriftstellerin, meine Texte in Zeitungen zu veröffentlichen, deren Leser das alles noch nicht wissen, und wenn es mir gelingt, auch nur einen oder zwei von ihnen zum Nachdenken zu bringen, dann habe ich meine Aufgabe erfüllt.«[404]

Ihr größtes Problem ist, dass weder Leser noch Zuhörer die ernsthafte, politische Dorothy wollen. Alle wollen die sarkastische, boshafte Dorothy, mit der wütenden können sie nichts anfangen, was diese wiederum schrecklich wütend macht: »Mir ist nicht mehr nach Spaß zumute. Die Zeiten sind nicht lustig und Franco erst recht nicht. Ich kann nicht mit Witz gegen den Faschismus kämpfen, niemand kann das.«[405] Sie weiß genau, dass neue Herausforderungen neuer Antworten bedürfen: »Spott mag ein Schild sein, aber er ist keine Waffe.«[406]

Unmittelbar nach ihrer Rückkehr wird Dorothy vom North American Committee to Aid Spanish Democracy kontaktiert, das später als kommunistische Tarnorganisation eingestuft wird. Sheelagh Kennedy, eine der führenden amerikanischen Aktivistinnen im spanischen Bürgerkrieg, bittet sie, sich dem Kinderhilfsfonds der Organisation anzuschließen, der Schulbücher für spanische Kinder beschafft. Dorothy erklärt sich sofort dazu bereit, denn gerade die Fortschritte der Spanier auf dem Gebiet der Erziehung haben sie sehr beeindruckt: »Vor sechs Jahren war fast die Hälfte der Bevölkerung Analphabeten. Die erste Maßnahme der republikanischen Regierung bestand darin, diesen Hunger, diese Sehnsucht der Menschen nach Bildung aufzugreifen. Jetzt gibt es sogar in den kleinsten und ärmlichsten Dörfern eine Schule. Innerhalb eines Jahres wurden dort mehr Schulen gebaut als während der gesamten Monarchie. Und Tag für Tag werden neue errichtet. Ich habe selbst erlebt, wie die Städte nachts bombardiert wurden und die Menschen am nächsten Tag aufgestanden sind und an ihren Schulen weitergebaut haben.«[407]

Zwei Wochen später wird sie zur Vorsitzenden der Frauendivision des North American Committee to Aid Spanish Democracy gewählt. Ihr zu Ehren wird ein Bankett veranstaltet, auf dem auch der spanische Botschafter zu Gast ist.

In den nächsten Wochen hält sie viele Vorträge. Das kostet sie Überwindung, denn sie hasst es, in der Öffentlichkeit zu sprechen: »Es fällt mir schwer, vor Publikum zu sprechen, und manchmal denke ich, wenn ich meine Stimme noch einmal das Wort ›Faschismus‹ sagen höre, dann kotze ich. Die einzige Entschuldigung, die ich dafür habe, ist die, dass ich wirklich hinter dem stehe, was ich sage, und dass es einfach viel Geld für die Sache bringt. Und das ändert natürlich alles.«[408]

Wie sehr sie hinter der spanischen Republik steht, zeigt auch ihre neueste Kurzgeschichte, »Soldiers of the Republic«, die der New Yorker trotz ihres politischen Inhalts veröffentlicht. Wieder einmal zeigt sich, dass sie immer dann am besten ist, wenn sie über reale Personen und

Situationen schreibt. Ihre Schilderung einer persönlichen Begegnung mit Soldaten in Valencia ist ein kleines Meisterwerk und eine Hommage an den Widerstandsgeist und Überlebenswillen der Spanier.[409]

Ihr Einsatz für Spanien ist mit viel Empathie verbunden. Eine Leidenschaft, die viele irritiert. Manchmal bricht sie bei ihren Vorträgen in Tränen aus, wenn sich ihre Verzweiflung über das Geschehen Bahn bricht. Der Spanish Children's Milk Fond verschickt in ihrem Namen Bettelbriefe an Prominente, auch an die Mitglieder des Round Table. Zu ihrer großen Enttäuschung spenden die meisten nichts. Und auch die Charity-Ladys der High Society zucken beim Gedanken daran, eine so politische Sache zu unterstützen, entsetzt zurück. Aus Ärger darüber widmet sie ihnen eine Kurzgeschichte mit dem Titel »Das Butterkremherz«.[410]

Statt auf Partys sieht man Dorothy nun bei der freiwilligen ehrenamtlichen Arbeit. Statt in Hotellobbys ist sie auf Wohltätigkeitsveranstaltungen und Kongressen anzutreffen. So ganz nebenbei unterzeichnen die Campbells jedoch auch einen Vertrag bei MGM für 2000 Dollar die Woche. Es geht um das Musical »Sweethearts« nach Victor Herberts gleichnamiger Operette. Es ist ein lukrativer Job, denn es dauert lange, bis alle mit dem Drehbuch zufrieden sind.

Dorothys unbedingter Einsatz gegen den Faschismus in Europa treibt sie wie viele andere kritische Intellektuelle in die Arme Stalins. Sie setzt so große Hoffnungen in Stalin, dass sie blind ist gegenüber den Verbrechen des Diktators. Im April 1938 unterzeichnet sie gemeinsam mit Alan und 150 amerikanischen Künstlern eine Erklärung, wonach die stalinistischen Schauprozesse, denen unzählige Genossen zum Opfer fallen, gerechtfertigt seien.[411] Ihre Unterstützung für die UdSSR ist grenzenlos.

In Spanien bricht derweil der Widerstand zusammen. Die Internationalen Brigaden werden aufgelöst und bis März 1939 abgezogen. Mehr als 59 000 nichtspanische Antifaschisten hatten über die Jahre für die Republik gekämpft. Darunter viel Prominenz wie Ernest Hemingway, George Orwell oder Ernst Busch. Den Siegeszug des Faschismus in Europa konnten sie nicht aufhalten. Im November 1938 spricht Dorothy bei einer Massenkundgebung im Madison Square Garden, bei der über 4000 Dollar gesammelt werden.

Das Jahr 1939 hält große Enttäuschungen für Dorothy bereit. Ein Traum nach dem anderen zerplatzt. Am 28. März fällt Madrid an die

Falangisten, kurz darauf übernehmen Franco und die Seinen ganz Spanien. Die Republik ist verloren. Eine halbe Million Spanier ist auf der Flucht. Auf der französischen Seite der spanischen Grenze werden Flüchtlingscamps errichtet, es herrscht ungeheures Elend. Dorothys Einsatz als Spendensammlerin ist gefragter denn je. Bei einer einzigen Abendeinladung in ihrem Haus gelingt es ihr, mehrere tausend Dollar zu sammeln. Dennoch fühlt sie sich hilflos angesichts der Katastrophe jenseits des großen Teichs: »Schätzchen, du hast getan, was du konntest. Das ist gut. Aber es ist nicht genug.«[412]

Die Hoffnung gibt sie dennoch nicht auf: »Während ich dies hier schreibe, ist der Widerstand gegen die Faschisten in Katalonien bereits zusammengebrochen. Aber glauben Sie wirklich, dass die Menschen dort aufgeben? Glauben Sie, dass diese Menschen (…) tatsächlich lange am Boden liegen? Sie haben nach vielen Jahrhunderten die Monarchie beseitigt, wie könnte eine zehnjährige Diktatur sie jetzt besiegen?«[413]

Beruflich beschert ihr das Jahr 1939, abgesehen von der erfolgreichen Veröffentlichung eines dritten Bandes mit Kurzgeschichten *Here Lies* bei Viking Press im April, ebenfalls nur Enttäuschungen. Nachdem sie das Schreiben von Filmdrehbüchern nicht ausfüllt, wagen sich Alan und Dorothy an ein Theaterstück. Doch ihre Adaption von Miklos Laszlos Stück »The Happiest Man« wird trotz guter Voraussetzungen nicht produziert. Dabei hat es, vor allem, nachdem Otto Preminger als Regisseur gewonnen werden kann, alle Chancen, ein Broadwayerfolg zu werden. Doch der Produzent zieht sich ohne Angabe von Gründen aus dem Projekt zurück. Vermutlich ist es ihm zu tendenziös, Dorothys politische Linie ist wie immer klar erkennbar. Die beiden versuchen daraufhin, das Stück selbst zu produzieren. Doch allen Bemühungen zum Trotz scheitern sie auch damit. Dennoch halten sie lange daran fest. Erst 1942 legen sie ihre Pläne endgültig ad acta. Die Enttäuschung ist groß, erneut bleibt ein großer Traum unerfüllt.

Und noch ein anderer Traum platzt erneut. 1939 wird Dorothy noch einmal schwanger. Der Wunsch nach einem Kind war all die Jahre so stark gewesen, dass sie sich jeder nur erdenklichen Methode unterzogen hatte, um schwanger zu werden. An Alans Seite hatte sie sich jung genug gefühlt, auch in ihrem Alter noch Mutter zu werden. Die erneute Schwangerschaft scheint ihr recht zu geben. Merkwürdigerweise achtet sie diesmal jedoch nicht auf sich, sondern lebt, als wüsste sie bereits jetzt, dass sie auch dieses Kind verlieren wird. Und tatsächlich kommt es so: Auch ihre letzte Schwangerschaft endet mit einem frühzeitigen Abgang.

Dorothy verfällt in tiefe Depression, fühlt sich plötzlich alt und hässlich – gerade an der Seite des jugendlichen Alan. Sie wird mürrisch und launisch. Der erneute Verlust eines Kindes hat entscheidenden Einfluss auf ihre Ehe. Von diesem Zeitpunkt an ist nichts mehr wie zuvor. Niemals hatte ihr der Altersunterschied Probleme bereitet, ganz im Gegenteil. Nun jedoch wächst die Angst, Alan an eine jüngere Frau zu verlieren. Eine Angst, die grundlos ist, denn jeder kann sehen, wie sehr Alan seiner Frau zugetan ist. Dennoch wird der Blick in den Spiegel für Dorothy zur Qual. Sie wird immer dicker, ihr Gesicht ist durch die unzähligen Martinis, die sie in sich hineingeschüttet hat, aufgedunsen und schwammig geworden. Zigtausende von Chesterfield-Zigaretten haben ihre Haut fahl und faltig werden lassen. »I do not like my state of mind; | I'm bitter, querulous, unkind. | (…) | I'm disillusioned, empty-breasted. | For what I think, I'd be arrested. (…)«[414]

Bei ihrer Suche nach einem, dem sie die Schuld an ihrem Zustand und ihren zerplatzten Lebensträumen geben kann, wird sie schnell fündig: Alan. Ihre Unzufriedenheit mit sich selbst verwandelt sich in Hass auf ihren Mann, der anscheinend so sorgenlos durchs Leben geht. Dass auch ihn der zweimalige Verlust eines Kindes trifft, bedenkt sie keine Sekunde. Ihr Verhalten ihm gegenüber verändert sich radikal. War sie all die Jahre loyal und liebevoll gewesen, wendet sie sich nun innerlich von ihm ab. Im Rahmen ihrer Möglichkeiten hatte sie sich ehrlich bemüht, ihm eine gute Frau zu sein, hatte allerdings nie Zweifel daran gelassen, dass sich in dieser Ehe alles um sie drehen musste. Sie ist der Star, der Alan in Kreise eingeführt hat, zu denen er niemals Zugang gefunden hätte. Seine Fürsorge hat sie ihm mit dem Aufstieg in die High Society vergolten. Ihre Ehe war eine Win-Win-Situation für alle Beteiligten gewesen. Sie ist ihm nichts schuldig geblieben. Nun aber werden die Karten neu gemischt. Nachdem ihre Loyalität schwindet, beginnt sie damit, ähnlich wie bei Eddie Parker, sich hinter seinem Rücken über Alan lustig zu machen. Den trifft das völlig überraschend. Noch hält er es für eine Phase. Um die Wogen zu glätten, schlägt er eine Luftveränderung vor, der Dorothy nach langem Zögern zustimmt.

Vor ihrer Abreise nach Europa spricht sie noch auf der dritten American Writers' Conference im Juni 1939 in New York: »Ich finde, das

Beste an den heutigen Schriftstellern ist, dass sie schneller erwachsen werden. Sie wissen, dass man sich nicht selbst finden kann, solange man sich nicht mit seinen Mitmenschen beschäftigt. Sie wissen, dass es nicht mehr länger ›Ich‹ heißen kann, sondern nur mehr ›Wir‹. Sie wissen, dass ein gebrochenes Herz oder mysteriöse Todesumstände oder die Bewunderung für den Mond absolute Privatsache sind. Gott sei Dank ist die Zeit der persönlichen Pläsierchen vorbei. Heute spricht ein Dichter nicht mehr nur für sich selbst, sondern für uns alle – und seine Stimme wird gehört und setzt etwas in Bewegung.«[415]

Dann reisen Alan und Dorothy nach Paris ab. Dort angekommen, mieten sie sich eine Wohnung in der Avenue Saint-Honoré-d'Eylau und stürzen sich ins bunte Treiben. Auch wenn die Kriegsgefahr bereits deutlich in der Luft liegt, genießt die Stadt in einem Anflug von Verzweiflung den Sommer, als sei es der letzte. Dorothy geht auf ausgiebige Shoppingtour, trifft alte Freunde wie die Murphys und genießt ihre Popularität. Doch die Depressionen bleiben. Sie ist nervös und rastlos, wirkt gehetzt wie selten zuvor. Ihre abrupten Stimmungsschwankungen irritieren sogar enge Freunde. Ihr Allgemeinzustand ist beängstigend, auch wenn Alan alles tut, was in seiner Macht steht, um für Ausgleich zu sorgen.

Zurück in den USA, erfährt sie vom Abschluss des Hitler-Stalin-Paktes im August 1939. Kurz darauf beginnt mit dem Überfall auf Polen der Zweite Weltkrieg. Die Hollywood Anti Nazi League benennt sich angesichts der neuen Koalition um in Hollywood League for Democratic Action. Die Kommunistische Partei (CP) verzeichnet einen starken Mitgliederrückgang. Dorothy aber hält weiter zur CP, zur Sowjetunion und zu all den anderen Gruppierungen, denen sie Unterstützung gewährt hatte. Dies stößt bei vielen ihrer Freunde auf Unverständnis. Sie ziehen sich zurück. Es wird ruhiger um die Campbells, die in ihrer Einsamkeit wieder näher zusammenrücken.

Noch häufiger nutzen sie jetzt jede Gelegenheit, sich nach Fox House zurückzuziehen. Das alte Farmhaus bleibt ihr Garten Eden, ihr Refugium der Erholung. Die wenigen Freunde, die sich hier einfinden, gehören fast alle dem linksliberalen politischen Spektrum an. Sie werden Dorothys und Alans Familienersatz. Einziger Störfaktor in Bucks County ist Alans Mutter, Hortense Campbell. Sie kann ihre berühmte Schwiegertochter nicht ausstehen, war und ist entsetzt über die Wahl ihres Sohnes. Nach einem leichten Schlaganfall beordert sie die beiden so oft in ihr Heim nach Richmond, bis Alan ihr in der Nähe von Fox House ein Häuschen kauft. Dorothys Begeisterung darüber hält sich in Grenzen: »Ich kann dir gar nicht sagen, wie ich das finde«, schreibt sie an ihre Schwester. »Der Moment, in dem sie auftaucht, bedeutet nichts anderes als Ärger und Szenen und Unannehmlichkeit und Störung. Ich kann ehrlich nicht verstehen, was Alan sich dabei denkt und warum er das tut. Ja, klar, sie hat diese Fähigkeit, ihm Schuldgefühle einzuimpfen, und erst recht jetzt, da sie krank ist – besser könnte es gar nicht laufen. Aber ich finde, es ist einfach schrecklich ungerecht und unfair und unklug. Ich bin echt geliefert, und Gott weiß, das wird noch viel schlimmer werden. Ach zum Teufel.«[416]

Nach Mrs. Campbells Umzug kommt es immer wieder zu heftigen Auseinandersetzungen zwischen Mutter und Sohn: um das Haus, um sein Leben, um Dorothy. Einmal sitzen Dorothy und Lillian Hellman strickend vor dem Kamin im Wohnzimmer, während Alan und seine Mutter sich oben lautstark streiten. Lillian Hellman hat aufgeschrieben, was passierte, nachdem die Stimmen oben verstummten und Alan herunterkam: »Er sagte sofort in gereiztem Ton: ›Es ist höllisch heiß hier.‹ ›Nicht für Waisenkinder‹, meinte Dottie, und ich lachte so lange, dass Alan spazieren ging und Dottie mir beruhigend auf die Hand klopfte und meinte: ›Schon gut, meine Liebe, du wirst ersticken, wenn du nicht achtgibst‹.«[417] Zu Dorothys großer Zufriedenheit steht Alan immer und stets auf ihrer Seite.

Im Herbst 1940 besuchen Alan und Dorothy Martha Gellhorn und Ernest Hemingway in Sun Valley. Kurz danach werden bei Dorothy gutartige Tumore an der Gebärmutter festgestellt, die aber so groß sind, dass man sie entfernen muss. Dorothy wird ins Krankenhaus eingeliefert, wo man ihr die Gebärmutter entfernt. Damit ist die Frage einer Schwangerschaft ein für alle Mal ad acta gelegt. Zum Erstaunen ihres Mannes ist ihr Allgemeinzustand nach der Operation besser als vermutet. Es scheint, als ob ihr mit der endgültigen Lösung des Problems eine Last von den Schultern genommen wäre. Alles Hoffen, Bangen und Warten hat nun ein Ende, Dorothy wird nie mehr Mutter werden. Umsorgt von einer ganzen Armada kanadischer Krankenschwestern kommt sie in ihrer neuen Villa in Beverly Hills wieder zu Kräften.

Im Dezember 1940 verliert Dorothy innerhalb von zwei Tagen drei gute Freunde. Am 21. Dezember stirbt F. Scott Fitzgerald in seinem

Wohnzimmer mit gerade einmal 44 Jahren an einem Herzinfarkt. Nur einen Tag später verunglücken Nathanael West, der als rasanter Autofahrer bekannt ist, und seine Frau mit dem Wagen auf der Heimreise von Mexiko tödlich. Nur eine Woche zuvor hatte sie alle drei bei einer Party im Haus von Nathanael West zum letzten Mal gesehen. Die Freunde werden in derselben Leichenhalle aufgebahrt. Der Andrang ist gerade bei Scott nicht besonders groß. Kaum jemand kommt, um ihm die letzte Ehre zu erweisen. Dorothy bleibt lange am offenen Sarg stehen. Beim Anblick des vertrauten Toten erinnert sie sich an die Beerdigung von Jay Gatsby, Fitzgeralds großem Romanhelden, den auch niemand auf seinem letzten Weg begleiten wollte. Unwillkürlich spricht sie die Worte aus, die auch an Gatsbys Sarg gesprochen werden: »Armer Hund.«[418] Sie erscheinen ihr durchaus passend angesichts der Tatsache, dass einer der größten amerikanischen Schriftsteller des 20. Jahrhunderts mit nur 44 Jahren verstorben ist, nach einem Leben voller Exzesse, Abstürze und Tragödien, und dass niemand in Hollywood davon Notiz nimmt. Für ihre Fans aber ist der Satz nur ein weiterer Beweis ihrer unnachahmlichen Art, das Leben zu sehen. Dabei ist ihre Trauer um den Freund groß und echt, wie Fitzgeralds letzte Liebe Sheilah Graham drei Tage später am Weihnachtstag erlebt: »Ich fuhr zu Dorothy Parkers Weihnachtsparty. (…) Vorsichtig und stolpernd fand ich meinen Weg zu Dorothys Haus und ging hinein. Ich konnte das Lachen und Plaudern nicht ertragen. Ich ging in ihr Schlafzimmer und legte mich aufs Bett. Dort lag ich und weinte. (…) Dorothy setzte sich zu mir und sie weinte mit mir.«[419] Zelda wird Scott um acht Jahre überleben und am 10. März 1948 bei einem Feuer in der Nervenheilanstalt in Asheville verbrennen, wo die Zimmertüren verschlossen und die Fenster mit schweren Ketten gesichert sind.

Die Situation zwischen Alan und Dorothy wird derweil immer komplizierter. Sie kommt mit seiner Fürsorge und Freundlichkeit, auch angesichts der eigenen Unzulänglichkeit, nicht mehr zurecht und beginnt, ihm die Hölle auf Erden zu bereiten. Es gibt eine Güte, die wahnsinnig macht. Sie mokiert sich offen über seine Schauspielkarriere, die von kleinen Rollen und mäßigem Talent geprägt sei. Um ihn zu diskreditieren, stimmt sie in den niemals verstummten Chor derjenigen ein, die den Gutmenschen Alan für homosexuell halten. Ihre neuen Kosenamen für Alan werden »that shit« und »schwuler Bock«. Alan wird zur Zielscheibe von Gemunkel und Spott. Dennoch bleibt er in geradezu stoischer Ruhe der perfekte Gastgeber und schafft die Bühne, auf der Dorothy und ihre Freunde über ihn herfallen können. Trotz aller Beleidigungen, allen Streits, aller Peinlichkeiten bleibt er an ihrer Seite. Alan und Dorothy sind auf demselben selbstzerstörerischen Weg wie Zelda und Scott, der einmal über seine Ehe gesagt hatte: »Es wäre besser für uns gewesen, wenn wir einander nicht geheiratet hätten. Wir brachten uns gegenseitig nur Schaden.«[420]

Dorothy tut ihr Bestes, um sich und der Welt zu beweisen, dass sie Alan nicht braucht. Sie schreibt eine ihrer besten Kurzgeschichten für den *New Yorker,* »The Standard of Living«. Die Geschichte der Stenotypistinnen Annabel und Midge – »auffällig und billig und bezaubernd« –, die sich ihren Tag damit versüßen, davon zu träumen, was sie alles tun würden, wenn sie 1 Million Dollar erben würden, und die feststellen müssen, dass die Wirklichkeit so teuer ist, dass 1 Million nicht reichen wird, ist ein Denkmal für die vielen naiven Großstadtmädchen auf der Suche nach dem großen Glück.[421] Im Mai 1941 fährt Dorothy ohne Alan zurück nach New York. Via Telefon streiten sie weiter, und das mit einer Heftigkeit, dass Alan ihr dringend rät, den Aufenthalt in New York zu verlängern. Sie hört auf ihn und bleibt für die nächsten zwei Monate dort. Noch einmal genießt sie das Leben mit den alten Freunden und schwelgt in Erinnerungen an eine Zeit, die längst vorbei ist.

Im Juli 1941 kehrt sie nach Los Angeles zurück, wo sie von Alfred Hitchcock, dem Meister der Spannung, höchstpersönlich engagiert wird, um das Skript zu »Saboteure« umzuarbeiten. Dorothy schreibt für diesen Film, in dem der Arbeiter einer Flugzeugwerft fälschlicherweise der Sabotage verdächtigt wird und ein Rennen quer durch das Land nach dem wahren Schuldigen beginnt, ihre gewohnt spritzigen Dialoge. Und sie trägt dazu bei, dass der Film viele für Hitchcock durchaus ungewöhnliche politische Anspielungen hat. Im Film hat sie an der Seite Hitchcocks sogar selbst einen Kurzauftritt. Die beiden spielen ein Paar, das die Straße entlangfährt in dem Moment, in dem Robert Cummings Priscilla Lane ins Auto zieht. Dorothy ist in Großaufnahme zu sehen und hat sogar einen eigenen Satz zu sprechen!

In diesem Sommer arbeitet Dorothy auch an dem einzigen Drehbuch mit, das ihr wohl wirklich Vergnügen bereitet hat. Sie steuert einige Dialoge zu Lillian Hellmans Filmversion ihres Theaterstücks »Kleine Füchse« bei. Bei der Theaterpremiere 1939 hatte Tallulah

Bankhead die Hauptrolle gespielt, die nun im Film von Bette Davis übernommen wird. Schon für das Theaterstück war Dorothy unverzichtbar, hatte sie doch den Titel »Kleine Füchse« vorgeschlagen. Aus Dankbarkeit widmet ihr Hellman das Skript. Noch während der Dreharbeiten bekommt Dorothy allerdings erneut Ärger mit Samuel Goldwyn, der eines Nachts völlig aufgelöst bei ihr anruft, da der Film nichts als kommunistische Propaganda sei. Doch Dorothy kann ihn beruhigen: »Aber Sam, die Geschichte spielt Anfang 1900. Da gab es noch keinen Kommunismus.« – »Gott sei Dank«, erwidert Goldwyn und legt auf.[422]

Die Zusammenarbeit mit Alan geht zwar weiter, ist aber aufgrund ihres Verhaltens unzumutbar. Sie beschimpft ihn auf Schritt und Tritt, hasst ihn alleine schon dafür, dass es ihm in Hollywood gefällt. Ihr Benehmen ist unmöglich, und sie weiß das auch. Ein Jahr später wird sie an Alexander Woollcott schreiben. »Ich habe mich ihm gegenüber schrecklich benommen. Ich hatte guten Grund dazu, aber ich hab einfach die falschen Mittel gewählt.«[423] Da sie der felsenfesten Ansicht ist, dass Alan nur deshalb als Drehbuchschreiber engagiert wird, weil er ihr Mann ist, lässt sie sich eine besonders perfide Gemeinheit einfallen. Während der Arbeit am Drehbuch zu »The Pride of the Yankees« steigt sie aus dem gemeinsamen Projekt aus. Sie ist sich sicher, dass Alan den Film nicht zu Ende bringen kann und gefeuert wird. Doch sie irrt sich. Die Studios halten an Alan fest und ersetzen stattdessen Dorothy durch Helen Deutsch, eine Journalistin und Kurzgeschichtenautorin, die ein völliger Neuling in der Branche ist. Dorothy ist perplex. Damit hat sie nicht gerechnet. Umgehend wechselt sie in die Opferrolle und versteigt sich darin, Alan eine Affäre mit der hübschen 35-Jährigen anzudichten. Ein neuer Grund, ihn zu hassen und noch mehr zu trinken. Dass Helen Deutsch zu einer der gefragtesten Drehbuchautorinnen Hollywoods aufsteigt, verbessert Dorothys Laune nicht im mindesten.

Als die Japaner am 7. Dezember 1941 die amerikanische Atlantikflotte vor Pearl Harbour bombardieren, treten die USA in den Zweiten Weltkrieg ein. Damit ist der Krieg, den Dorothy all die Jahre so gefürchtet hat, nun auch über ihr Land gekommen. Sie drängt Alan, sich freiwillig zu melden, und rechnet ihm vor, wie viele junge Männer ihr Leben riskieren, um den Faschismus zu besiegen, während er in Hollywood das Leben genießt. Wäre er ein Mann, so wüsste er längst, was zu tun sei. Dabei weiß sie genau, wie sehr Alan seine Zeit auf der Militärakademie verhasst ist und wie sehr ihr feingeistiger Mann jeglichen Militarismus ablehnt. Ihre heftigen Angriffe sind nicht zuletzt der Enttäuschung über die eigene Ohnmacht geschuldet, der Erkenntnis, dass ihr eigener Einsatz dem Faschismus in Europa nichts entgegenzusetzen vermochte.

All ihre Hoffnungen sind gescheitert – privat und beruflich. Sie fühlt sich als Versagerin und trinkt mehr als je zuvor. Um überhaupt aus dem Bett zu kommen, braucht sie schon am Morgen Unmengen an Alkohol. Die Tage erlebt sie wie in Trance, bis sie abends nach diversen Cocktails völlig betrunken ins Bett fällt. Wieder hat sie schwere Erinnerungslücken. Alan ist ihr keine Hilfe, denn er unterschätzt das Problem ihrer Alkoholsucht gewaltig. Statt sie davon abzuhalten, leistet er ihr beim Trinken Gesellschaft. Zu seinen Hobbys gehört das Sammeln von Cocktailrezepten. Nie kommt Dorothy in die Verlegenheit, sich selbst nachschenken zu müssen, diese Aufgabe übernimmt bereitwillig Alan, auch um zu kontrollieren, was und wie viel sie trinkt. Wie alle Co-Alkoholiker akzeptiert Alan klaglos ihre Ausfälle, ihre Stimmungsschwankungen, ihre Launen. Freunden gegenüber sucht er nach Erklärungen für ihre Trinkerei, bagatellisiert und verharmlost sie. Dass er in seinem Bemühen, die negativen Konsequenzen ihrer Sucht aufzufangen, ihre Sucht ungewollt unterstützt, ist ihm nicht klar. Stattdessen steigert er sich ebenfalls in seine Opferrolle hinein. Er ist Dorothy wahrlich keine Hilfe. Sie erkennt schließlich selbst, dass sie Hilfe braucht, um aus dem Teufelskreis auszusteigen, und lässt sich in eine Entziehungsklinik einweisen. Doch schon nach ein paar Tagen kommt ihr diese Einsicht wieder abhanden, und sie kehrt zurück nach Hause, wo der Rosenkrieg zwischen den beiden in die nächste Runde geht.

Besorgte Freunde stellen zwischenzeitlich auch an Alan Veränderungen fest. Er trinkt selbst täglich mehr, seine Fingernägel sind bis ins Nagelbett abgebissen. Aus dem einst durchaus amüsanten Geschlechterkampf ist längst ein todtrauriges Ehedrama geworden, das jeglichen Unterhaltungswert verloren hat. Niemand findet mehr Vergnügen daran, Dorothys Spitzen zu lauschen. Von gerngesehenen Gästen werden Dorothy und Alan zu Aussätzigen. Selbst gute Bekannte meiden den Kontakt mit dem Paar, das am Ende jedes Abends nicht nur sturzbetrunken ist, sondern auch noch höchst auffällig wird. Manche Freunde sitzen abends im Dunkeln in ihren Häusern, nur um den Eindruck zu erwecken, sie seien ausgegangen und das Klingeln des Chaospaares wäre völlig sinnlos. Sogar Sid und Laura Perelman schränken den Kontakt ein, als sie erkennen, dass sie sich so in diesen Ehekrieg verwickeln lassen, dass sie nach Treffen mit Dorothy und Alan selbst damit beginnen, sich wie Idioten aufzuführen.[424] Dorothy und Alan ficht das alles nicht an. Gefangen in ihrer eigenen Welt aus Alkohol, Streit und schlechtem Gefühl, sind sie der Realität vollkommen entrückt.

Im Frühjahr 1942 meldet sich Alan, vermutlich auch, um dem Leben mit Dorothy zu entkommen, zu den Streitkräften. Er meldet sich als einfacher Soldat, obwohl er die Militärakademie durchlaufen hat. Jetzt ist Dorothy zufrieden. Sie zollt ihm uneingeschränkte Bewunderung für diesen mutigen Schritt. Feige Männer sind ihr verhasst, und solange Alan sich nicht gemeldet hatte, war er in ihren Augen ein Feigling. Umso wütender ist sie auf ihre Schwiegermutter, die nichts unversucht lässt, Alan in den USA zu halten. In Fox House marschiert eine ganze Armada ehrwürdiger alter Damen auf, die schwere Vorwürfe gegen Alan erheben, seine kranke Mutter im Stich zu lassen. Als Hortense Campbell sogar einen Herzanfall vortäuscht, um ihn zu halten, wird Dorothy fuchsteufelswild: »Ich würde meine Seele dafür verkaufen, wenn dieser Frau etwas Schlimmes zustoßen würde, als Strafe dafür, dass sie Alan seine letzten Tage hier so vermiest hat«, schreibt sie an Aleck Woollcott.[425]

Dorothy begleitet Alan zur Meldestelle nach Philadelphia und zieht sich nach einem bewegenden Abschied nach Fox House zurück, obwohl Alan der Ansicht ist, dass jemand, der weder Auto fahren noch sich selbst einen Kaffee aufbrühen kann, im Ritz in Manhattan besser aufgehoben wäre. Sie fühlt sich unheimlich heroisch angesichts des Opfers, das sie erneut für ihr Land bringt. Nach ihrer Ankunft in Fox House informiert sie ihre Geschwister per Telefon von Alans Schritt, in der Erwartung, Beileidsbekundigungen für ihr Leben als einsame Soldatenbraut entgegenzunehmen. Doch sie stößt auf taube Ohren. Für ihre Geschwister ist der Krieg weit weg, sie haben ganz andere Sorgen. Fassungslos schreibt Dorothy an Woollcott: »Großer Gott. Menschen, deren Land sich im Krieg befindet. Menschen, die in einer Welt leben, die an allen Ecken und Enden brennt, in einer Zeit mit Gefahren, Bedrohungen und Gewalt, wie man sie nie zuvor erlebt hat … Na ja.«[426] Doch nicht alle reagieren so gleichgültig. Gerald Murphy schenkt Alan zum Abschied eine Uhr, auf der die Worte »Qui sentit agit« (Wer fühlt, der handelt) eingraviert sind. Robert Benchley dichtet den Satz umgehend um: »Wessen Frau fühlt, der handelt.«[427]

Um ihre Einsamkeit in den Griff zu bekommen und zugleich einen Beitrag zur Verteidigung der Freiheit zu leisten, überlegt Dorothy, in einer Fabrik Dienst an der Heimatfront zu tun. Doch sie kennt sich gut genug, um zu wissen, dass regelmäßige Arbeit nicht ihr Ding ist, und so verwirft sie den Gedanken so rasch, wie er gekommen ist. Der Versuch, sich beim Women's Army Corps, der neugegründeten Fraueneinheit innerhalb der US-Armee, zu melden, scheitert an ihrem Alter. Auch ihren Traum, als Kriegsberichterstatterin nach Europa zu gehen, muss sie begraben. Die US-Behörden verweigern ihr aufgrund ihrer politischen Betätigung die Akkreditierung. So bleibt ihr zunächst nichts anderes übrig, als sich um die Farm und wohl oder übel auch um ihre Schwiegermutter zu kümmern.

Im Herbst 1942 folgt sie schließlich Alans Rat und geht zurück nach New York. Sie sucht beim *New Yorker* um eine Festanstellung an, wie Ross an Marc Connelly schreibt: »Dorothy Parker hat mich angerufen. Sie braucht Arbeit. Seither hab ich sie nicht mehr ans Telefon bekommen. Ich nehme an, du weißt, dass Alan zur Armee gegangen ist. Dorothy wohnt im Ritz. Sie sagt, da sei es gar nicht teuer.«[428] Obwohl Ross ihr einen Job anbieten möchte, bringt er auch nach mehrmaligen Versuchen Dorothy nicht ans Telefon.

Alan wird derweil auf einem Luftwaffenstützpunkt der US-Armee in Miami Beach für seinen Einsatz in Europa ausgebildet. Seine Einheit ist in einem requirierten Luxushotel untergebracht, und bislang ist alles eher eine große Party denn Krieg. Alan, weit weg von der keifenden Dorothy, genießt die Zeit in Miami in vollen Zügen. Im November 1942 bewirbt er sich gemeinsam mit seinem Freund, dem Broadwayregisseur Joshua Logan, an einer Schule für Offiziersanwärter. Nach ihrer Aufnahme mieten sie ein Apartment gegenüber der Kaserne, in dem sie Essensvorräte und Unmengen an Alkohol bunkern. Es folgen legendäre Feste, die Alan bei seiner Einheit noch beliebter machen, als er es ohnehin schon ist. Hier in Miami ist Alan nicht der Ehemann von Dorothy Parker, sondern nur Alan Campbell. Die meisten seiner Kameraden haben keine Ahnung, wer seine Frau ist. Der Respekt, den er in diesem Umfeld genießt, verändert seine Einstellung zu Dorothy. Er ist weniger geduldig, weniger hilfsbereit, weniger fürsorglich. Obwohl sie dies nicht nur in den Briefen, sondern auch bei ihren zahlreichen Besuchen in Florida bemerkt, fehlt ihr die Kraft, dagegen anzugehen. Sie hat ja nicht einmal genug Kraft, um zu schreiben. Trotz guter Vorsätze erscheint keine einzige neue Kurzgeschichte.

Alan ist zielstrebiger. Gemeinsam mit Joshua Logan beendet er seine Offiziersausbildung in Rekordgeschwindigkeit. Zur Feier des Tages schmeißen sie eine große Sause. Dabei fließt der Alkohol so reichlich, dass Logan zu der Einschätzung gelangt, dass in jener Nacht wohl mehr getrunken wurde als auf dem Höhepunkt der Touristensaison in Miami. Zum Umsatz trägt selbstredend auch Dorothy bei. Am nächsten Morgen begleitet sie die beiden zukünftigen Helden zu einem Interview im Armee-Radio. Auf dem Weg dorthin macht sie auf Joshua Logan einen so desaströsen Eindruck, dass er sich anbietet, ihr etwas zu trinken zu besorgen – selbstverständlich etwas Alkoholisches. Nachdem er vergebens versucht, um zehn Uhr morgens Alkohol zu kaufen, kehrt er mit einer Flasche Coca-Cola zu ihr zurück und erlebt sein blaues Wunder. »Wie lieb, Coca-Cola«, sagt sie. »Das muss ich versuchen. Ich hab noch nie Coca-Cola getrunken.« Als er sich nach den ersten Schlucken erkundigt, ob es ihr schon etwas besser ginge, antwortet sie ungerührt: »Das nicht, aber beim Hinunterschlucken habe ich eine tiefe, unumstößliche Wahrheit über das Trinken von Coca-Cola gelernt: Schick niemals einen Laufburschen zu einer Besorgung, für die es einen ganzen Mann braucht.«[429]

Dorothys anfängliche Begeisterung über Alans Eintritt in die Armee verfliegt schon nach kurzer Zeit. Zwar besucht sie ihn oft und verbringt sogar den kompletten Dezember 1942 in Miami Beach, doch die Streitereien beginnen bald von Neuem. Sosehr sie ihn zuvor gedrängt hat, sich zu melden, so heftig sind jetzt ihre Vorwürfe, sie in so schweren Zeiten allein zu lassen. Sie fühlt sich vernachlässigt und kann die Distanz, die Alan ihr gegenüber aufbaut, nur schwer ertragen. Es kommt erneut zu lautstarken Auseinandersetzungen, auch in der Öffentlichkeit. Unter Alkoholeinfluss kennen beide keine Schamgrenze. Eines Morgens erscheint Dorothy nach einem besonders heftigen Streit mit einem blauen Auge zum Frühstück mit Joshua Logan und seiner Frau: »Da schau her, sieh dir an, was passiert ist – ein allerliebstes kleines blaues Auge. Nicht besonders hübsch, was? Wirklich ganz und gar nicht hübsch.«[430] Sie kehrt allein nach New York zurück.

Am 23. Januar 1943 verliert Dorothy Parker einen ihrer engsten und ältesten Freunde. Aleck Woollcott bricht während einer Livesendung im

Radio zusammen. Es gelingt ihm noch, das Mikrofon beiseite zu schieben und auf einen Zettel zu schreiben: »Ich bin krank.« Wenige Stunden später stirbt er an einem Herzinfarkt. Er wird nur 56 Jahre alt, und auch wenn sein Gesundheitszustand seit Längerem zu wünschen übrig gelassen hatte, ist sein Tod für Dorothy ein Schock. Sie eilt ins Algonquin, um festzustellen, dass die alten Freunde dieselbe Idee hatten. Auch sie wollen Alexander Woollcott noch einmal nahe sein, ganz wie in alten Tagen. Dorothy aber erträgt diese Nähe nicht. Sie flüchtet aus dem Hotel. Nur ein einziges Mal noch wird sie an den Round Table zurückkehren. Nach Woollcotts Beerdigung treffen sich die Tafelritter zum letzten Mal. Jahrelang haben sie sich nicht mehr gesehen, einst jedoch sind all diese Menschen ihre Familie gewesen. Der Blick in die Runde fällt ernüchternd aus. Zwar waren und sind alle mehr oder weniger erfolgreich, doch sie alle haben einen hohen Preis für ihren Ruhm bezahlt. Die meisten sind Alkoholiker, von ihrer Sucht schwer gezeichnet. Aus den charmanten Witzeerzählern von einst sind bösartige Zyniker geworden, unzufrieden mit sich und der Welt. Glücklich geworden ist keiner. Sie haben unglückliche Liebschaften und traumatische Beziehungen hinter sich, stecken in Ehen fest, die sie kaum mehr ertragen. George und Beatrice Kaufman führen ebenso wie Neysa McMein und ihr Mann eine offene Ehe, die nicht darüber hinwegtäuschen kann, wie sehr sie in ihren Leben gefangen sind. Marc Connelly hatte nach der unerfüllten Liebe zu Margalo Gillmore eine Frau geheiratet, die sich längst Robert Sherwood zugewandt hat. Jane Grant und Harold Ross sind geschieden, und auch Heywood Broun und Ruth Hale hatten sich vor ihrem Tod scheiden lassen. Robert Benchley gibt noch immer den braven Familienvater, obwohl seine Affären ganze Romane füllen würden. Dorothy hat unglückliche Affären mit dem halben Round Table hinter sich, und ihre eigene Ehe steckt in einer schweren Krise. Sie haben sich beneidet, geliebt und verlassen, und nun, 20 Jahre später, sitzen sie da, die intellektuelle Elite des Landes, erst in ihren mittleren Jahren, doch eigentlich schon am Ende. Anders als in den alten Tagen gibt nun nicht ein Wort das andere. Ruhig und traurig sitzen sie da, was nicht nur dem Verlust Alexander Woollcotts geschuldet ist. Die alten Freunde haben sich nichts mehr zu sagen. Es ist vorbei. Mit Aleck Woollcott wird der Round Table für immer zu Grabe getragen. Harpo Marx schreibt rückblickend über diesen Abend: »Es war das letzte Treffen der Woollcott-Gang, und es war unser merkwürdigstes. Weder Neysa noch Dottie noch Beatrice noch George noch Frank noch Charlie (…) wussten so richtig, was sie sagen sollten, und für mich war es dieses eine Mal zwecklos zuzuhören.«[431]

New York ist nicht mehr das New York, das Dorothy liebte und kannte. Mit dem Verlust des Round Table geht ihr ein Stück Heimat verloren. Rastlos pendelt sie jetzt zwischen Hollywood, Fox House, New York und Lillian Hellmans Haus auf Martha's Vineyard hin und her. Für jede Abwechslung dankbar, nimmt sie die Einladung des Schriftstellers Somerset Maugham auf das Landgut seines Verlegers Nelson Doubleday nach South Carolina an. Sie kennt Maugham flüchtig, hatte ihn einmal zusammen mit Aldous Huxley bei einem Abendessen der Entertainerin Fanny Brice in Hollywood getroffen. Man hatte Maugham und Parker damals nebeneinander gesetzt, in der Hoffnung, ihnen wechselseitig einen interessanten Gesprächspartner zu bescheren. Doch Dorothy hatte sich nicht wohl gefühlt. »Immer wenn ich einen dieser Briten treffe, fühle ich mich, als würde ich ein Indianerkind auf dem Rücken herumschleppen.«[432] Der Aufenthalt in South Carolina wird eine herbe Enttäuschung. Das ganze Haus ist voller schwuler Männer, die an ihr keinerlei Interesse zeigen. Somerset Maugham selbst interessiert sich nur für Bridge, und nach drei Wochen intensiven Kartenspiels reist sie entnervt zurück nach New York, nicht jedoch ohne Maugham vorher noch zu beleidigen: »Die alte Dame ist ein furchtbarer Langweiler.«[433]

Wieder in New York, bezieht sie ein Zimmer im New Weston Hotel in der 50. Straße/Ecke Madison Avenue. Hier hatte sie in den 1930er Jahren schon einmal gewohnt. Es ist die Art Hotel, von der sie selbst sagt, »wo Geschäftsleute ihre Mütter abstellen und dann davonlaufen«.[434] Die Aufenthalte in Fox House werden seltener, nach Miami fährt sie gar nicht mehr. Sie sieht Alan erst wieder, als seine Einheit nach Long Island verlegt wird. Bei einem seiner seltenen Heimaturlaube eskaliert die Situation erneut. Später verarbeitet sie das Geschehen in der Kurzgeschichte »Der herrliche Urlaub«, die im *Woman's Home Companion* erscheint. Es ist die traurige Geschichte zweier einsamer Menschen, deren Leben der Krieg bestimmt und die allergrößte Schwierigkeiten haben, einander ihre wahren Gefühle zu offenbaren. »Wenn man sich nach Dingen umsah, die einen verletzt und elend und überflüssig fühlen ließen, dann würde man sie mit Sicherheit auch finden, von Mal zu Mal leichter, so leicht schon bald, dass man nicht einmal merkte, wie man danach gesucht hatte. Einsame Frauen entwickelten oft Fertigkeiten auf diesem Gebiet.«[435] Genau wie ihre Heldin ist Dorothy eifersüchtig auf Alans Kameraden, kann es nicht verwinden, dass er ein neues Leben begonnen hat, auf das sie keinen Zugriff mehr hat. Sein Leben hat sich grundlegend verändert, er hat neue Prioritäten gesetzt, neue Freunde gefunden. Dorothys Leben hingegen stagniert, ihre Freunde sterben, ihr Alltag ist eintönig und schal. Dies alles macht sie unglaublich wütend, auf den Krieg, auf seine Kameraden und vor allem auf Alan. Voller Zorn schreibt sie ihm einen Brief, der auf den ersten Blick nichts als unwichtigen Klatsch enthält. Im Postskriptum jedoch fordert sie ihn auf, die Anfangsbuchstaben der Wörter am Anfang jeder Zeile zusammenzusetzen, das sei ihre Botschaft an ihn. Die Buchstaben ergeben kurz und knapp: FUCK YOU.[436]

Erneut wird ihr die politische Arbeit zum einzigen Halt. Ihre Themen reichen von der Befreiung Jugoslawiens bis zur Rettung der europäischen Juden. Gemeinsam mit Genossen reist sie durch Pennsylvania, um Kriegsanleihen zu verkaufen. In einem Artikel für die Zeitschrift *Mademoiselle* fordert sie die amerikanischen Frauen auf, die Arbeit ihrer Männer zu übernehmen, damit diese an die Front könnten.[437] In diesem Sommer verfasst sie auch das Vorwort zu James Thurbers Buch *Men, Women and Dogs*. Eine Aufgabe, die sie als große Ehre empfindet, angesichts der Tatsache, dass James Thurber als der bedeutendste amerikanische Humorist seit Mark Twain gilt: »Vor langer Zeit schon hatte ich erwogen, was mit mir geschehen soll, wenn der Knochenmann die Sense durch meinen Hals geschwungen hat. Ich wünschte, nach meinem Tod verbrannt zu werden – zumindest hoffte ich immer, es würde nach dem Tod sein. (...) Nun, nach der Publikation dieses Buches, (...) ist es mein Wunsch, möglichst unverändert zu bleiben, damit man mich an auffallender Stelle in der Nähe eines vielbegangenen Weges auf einem wahnsinnig beliebten Friedhof begraben kann. Über mir soll sich ein großer weißer Grabstein erheben – Sie werden gleich merken, weshalb er groß sein muss –, auf den ich Folgendes in klaren Lettern eingemeißelt haben möchte: ›Entblöße Dein Haupt vor dieser sterblichen Hülle, denn als sie eine Frau war, ward ihr zwiefache Ehre zuteil. Zweimal in ihrem Leben war es ihr, die hier ruht, vergönnt, das Werk von James Thurber mit einem Geleitwort zu versehen. Leser, wer hier im Umkreis, dich eingeschlossen, vermag diesen Rekord zu überbieten?«[438]

Kurzgeschichten schreibt sie keine mehr, obwohl die Chefredakteurin der *Woman's Home Companion,* Ellen Lang, sie nach »Ein herrlicher Urlaub« immer wieder kontaktiert und um eine weitere Geschichte bittet. Eine umfangreiche Korrespondenz, aufbewahrt in der New York Public Library, zeigt, dass Ellen Lang sich mehr als drei Jahre lang von Dorothy mit Versprechungen und Ausreden hinhalten lässt, ehe sie endgültig aufgibt.

Ganz selten fährt sie noch nach Hollywood, um Robert Benchley zu besuchen. Dann wohnt auch sie im Garden of Allah. Einmal kommt ihre Schwester Helen mit. Dorothy führt sie herum, stellt ihr Marlene Dietrich vor und nimmt sie mit ans Set des neuen Films von Joan Crawford. Während der ganzen Zeit lästert und jammert sie über die Filmbranche, immer einen Drink in der Hand. Zuletzt ist Helen froh, wieder nach Hause fahren zu können.

Im November 1943 wird Alan nach London versetzt. Dorothy verabschiedet ihn mit dem mulmigen Gefühl, dass er ihr damit endgültig verloren geht. Seinen Briefen entnimmt sie, dass er eine gute Zeit drüben hat, sich keineswegs in die schwierige Beziehung mit ihr zurücksehnt. Sie hält es in New York nicht mehr aus, fährt erneut zurück nach Hollywood, nur um sich auch hier nicht wohlzufühlen.

Am 18. Januar 1944 trifft sie ein weiterer schwerer Schlag: Ihre geliebte Schwester Helen stirbt mit nur 57 Jahren. Unmittelbar nach ihrer Rückkehr aus Los Angeles hatte Helen einen leichten Schlaganfall erlitten, zu dem eine Lungenentzündung hinzugekommen war. Aufgrund der Entfernung schafft sie es nicht rechtzeitig zur Beerdigung, bietet aber an, die Kosten zu übernehmen. Mehr als eine nette Geste ist Dorothys großzügiges Angebot nicht, sie wird niemals auch nur einen Cent überweisen.[439] Drei Monate nach Helen stirbt auch ihr Bruder Bert. Damit ist sie ohne Familie, denn niemand weiß, ob Harry, das schwarze Schaf der Familie, überhaupt noch am Leben ist.

Sie fühlt sich grenzenlos allein, dabei könnte sie gerade jetzt Unterstützung gut gebrauchen. Es steht neuer Ärger ins Haus. Die Drehbuchautorin Ruth Gordon hat ein Theaterstück verfasst, dessen Protagonisten Paula und Max Wharton unzweifelhaft Dorothy und Alan darstellen. Dorothy ist darüber not amused. Es ist nicht das erste Mal, dass Ruth Gordon ihr Leben als Vorlage benutzt. Bereits 1932 hatte sie an der Seite George Oppenheimers die Rolle der Mary Hilliard in »Here Today« nach Dorothy gestaltet. Spricht man Dorothy auf die beiden an, erklärt sie zynisch, sie selbst könne leider kein Theaterstück über ihr Leben schreiben, da Ruth Gordon und George Oppenheimer sie vermutlich wegen Plagiats verklagen würden.[440] Das Stück »Over 21« kommt im Januar 1944 auf die Bühne und wird von Columbia Pictures erfolgreich verfilmt. Aus Ruth Gordon wird Ende der 1960er Jahre eine oscarprämierte Schauspielerin, deren wohl berühmteste Rolle die Rolle der 79-jährigen Maude im Film »Harold und Maude« von 1971 ist.

Im September 1944 startet Dorothy mit Hilfe der Frauenabteilung des New Yorker Kriegsfonds eine Spendensammlung für die United Service Organisation, bei der mehr als 1 Million Dollar zusammen-kommen. Dorothy ist begeistert und unendlich dankbar: »Das Ganze kam nicht durch irgendein rasches und nobles Wunder zustande, son-dern durch harte, ausdauernde und aufreibende Arbeit. Das Wissen darum, was Sie geleistet haben, macht mich stolz darauf, zur Mensch-heit zu gehören, besonders zum weiblichen Teil.«[441] Zwei Monate später sammelt sie als Mitglied des National Council of American-Soviet Friendship im Hotel Astor in New York Geld für Schulbücher. Kurz darauf beginnt sie als Vorsitzende des Spanish Refugee Appeal mit der Sammlung von Kleidung.

Das Jahr 1944 hält endlich auch wieder einen beruflichen Triumph für sie bereit. Viking Press veröffentlicht in seiner Anthologiereihe *The Viking Portable Dorothy Parker,* versehen mit einem Vorwort von Somerset Maugham: »Wer hat noch nicht ihren Witz, ihre Kurzge-schichten und ihre Gedichte gelobt? Ihre Bonmonts sind berühmt. Sie kann mit der gleichen Effizienz den Schlagstock eines wütenden Cops schwingen wie den Degen des galanten D'Artagnan.«[442] Von den ins-gesamt zehn Bänden dieser Reihe sind drei seit ihrem Erscheinen bis heute ununterbrochen auf dem Markt: *The Portable Shakespeare, The Portable Bible* – und *The Portable Dorothy Parker.* Gewidmet ist das Buch »Leutnant Alan Campbell«. Der Band enthält ihr allerletztes Ge-dicht. Es ist speziell für Alan geschrieben, ein Freibrief für eine Affäre, denn »wann waren Soldaten jemals treu?«[443]

William Targ schreibt in der *Chicago Daily News:* »Es ist absolut unvorstellbar, dass ein zivilisierter Haushalt ohne diese kompakte, maßgebliche Sammlung von Kurzgeschichten und Gedichten einer lebenden Legende auskommen kann.«[444]

Alan, der nach der Landung der Alliierten am 6. Juni 1944 in der Normandie nach Paris versetzt worden war, kehrt zwischenzeitlich nach London zurück. Und nun wiederholt sich die Geschichte. Ebenso wie Edwin Parker geht ihr auch Alan Campbell im Krieg verloren. Ihn verliert sie nicht an das Morphium, sondern an eine andere Frau. Sie erhält einen Brief, in dem Alan ihr mitteilt, dass er sich in eine andere Frau verliebt hat. Zwar hatte sie damit gerechnet, dass Alan ihr nicht treu sein würde, dies ist für sie eine logische Folge des Krieges. Doch sie hatte nur mit einer Bettgeschichte spekuliert. Dafür hatte sie ihm in ihrem letzten Gedicht einen Freibrief erteilt. Dass sie die Frau seines Herzens bleiben würde, daran hat sie nicht einen Augenblick gezweifelt. Nun zu erfahren, dass er starke Gefühle für eine andere Frau hegt, trifft sie in Mark und Bein. Wieder einmal ist eingetreten, was sie schon immer für das einzig stets verlässliche Naturgesetz gehalten hat: »Alles ist immer schlimmer, als man sich's vorgestellt hat.«[445]

If I abstain from fun and such,
I'll probably amount to much;
But I shall stay the way I am,
Because I do not give a damn.[446]

VIII.

Senator McCarthy und die Schwarze Liste

oder Mrs. Parker in den Fängen des FBI

Am 8. Mai 1945 endet der Zweite Weltkrieg. Millionen Soldaten machen sich auf den Weg nach Hause. Für ihre Frauen bedeutet dies neben aller Freude einen komplizierten Spagat zwischen pragmatischer Organisierung des Nachkriegsalltags und der Rücksichtnahme auf traumatisierte Familienoberhäupter, die kaum in der Lage sind, ihre Vorkriegsrolle wieder einzunehmen. Bereits 1944 hatte Dorothy Parker in *Vogue* mit »Who is that Man?« auf diese Problematik hingewiesen: »Wer ist der Mann, der zu dir zurückkehrt? Du kennst ihn, wie er war, du musst nur deine Augen schließen, und schon siehst du ihn deutlich vor dir. Wenn es still ist, kannst du seine Stimme hören. Aber wer wird dieser Fremde sein, der da nach Hause kommt? Wie kannst du eine Brücke über den Graben schlagen, der euch trennt, und zwar nicht über den kleinen Graben, bestehend aus Zeit und Distanz. Er hat gesehen, wie die Welt in Flammen stand. (…) Die Arbeit der Frauen beginnt, wenn der Krieg zu Ende ist, an dem Tag, an dem ihre Männer nach Hause kommen. Und ich wünschte bei Gott für Sie und mich und uns alle, es wäre morgen soweit.«[447] Sie erinnert sich nur allzugut daran, wie Eddie einst aus dem Krieg zurückgekehrt war und wie wenig Verständnis sie von da an füreinander hatten. Der Erste Weltkrieg hatte zu einem nicht unerheblichen Teil zum Scheitern ihrer ersten Ehe beigetragen.

Und nun scheint es, als ob der Zweite Weltkrieg ihre zweite Ehe beendet. Auch Alan bleibt nach Ende des Krieges in Europa. Er bittet sie um die Scheidung, um seine Geliebte heiraten zu können. Für Dorothy ist dies eine Katastrophe, denn trotz aller Probleme hatte die Ehe mit Alan ihrem Leben Struktur und Halt gegeben. Jetzt bricht alles auseinander.

Noch während sie überlegt, wie sie reagieren soll, geschieht das Unfassbare: Robert Benchley stirbt. Nichts hätte sie härter treffen können. Auch wenn die Kontakte seltener geworden waren, war Benchley ihr Herzensmensch geblieben. In den letzten Jahren war das Leben des gefeierten Drehbuchautors und Schauspielers völlig aus den Fugen geraten. Seinen Job als Theaterkritiker beim *New Yorker* hatte er längst verloren, sein Privatleben war ein Fiasko. Er schwankte zwischen diversen Geliebten und dem Idealbild des aufrechten Ehemanns und Vaters, nicht in der Lage, weder die eine noch die andere Seite zufriedenzustellen. Benchley selbst war dabei auf der Strecke geblieben und schaffte es nur mehr mit Hilfe von Schlaftabletten, zur Ruhe zu kommen. Aufputschmittel halfen ihm den Tag zu überstehen. Sein Alkoholkonsum war unkontrollierbar geworden und beeinträchtigte Physis und Psyche in einem Ausmaß, das alte Freunde erschaudern ließ. Als er bei einer Party in Hollywood Robert Sherwood traf, hatte er verzweifelt gerufen: »Dieser Blick. Ich kann diesen Blick nicht ertragen. Er sieht mich an und denkt daran, wie ich damals war, als ich ein großer Schriftsteller werden wollte. Und er denkt sich, großer Gott, was ist nur aus ihm geworden.«[448]

Bei einem Familienbesuch im November 1945 bekommt er plötzlich Nasenbluten, das nicht mehr zu stoppen ist. Als er ins Krankenhaus eingeliefert wird, ist er bereits ins Koma gefallen. Als die Ärzte schließlich eine Bluttransfusion beschließen, läuft Marc Connelly in den Stork Club und fleht die Gäste an, sich für eine Blutspende zur Verfügung zu stellen. Der halbe Club eilt ins Krankenhaus, doch es ist zu spät. Am 21. November 1945 stirbt Robert Benchley an einer Gehirnblutung. Sein wunderbarer Witz aber überlebt ihn: »Ich habe 15 Jahre gebraucht, um zu erkennen, dass ich ein miserabler Schriftsteller bin. Aber zu diesem Zeitpunkt war ich schon so berühmt, dass ich das Schreiben nicht mehr aufgeben konnte.«[449] Seinen Platz in der Bar »21« in New Yorks 52. Straße ziert noch heute ein Schild mit der schlichten Inschrift: »Robert Benchley – His Corner«. Er wird in aller Stille beigesetzt. Die Freunde gedenken seiner auf ihre Weise. Marc Connelly lädt zu einer Gedenkfeier ins »21« in New York und Dorothy zeitgleich zu einer Gedenkfeier bei »Romanoff« in Beverly Hills. Sie ist es auch, die seine noch offene Hotelrechnung im Garden of Allah begleichen wird.[450]

Spätestens mit dem Tod ihres Seelenverwandten Robert Benchley spürt Dorothy, dass der Tod näher kommt: »Ist es nicht ziemlich vermessen von uns, noch am Leben zu sein, jetzt, da Mr. Benchley tot ist?«[451] Stets war sie dem Tod mit Sarkasmus und Zynismus entgegengetreten, hatte ihn gar als Freund betrachtet, als Lösung aller Probleme. Jetzt macht er ihr Angst. Nie wieder wird sie sich selbst in die Nähe seiner Macht bringen und einen Selbstmordversuch unternehmen. Robert Benchleys Tod verändert ihre Einstellung zum Leben. Ebenso wie Fitzgerald und die anderen war er einer der Unsterblichen gewesen, einer, der geglaubt hatte, die Zeit könne ihm nichts anhaben. Sie alle waren so lange Jahre die Berufsjugendlichen Amerikas gewesen, dass sie die Zeichen der Zeit einfach übersehen hatten. Doch jetzt heißt es aufpassen: »Totsein ist ansteckend«, schreibt Dorothy.[452] Sie ist über 50 Jahre alt und muss der Realität ins Auge sehen: Mehr als die Hälfte des Lebens liegt hinter ihr. Den Alterungsprozess wird sie nicht aufhalten können, auch wenn sie es hasst, alt zu werden, und sich noch immer weigert, sich altersgerecht zu benehmen. Partys, Alkohol, Tabletten und jüngere Liebhaber sind kaum das, was die Gesellschaft von einer Frau über 50 erwartet. Eine Frau in ihrem Alter sollte ihren Platz gefunden haben und einer neuen Generation Raum geben. Doch genau das ist ihr Problem. Sich in eine Familie zurückziehen kann sie in Ermangelung derselben nicht. Ihre Schäfchen im Trockenen hat sie trotz erfolgreicher Karriere noch lange nicht. Und sich wie eine ehrwürdige Dame der Gesellschaft zu benehmen, wird sie in diesem Leben nicht mehr lernen. Sie bleibt die Königin des Round Table, wenn auch verbunden mit einem Hauch Wehmut: »Dorothy Parker versprüht noch immer ihren alten Charme. Die Konversation mit ihr ist anregend, intelligent, nicht unfreundlich. Sie (…) sieht müde aus. Ihr nervöses, schüchternes, manchmal spitzbübisches Verhalten wird immer wieder von einem warmen Lächeln begleitet. Ihre Stimme hat ein ungewöhnliches Timbre, klingt manchmal rau, manchmal schrill. (…) Noch immer liebt sie Dackel und Hemingway, weint sehr schnell, ist extrem großzügig und ungeheuer bescheiden. Sie meidet die Öffentlichkeit und lässt sich gerne treiben. Dennoch ist sie der Mittelpunkt jeder Gesellschaft. (…) Niemals hat irgendjemand Mrs. Parker je über eines ihre fabelhaften Bonmots lachen hören«, schreibt ein Journalist, der sie in jenen Jahren besucht.[453]

Im Frühjahr 1946 eröffnet ihr Alan urplötzlich, dass er zu ihr zurückkehren wird. Was in London geschehen ist, erfährt niemand. Doch sie kann ihm seinen Verrat nicht verzeihen, blockt alle seine Versuche einer Kontaktaufnahme rigoros ab. Als Alan am 13. November 1946 in New York eintrifft, setzt sie ihn umgehend davon in Kenntnis, dass sie die Scheidung will. Sie stößt auf massiven Widerstand. Alan gibt dem Krieg die Schuld an ihrer Entfremdung und an allem, was geschehen ist, und erklärt öffentlich, dass Dorothy noch immer seine große Liebe ist. Doch es ist zu spät. Er hatte vergessen, was sie dereinst geschrieben hatte: »Frauen und Elefanten vergessen niemals.«[454]

Das gemeinsame Leben wird Stück für Stück aufgelöst. Fox House wird zum Verkauf angeboten, das Mobiliar zur Schwiegermutter gebracht. Einem potenziellen Käufer, der sie bittet, das Haus in zwei Worten zu beschreiben, sagt sie: »Wollen Sie's?« Die Farm wird mit einem immensen Verlust für 40 000 Dollar veräußert. Sie selbst behält zwei Gemälde, ein Bild des französischen Malers Maurice Utrillo und den Picasso, beide wird sie später Lillian Hellman schenken. Am 27. Mai 1947 wird die Ehe geschieden: »Die Scheidung verlief fabelhaft. Eine dieser ganz und gar freundschaftlichen Angelegenheiten. Und jeder wünscht ganz schlicht dem anderen den Tod.«[455]

Überraschenderweise finden Dorothy und Alan zu einem durchaus freundschaftlichen Umgang miteinander. Der Ton ist jetzt weitaus besser als während ihrer Ehe. Den ersten Weihnachtsabend nach ihrer Trennung werden sie gemeinsam verbringen.

1948 wird Dorothy zum zweiten Mal für einen Oscar nominiert. Gemeinsam mit Frank Cavett hatte sie die Idee zum Film »Smash-Up: The Story of a Woman« mit Susan Hayward in der Hauptrolle entwickelt. Ihre Darstellung der Alkoholikerin Angie Evans macht Hayward über Nacht zum Star und bringt auch ihr eine Oscarnominierung. Weder Susan Hayward noch Dorothy Parker erhalten die begehrte Auszeichnung. Dafür aber hat nun ganz Hollywood den Beweis dafür, dass Dorothy auch ohne ihren Mann gute Ideen hat.

Zufrieden mit sich und der Welt, geht sie zurück nach New York, wo mit dem 31-jährigen Rosser Lynn Evans ein neuer Mann in ihr

Leben tritt. Evans entspricht exakt ihrem Beuteschema: groß, athletisch, dunkle Augen und – schwerer Trinker. Als er gemeinsam mit Alan die Offiziersanwärterschule in Miami besuchte, hatte sie ihn kaum wahrgenommen. Jetzt trifft sie ihn auf einer Party wieder und ist äußerst angetan. Evans arbeitet als Radioansager und hofft, ein berühmter Schriftsteller zu werden. In Gin-seliger Stimmung bietet ihm Dorothy an, mit ihr gemeinsam an einem Theaterstück zu arbeiten. Solche Dinge sagt sie oft auf Partys, enttäuschte Verehrer wie Joseph Bryan III. können ein Lied davon singen. Es ist nicht ernst gemeint und am nächsten Morgen bereits vergessen: »Mir wurde plötzlich klar, dass sie keinerlei Erinnerung an unsere großartigen Pläne vom Vorabend hatte. Aber es kam noch schlimmer: Sie konnte sich nicht einmal mehr daran erinnern, dass wir uns überhaupt getroffen hatten.«[456] Doch Evans ist hartnäckig, lässt sich von ihren Gedächtnislücken nicht ins Bockshorn jagen. Und er hat Glück. Zwar ist er nicht der Hellste, aber als Mann gefällt er ihr gut, und zufälligerweise hat sie gerade Bedarf an einem Mann. Die Freunde sind skeptisch, aber sie setzt sich wie immer durch. Allein sein Alkoholkonsum macht ihn zum optimalen Begleiter. Zudem ist sie nicht ganz so naiv, wie ihre Freunde glauben: »Ross ist ein Lückenbüßer, ein Wasserträger«, sagt sie.[457]

Evans zieht zu ihr ins New Weston Hotel. Sie findet ihn ungeheuer attraktiv und erwartet schon allein aufgrund seiner Alters eine rege Belebung ihres Sexuallebens. Doch weit gefehlt. Evans hat, vermutlich aufgrund seiner Alkoholsucht, nur selten Lust auf Sex: »Meine Freunde denken, er ist mein galanter junger Hengst, der es mir jede Nacht besorgt. Bei Gott, ich wünschte, es wäre so. Aber zweimal jährlich trifft es besser. Und dafür sucht er sich dann immer den unmöglichsten Zeitpunkt aus. Vor ein paar Nächten waren wir bei Freunden zum Dinner eingeladen. Wir saßen im Wohnzimmer, tranken und unterhielten uns. Es war schon spät, so gegen zwei Uhr, da begann Ross plötzlich mit mir rumzumachen. Er hatte mich seit letzten März nicht mehr angefasst, und nun machte er sich plötzlich hier auf dem Sofa, direkt vor unseren Freunden, über mich her. Ich war zu überrascht – oder vielleicht sollte ich besser sagen, zu dankbar –, um zu protestieren, auch wenn das irgendwie peinlich für meine Gastgeber war. Die setzten ihr Gespräch einfach fort und taten so, als merkten sie nicht, was hier vor sich geht. Sie sind alte Freunde und meinen kleinen Sünden gegenüber sehr nachsichtig.«[458]

Evans ist ehrgeizig, er will nach oben. Da ihm dies nur über Dorothy gelingen kann, drängt er sie zum Arbeiten. Als *Cosmopolitan* ihr einen Vertrag über eine neue Kurzgeschichte anbietet, holt sie Evans als Co-Autor mit ins Boot. Noch nie zuvor hat sie gemeinsam mit einem anderen Autor an einer Geschichte geschrieben, noch dazu mit einem so lausigen. Die Arbeit zerrt an ihren Nerven, doch angesichts ihrer finanziellen Situation bleibt ihre keine Wahl. Seit Monaten hat sie ihre Hotelrechnung nicht beglichen, wagt sich kaum mehr in die Lobby, aus Angst vor einer Konfrontation mit dem Management. Dottie ist wieder einmal pleite.

Im Dezember 1948 erscheint »The Game« in der *Cosmopolitan*.[459] Die Geschichte eines frischverheirateten Paares, dessen Glück durch eine Freundin des Bräutigams bedroht wird, ist eine ihrer düstersten Geschichten und lässt tief in die Abgründe der menschlichen Seele blicken. Unmittelbar danach reist sie in Begleitung von Evans nach Los Angeles. Sie beziehen eine Suite im Chateau Marmont, 8221 Sunset Boulevard, einem der berühmtesten Hotels Hollywoods. Das einem französischen Loireschlösschen nachempfundene Luxushotel ist eine der Lieblingsadressen der Stars und beherbergt von Rita Hayworth über Marylin Monroe bis James Dean alles, was Rang und Namen hat. Sofia Coppola dient es 2010 als Schauplatz ihres auf den Filmfestspielen von Venedig ausgezeichneten Films über einen abgehalfterten Schauspieler. In dieser Umgebung arbeiten Dorothy und Evans an einem Theaterstück über die englische Schriftstellerin Mary Ann Lamb, die in den 1840er Jahren zu einer tragischen Heldin der feministischen Bewegung avanciert. Die 1764 in London geborene Mary hatte in einem Wutanfall ihre Mutter mit einem Küchenmesser getötet, eine Tat, die Feministinnen der Tatsache zuschrieben, dass ihr als Frau jegliche Selbstverwirklichung verweigert worden war. Sie wurde unter die Aufsicht ihres Bruders Charles gestellt, mit dem sie zahlreiche Bücher verfasste. Während Marys Leben von Wahnsinnsanfällen geprägt blieb, verfiel Charles dem Alkohol. Nichtsdestotrotz waren die Geschwister Mittelpunkt eines Künstlerkreises, zu dem unter anderem William Wordsworth, Percy B. Shelley und Samuel Coleridge gehörten. Das Leben von Bohemiens, deren Alltag von Alkohol und Drogen geprägt ist, kennt Dorothy nur allzu gut. Das Stück erhält in Anlehnung an Shakespeares »Twelfth Night« den Titel »The Coast of Illyria«. Das Drama über zwei auf Gedeih und Verderb aneinandergekettete, gequälte Seelen wird zur Aufarbeitung ihres unglücklichen Lebens mit Alan. Während sie schreibt, wird Evans dazu verdonnert, Material aus der Bibliothek zu besorgen.

Das Regionaltheater von Dallas setzt »The Coast of Illyria« für die Saison 1949 auf den Spielplan. Seine Prinzipalin Margo Jones ist eine preisgekrönte Theaterproduzentin aus New York, die sich der Idee verschrieben hat, in der Provinz professionelles Theater zu etablieren. Jones erlangt damit internationale Reputation und gilt als Pionierin dieser Art von Regionalbühne. Einige der von ihr produzierten Stücke schaffen es von Dallas an den Broadway, darunter »Wer den Wind sät«. Da Autoren wie Tennessee Williams eng mit ihr zusammenarbeiten, ist es kein Wunder, dass Dorothy über Margo Jones' Zusage überglücklich ist. Sie ist sich sicher, dass auch ihr Stück von Dallas aus den Broadway erobern wird.

Höchst zufrieden mit dem Umstand, endlich den Traum vom Bühnenstück verwirklicht zu haben, wendet sie sich wieder der Drehbuchschreiberei zu. Sie unterschreibt bei Fox Studios, um für Otto Preminger eine Fassung von Oscar Wildes Bühnenstück »Lady Windermeres Fächer« auszuarbeiten. Statt mit Alan arbeitet sie nun mit Evans zusammen. Denn so wunderbar sie alleine Kurzgeschichten und Verse schreiben kann, Drehbücher und Theaterstücke schreibt sie eben nur im Team. Sie braucht jemanden, der die Struktur entwickelt und sie dazu zwingt, sich Tag für Tag an den Schreibtisch zu setzen. Dass Evans ebenso wie Alan Dorothy rückhaltlos bewundert und sich widerspruchslos in die zweite Reihe fügt, macht die Sache umso einfacher. Doch der große Erfolg bleibt auch diesmal aus. Sie arbeiten mehrere Drehbücher aus, von denen letztlich keines verfilmt wird. Stattdessen kauft MGM für 2500 Dollar die Rechte an »The Standard of Living«, und ein unabhängiger Produzent lässt sich eine Option auf »Big Blonde« eintragen. Leider wird keines dieser Projekte verwirklicht.

Am 4. April 1949 findet die Premiere von »The Coast of Illyria« statt. Dorothys Erwartungen sind hoch, Margo Jones hat sie mit großen Vorschusslorbeeren bedacht, sogar von einem Gastspiel in Edinburgh ist die Rede. Sie ist der Star des Abends, erhält Standing Ovations. Kritiker bezeichnen das Stück als das beste Stück der Saison. Nichtsdestotrotz wird es nach nur drei Wochen mangels Publikum abgesetzt. Es gelangt weder an den Broadway noch nach Edinburgh. Dort spielt man nach langen Diskussionen lieber Peter

Ustinovs »The Man in the Raincoat«. Später wird Dorothy selbstkritisch sagen: »Coast war schlicht und einfach ein blödes Stück. Es war so voller Atmosphäre, dass sonst nichts mehr drin vorkam. Es passierte einfach nichts, gar nichts.«[460]

Erneut folgt eine Zeit des ungehemmten Alkoholkonsums. Auf Partys geht sie schon mal in voller Länge zu Boden, weil sie zu betrunken ist, um sich auf den Beinen zu halten: »Ich bin nicht mal das Pulver wert, mit dem ich mich in die Hölle sprengen könnte. Ich bin inzwischen nichts weiter als ein Wrack.«[461] Als sie bei einer Wochenendeinladung von Joseph Bryan III. abends gefragt wird, was sie denn am nächsten Morgen zum Frühstück möchte, antwortet sie mit einem bezaubernden Lächeln: »Nur etwas ganz Leichtes, das sich rasch zubereiten lässt. Wie wäre es mit einem kleinen Whiskey Sour? ... Mach gleich einen Doppelten draus, wenn du schon aufstehst.«[462] Ihre Trinkerei wirkt sich auf ihren Gesundheitszustand aus. Sie bekommt solche Rückenschmerzen, dass sie sich im Krankenhaus durchchecken lässt. Hierbei kommt es zu einem legendären Wortwechsel mit dem Arzt, der ihr erklärt, dass ihm ihre Nieren ganz und gar nicht gefallen, worauf sie widerwillig zugeben muss, dass ihr seine Nase auch ganz und gar nicht gefällt.

Evans wird angst und bang angesichts ihres exzentrischen Benehmens. Hollywood tut ihr ganz offensichtlich nicht gut, und so schlägt er vor, L. A. zu verlassen. Nach New York wollen sie nicht zurück, und Bucks County gibt es nicht mehr. Bei seiner Suche nach einem geeigneten Ort stößt er schließlich auf Cuernavaca im Süden Mexikos. Die Stadt im mexikanischen Hochland wurde ihres milden Klimas wegen schon von Alexander von Humboldt die Stadt des ewigen Frühlings genannt. Hernán Cortés war ebenso hier wie Kaiser Maximilian. In den 1930er Jahren zog das Casino von Al Capone bis Bugsy Siegel so viel Unterwelt an, dass das Glücksspiel verboten wurde. Nun aber zieht es jedes Jahr Tausende Amerikaner in die Stadt, die spätestens seit Malcolm Lowrys 1947 veröffentlichem Roman *Unter dem Vulkan,* der als eines der literarischen Hauptwerke des 20. Jahrhunderts gilt, weltberühmt ist. Evans schwärmt Dorothy von den Vorzügen dieses Ortes so lange vor, bis sie schließlich einwilligt, ein paar Wochen dort zu verbringen.

Im März 1950 fahren sie mit dem Auto nach Mexiko, Dorothys neuer Hund Flic ist ebenfalls mit von der Partie. In Cuernavaca angekommen, mieten sie ein Haus am Rande der Stadt, die Dorothy nicht halb so charmant findet wie Evans. Es ist überhaupt nichts los, ihr ist stinklangweilig. Einziger Lichtblick ist Martha Gellhorn, die sich nach ihrer Scheidung von Hemingway hierher zurückgezogen hat. Nach kurzer Zeit drängt Dorothy darauf, die Heimreise anzutreten. Doch Evans hat sich zwischenzeitlich in eine Boutiquenbesitzerin aus Acapulco verliebt und will bleiben. Dorothy ist kurz davor auszurasten, vor allem, nachdem er ihr freistellt, jederzeit abzureisen. Was sie Evans noch übler nimmt als den Betrug, ist die Tatsache, dass er den Hund behalten will. Wutentbrannt packt sie ihre Koffer, Evans fährt sie zum Flughafen. Er stellt nicht einmal den Motor ab, als sie aus dem Auto springt und auf Nimmerwiedersehen durch die Glastür verschwindet. Sie hat genug vom Staub Mexikos, muss zurück in die Zivilisation – nach New York: »London befriedigt dich, Paris lässt dich resignieren, New York aber gibt dir immer Hoffnung«, pflegt sie zu sagen.[463] Stunden später durchquert sie mit großen Schritten die Lobby des Plaza Hotels. In ihrer Aufmachung mit Dirndl und Bauernbluse sieht sie aus, als könne sie sich gewiss keine Nacht in New Yorks teuerstem Hotel leisten – was durchaus den Tatsachen entspricht. Aber sie ist Dorothy Parker, und irgendwer wird die Rechnung für ihre Suite schon übernehmen. Sie braucht dringend Luxus, einen Drink und ein paar ihrer engsten Freunde, die sie umgehend von ihrem Schicksal in Kenntnis setzt: »Ich bin in Schwierigkeiten, vielleicht noch nicht in ernsten, aber verdammt nah dran.«[464] Einer dieser Freunde erzählt später: »Dorothy hatte ganz offensichtlich jeden herbeizitiert, der in ihrem Adressbuch stand, damit er sie bedauerte. Ich hatte den Eindruck, sie genoss ihr Unglück über alle Maßen.«[465] An diesem Abend bedarf es mehr als nur eines Drinks, um Dorothy wieder freundlicher zu stimmen.

Drei Monate später erleben genau dieselben Freunde eine riesige Überraschung. Am 17. August 1950 heiraten Dorothy und Alan erneut: »Die Lösungen für eine Nacht bringen nichts; das hab ich gemerkt. Es muss eine gemeinsame Basis geben, und man muss Hoffnung haben können.«[466] Es ist eine kleine, feine Hochzeit, wie sich Budd Schulberg erinnert: »Es war so eine richtige Hollywoodhochzeit. Dorothy trug ein kleines Bouquet aus Veilchen vor sich her und war schwer damit beschäftigt, die Braut zu spielen. Sie lief herum und sagte ständig: ›Was soll man tun, wenn man diesen Hurensohn einfach liebt?‹ Sie war zum

Schießen, dennoch zweifelte niemand daran, dass sie es absolut ernst meinte.«[467] Und Dorothy fügt dem hinzu: »Menschen, die seit Jahren nicht mehr miteinander gesprochen haben, reden seit heute wieder miteinander – inklusive Braut und Bräutigam.«[468] Die Jahre des zermürbenden Streits scheinen vergessen. Als sie an ihrem Hochzeitstag neben Alan erwacht, zieht sie sich verschämt die Decke über den Kopf, da es Unglück bringe, wenn der Bräutigam die Braut vor der Hochzeit sieht. Sie reduziert ihren Alkoholkonsum und bringt sich mit Alans Hilfe wieder in Form. Und wie alle Frauen, die ihr Leben umkrempeln, lässst sie sich die Haare abschneiden.

Im November heuern beide gemeinsam bei Fox als Drehbuchautoren an und beziehen ein neues Haus, in dem wieder legendäre Dinnerpartys stattfinden. Auch wenn es ihnen nicht ganz gelingen will, die letzten Jahre ungeschehen zu machen, so ist die zweite Ehe mit Alan für Dorothy, wenn auch nicht das Paradies auf Erden, so doch ein wichtiger Anker in den stürmischen Tagen, die auf sie zukommen.

Denn kurz nach ihrer Hochzeit werden die beiden Opfer der Kommunistenjagd unter Senator Joseph McCarthy, die zum dunkelsten Kapitel der inneramerikanischen Geschichte des 20. Jahrhunderts gehört. Während der McCarthy-Ära, die von 1947 bis 1956 dauert, ist ganz Amerika von einer diffusen Kommunistenangst gepackt. Eine Paranoia, die nicht zuletzt auf die wissenschaftlichen und militärischen Erfolge des kommunistischen Blocks zurückzuführen ist. Erfolge, die sich viele Amerikaner nur durch Verrat aus den eigenen Reihen erklären können. Im September 1949 testet die UdSSR erstmals erfolgreich eine eigene Atombombe. Einen Monat später proklamiert Mao Tsetung die Volksrepublik China. Am 25. Juni 1950 beginnt mit dem Koreakrieg ein Stellvertreterkrieg, der die endgültige Spaltung der Welt in zwei Blöcke zementiert. Joseph McCarthys zumeist völlig aus der Luft gegriffene Anschuldigungen fallen nun auf fruchtbaren Boden. Es beginnt eine Hetzjagd auf die Mitglieder der Kommunistischen Partei und vermeintliche Sympathisanten. Die lancierten Verschwörungstheorien über die angebliche Unterwanderung des Staatsapparates schaffen ein Klima der Angst. Traurige Berühmtheit in dieser Angelegenheit erhält der Untersuchungsausschuss für unamerikanische Umtriebe (HUAC), der 1934 vom Repräsentantenhaus eingesetzt worden war, um eine faschistische Unterwanderung der Vereinigten Staaten zu verhindern. Noch während des Zweiten Weltkrieges war der

HUAC dazu übergegangen, Kommunisten zu überwachen. 1951 richtet der Senat einen ähnlichen Ausschuss ein, das Permanent Subcommittee on Investigations of the Government Operations Committee. Den Vorsitz erhält Senator Joseph McCarthy. Die beiden Komitees werden, aufgrund der Bekanntheit McCarthys, oftmals verwechselt oder als identisch betrachtet. Die Verfolgung von angeblichen Kommunisten beginnt jedoch lange vor seinem Eingreifen ins Geschehen. Der Kampf der US-Regierung gegen die fünfte Kolonne im eigenen Land führt zu zahlreichen Menschen- und Bürgerrechtsverletzungen, die den Unterstützern McCarthys angesichts der vermeintlichen Bedrohung gerechtfertigt erscheinen. Trauriger Höhepunkt dieser Massenhysterie ist die Hinrichtung von Julius und Ethel Rosenberg am 19. Juni 1953 wegen Atomspionage für die Sowjetunion. Ein Urteil, das weltweit für Empörung sorgt und zumindest im Falle von Ethel Rosenberg als klarer Justizirrtum gilt. Die minderjährigen Söhne der Rosenbergs, Michael und Robert, werden von der US-Justiz zu Vollwaisen gemacht.

Neben Regierungsbeamten und Staatsangestellten gerät vor allem die Filmbranche ins Visier der Ermittler. Das linksliberale Hollywood wird verdächtigt, in seinen Filmen verdeckte Propaganda zu betreiben. Im Oktober 1947 werden 41 Schauspieler, Autoren und Regisseure vor den Ausschuss für unamerikanische Umtriebe geladen. Sie zeigen sich als sogenannte »Friendly witnesses« kooperationsbereit und denunzieren 19 Kollegen als Kommunisten. Dorothy reist nach Washington, um bei den Anhörungen dabei zu sein. Bei einer Solidaritätskundgebung gibt sie ihrer Abscheu über das Vorgehen Ausdruck: »Um Himmels willen, Kinder, der Faschismus kommt nicht – er ist schon da. Es ist entsetzlich. Hört auf damit!«[469] Es gründen sich zahlreiche Unterstützervereine, die Geld für die Verteidigung der Verdächtigten sammeln. Dennoch knicken einige der 19 Vorgeladenen ein. Drehbuchautor Budd Schulberg stellt sich ebenso als Zeuge zur Verfügung wie der weltberühmte Regisseur von »Endstation Sehnsucht«, Elia Kazan. Beide sind ehemalige Mitglieder der Kommunistischen Partei und sagen gegen Kollegen und Freunde aus. Einer der 19 Befragten verlässt die USA nur einen Tag nach der Anhörung für immer – Bertolt Brecht. Zehn der Befragten verweigern die Aussage. Sie gehen als »Hollywood Ten« in die Geschichte ein und werden zu Haftstrafen zwischen sechs und zwölf Monaten verurteilt. Nach ihrer Entlassung aus dem Gefängnis landen sie auf der Schwarzen Liste der Filmstudios. Da sie niemand mehr engagiert, haben sie de facto Berufsverbot. Einige schreiben unter Pseudonym weiter, andere geben auf. Erst 1960 gelingt es Dalton Trumbo als erstem Autor der Schwarzen Liste, unter seinem richtigen Namen ein Drehbuch durchzubringen. Es ist das Drehbuch zum Film »Spartacus«, in das Trumbo viele seiner Erfahrungen vor dem HUAC einfließen lässt – Ironie des Schicksals. Die Denunzianten dieser Tage aber vergisst Hollywood nie. Elia Kazan muss sich bis ans Ende seines Lebens mit dem Vorwurf des Verrats auseinandersetzen. Als er 1999 den Ehrenoscar für sein Lebenswerk erhält, verweigert ihm ein Großteil der Anwesenden den Applaus. Steven Spielberg und Nick Nolte sind nicht die Einzigen, die demonstrativ sitzen bleiben. Vor dem Dorothy Chandler Pavillion, in dem die Preisverleihung stattfindet, stehen wütende Demonstranten, die an das Jahr 1947 erinnern.[470] Dabei ist Kazan nicht der Einzige, der mit dem Ausschuss zusammenarbeitet: Robert Taylor, Gary Cooper und Ronald Reagan gehören ebenso dazu wie Walt Disney, der als Gründungsmitglied der antikommunistischen Motion Picture Alliance for the Preservation of American Ideals Mitarbeiter seines eigenen Unternehmens denunziert, die gewerkschaftlich organisiert sind. Er ist ein erklärter Gegner von Dorothys Screen Writers Guild und betrachtet deren Arbeitskämpfe als Versuch der Kommunisten, in Hollywood Einfluss zu erlangen.

Andere verhalten sich ehrenhafter, wie zum Beispiel Charlie Chaplin. Der schafft es mit seinen Aussagen vor dem Ausschuss, zum erklärten Feind von FBI-Boss J. Edgar Hoover zu werden. Als er 1952 zur Premiere seines Films »Rampenlicht« nach England reist, verhindert Hoover seine Wiedereinreise in die Vereinigten Staaten. Chaplin muss in Europa bleiben, erst 1972 darf er wieder einreisen. Er stirbt 1977 in der Schweiz. Mit der berühmten Frage: »Sind oder waren Sie jemals Mitglied der Kommunistischen Partei?« führt eine demokratisch gewählte Regierung Mitte des 20. Jahrhunderts ohne Skrupel eine neue Inquisition durch.

Obwohl Dorothy weiß, wie nahe sie einer Vorladung ist und was ihr Name auf der Schwarzen Liste bedeuten würde, unterstützt sie das von Leonard Bernstein und Aaron Copland gegründete National Committee for Justice for Hanns Eisler, das gegen die drohende Deportation des weltberühmten österreichischen Komponisten kämpft. Der Schönberg-Schüler, der gemeinsam mit seinem Bruder vorgeladen ist, hatte sich vor den Nazis in die USA geflüchtet. Er ist politisch und künstlerisch einer der engsten Weggefährten Brechts und vor allem wegen seiner Kampflieder verdächtig. Den Eisler-Brüdern wird vorgeworfen, ihre Mitgliedschaft in der Kommunistischen Partei bei ihrer Einreise in die USA verschwiegen und damit gegen die Einreisebestimmungen verstoßen zu haben. Dorothy ist empört darüber, wie mit den Brüdern umgegangen wird, und spricht auf verschiedenen Kundgebungen zu Gunsten Hanns Eislers. Dem hilft das alles nicht. Auch wenn der Nachweis seiner KP-Mitgliedschaft nicht erbracht werden kann, wird er im Frühjahr 1948 zusammen mit seiner Frau ausgewiesen.

Dorothys Name fällt in den Folgemonaten öfter, wenn es um Verdächtige geht. Im Spionage-Prozess gegen die ehemalige Angestellte des Justizministeriums, die 27-jährige Judith Copland, der 1949 vorgeworfen wird, für die UdSSR spioniert zu haben, werden FBI-Dokumente verlesen, die Dorothy des Geheimnisverrats bezichtigen. Dorothy fragt sich kopfschüttelnd, welche weltbewegenden Geheimnisse sie wohl an die Sowjets hätte verkaufen können.

Überraschenderweise erfolgt auch jetzt keine Vorladung vor den HUAC. Auch dann nicht, als die Schwarze Liste erweitert wird. Am 22. Juni 1950 veröffentlicht eine Gruppe strammer Antikommunisten aus dem Kulturbereich ein antikommunistisches Pamphlet mit dem Titel *Red Channels: The Report of Communist Influence in Radio and Television*. Darin enthalten sind die Namen von 151 Autoren, Regisseuren, Schauspielern und Musikern, die vor dem Krieg Mitglieder in subversiven Organisationen waren, zum Teil aber noch nicht auf der Schwarzen Liste stehen. Die Informationen entstammen FBI-Protokollen, verschiedenen Arbeiterzeitungen und zum Teil auch reinem Tratsch. Das Heft wird an die Verantwortlichen im Kulturbetrieb versandt, mit dem Ergebnis, dass alle, die genannt werden, so lange einem Berufsverbot unterliegen, bis sie vor dem HUAC ihre Unschuld beweisen können. Es ist die Crème de la Crème der Kulturschaffenden: Leonard Bernstein, Arthur Miller, Lillian Hellman, Dashiell Hammett, Pete Seeger, Orson Welles, Dorothy Parker und viele andere. In den folgenden Jahren wird die Schwarze Liste um viele Namen erweitert. Insgesamt landen 320 Prominente darauf, sogar Miss Ellie aus »Dallas«: Barbara Bel Geddes.

Dass Dorothy im Visier der Behörden ist, dürfte sie schwerlich überraschen. Seit ihrem Einsatz für Sacco und Vanzetti wird sie überwacht. Ihre Mitgliedschaft in diversen antifaschistischen Organisationen ist lückenlos dokumentiert. Laut FBI-Berichten ist oder war sie Mitglied und ist oder war sie Unterstützerin von 33 politischen Organisationen, viele davon zählt das FBI zum engeren Dunstkreis der Kommunistischen Partei. So war oder ist sie Mitglied in der Hollywood Anti Nazi League, dem Joint Anti-Fascist Refugee Committee, der League for Women Shoppers, dem Motion Pictures Artists' Committee, dem National Citizens Political Action Committee, dem National Committee to Win the Peace, der Southern Conference for Human Welfare, dem Spanish Refugee Appeal und dem American Council for a Democratic Greece. In vielen dieser Organisationen sitzt sie im Vorstand. Großzügige finanzielle Zuwendung leistet sie an die Abraham Lincoln Brigade, an das American Committee for Protection of Foreign Born, das American Committee for Yugoslav Relief, das American Relief Ship For Spain, den American Slav Congress, an die Artists' Front to Win the War, das Citizen Committee for Harry Bridges, die League of American Writers, das Medical Bureau and North American Committee to Aid Spanish Democracy, das New York Tom Mooney Committee, den Spanish Children's Milk Fond und das United American Spanish Aid Committee. Des Weiteren unterstützt sie offen den National Council on Soviet Relations, die American Youth for Democracy und den Civil Rights Congress.[471] Die dicke Akte des FBI listet minutiös alle Veranstaltungen auf, an denen Dorothy teilgenommen hat. Sie zeigt, was für ein ungeheures Pensum sie neben ihrer Arbeit absolviert hat. Während des Krieges hat sie mehrmals im Monat auf Veranstaltungen gesprochen, und auch nach dem Krieg geht ihre Agitation unvermindert weiter. Von Beginn an stellte sie sich offen auf die Seite verfolgter Kollegen, und sie kämpft noch immer für die Demokratie in Europa, speziell in Spanien und Griechenland. Ihr Platz ist und bleibt an der Seite der Unterprivilegierten und Verfolgten: »An dem Tag, an dem du Ungerechtigkeit akzeptierst, solltest du dich erschießen«, sagt sie in den 1960er Jahren in einem Interview.[472]

Das FBI hat Dorothy längst als unverbesserliche Kommunistin ausgemacht. Zahlreiche anonyme Hinweise gehen bei der Bundespolizei ein. Ein Informant erklärt, sie sei bei ihren Nachbarn in Bucks County als die »Königin der Kommunisten« bekannt gewesen. Dieselbe Quelle gibt an: »Dorothy Parker sagte, dass sie ebenfalls die Aussage verweigern würde, wenn man ihr die Frage nach ihrer Mitgliedschaft in der CP stellen würde. Dorothy Parker scheint sehr beunruhigt zu sein, dass sie vorgeladen wird, erklärte aber, dass eine unbekannte Frau, von der wir annehmen, dass sie eine Vertreterin der American Newspaper Guild ist, ihr versichert hat, dass sie gute Kontakte ins Justizministerium habe und dafür sorgen würde, dass Dorothy Parkers Akte entfernt würde, wenn der Fall eintreten würde.«[473] Trotz aller berechtigten Ängste setzt sie sich offen für verfolgte Kollegen wie den afroamerikanischen Sänger, Schauspieler und Bürgerrechtler Paul Robeson ein, über den sie vor vielen Jahren eine Kurzgeschichte geschrieben hat. Zunächst »Vorzeigeschwarzer«, dessen unvergesslicher Auftritt mit »Old man river« im Broadwaymusical »Showboat« Millionen zu Tränen gerührt hatte, war Robeson in Ungnade gefallen, als er im Rahmen seines Menschenrechtsengagements 1934 die UdSSR besuchte. Seitdem gilt er als Kommunistenfreund. 1950 wird ihm der Reisepass entzogen, seine Platten werden aus den Läden entfernt und er selbst mit Auftrittsverbot belegt. Als der Sender NBC Robeson auf den Index setzt, erklärt Dorothy bei einer Kundgebung, dies sei »das jüngste Verbrechen des Radios gegen die Sendefreiheit«.[474] Robeson wird nach Aufhebung seines Bannes korrespondierendes Mitglied der Akademie der Künste und Ehrendoktor der Humboldt-Universität in Ost-Berlin. In Leipzig gibt es noch heute eine Paul-Robeson-Mittelschule.

Das FBI bleibt Dorothy als einer der »überzeugtesten Kommunistinnen in den Vereinigten Staaten« auf den Fersen.[475] Vor allem, nachdem Drehbuchautor Martin Berkeley 1951 bei seiner Anhörung vor dem HUAC 155 Personen als Mitglieder der CP in den 1930er Jahren benennt. Darunter auch Dorothy Parker: »Berkeley sagte aus, dass Dorothy Parker bei einem Treffen in seinem Haus in Hollywood im Juni 1937 anwesend war. Bei diesem Treffen wurde die Sektion Hollywood der CP gegründet. Berkeley sagte weiter aus, dass aufgrund von Miss Parkers landesweiter Prominenz sie einen Sonderstatus erhielt und darum nicht mehr an CP-Treffen teilnahm.«[476]

Am 13. April 1951 stehen plötzlich zwei FBI-Beamte vor der Haustür in 216 South Westgate in Los Angeles. Sie stellen Fragen nach Dashiell Hammett und Lillian Hellman, Don Stewart und Ella Winter. Allein schon die Bekanntschaft mit den Genannten macht Dorothy verdächtig. Die Beamten notieren in ihren Bericht: »Miss Parker erklärte, dass sie zwar mit den oben genannten Personen persönlich bekannt sei, bestritt jedoch jegliche Kenntnis, ob diese Personen jemals

Mitglieder der CP gewesen sind. Sie selbst habe niemals mit einem von ihnen an einer Parteiversammlung teilgenommen.«[477]

Die Beamten lesen ihr Sätze aus alten Artikeln vor, zitieren aus ihren Reden und fragen nach längst vergessenen Bemerkungen, die sie auf Empfängen und Banketten gemacht hat. Sie holen den Flyer zum 3. Kongress der American Writers League hervor, in dem die UdSSR als »die konsequente Verteidigerin des Friedens« bezeichnet wird,[478] und einen Zeitungsartikel, in dem Dorothy als Mitglied des National Council on Soviet Relations wie folgt zitiert wird: »Die Menschen in Russland kämpfen unseren Kampf, und der Tag wird kommen, an dem das amerikanische Volk nicht nur hinter dem russischen Volk stehen wird, sondern an seiner Seite.«[479]

Jetzt zeigt sich, wie lange und intensiv Dorothy als eine der »wichtigsten Spendensammlerinnen«[480] für kommunistische Organisationen überwacht worden war. Sogar in Mexiko war das FBI mit am Tisch gesessen. Angesichts der massiven Anschuldigungen ist Dorothy völlig überfordert. Ihre Nervosität überträgt sich auch auf ihre zwei Hunde, die während der ganzen Befragung wie Derwische durchs Zimmer toben. Es ist ein riesiges Tohuwabohu, zumal es Dorothy nicht gelingt, die Tiere zu bändigen. Auf die Frage eines Beamten, wie groß ihr Einfluss auf die kommunistische Bewegung sei, antwortet sie fast hysterisch: »*Mein* Einfluss? Sehen Sie sich doch meine beiden Hunde an. Ich kann ja nicht mal die beeinflussen.«[481] Die Männer werden nach ihrem Besuch in ihren Bericht schreiben: »Wirkt sehr nervös« und »bestreitet die Mitgliedschaft in der Kommunistischen Partei«.[482]

Ob Dorothy Parker tatsächlich jemals Mitglied der Kommunistischen Partei war, ist bis heute ungeklärt. Sie selbst bekannte sich 1934 öffentlich dazu, Kommunistin zu sein, von einer Parteimitgliedschaft war jedoch nie die Rede. Ring Lardner Jr., Sohn des berühmten Kurzgeschichtenautors und selbst Mitglied der CP, behauptet hingegen, Dorothy und Alan seien gemeinsam beigetreten, hätten sich aber nur sehr kurze Zeit in der Partei engagiert. Budd Schulberg hätte die beiden rekrutiert. Schulberg selbst konnte sich später nicht daran erinnern und vermochte nicht definitiv zu sagen, ob sie Mitglied gewesen sei.[483] Bewiesen werden konnte eine Parteimitgliedschaft, die sie selbst stets verneinte, nicht einmal vom FBI.

Für ihre politische Beurteilung ist dies ohnehin nicht von Belang. Ganz unbestritten galt ihre offenkundige Sympathie sowohl Idee als auch Partei. Wie viele Intellektuelle ihrer Zeit setzte sie große Hoffnungen in die Idee des Kommunismus, versprach sich von ihm ein Ende des allgegenwärtigen Unrechts. Und da die Umsetzung dieser Idee organisatorisch an die Kommunistische Partei geknüpft war, erfuhr diese ebenso wie viele ihrer Unterorganisationen Dorothy Parkers uneingeschränkte Solidarität.

Das Klima in Hollywood wird immer rauer. Jeder verdächtigt jeden, viele haben große Angst davor, eingesperrt zu werden oder auf der Schwarzen Liste zu landen. Im Juli 1951 wird Dashiell Hammett verhaftet, nachdem er sich weigert, die Namen von Spendern für einen Fonds des Civil Rights Congress zu nennen. Dorothy macht dennoch mutig weiter. Im September 1951 setzt sie ihren Namen unter eine Spendenaufforderung für Spanien: »Viele Menschen halten mich für einen hoffnungslosen Fall. Ich schreibe an Sie, weil ich denke, dass man auch Sie manchmal so nennt und dass Sie genau wie ich stolz darauf sind, so stur zu sein. Ich bin beratungsresistent in meinem Glauben an das spanische Volk – und in der Weigerung zu vergessen, dass Francisco Franco ein Faschist ist. Und ich werde es mehr und mehr, wenn ich sehe, dass amerikanische Waffen und Dollars Spanien in eine Militärbasis für den Krieg verwandeln. (…) Schicken Sie mir bitte noch heute Ihre Spende.«[484] Auch dieser Brief landet beim FBI.

1953 setzt sie sich für die Freilassung von Cedric Belfrage ein und spricht auf einer Veranstaltung mit dem Titel »Bekämpft McCarthyism – Verteidigt die Bill of Rights«.[485] Belfrage, gebürtiger Engländer und Gründer der radikalen Wochenzeitschrift *National Guardian,* wird dennoch 1955 nach England deportiert. Ihr alter Freund Don Stewart versucht seiner Vorladung vor den HUAC zu entgehen, indem er mit seiner Frau nach London flieht. Hier erfahren sie, dass das US-Innenministerium ihre Reisepässe für nichtig erklärt hat und sie mit einem Einreiseverbot in die USA belegt wurden. Sie werden nicht mehr in ihre Heimat zurückkehren, sondern den Rest ihres Lebens in Großbritannien verbringen.

Zu ihrem eigenen Erstaunen entgeht Dorothy bis 1955 einer Vorladung. Als sie endlich einbestellt wird, muss sie nicht vor dem HUAC erscheinen, sondern lediglich vor einem Unterausschuss in New York, der sich mit den Spendensammlungen für die Kommunistische Partei beschäftigt. Dafür, dass sie jahrelang Vorsitzende des Joint Anti-Fascit Refugee Committees war, das als kommunistische Tarnorganisation gilt, interessiert sich seltsamerweise niemand. Bei ihrem Auftritt vor dem Ausschuss im Februar 1955 gibt eine sehr adrett aussehende Dorothy in Nerzjacke und schickem Hütchen zu Protokoll, dass zwar ihr Name unter den Bettelbriefen des Komitees stünde, die Briefe jedoch nicht von ihr persönlich verfasst worden seien. Über die Finanzen des Komitees, das nach Berichten immerhin 1,5 Millionen Dollar gesammelt hat, wisse sie ebenso wenig wie über die exakte Verwendung der Gelder. Ihrer Ansicht nach seien diese vor allem zur Unterstützung spanischer Kinder verwendet worden. Eine Einflussnahme von Seiten der Kommunistischen Partei auf das Komitee sei ihr niemals aufgefallen, sie habe auch niemals danach gefragt. Bei der Frage nach ihrer Mitgliedschaft in der Kommunistischen Partei macht sie von ihrem durch den V. Zusatzartikel der US-Verfassung garantierten Recht auf Aussageverweigerung Gebrauch. In den Zeitungen ist anschließend zu lesen: »Dorothy Parker weigert sich zu sagen, ob sie eine Rote war.«[486]

Zwei Monate später wird das Verfahren eingestellt. Nach Einschätzung des FBI geht keine Gefahr mehr von ihr aus: »Ein verlässlicher Beweis für eine Mitgliedschaft in der CP konnte nicht erbracht werden.«[487]

Ursächlich für diesen milden Umgang mit Dorothy ist wohl, dass die Kommunistenjagd zu dieser Zeit ihren Höhepunkt bereits überschritten hat. Das Jahr 1954 leitet McCarthys Ende ein, nachdem er sich dazu verstiegen hat, unhaltbare Anschuldigungen gegen Angehörige der US-Armee zu konstruieren. Das CBS-Politmagazin »See It Now« strahlte im März 1954 Ausschnitte eines Verhörs aus und zeigte anhand eines Einzelfalles die Konsequenzen der Verfolgung auf. Eine schockierte Öffentlichkeit erlebte, wie mutwillig die Existenz von Menschen zerstört wurde. Es war der Fernsehjournalist Edward R. Murrow, Frontmann von »See It Now«, der sich McCarthy entgegenstellte und dessen Untergang einleitete. George Clooney verfilmte diese mutige journalistische Leistung 2005 unter dem Titel »Good Night and Good Luck«, der täglichen Abschiedsformel Murrows von seinen Zuschauern. Die Gäste der Filmpremiere fanden dabei die Darstellung McCarthys sehr überzeichnet. Wie sich später herausstellte, hatte George Clooney nur Originalaufnahmen McCarthys in den Film eingebaut und ihn nicht von einem Schauspieler darstellen lassen.

Seine unbeherrschte Art wurde Joseph McCarthy letztlich zum Verhängnis. Es wurde ein Untersuchungsausschuss einberufen, doch

McCarthy verweigerte jegliche Zusammenarbeit. Die Anhörungen, bei denen er Ausschussmitglieder in unsachgemäßer Weise beleidigte, wurden im Fernsehen übertragen. Die Stimmung innerhalb der Bevölkerung wandte sich gegen den Senator. Der Senat sprach ihm daraufhin das Misstrauen aus und enthob ihn des Ausschussvorsitzes. Nur zweieinhalb Jahre später starb Joseph McCarthy am 2. Mai 1957 als schwerer Alkoholiker an einer Hepatitis. Die USA aber brauchten lange, um sich von diesem Kapitel ihrer Geschichte zu erholen. Der Dramatiker Arthur Miller verarbeitete die McCarthy-Jahre in seinem Drama »Hexenjagd«, für das er die Hexenprozesse von Salem als Metapher benutzt.

Auch wenn Dorothy Parker in diesen Jahren nicht im selben Maße leiden muss wie viele ihrer Kollegen, zerstören die Anschuldigungen auch ihre Karriere als Drehbuchautorin. Sie bezahlt für ihren aufrechten Gang einen hohen Preis. Jahre später wird sie auf die Frage eines Journalisten, ob sie denn berufliche Schwierigkeiten wegen ihrer politischen Ansichten gehabt hätte, antworten: »Und wie! Die Schwarzen Listen haben sich zwar nicht ins Theater eingeschlichen oder in die Redaktionszimmer der Zeitschriften, deren Mitarbeiterin ich bin. Aber in Hollywood, da feiern sie große Triumphe. Gewisse Herrschaften lassen dort einfach einen Namen fallen, und der Name benimmt sich wie ein Gummiball, er springt von allein weiter. Das ist dann einer dieser Namen von Leuten, die man in der Gesellschaft von sogenannten ›Commies‹ gesehen hat, wie man das auf so reizende Weise zu bezeichnen pflegt. Man kann doch die Uhr nicht 30 Jahre zurückstellen, bis die Zeiger auf Sacco und Vanzetti stehen! Ich jedenfalls mache das nicht mit. Jaja, so ist das nun mal. Wie kann nur der Film das alles ohne Niveaubeschwerden verdauen? Sam Goldwyns Mund entstammt die Frage: ›Wie soll ich anständige Filme drehen, wenn meine guten Autoren allesamt im Kittchen sitzen?‹«[488]

Die Verfolgung unter McCarthy zerstört nicht nur ihre Karriere, sondern auch ihre Ehe. Nachdem Alan und Dorothy auf der Schwarzen Liste der Studios gelandet sind und nicht mehr als Drehbuchschreiber engagiert werden, geht ihnen langsam, aber sicher das Geld aus. Dorothy will zurück nach New York, in diesem Klima aus Angst und Denunziation will sie keinesfalls bleiben. Alan hingegen mag Los Angeles und die Chancen, die ihm die Stadt bietet. Obwohl auch er Angst vor der Zukunft hat, sieht er sich doch in erster Linie als Drehbuchautor und Schauspieler. Hollywood ist längst sein Zuhause geworden. Er will nicht zurück nach New York, sondern hofft, dass sich die Studiobosse bald eines Besseren besinnen und ihn wieder engagieren. Offen gibt er Dorothy die Schuld an der Misere. Nur durch sie sei er in den 1930er Jahren mit der kommunistischen Bewegung in Kontakt gekommen. Sie hätte ihn da hineingezogen. Es waren ihre Freunde, ihre Ansichten und ihr Engagement, für das er nun bestraft wird. Jetzt geht alles wieder von vorne los. Ohne Arbeit beginnt Dorothy wieder verstärkt zu trinken, die Auseinandersetzungen häufen sich. Nach einem besonders heftigen Krach im Sommer 1951 verlässt Alan sie. Bevor er geht, bezahlt er für ein Jahr die Miete für das Haus in Malibu, in dem sie leben. Die noch unbezahlten Möbel werden nach und nach abgeholt, bis Dorothy samt Hunden in einem leeren Haus sitzt. Sie trägt es mit Fassung – zumindest hat sie ihr Bett behalten: »Zwei Menschen können nicht auf Dauer so weitermachen, Jahr für Jahr die gleichen Dinge tun, wenn nur mehr einer von beiden diese Dinge tun möchte und dabei glücklich ist.«[489]

Um nicht allein zu sein und die Kosten für das Haus zu reduzieren, nimmt sie den Drehbuchautor James Agee als Untermieter auf. Agee ist schwerer Alkoholiker und in denkbar schlechter Verfassung. Vor ein paar Wochen hatte er während der Arbeit am Skript zu »African Queen«, das soeben mit Katharine Hepburn und Humphrey Bogart verfilmt wird, einen Herzinfarkt erlitten. Die Ärzte hatten ihm daraufhin dringend geraten, sein Leben zu ändern. Doch Agee qualmt wie ein Schlot und säuft Scotch in rauen Mengen. Dorothy ist er ein höchst willkommener Mitbewohner, auch wenn die meisten Menschen seine Anwesenheit als Zumutung empfinden. Agee wäscht sich nicht und läuft tagein, tagaus mit denselben verdreckten Klamotten herum. Damit passt er hervorragend in Dorothys Haus, das nach Alans Auszug zur Müllhalde verkommt. Niemand räumt hier jemals auf oder macht sauber. Allein der Gedanke daran, eine Haushaltshilfe zu engagieren, überfordert Dorothy komplett. Sid Perelman berichtet voller Ekel, wie die beiden hausen: »Parker sagt, Agee hat letzten Freitag ohne jede Hilfe drei Flaschen Scotch geleert. Von Agee bekam ich keine endgültige Aussage darüber, wie viel Parker trinkt. Die beiden hausen in einem Mief aus Kleidung, die nach Alkohol stinkt, kaltem Rauch und dreckigem Geschirr, ohne Möbel und ohne jegliche Sauberkeit. Man wäre nicht im geringsten überrascht, wenn sie ins Bett pissen würden.«[490] Als Agee einen weiteren Herzinfarkt erleidet, reist seine Ehefrau aus New York an und beendet diese Wohngemeinschaft. Agee kehrt zu Frau und Kindern zurück und stirbt nur vier Jahre später mit 45 Jahren in New York an seinem dritten Herzinfarkt. Dorothy, der der Schmutz jetzt auch zu viel wird, beschließt, anstatt zu putzen, ins Chateau Marmont umzuziehen. Allerdings nicht für lange Zeit. Sie hat die Nase längst voll von Hollywood. Es wird Zeit, nach Hause zurückzukehren. Es ist Zeit für New York City. In der Rückschau wird sie sagen: »Hollywoods Geld ist kein Geld. Es ist gefrorener Schnee, der einem auf der Hand zergeht, und hinterher steht man da. Über Hollywood kann ich nicht sprechen. Für mich war der Aufenthalt dort einfach fürchterlich; ich kann nur mit Schrecken daran zurückdenken. Ich weiß nicht, wie ich auf den Einfall kommen konnte, nach Hollywood zu gehen. Als ich es hinter mir hatte, sperrte sich alles in mir, sobald ich nur den Namen aussprechen wollte.«[491]

IX.

Ladies im Hotel und Marilyn Monroe

oder Mrs. Parkers letzte Chance

Im September 1952 kehrt Dorothy Parker nach New York zurück, das FBI immer auf den Fersen. Sie bezieht ein Apartmenthotel in der 74. Straße an der Upper East Side. Eine ungewöhnliche Wahl für eine Frau, die mittlerweile so sehr in Midtown Manhattan verwurzelt ist, dass sie zu sagen pflegt: »Oberhalb der 72. Straße bekomme ich Nasenbluten.« [493] Das Volney ist ein vornehmes Boutiquehotel, beliebt bei Theatermachern, Schriftstellern und Hunden. Ihrem neuen Pudel Misty gefällt es hier ganz besonders, mehr als 40 seiner Artgenossen toben über die Flure. Dorothy ist überglücklich, wieder in New York zu sein: »Sie können sich gar nicht vorstellen, wie ich es genieße. Wenn ich morgens aufstehe, würde ich am liebsten den Boden küssen«, gesteht sie der *New York World Telegram and Sun*. [494]

Das Volney wird ihr letztes Zuhause in New York werden, ein Zuhause, das alles bietet, was sie schätzt: Zimmerservice, der rund um die Uhr für Ordnung und frische Wäsche sorgt, eine Hotelbar, die regelmäßige Mahlzeiten und eine unbegrenzte Menge Hochprozentiges garantiert, ein hilfsbereiter Concierge, der Post und Nachrichten entgegennimmt und gelegentlich auch Misty spazieren führt – kurzum, ein Leben, in dem die Probleme des Alltags für 275 Dollar im Monat delegiert werden können. Das Volney ist eine Residenz für ältere vermögende Frauen, die, zumeist verwitwet, hier einen komfortablen Lebensabend verbringen. Es ist kein Hotel für eine Nacht, sondern für einen bestimmten Lebensabschnitt, bevölkert nicht von Gästen, sondern von Bewohnern.

Auf die wenigen Besucher wirkt ein Nachmittag bei Dorothy wie eine Reise in die Vergangenheit. Edmund Wilson scheint es, als ob die Zeit stehen geblieben sei: »Es war schön zu sehen, dass alles so war wie früher: ihre Schreibmaschine, neben der ein halbfertiges Manuskript lag, stapelweise Bücher, die sie besprechen sollte. (…) Es war genau dasselbe Leben, das sie früher schon in New York geführt hatte, ehe sie nach Hollywood ging. Es war, als ob ihre Zeit in Hollywood und ihre zwei Ehen mit Alan Campbell gar nicht zählen würden – sie hätte ebensogut inzwischen im Märchenland sein können. (…) Sie bot mir ein paar Drinks an, was in dieser Zwanziger-Jahre-Atmosphäre einfach unvermeidlich war.«[495]

Die Rückkehr nach New York beflügelt Dorothy: »Das ist das Besondere an New York. Es gibt dir immer ein bisschen mehr, als du erhofft hast. Jeder neue Tag hier ist definitiv ein neuer Tag. Jeder neue Morgen scheint zu sagen: ›Na los, wir packen's noch mal an.‹«[496] Noch einmal versucht sie sich an ihrem großen Traum: dem Broadwayerfolg: »Stücke schreibe ich viel lieber als alles andere. Es gibt nichts Spannenderes auf der Welt als eine Premiere. Herrlich, wenn man seinen eigenen Worten lauschen kann«, gesteht sie in einem Interview.[497] Wie immer arbeitet sie nicht alleine. Diesmal versucht sie ihre Ideen mit dem erfolgreichen Broadwayautor Arnaud d'Usseau, den sie in Hollywood kennengelernt hat, umzusetzen. Obwohl sie ursprünglich eine Kriminalgeschichte im Sinn haben, geben sie den Plan auf, als sie feststellen, dass sie beide zu viel Sympathie für ihre Mörder entwickeln. Eingedenk dessen, dass Dorothy immer dann am besten ist, wenn sie ihre eigene Welt abbildet, schwenken sie auf ein Thema ein, das ihr vertraut ist: einsame Frauen im Hotel. In einer Einführung schreibt sie: »›Ladies im Hotel‹ handelt vom vergeudeten Leben jener Frauen, die überall in den Vereinigten Staaten in diesen kleinen Apartmenthotels leben. Sie haben genug Geld und noch mehr Zeit, und ihre einzige Beschäftigung besteht darin, das eine auszugeben und das andere totzuschlagen. Sie sind nicht mehr ganz jung. Aber sie achten sehr auf sich und können sich gut und gerne auf weitere 20 Jahre freuen, in denen sie genau dasselbe tun werden wie im Augenblick, nämlich gar nichts.«[498] Das Volney wird zum Vorbild für das Hotel Marlow, in dem die titelgebenden »Ladies im Hotel« leben: »Die meisten Apartments und Einzelzimmer sind von alleinstehenden Damen bewohnt. Das sind meist Witwen (es gibt siebeneinhalb Millionen Witwen in den USA); im weniger günstigen Fall sind sie geschieden, und ein Häufchen Undefinierbarer lebt einfach nur getrennt.«[499] Den Titel des Stücks entlehnen sie dem Gedicht »Sweeney Erect« von T. S. Eliot aus dem Jahre 1920.

Ein ganzes Jahr lang schreiben Dorothy und d'Usseau an ihrem Stück über Alkohol und Selbstmord, zerplatzte Träume und Galgenhumor, Einsamkeit und die verzweifelte Suche nach dem Sinn im Leben. Arnaud d'Usseaus Frau Susan, Designerin, Malerin und eine begnadete Köchin, sorgt für einen reibungslosen Tagesablauf. Sie stellt strenge Regeln auf: Tagsüber kein Alkohol! Erst nach Ende des angestrebten Tagespensums, wenn Dorothy und Misty zu den d'Usseaus zum Abendessen fahren, bekommt sie einen Drink – von Susan höchstpersönlich gemixt. Bei Dorothys üblichem Quantum stellt das fast einen Entzug dar. Um sie vom Trinken abzulenken, laden die d'Usseaus tagtäglich Freunde ein, die nach dem Essen mit Dorothy ihre geliebten Gesellschaftsspiele spielen. Dabei darf Dorothy unter Susans wachsamen Augen so geringe Mengen Alkohol zu sich nehmen, dass sie am nächsten Tag voll einsatzfähig ist. Sie lässt dies alles ohne Murren über sich ergehen. Ein paar Jahre später wird sie sich jedoch – wie immer – literarisch rächen und Susan d'Usseau in einer ihrer Kurzgeschichten als böse alte Schachtel porträtieren.

Mrs. d'Usseau übernimmt Alans Aufgaben. Sie setzt Dorothy auf Diät, sorgt für einen gesunden Lebenswandel und kleidet sie neu ein. Dies ist bitter nötig, denn seit Alan fort ist, hat Dorothy nicht nur die Wohnung, sondern auch sich selbst arg vernachlässigt. Wieder in Form, erinnert sie wieder an die schicke Mrs. Parker aus dem Algonquin, wenn auch mit etwas mehr Speck auf den Hüften. Susan d'Usseau meint es sicher gut, doch ihr langer Arm reicht nur bis zu den Arbeitstagen. Am Wochenende entzieht sich Dorothy ihrer Kontrolle und läuft zu Hochform auf, wenn es darum geht, das verpasste Quantum Alkohol nachzuholen. An diesen Tagen erscheint sie bei Freunden manchmal in einem derart derangierten Zustand, dass diese nicht nur um ihre Abendgesellschaften, sondern um Dorothys Leben fürchten.

Bei den d'Usseaus lernt sie Kate und Zero Mostel kennen, mit denen sie bald eine enge Freundschaft verbindet. Die hübsche Kate war vor ihrer Ehe Mitglied der legendären »Rockettes« der Radio City Music Hall. Ihr Mann, der in der Uraufführung von »Anatevka – Der Fiedler auf dem Dach« den Milchmann Tevje geben wird, ist als Hollywoodschauspieler auf der Schwarzen Liste gelandet, nachdem er sich geweigert hat, gegen Kollegen auszusagen. Am Broadway gibt es keine Schwarze Liste, und so ist Zero Mostel nach New York zurückgekehrt. Hier wird er, ausgezeichnet mit drei Tony Awards, einer der größten Broadwaystars aller Zeiten. Als Dorothy ihn kennenlernt, ist er davon jedoch noch weit entfernt und bringt seine Familie mit dem Verkauf von Bildern durch. Ob aus Mitleid oder Solidarität, den Mostels gegenüber benimmt sich Dorothy anders, als man es von ihr gewohnt ist. Sie, die im Leben nicht daran denkt, einer Gastgeberin Hilfe zu offerieren, deckt bei den Mostels freiwillig den Tisch und hilft beim Abwasch. Beides führt jedoch, wie bereits im Zusammenleben mit Alan, zu mehr oder minder kleinen Katastrophen und zu Kate Mostels Feststellung: »Sie war süß, aber vom Haushalt hatte sie keine Ahnung.«[500] Dennoch ist ihr Benehmen so hervorragend, dass Kate Mostel viele Jahre später in ihren Erinnerungen schreibt: »Als ich sie zum ersten Mal traf, hatte ich etwas Angst. Wenn man all die vernichtenden Dinge gelesen hat, die Dorothy Parker zu oder über jemanden gesagt hat, dann hätte man verrückt sein müssen, um nicht Angst zu haben. Ich trat ein, in der Erwartung, eine Amazone anzutreffen (…), stattdessen begegnete ich einer Lady.«[501] Wie sehr Dorothy Kate und Zero Mostel zugetan ist, zeigt nichts deutlicher als jener Spieleabend, an dem die Spieler Personen benennen sollen, die sie zu einer Dinnerparty einladen würden. Dorothy wählt nur berühmte, ihr völlig unbekannte Persönlichkeiten aus. Aufgefordert, doch zumindest einen Menschen aus ihrem Bekanntenkreis zu wählen, nennt sie ohne zu zögern Kate und Zero Mostel.

Ende 1952 ist »Ladies im Hotel« abgeschlossen. Wie immer hat Dorothy die Charaktere nach realen Vorbildern geformt. Die böse alte Mutter mit dem latent homosexuellen Sohn erinnern frappant an Hortense und Alan Campbell, die einsame Frau mit dem jüngeren Liebhaber könnte gut und gerne sie selbst sein, und die Alkoholikerin, die sich das Leben nimmt, ist ihr genauso wenig fremd wie die verbitterten Frauen, die sich gegenseitig das kleine Glück nicht gönnen. Es ist, so sagt Dorothy in einem Interview, ein Stück über Frauen und deren Abhängigkeit von Männern: »Man sollte ihnen viel besser beibringen, ohne Mann zu leben.«[502] Etwas, worin sie selbst gar nicht gut ist.

Das Stück wird für Herbst 1953 am Broadway auf den Spielplan gesetzt. Die Rolle des jugendlichen Liebhabers Paul Osgood übernimmt ein noch unbekannter Schauspieler, der zum Weltstar aufsteigen wird: Walter Matthau. Noch während der Proben versucht der Intendant Dorothy davon zu überzeugen, den Schluss zu ändern. Ein Hit würde das Stück nur, wenn es einen versöhnlichen Schluss hätte. Für Dorothy, die nicht zuletzt im wahren Leben eine Spezialistin für tragische Schlüsse ist, eine schwierige Entscheidung. Leben wie die von ihr geschilderten haben nun mal kein Happy End. Auf der anderen Seite will sie den Erfolg. Es wird eine Gratwanderung zwischen diesen beiden Ansprüchen. Am Ende lässt sie ihre Hauptfigur Lulu gegen ihre innere Überzeugung sagen: »Es geht mir recht gut. Ich habe auch keine Angst. Wissen Sie, ich habe mich umgesehen und dabei gemerkt, dass es noch etwas Schlimmeres als Einsamkeit gibt – und das ist die Angst vor der Einsamkeit.«[503]

Am 21. Oktober 1953 findet im Longrace Theater die Premiere statt. Nach Ende der Vorstellung warten alle Beteiligten nervös und voller Spannung auf die Kritiken. Kurz nach Mitternacht werden am Times Square die ersten Zeitungen ausgeliefert. Die Kritiken sind durchwachsen. Während Amerikas einflussreichster Theaterkritiker George Jean Nathan »Ladies im Hotel« das beste Stück der Saison nennt, lässt die *New York Times* kein gutes Haar daran: »Alleinstehende Frauen in den mittleren Jahren sind pathetische und einsame Figuren. Das weiß jeder, dazu muss man nicht ins Theater gehen.«[504] Das Stück sei eine Aneinanderreihung von Episoden, ohne roten Faden. Dorothy sei unbestritten eine großartige Dialogschreiberin und verfüge noch immer über den besten Witz in ganz Amerika, doch für ein Theaterstück fehle ihr einfach die Phantasie. Nach sechs Wochen wird das Stück mangels Zuschauern abgesetzt. Zurück bleibt eine enttäuschte Dorothy, die dennoch hinter ihrem Stück steht: »Ich habe an diesem Stück sehr gern gearbeitet, einmal, weil die Mitarbeit von Mr. d'Usseau so anregend war, aber auch deshalb, weil dieses Schauspiel die einzige Leistung ist, auf die ich richtig stolz bin.«[505] Abgesehen von den herrlichen Dialogen ist das Stück angesichts Millionen alter Menschen in Seniorenresidenzen und Altenheimen, die versuchen, einem letzten Lebensabschnitt Würde und Sinn zu verleihen, von bestechender Aktualität.

Der große Erfolg ist wieder einmal ausgeblieben. Doch Dorothy versucht schon gemeinsam mit d'Usseau ein neues Stück zu entwickeln. »The Ice Age« handelt von einem schwachen jungen Mann, der, unglücklich verheiratet, von seiner Mutter dominiert wird. Wieder einmal ganz unzweifelhafte Reminiszenzen an Hortense und Alan Campbell. Die Hauptfigur des Stückes, Gordon Corey, arbeitet in einem Kunstmuseum und wird von seinem sadistischen homosexuellen Chef verführt. Als die Ehefrau die Affäre entdeckt, verlässt sie ihn mitsamt den Kindern. Als Gordon kurz darauf das wahre Gesicht seines Geliebten erkennt, erschlägt er diesen mit einer Marmorstatue. Es fällt auf, wie häufig Homosexualität in ihren Texten thematisiert wird und wie unsicher und oft auch unsensibel Dorothy dabei ist. Die Tatsache, dass nicht zuletzt durch ihre eigenen Verdächtigungen Alan im Ruf steht, schwul zu sein, scheint sie mehr zu beschäftigen, als sie sich eingesteht. Ihr Selbstwertgefühl als Frau scheint tief verletzt zu sein. Obwohl sie viele schwule Freunde hat, werden und wurden diese immer wieder Zielscheibe ihres Spotts. In Geschichten wie »Aus dem Tagebuch einer New Yorker Lady« macht sie sich seitenlang über tuntenhafte Männer lustig. Entnervt von der hohen Präsenz Homosexueller in Künstlerkreisen, schreibt sie in ihrem Gedicht »From a Letter From Lesbia«: »Nimm dir jeden Lover, den du willst, außer einen Dichter. Die sind alle schwul.«[506] Doch auch wenn sie selbst durchaus ambivalente Gefühle gegenüber Homosexuellen hat, hatte und hat sie unter ihnen viele Freunde.

Parker und d'Usseau beweisen mit dieser Stoffauswahl durchaus Mut. Ein derart provokantes Stück ist Ende der 1950er Jahre kaum bühnentauglich. Dennoch erwirbt im Herbst 1955 der Produzent Robert Whitehead für 1500 Dollar eine Option auf »The Ice Age«. Dorothy ist hoch erfreut. Doch die Option ist mehr seiner Verehrung für Dorothy geschuldet als seinem Vertrauen in das Stück. Es wird weder von Whitehead noch von sonst irgendjemandem jemals produziert. Dies ist das Ende ihrer Zeit mit d'Usseau. Die Zusammenarbeit endet ebenso wie die Ehe von Susan und Arnaud. Der politische Druck, der auf der Ehe der d'Usseaus lastet, nachdem beide vor dem HUAC ihre Aussage verweigern, ist zu groß. Sie gehen auseinander, und damit trennen sich auch die Wege von Dorothy Parker und Susan und Arnaud d'Usseau.

Noch während ihrer Arbeit an »The Ice Age« ist eine neue Kurzge-
schichte entstanden, die im Januar 1955 im *New Yorker* erscheint:
»I Live on Your Visits«. Es ist ihre erste Kurzgeschichte seit sieben
Jahren, und sie verarbeitet darin einmal mehr ihr Schwiegermutter-
trauma. Die Geschichte erzählt von einer geschiedenen Alkoholikerin,
deren einziger Lebensinhalt die Besuche ihres Sohnes sind.[507] Von der
Thematik her entspringt »I Live on Your Visits« ebenso wie ihre nächste
Geschichte »Lolita« den »Ladies im Hotel«. Es scheint, als wären ihre
Protagonistinnen mit ihr gealtert. Aus den jungen Stenotypistinnen
mit den falschen Erwartungen sind verbitterte ältere Frauen geworden,
die ihre Einsamkeit mit ihren Kindern zu kompensieren versuchen
und in ihrem Egoismus so weit gehen, das Glück ihrer Kinder zu
zerstören. So gönnt in »Lolita« eine Mutter ihrer unscheinbaren Tochter das Glück nicht, einen reichen gutaussehenden Mann zu heiraten.[508] Für »Lolita« wählt Dorothy zum ersten Mal eine narrative Erzählform, nimmt Abstand davon, eine Geschichte über den Dialog zu
entwickeln: »Ihre Bauart soll ausschließlich kommentierenden Charakter haben. Ich halte die kommentierenden Stories für besser, obwohl ich in meinen eigenen Stories früher auch immer nur die Leute
habe reden lassen. Mir geht jegliches optische Talent ab. Ich kann viel
besser akustisch auffassen. Aber ich werde mich nicht mehr auf ›Er
sagte‹ und ›Sie sagte‹ einlassen, das ist vorbei, ein für allemal vorbei.
Ich möchte eine Story schreiben, deren Effekt mit puren erzähleri-
schen Mitteln erzielt wird, und wenn ich dabei auch riskiere, dass man
mich wegen Mietverzugs aus der Wohnung schmeißt – diese Story
werde ich schreiben.«[509]

Sie tut es – ein einziges Mal. Treu bleibt sie dieser Erzählform nicht.
Bereits ihre nächste Geschichte, »The Banquet of Crow«, folgt wieder
dem alten bewährten Muster des Dialoges. Zwei Jahre werden dafür ins
Land gehen. Im Dezember 1957 wird die Geschichte im *New Yorker*
erscheinen und von einer verlassenen Ehefrau handeln, die sich daran
klammert, dass der Auszug ihres Mannes Symbol einer männlichen
Menopause ist und er nach Ablauf derselben reumütig zurückkehren
wird.[510] Als Vorbild für Maida und Guy Allen dienen ihr die d'Usseaus.
Susan d'Usseaus Alter Ego wird als unverbesserliche Heulsuse geschil-
dert, die völlig realitätsfremd durchs Leben tappt und ob ihrer Jam-
merorgien von allen Freunden gemieden wird. Keine besonders nette
Beschreibung für jene Frau, von der sie einst in ihrem Haus bekocht

wurde – wohl eher eine späte Rache dafür, dass Susan d'Usseau ihr einst den Alkohol verweigert hat.

Dass sie so lange braucht, um eine neue Kurzgeschichte zu schreiben, hängt mit den vielen Projekten zusammen, die sie in der Zwischenzeit annimmt. Lillian Hellman hat ein Libretto für eine komische Operette verfasst, basierend auf Voltaires Roman *Candide oder der Optimismus*. Die Musik stammt von Leonard Bernstein. Autoren wie Richard Wilbur, James Agee und John Latouche haben Liedtexte beigesteuert, und nun soll auch Dorothy ran. Betrachtet man die prominenten Namen, die hier zusammenarbeiten, muss »Candide« ein Riesenerfolg werden. Doch zu viele Köche verderben bekanntlich den Brei. Hellman schreibt mehrere Librettoversionen, ehe sie zufrieden ist, und Leonard Bernstein mischt sich in alles ein. In Dorothys Erinnerung glaubte er, »alles selber tun zu müssen und alles besser zu können als alle anderen, was sicher der Fall war, nur eben nicht bei den Liedtexten. Die Idee dahinter war, so glaube ich zumindest, Voltaire irgendwie zu belassen, aber das hat nicht geklappt. Zum Schluss wurden wir aber doch noch alle gute Freunde, außer John Latouche, der ist gestorben.«[511]

Am Ende wird Dorothys ganzer Beitrag zu »Candide« der Text zu einem einzigen Lied sein, »The Venice Gavotte«:

Old Lady: I've got troubles, as I said:
            Mother's dying, Father's dead.
            All my uncles are in jail.
Candide: It's a very moving tale.[512]

»Candide« wird am 1. Dezember 1956 im Martin Beck Theater in New York auf die Bühne gebracht und schließt bereits nach 73 Vorstellungen. Immerhin erobert Bernsteins Musik zu »Candide« die Konzertsäle dieser Welt. Zwanzig Jahre später läuft eine überarbeitete Musicalversion am Broadway an. Sie wird zum Publikumsrenner und mit drei Tony Awards ausgezeichnet.

Nach der Aufregung um »Candide« gönnt sich Dorothy eine kleine Auszeit. Erst im Januar 1957 erscheint in der *New York Times* wieder einmal eine Buchrezension. Sie bespricht Sid Perelmans neues Buch *The Road to Miltown*. Unmittelbar nach Erscheinen des Textes wird sie vom Männermagazin *Esquire* unter Vertrag genommen. Sie kennt

Arnold Gingrich, Gründer und Herausgeber des *Esquire,* seit Langem und schätzt ihn sehr. War er doch einer der wenigen, die bis zuletzt Geschichten von F. Scott Fitzgerald veröffentlicht hatten. Das rechnet sie ihm hoch an. Mit Freuden übernimmt sie die dortige Literaturkolumne. Für das Magazin, das vor allem berühmt ist für seine Pin-up-Bilder, die während des Zweiten Weltkrieges sogar die Spitzen der amerikanischen Jagdbomber zierten, ist die Verpflichtung einer so angesehenen Autorin wie Dorothy Parker ein riesiger Imagegewinn. Allerdings gibt es auch Leser, die sich darüber mokieren, dass Gingrich eine Kommunistin in seiner Zeitung schreiben lässt. Die Redaktion erhält bitterböse Leserbriefe, doch Gingrich stellt sich ohne Zögern hinter seine neue Kolumnistin. Für Dorothy bedeutet dies zum ersten Mal seit Langem wieder ein festes Einkommen. Sie startet mit 600 Dollar im Monat und steigert sich im Laufe der Zeit auf 750 Dollar. Dabei ist sie bemüht, ihrem Ruf nicht zu entsprechen und fleißig zu arbeiten, doch ihre schlechten Angewohnheiten legt sie auch im Alter nicht mehr ab. Abgabetermine bereiten ihr nach wie vor schlaflose Nächte, können und wollen von ihr einfach nicht eingehalten werden. Mehr als einmal schickt die Redaktion einen Laufburschen ins Volney, um Mrs. Parker an ihre Pflichten zu erinnern. Ihre hartnäckige Weigerung, Fristen einzuhalten, amüsiert ganz New York, nur nicht Arnold Gingrich.

Dennoch wird sie es im Laufe ihrer fünfjährigen Tätigkeit beim *Esquire* auf 46 Kolumnen bringen – ein enormes Arbeitspensum für jemanden, dessen Arbeitseinsatz so sehr von der Tagesform abhängig ist. Gingrich hingegen würde gern noch viel mehr von ihr drucken: Kurzgeschichten, Gedichte, Essays. Er ist dankbar für alles, was sie ihm liefert. Doch er macht dieselben Erfahrungen wie all ihre Verleger: außer blumigen Versprechungen – nichts. Je mehr sie schreiben soll, umso weniger fällt ihr ein. Dann sitzt sie stundenlang vor ihrer Schreibmaschine, ohne ein einziges Wort zu schreiben. Der Beruf wird ihr zur Qual, sie wird von wochenlangen Schreibblockaden gequält. Wenn sie es allerdings schafft, ihre Schreibmaschine in Gang zu bringen, dann entstehen Kritiken, die denen des »Constant Reader« im *New Yorker* in nichts nachstehen. Noch immer sind sie höchst subjektiv, manchmal sogar ungeheuer wütend, wie im Fall von Sheilah Grahams Buch *F. Scott Fitzgerald – meine große Liebe,* in dem sie Dinge über Scott und Zelda schreibt, die Dorothy so empören, dass sie ihre

Leser auffordert, »sich zu setzen und daran zu denken, wie Miss Graham und ihr Co-Autor [Gerald Frank] freudig den Judaslohn von 30 Silberlingen unter sich aufteilen«.[513] Doch selbst in der größten Entrüstung versucht sie gewichtige Argumente für ihr Urteil zu finden. Jedes Wort ist wohl überlegt, sie fühlt sich den Autoren ebenso verpflichtet wie den Lesern.

Es fällt ihr jetzt noch schwerer, ihren eigenen Ansprüchen zu genügen, als früher. Ihre Kräfte schwinden. Sie ist 65 Jahre alt, alt genug, um sich zur Ruhe zu setzen. Doch das kann sie sich nicht leisten. Das viele Geld, das sie verdient hat, ist ihr unter den Fingern zerronnen, draufgegangen für Reisen, Kleidung, Alkohol und Männer. Und eine gute Geschäftsfrau ist Dorothy nie gewesen. Die geschäftstüchtigste Entscheidung ihres Lebens ist es, Leah Salisbury als Agentin einzustellen. Diese sorgt nun dafür, dass Geld in die Kasse kommt. Jeder, der Dorothy Parker von nun an zitiert – und das sind nicht wenige –, muss Tantiemen abführen oder zumindest eine Abdruckgenehmigung einholen. Es gelingt ihr sogar, dem berühmten französischen Regisseur René Clair für 4000 Dollar die Filmrechte an der Kurzgeschichte »Here We Are« zu verkaufen. Andere Verträge scheitern jedoch schon im Vorfeld. So zum Beispiel die Mitarbeit an einer Biografie von Schauspielerin Ethel Barrymore, die Dorothy noch vom Round Table kennt. Der Vertrag für eine Autobiografie bei Doubleday kommt zwar zustande, enthält aber eine Klausel, wonach das Honorar nur nach der Ablieferung von Manuskriptseiten ausbezahlt wird. Kein Verleger, der rechnen kann, zahlt noch Vorschüsse an Dorothy Parker. Zu Recht, wie sich zeigt: Sie wird niemals auch nur eine Seite ihrer Autobiografie abliefern. Ihre Unzuverlässigkeit übertrifft ihren Ruhm bei Weitem. Die Zeiten, in denen Verleger um der Ehre willen, mit der berühmten Dorothy Parker ein Buch zu machen, großzügig darüber hinwegsahen, sind vorbei. Geprellte Verleger raten ihren Kollegen dringend von einer Zusammenarbeit mit ihr ab.

Sie wird den »Ladies im Hotel« nun immer ähnlicher, lebt sehr zurückgezogen, einzig Bea Stewart, die seit ihrer Scheidung an der Upper East Side lebt und nun wieder Bea Ames heißt, schaut manchmal auf einen Drink herein. Sie muss haushalten, die Zeiten, in denen sie auf großem Fuß leben konnte, sind vorüber. Doch auch in dieser Situation bleibt sie ganz Dame und erklärt ihrer Freundin Kate Mostel, wie wichtig gerade in Notzeiten ein Kredit bei Tiffany's sei. »Sobald du etwas Geld hast, musst du dir sofort eine Kundenkarte von Tiffany's besorgen, dann kriegst du auch in allen anderen Geschäften Kredit.«[514]

Ihre engste Vertraute in diesen Jahren ist Lillian Hellman, die sich mit Dashiell Hammett auf Martha's Vineyard niedergelassen hat und Dorothy ab und an mit dem Wagen abholt. So zum Beispiel am St. Patrick's Day 1957. An diesem Tag unterhält sie Hellman aus gegebenem Anlass mit bösen Witzen über die Iren: »Dorothy war ja halb irisch und halb jüdisch, und manchmal war sie sehr anti-jüdisch und manchmal sehr anti-irisch. Heute war sie anti-irisch. Die Flüche, die aus ihrem Mund kamen, hatten eine erstaunliche Bandbreite und einen erstaunlichen Umfang. Man kann schlecht fahren, wenn man die ganze Zeit lachen muss, und je mehr ich lachte, umso zorniger wurde sie auf die Iren. Als wir auf den Parkplatz fuhren, waren diese sogar für Hitlers Holocaust verantwortlich.«[515] In Martha's Vineyard angekommen, ist Dorothys Abneigung gegen die Iren so gestiegen, dass Hellman statt eines St. Patrick's Dinners ein St. Justin's Dinner kochen muss, um sie zu besänftigen.

Dashiell Hammetts Abneigung gegen Dorothy bleibt unverändert. Wann immer sie das Haus betritt, verschwindet der Schriftsteller und kehrt erst zurück, wenn sie weg ist. Als er schwer an Lungenkrebs erkrankt und das Haus nicht mehr verlassen kann, wird Dorothy bei ihren Besuchen in einem nahe gelegenen Gasthaus einquartiert. Sobald Hammett zu Bett gegangen ist, kommt sie zum Abendessen rüber. Für Lillian Hellman bedeutet dies zwei Abendessen pro Abend und eine Menge Aufwand. Erst nach Hammetts Tod 1960 kann Dorothy das Haus wieder uneingeschränkt betreten.

Dorothy Parker ist nun in einem Alter, in dem man Preise für sein Lebenswerk erhält. Am 30. April 1958 wird ihr vom National Institute of Arts and Letters der Marjorie Peabody Waite Award verliehen. Zu ihrem großen Vergnügen ist der Preis mit 1000 Dollar dotiert. Ansonsten bewegt sie die Ehre wohl nicht allzu sehr, sie vergisst sogar, die Annahme des Preises schriftlich zu bestätigen. Erst als Freunde sie diskret darauf hinweisen, dass dies durchaus Usus sei, schreibt sie an den Vorsitzenden des Institutes, Malcolm Cowley: »Seit ich durch Ihren Brief erfahren habe, dass ich den Marjorie Peabody Waite Award erhalten werde, befinde ich mich in einem Zustand glückseliger Apathie und bin überhaupt nicht auf die Idee gekommen, mich bei Ihnen zu melden. Liebe Freunde haben mich nun darauf hingewiesen, dass man in so einem Fall zurückschreiben muss, ob man den Preis annimmt. Mr. Cowley – guter Gott, ja!«[516]

Die Preisverleihung wird ein unvergesslicher Abend. Als sie auf die Bühne geht, um den Preis entgegenzunehmen, erheben sich die Anwesenden zu Standing Ovations. Noch nie zuvor in der Geschichte des Instituts hatte es das gegeben. Bei der Preisverleihung lernt Dorothy Elizabeth Ames kennen, die den Marjorie Peabody Waite Award zum Gedenken an ihre Schwester gestiftet hat. Elizabeth Ames ist die Geschäftsführerin der berühmten Künstlerkolonie Yaddo in der Nähe von Saratoga Springs. Seit 1926 steht das 1,6 km² große Gelände amerikanischen Künstlern für einen bestimmten Zeitraum zur Verfügung, um ihnen innerhalb eines sozial und atmosphärisch unterstützenden Umfeldes ungestörtes kreatives Arbeiten zu ermöglichen. Die Finanzierung der Aufenthalte erfolgt durch eine von einem reichen New Yorker Wallstreet-Magnaten ins Leben gerufene Stiftung. Zu den Stipendiaten gehören im Laufe der Jahre Künstler aus den verschiedensten Sparten wie Robert de Niro, Silvia Plath, Leonard Bernstein, Philip Roth oder Jonathan Franzen. Truman Capote hatte hier seinen ersten Roman *Andere Stimmen, andere Räume* geschrieben und Patricia Highsmith 1948 mit *Zwei Fremde im Zug* den Grundstock zu ihrem Weltruhm gelegt. Aus Dankbarkeit setzt sie später die Yaddo-Stiftung als Haupterbin ihres Vermögens ein.

Elizabeth Ames lädt Dorothy nach Yaddo ein. Diese ist zunächst begeistert, doch bald kommen ihr Zweifel. Saratoga Springs ist nicht New York City und Yaddo nicht das Volney. Zudem sind Hunde dort nicht erlaubt, und von ihrem neuen Pudel Cliche trennt sie sich nur ungern. Ihr ist nicht ganz wohl bei der Sache, aber sie fährt. Im September 1958 bezieht sie für zwei Monate ein Zimmer in der Künstlerkolonie. Schon bei ihrer Ankunft stellt sie fest, dass das große viktorianische Haus zwar wunderschön idyllisch gelegen und von intellektueller Atmosphäre geprägt ist, aber ebenso wie seine Bewohner stinklangweilig. Die berühmten Gärten von Yaddo, angelegt nach klassisch italienischem Vorbild, deprimieren Dorothy total. Und die vier Seen, die das Stifterehepaar Trask zum Gedenken an ihre vier verstorbenen Kinder anlegen ließ, heitern sie auch nicht auf. Einziger Lichtblick ist Morton Zabel, Literaturprofessor der Universität Michigan, mit dem sie über die übrigen Gäste lästert. Als Zabel nach einigen Wochen abreist, fühlt sie sich vollkommen allein. Sie schließt sich in ihr Zimmer ein und vermeidet es tunlichst, die anderen Bewohner zu treffen. An Zabel aber schreibt sie: »Bezüglich Yaddo – nun, hier steht es wahrlich nicht zum Besten. Es regnet Tag und Nacht und das macht es keineswegs angenehmer hier. (...) Es gibt zwei Neuzugänge, die vom Boden der Tonne abgekratzt worden sind, und ich befürchte, dass meine Krankheit, die mich dazu veranlasst, auf dem Zimmer zu bleiben, nicht allein auf Bakterien zurückzuführen ist.«[517] Als sie im November 1958 nach Hause fahren kann, ist sie überglücklich.

Zumindest aber hat sie die Zeit genutzt, um eine neue Geschichte zu schreiben. Es ist die Geschichte einer alleinstehenden armen Sekretärin, die von einer reichen Dame ab und an zur Cocktailstunde gebeten wird. Während sich die Sekretärin vordergründig dankbar und bescheiden gibt, lässt sich die Hausherrin bewundern. Später zeigt sich, dass die Sekretärin voller Hass ist und die reiche Dame schrecklich einsam. Sie würde liebend gerne mit ihrer armen Freundin tauschen, während diese das sinnentlehrte Leben ihrer reichen Gönnerin nicht geschenkt möchte.[518] Es ist ihre letzte Kurzgeschichte. Mit »The Bolt Behind the Blue« beendet sie 1958 ihre Karriere als Schriftstellerin. Der *New York Times* erzählt sie: »Mir fällt nichts mehr ein. Vor Kurzem habe ich versucht, eine Geschichte zu schreiben. Ich setzte meinen Namen und meine Adresse auf ein Blatt Papier, dann schrieb ich einen völlig blöden Titel und den ersten Satz: ›Der Fremde erschien in der Tür.‹ Dann musste ich mich hinlegen, mit einem nassen Lappen auf meinem Gesicht.«[519]

Unmittelbar nach ihrer Rückkehr nimmt sie an einem zweitägigen Symposion im Writers Club der Columbia Universität in New York teil – 1500 Dollar Gage sind ein gutes Argument, um zwei Tage zu arbeiten. Erwartet wird von ihr dafür eine Rede über die Rolle der Schriftsteller in Amerika. Neben ihr sitzen drei junge Intellektuelle auf dem Podium: der Schriftsteller Saul Bellow, der Fotograf und Autor Wright Morris und der Literaturkritiker Leslie Fiedler. Besonders Morris und Fiedler sind Polemiker, deren Kritik sich vor allem gegen die etablierte Kulturszene richtet, die Schriftsteller durch Preise und Stipendien zu korrumpieren und vereinnahmen sucht. Sie üben scharfe Kritik daran, wie ein auf Profit getrimmtes konsumorientiertes Amerika mit seinen Autoren umgeht. Auch wenn Dorothy über Jahre hinweg oft selbst heftig Kritik an der amerikanischen Gesellschaft geübt und die Situation ihrer Kollegen oftmals als prekär erkannt hat, stört sie dieses Wehgeschrei der

Jungen. Dies hat weniger damit zu tun, dass sie als preisgekrönte Autorin selbst Teil des etablierten Kulturbetriebes ist, als mit ihrer Auffassung vom Schreiben. Zu Beginn ihrer Rede entschuldigt sie sich deshalb bei den Anwesenden dafür, leider nicht ganz so intellektuell zu sein wie ihre Mitstreiter. Im Gegensatz zu den echten Künstlern hier auf dem Podium sei sie nur eine einfache Arbeiterin, deren Arbeit eben das Schreiben sei: »In meinen Augen ist die Aufgabe eines Schriftstellers ganz einfach das Schreiben. Ich finde, ein Schriftsteller ist in erster Linie ein Arbeiter, und da gibt es keinen Unterschied zu anderen Arbeitern. Deshalb, denke ich, hat er kein Recht, auf irgendjemanden herabzuschauen, genauso wenig wie er zu irgendjemandem hinaufschauen muss. Ein Schriftsteller muss immer um sich herum blicken.«[520] Schreiben als Verpflichtung, nicht zur reinen Selbstverwicklichung: »Für mich gibt es nur zwei Arten von Schriftstellern – schlechte und gute.«[521] Nachdem sie dies in ihrer unnachahmlichen Art hat verlauten lassen, lehnt sie sich zurück und schweigt für den Rest des Abends beharrlich. Das Publikum liegt ihr zu Füßen. Mit nur wenigen Worten hat sie den zornigen Jungen die Schau gestohlen. Am Ende des Abends ist sie umringt von Autogrammjägern. Dass Saul Bellow 1976 den Literaturnobelpreis bekommen wird, hätte an diesem Abend wohl viele überrascht.

Im Februar 1959 absolviert sie ihren ersten Fernsehauftritt. Zusammen mit Norman Mailer und Truman Capote tritt sie in der Sendung »Open End« auf. Sie mag Mailer nicht, und auch er begegnet ihr durchaus mit Vorsicht: »Sie konnte ganz sanft sein, dich über den grünen Klee loben und war dennoch so heimtückisch wie ein Skorpion.«[522] Einige Jahre zuvor hatten die beiden in Hollywood ein eher unschönes Aufeinandertreffen. Dorothy hatte damals einen neuen Hund namens Flic, ein scheuer und ängstlicher Boxer. Norman Mailer, der es mit nur 26 Jahren durch seinen 1948 veröffentlichten Roman *Die Nackten und die Toten* zu Weltruhm gebracht hatte, schlug ihr damals vor, Flic mit seinem deutschen Schäferhund Karl zu konfrontieren. Sollte Flic dieser Begegnung standhalten und sollten die beiden Freunde werden, würde dies Flic Selbstvertrauen geben. Dorothy war skeptisch, ließ sich aber darauf ein. Das Zusammentreffen der beiden Hunde wurde zum Fiasko. Karl stürzte sich mit vollem Körpereinsatz auf Flic und war nur durch allergrößte Kraftanstrengung seitens Mailers davon abzuhalten, den Boxer in der Luft zu zerreißen. Flic stand völlig unter Schock und war von da an noch nervöser als zuvor. Dorothy war schrecklich wütend auf Mailer, und als sie ihn jetzt nach all den Jahren zum ersten Mal wiedersieht, kommt sie nicht umhin, ihn daran zu erinnern, dass er ihren Hund einst zu Tode erschreckt hat.

Truman Capote hingegen schätzt sie sehr, und so ist sie gespannt auf diesen Fernsehauftritt. Doch es wird kein Erfolg. Die Sendung, die keiner begrenzten Sendezeit unterliegt, sondern so lange läuft, bis entweder der Moderator oder seine Gäste müde sind, dauert zwei Stunden, von denen Dorothy die meiste Zeit schweigt. Sie fühlt sich sichtlich unwohl, ist für einen Fernsehauftritt falsch gekleidet und viel zu stark geschminkt. Als sie sich später selbst auf dem Bildschirm sieht, ist sie entsetzt. Telegen ist sie bei ihrem ersten Auftritt wirklich nicht, dennoch hinterlässt sie einen starken Eindruck. Denn auf die Frage des Moderators David Susskind, was sie an den USA am meisten störe, nennt sie ohne zu zögern Ungerechtigkeit, Intoleranz, Dummheit und allem voran die Rassentrennung.[523] Damit rennt sie bei David Susskind, der sich nicht scheut, in seiner Sendung brisante politische Themen anzupacken und in den 1960er Jahren zur besten Sendezeit Nikita Chruschtschow interviewt, offene Türen ein.

Kurz darauf wird sie zum Mitglied des National Institute of Arts and Letters ernannt. Eine Mitgliedschaft, um die man sich nicht bewerben kann, sondern die verliehen wird. Es ist eine große Ehre, hier dabei zu sein. Zusammen mit ihr werden zwei weitere Schriftstellerinnen aufgenommen, die sie seit Jahren bewundert: Janet Flanner und Djuna Barnes. Beide hatten in Paris zu den Frauen der Left Bank um Gertrude Stein gehört und genießen einen legendären Ruf. Dass Dorothy Parker zwei schreibende Frauen bewundert, ist eher die Ausnahme. Außer von Carson McCullers hält sie nicht gerade viel von ihren schreibenden Geschlechtsgenossinnen: »Für junge Damen, welche die Phantasie bemühen – die Damen Baldwin, Ferber und Norris beispielsweise –, für diese Damen bringe ich keinerlei Sympathie auf, nein, nicht für zwei Pfennige Sympathie. Was sie fabrizieren, das ist – unter künstlerischem Aspekt – Schund, und dabei sind sie produktiv wie eine Ölquelle; ein Erguss nach dem anderen. (…) Ich bin gewiss für das Frauenrecht; ich bin bestimmt nicht ungerecht gegen die Mitglieder meines Geschlechts. Bitte denken Sie daran, dass ich schon zu der Zeit, als die Stadt hier noch vor Büffelherden zitterte, die Gleichberechtigung der Frau proklamiert habe. Aber damals, als wir, vom Pfeifkonzert der Männer begleitet, losmarschierten und an Laternenmasten hochkletterten, um die Emanzipation zu erzwingen, da rechneten wir nicht mit dieser Sorte von Schreibtischlerinnen.«[524]

Das National Institute of Arts and Letters führt sie unter der Rubrik Satirikerin, eine Bezeichnung, die sie eigentlich nicht mag: »Hätte man mich auch noch ›Satiriker‹ getauft, also das hätte mir den Rest gegeben«, hat sie einmal gesagt. »Unter Satirikern verstehe ich unsere Freunde aus den vergangenen Jahrhunderten. Wer sich heute Satiriker nennt, macht witzige Bemerkungen zu Tagesereignissen und hält sich dann für etwas, was er nicht ist: für einen Satiriker nämlich.«[525] Doch sie hält sich zurück, lässt kein Wort der Kritik verlauten, sondern freut sich wie eine Schneekönigin über ihre Ernennung. Was sie den Verantwortlichen diesmal auch umgehend mitteilt: »Meine Schreibmaschine kann es gar nicht erwarten, Ihnen zu schreiben, wie geehrt ich mich fühle, ein Mitglied des National Institute of Arts and Letters zu werden. Damit hätte ich niemals gerechnet. Jetzt, da mir diese Ehre zuteil wird, ist alles Leben aus mir gewichen. Ich kann nur sagen – ich werde mein Bestes tun, eine gute Königin zu sein.«[526]

Am Tage ihrer Aufnahme, dem 21. Mai 1959, ist Dorothy so nervös, dass sie Zuflucht bei ihren alten Freunden sucht: Haig & Haig Whiskey. Sie tankt dermaßen, dass sie sich nur mit Mühe von ihrem Platz erheben und ihre Dankesrede sprechen kann, die aus nur einem einzigen Satz besteht. »Ich hätte nie gedacht, dass ich das schaffe.« Dann wankt sie von der Bühne und fällt komatös in ihren Sitz. Lange Zeit wirkt sie völlig weggetreten, erst während des Hauptvortrags des Kunsthistorikers Meyer Schapiro über abstrakte Malerei kehren ihre Lebensgeister zurück. Erneut versucht sie sich aufzurichten, um ihre bewegenden Dankesworte noch einmal zu sprechen. Sitznachbarn wie Thornton Wilder haben alle Hände voll zu tun, sie davon zu überzeugen, dass es übertrieben wäre, noch einmal auf die Bühne zu marschieren und zu sagen: »Ich hätte nie gedacht, dass ich das schaffe.« Zur allgemeinen Erleichterung richtet sich bald alle Aufmerksamkeit auf Marilyn Monroe, die am Arm ihres Ehemanns, des Dramatikers Arthur Miller, erscheint.[527]

Ihren Noch-Ehemann sieht sie in jenen Jahren selten. Wahrlich kein Fehler, denn sobald die beiden aufeinandertreffen, beginnen die Streitereien von Neuem. Alan ist in Hollywood geblieben und lebt bescheiden, unterstützt von Freunden und seiner Mutter Hortense, die noch immer in Bucks County lebt. Seine Hoffnung, nach Ende der

McCarthy-Ära wieder als Drehbuchautor Fuß zu fassen, hat sich nicht erfüllt. Ohne Dorothy ist er für die Filmindustrie nicht interessant. Wenn er in New York ist, schaut er manchmal auf einen Sprung im Volney vorbei. Bei einem dieser Besuche wird er von einem jungen Kollegen begleitet: Wyatt Cooper. Dieser schreibt nach seiner ersten Begegnung mit Dorothy: »Es war schmerzlich, diese Entfremdung zwischen zwei Menschen, die auf ewig miteinander verbunden schienen, zu beobachten. Die Einsamkeit und Schuldgefühle, die zwischen ihnen herrschten, waren fast physisch spürbar. Sie sprachen in kurzen, ge- künstelten, aber höflichen Worten miteinander. Dazwischen herrschte peinliches Schweigen. Und dennoch war eine Zärtlichkeit spürbar, die Trauer um alte Gefühle und der Widerwille, einander loszulassen.«[528]

Um der Karriere willen raufen sie sich kurz darauf noch einmal zu- sammen. Im Frühjahr 1961 erhält Dorothy von ihrem alten Freund Charles Brackett, dem neuen Chef von 20th Century Fox, das Angebot, an einem Drehbuch über das französische Theaterstück »The Good Soup« mitzuwirken. Sie kennt Brackett noch aus seiner Zeit als Theater- kritiker beim *New Yorker*. Inzwischen hat er als Co-Autor von Billy Wilder und Autor von Kassenknüllern wie »Ninotschka« und »Sunset Boulevard« in Hollywood Karriere gemacht und ist ein mit vier Oscars ausgezeichneter Drehbuchautor. Dass Brackett ausgerechnet sie bittet, für ihn zu schreiben, ist eine große Ehre. Ihr Partner soll, ganz wie in alten Zeiten, Alan sein. Dieser braucht den Job dringend und bekniet Dorothy, zurück nach Hollywood zu kommen. Es ist ein offenes Ge- heimnis, dass der Vertrag mit 20th Century Fox entweder mit Dorothy zustande kommt oder gar nicht. Die Entscheidung, Dorothy und Alan zu engagieren, ist mutig von Brackett. Zum einen engagiert er damit zwei Autoren von der Schwarzen Liste, zum anderen ist Dorothys Un- zuverlässigkeit legendär. Dazu kommt, dass viele sich noch gut an die lautstarken Auseinandersetzungen des Ehepaars Campbell erinnern können.

Ausschlaggebend für Dorothys Zusage, noch mal in das verhasste Hollywood zu ziehen, ist schließlich, dass die Hauptrolle des Films mit Marilyn Monroe besetzt werden soll. Dorothy bewundert den größten Hollywoodstar dieser Jahre über die Maßen und sieht es als Heraus- forderung an, dieser unglaublichen Frau eine Rolle auf den Leib zu schreiben. Diesmal soll der Umzug nach Hollywood allerdings kein Abschied von New York sein. Sie behält ihr Apartment im Volney.

Als Dorothy Ende März 1961 in Los Angeles eintrifft, zieht sie in Alans Bungalow 8983 Norma Place, West Hollywood. Norma Place ist eine schicke Wohngegend. Benannt ist sie nach dem ehemaligen Stummfilmstar Norma Talmadge, die hier lebte und die Billy Wilder als Vorbild für seinen abgehalfterten Star Norma Desmond in »Sunset Boulevard« diente. Heute nahezu vergessen, war Norma Talmadge neben Mary Pickford einer der größten US-Stummfilmstars. Als sie 1957 starb, hinterließ sie ein Vermögen von mehr als 1 Million US-Dollar. In Norma Place kennen sich die Nachbarn, man hilft sich und trifft sich zur Cocktailstunde. Dass verhältnismäßig viele Homosexuelle hier leben, bestärkt nicht nur Dorothy in ihrem alten Verdacht gegen Alan. Obwohl die Gegend von berühmten Zeitgenossen wie Dorothy Dandridge und Judy Garland frequentiert wird, ist Dorothy Parker die berühmteste Bewohnerin von Norma Place. Zu ihrer Begrüßung stehen die Nachbarn mit Blumensträußen bereit, was in ihr die Vermutung aufkeimen lässt, Alan habe ihre Rückkehr als private Wiedervereinigung des ehemaligen Traumpaares verkauft. Sie ärgert sich so darüber, dass sie die Blumensträuße umgehend in die Mülltonne feuert.

Dorothy, die sich mittlerweile an ihr Singleleben gewöhnt hat, bezieht mit ihrer Schreibmaschine ein eigenes Zimmer. Obwohl sie ihre Privatsphäre vermisst, kommen die beiden sowohl beruflich als auch privat erstaunlich gut miteinander klar. In Wyatt Cooper, der ganz in der Nähe wohnt, finden sie einen neuen Freund, der im Notfall vieles ausgleichen kann und der sie jeden Morgen im Wagen mit zur Arbeit nimmt. Er tut sein Bestes, um ihr merkwürdiges Verhältnis zu verstehen: »Man sagt ja oft über Ehepaare, dass sie weder miteinander noch ohne einander können, und auf Dottie und Alan traf das zweifellos zu. Sie waren zwei der bezauberndsten Menschen der Welt und passten so gut zueinander. Vielleicht zu gut. Ihre Verbindung war außergewöhnlich und unglaublich eng. Sie identifizierten sich stark miteinander, aber sie standen sich eben auch feindlich, ängstlich und bitter gegenüber.«[329]

Im Juli 1961 erfährt sie, dass Ernest Hemingway sich erschossen hat. Wieder einer weniger. Jahre später wird sie, kurz vor ihrem eigenen Tod, ihre Freundin Bea Ames fragen: »Ich möchte, dass du mir die Wahrheit sagst. Mochte mich Ernest wirklich?« Und Bea Ames wird, obgleich sie sich gut an jenen Abend in Paris erinnern kann, an dem Hemingway Dorothy geschmäht hatte, antworten: »Ja.«[330]

Kurz nach ihrer Ankunft in Los Angeles erhält sie erneut das Angebot, ihre Autobiografie zu verfassen. Der legendäre amerikanische Verleger Bernard Geis zahlt ihr sogar einen Vorschuss. Prinzipiell wäre Dorothy auch durchaus daran interessiert, ihr Leben aufzuschreiben, doch sie weiß, dass sie das niemals schaffen wird: »So was könnte ich nie schreiben, auch wenn ich bei Gott wünschte, ich könnte es. Ich möchte dieses verdammte Ding schreiben, einfach nur, um es dann ›Bastard‹ zu nennen«, gesteht sie Cooper.[531] An den Schriftsteller Quentin Reynolds allerdings schreibt sie: »Ehe ich meine Autobiografie schreibe, schneide ich mir lieber mit einem stumpfen Messer die Kehle durch.«[532] Es dauert einige Zeit, bis sie den Mut findet, Bernard Geis reinen Wein einzuschenken und ihm zu gestehen, dass sie dieses Buch niemals schreiben wird. Ihrem Brief legt sie aus schlechtem Gewissen einen Scheck über zehn Prozent ihres Vorschusses bei. Geis trägt es mit Fassung und schreibt die restlichen 90 Prozent ab, »für das Privileg, sagen zu können, dass ich einmal fast ein Buch von Dorothy Parker publiziert habe«.[533] Das Angebot von Columbia Pictures, ihr Leben zu verfilmen, zieht sie nicht einmal mehr in Betracht.

Dabei ist schon wieder einmal Ebbe in der Kasse, der neue Jaguar vor dem Haus will bezahlt werden. Nach dem Ende von »The Good Soup« warten Alan und Dorothy vergebens auf ein Anschlussprojekt. Wyatt Cooper überredet sie schließlich, Arbeitslosenhilfe zu beantragen. 75 Dollar pro Woche seien nicht zu verachten, abgesehen davon hatte ja gerade Dorothy für die Absicherung von Drehbuchautoren und Schauspielern gekämpft. Diese ist skeptisch. Die Tatsache, dass selbst Stars wie Marlon Brando auf dem Amt gesichtet werden, überzeugt sie nicht wirklich. Abgesehen davon erhält sie ja noch Tantiemen von ihren Büchern und die 750 Dollar vom *Esquire,* die jeden Monat pünktlich überwiesen werden, auch wenn sie nicht schreibt. Cooper begleitet die beiden Neulinge zur Antragstellung. Dorothy, die niemals gelernt hat, um Geld zu bitten, ist das Ganze schrecklich peinlich. Sie fühlt sich wie ein Lamm, das zur Schlachtbank geführt wird. Dort angekommen, läuft sie von einem Schalter zum anderen, nicht in der Lage, sich anzustellen und ihr Recht in Anspruch zu nehmen. Just in dem Moment, da Cooper ihr zu Hilfe eilen will, tritt Dorothy an den Schalter eines bebrillten Mädchens. Nachdem sie ihren Namen genannt hat, geht ein Raunen durch den Raum, das Brillen-Mädchen springt auf und zitiert die berühmten Verse »News Item«. Alle kommen, um Dorothy Parker zu begrüßen. Diese ist zutiefst gerührt. Alles weitere ist nur mehr eine Frage von Minuten.

Das Leben spielt sich langsam wieder ein. Wie in alten Zeiten übernimmt Alan Dorothys Angelegenheiten. Er kümmert sich um alles, während Dorothy vor allem berühmt ist. Es ist mehr als deutlich, dass Alan auf einen Neubeginn hofft. Vor allem, als Dorothy im Herbst ihr Apartment im Volney aufgibt. Nachdem sie ihre Miete nicht pünktlich überwiesen hat, hat das Management ihren alten Vertrag gekündigt und die Miete erhöht. 600 Dollar im Monat für ein leerstehendes Apartment ist ihr nun doch zu viel. Fährt sie jetzt an die Ostküste, dann wohnt sie bei Lillian Hellman in Martha's Vineyard. Im März 1962 sind die beiden gemeinsam mit Thornton Wilder zu Gast im Haus des ehemaligen Yale-Präsidenten Alfred Whitney Griswold. Als der Gastgeber ankündigt, dass Thornton Wilder nach dem Essen etwas aus seinem neuen Buch vorlesen wird, droht Dorothy, das Haus zu verlassen. So ein großer Thornton-Wilder-Fan ist sie nun auch wieder nicht.[534]

Los Angeles beginnt ihr wieder Spaß zu machen. Dazu tragen nicht zuletzt ihre Nachbarn bei, eine Ansammlung von Celebrities, Verrückten und Lebenskünstlern, wie zum Beispiel die Schauspielerin Bathsheba Glyn, die sich zum Fernsehen nackt auf ihr Bett legt. Dabei ist ihr Fenster so einsehbar, dass sämtliche Nachbarn auf dem Heimweg immer kurz mal durchs Fenster schauen. Oder jener stolze Hausherr, der alle Nachbarn zu sich einlädt, um ein riesiges Porträt von sich zu enthüllen. Es zeigt ihn nackt, in Lebensgröße, mit einem gestochen scharfen Penis, was dem Hausherrn sehr schmeichelt. Dorothy steht wie alle anderen fassungslos vor dem Bild und sagt dann in die Stille hinein: »Er sieht so echt aus, du hast das Gefühl, gleich spricht er mit dir.«[535]

Doch so angenehm der Alltag auch ist, die Arbeit fällt ihr schwerer als früher. Ihre Augen werden schlechter, sie befürchtet zu erblinden. Dazu kommen Probleme mit den Zähnen, sie sitzt stundenlang beim Zahnarzt herum. Schleimbeutelentzündungen in den Armen machen das tägliche Tippen zur Qual. Die Rezensionsexemplare türmen sich meterhoch in der Wohnung. Wenn kein Platz mehr zum Sitzen da ist, fliegen sie einfach raus. Auf Nachfragen vom *Esquire* behauptet sie ungeniert, fehlende Artikel seien die Schuld der Post. Einmal legt Alan ein Haar auf ihre Schreibmaschine, um zu testen, ob sie sich überhaupt noch dransetzt. Nach fünf Tagen liegt das Haar noch immer an Ort und Stelle, auch wenn sie steif und fest behauptet, mit ihrem Artikel inzwischen fertig zu sein.[536]

So eng aufeinanderhockend beginnen die Campbells wieder zu streiten – und zu trinken. Jeder Besuch bei ihnen wird zum Tanz auf dem Vulkan. Als hätte man die Zeit zurückgedreht, häufen sich peinliche Szenen, bei denen mal der eine, mal der andere so betrunken ist, dass er ausfällig wird. Bei einem Besuch von Wyatt Cooper und der britischen Schauspielerin Cathleen Nesbitt, der Verlobten des früh verstorbenen englischen Dichters Rupert Brooke, ist Alan so betrunken, dass er das Essen verdirbt, während Dorothy die Liebenswürdigkeit in Person ist. Ein anderes Mal ist sie ein Totalausfall. Nachdem sie wochenlang lamentiert, wie gerne sie Igor Strawinsky kennenlernen möchte, erscheint sie zum Treffen mit dem großen Komponisten sturzbetrunken und ist kaum in der Lage, ein Wort mit Strawinsky zu wechseln. Es spielt sich ein: Einer der beiden ist immer betrunken, einer der beiden schmeißt jedes Fest und einer der beiden fühlt sich stets durch den anderen blamiert. Es ist kaum zu glauben, dass es dennoch gemütliche, friedvolle Abende gibt. Abende, an denen Alan kocht und Dorothy lesend auf dem Sofa liegt, die Asche auf den Boden fallen lässt, weil sie niemals einen Aschenbecher benutzt, und genüsslich vor sich hin trinkt – Stunden der vollkommenen Idylle.

Im Mai 1962 werden drei ihrer Kurzgeschichten fürs Fernsehen verfilmt: »The Lovely Leave«, »A Telephone Call« und »Dusk Before Fireworks«. 32 000 Dollar werden für die Rechte bezahlt. Geld, das ihr im Rahmen der üblichen Honorarvereinbarungen von Viking Press später ausbezahlt wird. Dennoch beschwert sie sich bei einer Zeitung, als die Stücke gesendet werden: »Ich bin so stolz und glücklich, auch wenn ich kein Geld dafür gesehen habe.«[537] Alan schreibt böse Briefe an Viking, beide sind der Ansicht, das Geld hätte direkt an Dorothy überwiesen werden müssen, noch dazu, da diese wieder einmal knapp bei Kasse ist. Ansonsten ist sie allerdings der Meinung: »Ich glaube nicht, dass man meine Geschichten verfilmen kann. Es passiert einfach zu wenig darin.«[538]

Einstweilen bleiben den beiden nur der monatliche Unterstützungsscheck der Arbeitslosenhilfe und die Hoffnung auf weitere Aufträge von Fox. Doch die Verfilmung von »The Good Soup« wird auf Eis gelegt, nachdem die Monroe für zwei weitere Filme bei Fox unterschreibt. Zu dieser Zeit bereits in schwieriger psychischer Verfassung, gestalten sich die Dreharbeiten mit dem Star so schwierig, dass Fox Marilyn Monroe schließlich feuert. Dorothy ist sehr traurig darüber: »Es wäre unheimlich kompliziert geworden mit Marilyn, auch wenn ich ganz verrückt nach ihr bin. Das Studio fängt an, sie mit denselben Augen zu betrachten wie Marat Charlotte Corday, kurz bevor sie ihn umgebracht hat. Aber Marilyn kann nichts dafür. Sie hat einfach Angst. Sie ist mir ziemlich ähnlich, nur viel, viel hübscher!«[539] Im August 1962 stirbt Marilyn Monroe unter niemals ganz geklärten Umständen. »The Good Soup« verschwindet in der Versenkung und wird niemals produziert. Unter künstlerischen Gesichtspunkten ist Dorothy nicht traurig darüber, denn es ist geschehen, was so oft geschieht: Ihr Drehbuch wurde ohne Rücksprache verändert: »Wir sind so angepisst durch das, was das Studio aus unserer wunderbar frivolen Farce für Marilyn Monroe gemacht hat. (…) Irgendein gedungenes Schwein hat alles kaputt gemacht, das Ganze in einen kitschigen Mischmasch verwandelt.«[540] Damit endet ihre Zusammenarbeit mit Fox.

Dafür gibt es gute Nachrichten vom Broadway. Die erfolgreiche Produzentin Haila Stoddard, die auch James Thurber und Harold Pinter an den Broadway bringt, stellt eine Collage aus ihren Geschichten für eine Broadwayshow zusammen, aufgepeppt mit unveröffentlichten Liedern des verstorbenen Vincent Youmans. Als Dorothy das Skript erhält, fällt sie aus allen Wolken. Sie verbietet die Aufführung des Stückes umgehend. Sie ist so empört, dass sie nicht einmal in der Lage ist, selbst zu antworten, sondern Alan in seine Schreibmaschine diktiert, wie sehr sie das Stück hasst. Die Veränderungen, die man an ihren Geschichten vorgenommen habe, verfälschten deren Ausage, sie selbst fühle sich vorgeführt. Nichts, was ihr am Herzen läge, sei von den Produzenten und Autoren erkannt worden. Damit stirbt ihre letzte Hoffnung, ihre Texte auf der Bühne zu sehen.

Den beiden geht langsam das Geld aus. Sie verkaufen Rezensionsexemplare an umliegende Buchläden und steigen von Haig & Haig auf billigen Fusel um. Den Jaguar behalten sie. In dieser angespannten finanziellen Situation erhält Dorothy von der California State University in Los Angeles das Angebot, an der Fakultät für Anglistik zu lehren. Es besteht sogar Aussicht, den vor Kurzem verwaisten Lehrstuhl von Christopher Isherwood zu übernehmen. Zunächst soll sie jedoch für zwei Semester als Gastprofessorin amerikanische und englische Literatur des 20. Jahrhunderts unterrichten. Stolze 20 000 Dollar wird ihr Salär dafür betragen.

Dorothy und Alan sind überglücklich, endlich scheint es aufwärts zu gehen. Und nun kommen auch von anderer Seite lukrative Angebote. Auf eine neue Anthologie mit Kurzgeschichten wird ein Vorschuss von mehreren tausend Dollars ausbezahlt. Für Lesungen kassiert sie jetzt mehrere hundert Dollar pro Abend. Mit ihrem Job als Dozentin kann sie sich endlich aus der leidigen Verpflichtung gegenüber dem *Esquire* lösen. Nach einem für alle Beteiligten quälenden Hin und Her und falschen Versprechungen auf beiden Seiten erscheint im Dezember 1962 ihre letzte Buchrezension. 208 Bücher hat sie in den vergangenen Jahren für das Magazin besprochen. Dabei hat sie Autoren wie Richard Yates und William Golding entdeckt und Jahrhundertromane und Skandalbücher wie Nabokovs *Lolita* besprochen. Manche Heroen ihrer Zeit fanden jedoch keine Gnade vor ihren Augen, zum Beispiel Jack Kerouac: »Auf dem Umschlag von *Bebop, Bars und weißes Pulver* heißt es, dass die Beatjugend glaubt, dass die Frage, ›wie‹ man leben soll, viel schwieriger zu beantworten sei als die Frage ›warum‹. (Ich weiß nicht, was an dieser Erkenntnis so neu sein soll. Wenn mich meine Erinnerung nicht trübt, glauben das alle Generationen.) Allerdings ist das ›Wie‹ der Beatjugend von einer beängstigenden Monotonie.«[541] Auch die in jener Zeit den Markt überschwemmenden Biografien von Hollywoodstars gingen ihr gewaltig auf die Nerven. Über Errol Flynns Autobiografie schrieb sie unter der Überschrift: »Flynn-Flam«: »Weder glaube ich, dass irgendwer so grob sein muss, noch glaube ich auch nur die Hälfte von dem, was in diesem Buch steht.«[542] Und über Zsa Zsa Gábors Werk sagte sie nur: »Für mich ist die ganze Frau ein pures Fantasiegebilde.«[543]

Sie ist heilfroh, dass die Beschäftigung mit derartigen Ergüssen nun für immer hinter ihr liegt, und geht mit großen Erwartungen in ihre Vorlesung an der California State University. Neu eingekleidet, perfekt frisiert und geschminkt taucht sie auf dem Campus auf und findet zu ihrer großen Enttäuschung nichts als 18 000 Studenten und 150 Parkplätze vor.[544] Für die jungen Leute hier ist sie nicht die große Dorothy Parker, die Freundin von Fitzgerald und Hemingway, sondern eine aufgedonnerte ältere Dame, ein Geist aus der Vergangenheit, beschäftigt mit Themen von Vorgestern. Sie ist ein Symbol für die Roaring Twenties, doch das hier sind die 1960er Jahre. Zwar ist ihr Kurs gut besucht, der prominente Name zieht viele Neugierige an, doch die meisten wollen hier einfach nur einen Schein erwerben und nicht tiefer in die amerikanische Literaturgeschichte eintauchen als nötig. Das Niveau des Kurses ist miserabel. Später erzählt sie, dass nur drei ihrer Studenten überhaupt in der Lage gewesen seien, einen vollständigen Satz zu bilden. Die jungen Leute haben keine Ahnung von der Literatur, die sie mit ihnen besprechen will. Sie ist entsetzt über so viel Stupidität und Naivität. Als sie über John Steinbecks *Früchte des Zorns* spricht, erklärt ihr eine Studentin, das Buch sei so obszön, dass ihre Mutter es nicht im Hause haben wolle. Dorothy ist erschüttert. Nur allzu gut kann sie sich noch an die Hasstiraden der politischen Rechten gegen Steinbeck und die stattgefundenen Bücherverbrennungen erinnern. Doch spätestens seit Steinbeck den Literaturnobelpreis erhalten hat, hatte sie geglaubt, dies sei vorrüber. Doch weit gefehlt. Sie kommt nun sogar in die absurde Situation, Theodor Dreiser verteidigen zu müssen, über den sie 1931 in einer Buchkritik geschrieben hatte: »Theodore Dreiser should ought to write nicer«.[545] Für sie sind die Studenten zu limitiert in ihren Interessen und zu vorschnell mit ihren Urteilen.

Das Klima zwischen ihr und den jungen Leuten könnte schlechter nicht sein. Angesichts der offenen Ablehnung ist sie völlig überfordert. Um die Studenten zu gewinnen, geht Dorothy dazu über, gute Noten zu verteilen und keinen durchfallen zu lassen. Damit sie ihnen nicht allzu oft begegnen muss, lässt sie etwa ein Drittel der Stunden ausfallen. Am Ende des Semesters gibt sie der *Los Angeles Times* ein Interview, in dem sie die Dummheit der Studenten beklagt, die im Roman stets ein Happy End wollen – wie im Fernsehen. Auf die Frage, ob man sie denn erkannt hätte, schüttelt sie resigniert den Kopf: »Sie kannten Joyce nicht und hatten kaum etwas von Hemingway, Salinger oder Faulkner gelesen. Wie sollten sie da mich kennen?«[546] Sie seien ungebildet und borniert, einzig und allein an ihrem Collegeabschluss interessiert. Kein einziger von ihnen könnte ein guter Schriftsteller werden. Ihr Lehrauftrag ist eine Erfahrung, über die sie nicht einmal eine Satire schreiben möchte: »Das Ganze ist viel zu traurig.« Zwar gibt sie in dem Interview auch zu, eine schlechte Lehrerin zu sein, aber das macht die Sache kaum besser.[547] Als sie am nächsten Tag im Seminarraum erscheint, ist die Zeitung längst herumgegangen. Viele machen ihrem Ärger lautstark Luft. Am schwarzen Brett hängt eine Liste, in der die Studenten alles aufgelistet haben, was gegen Dorothy Parker spricht. Ganz oben steht ihre Affinität zur Kommunistischen Partei. Damit ist nicht nur der Bruch zwischen Lehrender und Lernenden, sondern auch das offizielle Ende von Dorothys Universitätskarriere besiegelt. War ihre Hoffnung in die Jugend bisher nicht besonders ausgeprägt, so ist sie nun vollkommen dahin. Diese Generation wird die Welt sicher nicht mehr verändern: »Na ja«, sagt sie, »inzwischen sollte ich immun sein – was macht schon eine Enttäuschung mehr oder weniger.«[548]

I am not sick, I am not well.
My quondam dreams are shot to hell.
My soul is crushed, my spirit sore;
I do not like me any more. [549]

X.

Alkohol und Depressionen

oder die ganz und gar nicht ehrwürdige Mrs. Parker

Am 14. Juni 1963 stirbt Alan Campbell mit 59 Jahren in Los Angeles. Das Jahr 1963 ist kein gutes Jahr für ihn gewesen. Ohne Schlaftabletten findet er längst keine Ruhe mehr. Während Dorothy sich über ihre Studenten ärgert, lässt er sich gehen. Seine Tage beginnen mit einer Bloody Mary und enden mit einem Scotch. Zwei Betrunkene in einem Haus, das tut nicht gut. Ihre Streitereien sind bis auf die Straße hinaus zu hören. Alles wie gehabt, möchte man meinen, doch Dorothy entdeckt jetzt eine neue Seite an ihrem Mann. Der einst so sanftmütige Alan wird zunehmend launischer und aggressiver. Er ist unberechenbar, und Dorothy beginnt ihn zu fürchten. Einziger Ausweg aus dieser Ehehölle ist eine räumliche Trennung innerhalb des Hauses. Alan richtet sich einen kleinen Raum ein, der nur über eine Geheimtür hinter der Bücherwand zu betreten ist. Er allein kennt den Mechanismus, der die Türe öffnet. Immer öfter zieht er sich dorthin zurück, Dorothy lässt ihn gewähren, froh, ihm nicht begegnen zu müssen.

Der 14. Juni ist ein Tag wie jeder andere im Hause Campbell. Ein schon am frühen Morgen betrunkener Alan geistert unruhig durchs Haus, ehe er in seinen Jaguar steigt, um die Wäsche aus der Reinigung zu holen. Bei seiner Rückkehr trifft er auf Dorothy, die sich soeben anschickt, das Haus zu verlassen. Müde und ausgebrannt zieht er sich in sein Geheimversteck zurück. Als Dorothy nach Hause kommt, kann sie ihn nirgends finden, auch auf ihre Rufe bekommt sie keine Antwort. Einer Eingebung folgend, versucht sie die Tür hinter dem Bücherregal zu öffnen. Es dauert lange, bis sie den Mechanismus findet. Als die Tür endlich offen ist, ist es zu spät: Alan ist tot. Sie findet ihn, auf dem Bett liegend, in den Fingern hält er eine Zigarette. Um seine Schultern ist kunstvoll die Plastiktüte der Reinigung drapiert. Der Boden ist übersät mit Schlaftabletten. Ein Obduktionsbericht ergibt später, dass Alan an einer Überdosis Schlaftabletten gestorben ist. Ob das Ganze ein Ungücksfall war oder in Tötungsabsicht geschehen ist, lässt der Bericht offen. Seine Freunde glauben an ein Versehen, und auch Dorothy wird nicht müde, dies zu betonen.

Die Familie Campbell beschließt Alan in Richmond zu bestatten. Dorothy erhebt keinen Einspruch. Drei Tage nach seinem Tod lässt sie Alan in dem teuersten Sarg, den sie auftreiben kann, nach Richmond transportieren. Joseph Bryan III. ist als alter Freund einer der Sargträger und bietet Dorothy an, während der Beerdigung in seinem Haus zu wohnen. Doch Dorothy wird an der Beerdigung ihres Mannes nicht teilnehmen. Der Arzt rät dringend davon ab, nach Richmond zu reisen. »Ich wusste nicht genau, was ›unter Schock stehen‹ bedeutete. Aber ich stand definitv unter Schock«, gesteht sie Wyatt Cooper später.[550] Sie wird es nie verwinden, Alan auf seinem letzten Gang nicht begleitet zu haben. In den wenigen Jahren, die ihr noch bleiben, wird sie immer wieder von dem Tag erzählen, an dem sie Alan tot aufgefunden hat. Davon, wie ihr fremde Menschen das Ruder aus der Hand genommen und über den Verbleib der Leiche bestimmt haben. Jetzt aber ist sie zu erstarrt, um sich zu wehren. Sie ist nicht einmal fähig, in Los Angeles einen Gedenkgottesdienst zu initiieren. Stattdessen reagiert sie auf diesen Tod, der sie in ihren Grundfesten erschüttert, gewohnt zynisch. Als eine Nachbarin sie in dem Augenblick, als der Sarg aus dem Haus getragen wird, mitfühlend fragt, ob sie etwas für sie tun könne, bittet Dorothy: »Besorg mir einen neuen Ehemann.« Die Frau ist aufs Höchste empört. Noch nie zuvor habe sie etwas derart Grausames gehört. Daraufhin antwortet Dorothy kühl: »Verzeihung, dann bitte hol mir doch an der Ecke ein Butterbrot mit Schinken und Käse, aber ohne Mayonnaise.«[551]

Sie bleibt allein in Norma Place zurück, mit Pudel Cliche und ihren drei Welpen, die das ganze Haus in Beschlag nehmen. Ihre Trauer betäubt sie mit Alkohol und noch mehr Alkohol: »Vielleicht könnte ich mir mit der Nachttischlampe elegant die Schläfe einschlagen.«[552] Der Tod von Alan lässt sie schlagartig auch äußerlich altern. Den Raum, in dem er gestorben ist, betritt sie nie wieder, ebensowenig die anderen von ihm bewohnten Räume. Sie schafft es nicht einmal, seinen Nachlass zu ordnen. Das übernehmen liebe Freunde, die ihr die bittere Nachricht überbringen, dass Alan außer einer kleinen Versicherung, die er seiner Mutter vererbt, rein gar nichts hinterlassen hat. Dennoch wird sie in der Rückschau auf ihre Ehe beschönigend sagen: »Alan und ich hatten 29 großartige Jahre zusammen.«[553]

Zwei Monate nach Alans Tod wird Dorothy 70 Jahre alt. Ein Anlass für die Nachrichtenagentur Associated Press, ein großes Interview mit ihr zu machen. Während sie Unmengen von Scotch in sich hineinschüttet, erklärt sie Reporter Saul Pett, der überrascht ist, wie jung sie aussieht: »Ich hätte vor langer Zeit beginnen sollen zu lügen. Jetzt ist es zu spät. Ich bin 70 und fühle mich wie 90. Wenn ich nur ein wenig Anstand hätte, wäre ich tot. So wie fast alle meine Freunde.«[554] Längst hat sie Angst, ihr Alter könnte sich wie ihre Telefonnummer anhören. Wenig überraschend kündigt sie ihre Rückkehr nach New York an. Unglaublicher klingen da schon ihre Pläne, eine neue Anthologie mit Kurzgeschichten herauszubringen. Eine Aufgabe, die sie schon in besseren Zeiten überfordert hat. Während des gesamten Interviews herrscht im Zimmer ein heilloses Durcheinander, verursacht von zwei herumtobenden bellenden Hunden, die dafür sorgen, dass man die meiste Zeit über vor lauter Gekläffe sein eigenes Wort nicht versteht, und die von der Hausherrin mit »Kinder, bitte!« vergeblich zur Ruhe ermahnt werden.

Es fällt ihr schwer, allein zurechtzukommen. Das Haus und auch sie selbst verwahrlosen zusehends. Ohne gute Freunde, die trotz ihrer abweisenden Art nach dem Rechten sehen, wäre Dorothy völlig aufgeschmissen. Nur ihnen ist es zu verdanken, dass sich die leeren Hundefutterdosen nicht meterhoch im Flur stapeln und Dorothy hin und wieder eine warme Mahlzeit zu sich nimmt. Man lädt sie zum Essen ein, doch ihr Appetit lässt zu wünschen übrig. Meist sitzt sie schweigsam vor ihrem Teller, stochert im Essen herum. Sie verliert so sehr an Gewicht, dass es beängstigend ist. Es ist nicht zu übersehen: Mrs. Parker wird alt. Und dabei hatte sie schon vor Jahren zu einem Freund gesagt: »Versprich mir, dass ich niemals alt werde.«[555]

Ihre Kräfte lassen nach, sie zieht sich mehr und mehr zurück. Die guten Geister gehen ihr auf die Nerven. Sie will niemanden mehr um sich, der ihr Leben in Ordnung hält. Sie will ihre Ruhe und sich betrinken, wann und wo sie will. All die wohlmeinenden Ratschläge kann sie nicht mehr hören. Dass ihr Gesundheitszustand unter ihrem Lebenswandel leidet, weiß sie selbst. Manchmal sind ihre Beine so geschwollen, dass sie nicht mehr laufen kann. Mehrmals bricht sie mitten auf der Straße kraftlos zusammen. Einmal verletzt sie sich dabei so schwer, dass sie ins Krankenhaus muss. Ihr zunehmender Verfall bestätigt, was sie schon immer wusste: »Menschen sollten entweder jung oder tot sein.«[556] Dass sie weder das eine noch das andere ist, ist in ihren Augen eines der typischen Missgeschicke ihres Lebens als Bastard – nichts Halbes und nichts Ganzes. Wobei, ein Gutes hätte das Alter zumindest: »Es gibt nichts mehr, womit du dich zum Narren machen kannst, du hast die ganze Palette an Möglichkeiten bereits ausgereizt. Und du machst auch keine Fehler mehr, du hast schon alle begangen.«[557]

Im November klagt sie plötzlich über starke Schmerzen in der Schulter. Sie kann den Arm nicht mehr bewegen, sich kaum mehr an- und ausziehen. Einmal muss sie nach einer Dinnerparty in ihren Kleidern schlafen, weil sie den Reißverschluss ihres Kleides nicht öffnen kann. Als Freunde sie schließlich unter Protest zum Arzt schaffen, diagnostiziert dieser einen Schulterbruch. Sie kommt zur Behandlung ins Cedars of Lebanon Krankenhaus. Kaum dort, erhält sie am 22. November 1963 Kunde von der Ermordung John F. Kennedys in Dallas. Eine ganze Nation steht unter Schock, auch Dorothy, die besonders Jackie Kennedy sehr bewundert. Gebannt verfolgt sie die Geschehnisse auf dem Fernsehbildschirm ihres Krankenzimmers. Diesmal fallen ihre üblichen Zynismen aus.

Anfang 1964 kehrt sie Los Angeles endgültig den Rücken. Nachdem nach Alan auch noch Pudel Cliche stirbt, gibt es nichts mehr, das sie hält. Sie veräußert das Haus samt Inventar und verschenkt zwei der Welpen. Nur Hund Troy und ihre Kleider behält sie. Bei der öffentlichen Besichtigung durch potenzielle Käufer sitzt sie ungerührt in ihrem Sessel, während ein Teil ihres Lebens unter den Hammer kommt. Ende März kehrt sie für immer nach New York zurück: »Das ist meine Stadt, meine Heimat, warum bin ich überhaupt weggegangen?«[558]

Sie zieht erneut ins Volney, diesmal nimmt sie ein Apartment im achten Stock, etwas kleiner als das alte und nicht ganz so teuer. Es wäre übertrieben zu sagen, dass sie sich häuslich einrichtet. Sie stellt weder Fotos noch sonstige persönliche Gegenstände auf. Die vielen Bücher, die den Raum zieren, haben keine Vergangenheit. Es sind Rezensionsexemplare, die sie noch immer dutzendfach zugeschickt bekommt. Ihr einziges Erinnerungsstück an das Leben in Los Angeles ist eine 13-köpfige Menagerie, die Napoleon und seine Generäle darstellt. Sie hatte sich schon immer für den kleinen Korsen interessiert und die Gruppe einst in einem Antiquitätenladen in Los Angeles entdeckt. Alan hatte ihr eine spezielle Anlage gebaut, um die Figuren im Wohnzimmer in Norma Place gut auszuleuchten.

Die Rückkehr in die geliebte Stadt tut zwar ihrer Psyche gut, doch ihre schlechte körperliche Verfassung fesselt sie zunächst an ihr Apartment. Die gebrochene Schulter bereitet ihr immer noch Probleme, in den Ellenbogen leidet sie erneut an einer Schleimbeutelentzündung. Mehrmals stürzt sie schwer, erleidet verschiedene Brüche. Dies liegt nicht nur an ihrer Kraftlosigkeit oder gar am Alkohol, sondern vor allem an ihrer schwindenden Sehkraft. Ohne Brille sieht sie fast gar nichts mehr. Sie pendelt jetzt zwischen Volney und Krankenhaus hin und her, was angesichts der Tatsache, dass Mrs. Parker weder über Geld noch über eine Krankenversicherung verfügt, kein Vergnügen ist. Bea Ames erweist sich erneut als rettender Engel und bittet alte Freunde, die Krankenhausrechnungen zu bezahlen. Als Dorothy davon erfährt, wird sie fuchsteufelswild: »Muss die Person sich denn in alles einmischen?! Sie hat halb New York angerufen, um mich zu einer um milde Gaben bittenden Bettlerin zu machen.«[559] Lillian Hellman veräußert, nach einem Anruf von Bea Ames, nach dem Utrillo nun auch noch den Picasso, den Dorothy ihr einst geschenkt hat. Den Scheck über 10 000 Dollar, den sie Dorothy dafür gibt, wird sie nach deren Tod in einer Schublade finden.

Selbst in dieser schweren Phase ihres Lebens verliert Dorothy Parker jedoch nie ihren Humor. Vorausschauend in eine nicht allzu ferne Zukunft macht sie sich Gedanken darüber, was passieren wird, wenn sie zufällig im Volney und nicht im Krankenhaus sterben sollte. Der Hotellift ist für einen Sarg viel zu klein, und sie will unter keinen Umständen im Lastenaufzug mit der schmutzigen Wäsche nach unten fahren. Deshalb plädiert sie dafür, für die Gäste des Volney, die ja alle in einem bedenklichen Alter seien, eine Verbindungsrutsche zu Frank Campbells berühmtem Beerdigungsinstitut, das nur ein paar Blocks entfernt ist, zu schaffen: »Das Ganze würde nur eine Minute dauern, und wir würden in einwandfreiem Zustand dort ankommen.«[560]

Sooft es ihr Gesundheitszustand erlaubt, empfängt sie Reporter und kündigt neue Stücke, neue Kurzgeschichten, neue Buchrezensionen an. Mit Hinweis auf ihren Gesundheitszustand allerdings erst später. Jetzt, da sie das Hotel nur mehr selten verlassen kann, fehlt ihr die gewohnte Aufmerksamkeit. Diesem neuen Leben einen Sinn zu geben, fällt ihr schwer. Bei den wenigen Freunden, die sie besuchen kommen, erregt sie Mitleid: »Es waren einsame Jahre, abgeschnitten von einem Leben bestehend aus funkelndem Witz und gefloppten Theaterstücken, Liebesgeschichten und sexuellen Debakeln, Hollywoods Reichtum und New Yorks Armut, literarischen Höchstleistungen und Schreibblockaden. Sie besaß eine einzigartige Wärme, und ich fühlte mich immer besser, wenn ich sie gesehen hatte, auch wenn die Dinge gerade schlecht für sie liefen. Selbst unter den schwierigsten Umständen blieb sie liebenswürdig und elegant, und sie gab niemals irgendjemandem die Schuld an ihrer Misere. Ich wünschte nur, sie wäre glücklicher gewesen. Sie hätte es verdient«, schreibt Bestsellerautor A. E. Hotchner über ihre letzten Jahre.[561] Da sie sich aufgrund ihrer Schulterprobleme nicht einmal mehr selber waschen kann, stellt sie eine Pflegerin ein. Obwohl die arme Frau alles Erdenkliche tut, um Dorothy zufriedenzustellen, wird diese nicht müde, sich über ihre Pflegerin zu beschweren. Dorothy Parker ist eine schwierige alte Dame geworden, der man nur selten etwas recht machen kann.

Im Oktober 1964 stirbt Gerald Murphy. Dies ist einer der wenigen Augenblicke, in denen selbst die wortgewaltige Dorothy um Worte ringt. Einer, der sie ihr ganzes Leben lang begleitet hat, ist nicht mehr. Das Beileidstelegramm, das sie Sara Murphy sendet, besteht aus nur vier Worten: »Liebste Sara, liebste Sara.«[562] Nach dem Tod ihres Mannes zieht Sara Murphy mit einer Pflegerin ebenfalls ins Volney, sodass sich die alten Freundinnen von nun an wieder öfter begegnen.

Einen Monat später veröffentlicht Dorothy ihren letzten größeren Zeitungsartikel. Es ist ein Begleittext zu Bildern des Malers John Koch über New York City und seine Bewohner. »New York 6:30 p.m.« erscheint im *Esquire*. Zum letzten Mal blitzt ihr unvergleichlicher Witz auf: »Wenn ich über Kunst schreiben soll, kommt in mir dieses tiefe Gefühl absoluter Peinlichkeit hoch, das ich vor langer, langer Zeit verstecken konnte hinter: ›Sie hat mal wieder ihre Tage, Ma'am – schreit und spuckt und was weiß ich noch alles.‹ Das war so leicht, doch unglücklicherweise sind wir solchen Kindereien längst entwachsen, und alles, was jemandem wie mir bleibt, ist ein Schweigen, und das ist nicht mal ein goldenes. Das passiert jedes Mal, wenn das Gespräch auf Kunst kommt. Ich sage dann: ›Ich verstehe natürlich nichts von der Malerei, aber‹ – und dann weiß ich nicht weiter. Tiefer kann man nicht sinken. Obwohl, klar kann man das. Denn hier sitze ich und plappere über einen amerikanischen Künstler und seine Arbeit, als ob – Gott ist mein Zeuge – ich wüsste, wovon ich spreche.«[563]

Welche Anstrengung der Text für sie bedeutet, gibt sie nur engen Freunden gegenüber zu. Zu denen gehört neben Sara Murphy und Bea Ames in diesen letzten Jahren immer noch Lillian Hellman, die sie in einem Lebensalter, da die meisten ihrer Freunde tot sind, immer mit denselben Worten begrüßt: »O Lilly. Komm herein – ich möchte mal wieder lachen.«[564] Das Verhältnis der beiden hat sich verändert. Hellman ist eine berühmte, gut verdienende Autorin geworden, die längst nicht mehr in Dorothys Schatten steht. Sie kümmert sich um Dorothy, auch wenn es ihr nicht leicht fällt und sie mehr als einmal vor der Situation, eine Alkoholikerin um sich zu haben, davonläuft: »Dotties Trinkerei machte sie stumpf und träge, sie fing an, sich zu wiederholen, und das stimmte mich traurig.«[565] Sie beginnt sich vor Treffen mit Dorothy zu drücken, kommt ihren Pflichten als gute Freundin nicht mehr so nach, wie sie es eigentlich sollte. Wenn sie da ist, gibt es eine Abmachung zwischen Dorothy und der durch Dashiell Hammetts Alkoholismus traumatisierten Lillian Hellman: Nur ein Drink pro Abend. Es ist der gut gemeinte Versuch, Dorothy vor sich selbst zu schützen. Doch für die ist ein Drink eben kein Drink.

Alte Freunde sieht sie nur mehr selten. Sie ist misstrauisch geworden, die politische Verfolgung hat bei allen Spuren hinterlassen. Diejenigen, die unter ihr gelitten haben, sind enger zusammengerückt, so wie Dorothy und Zero und Kate Mostel. Andere, die nur Zaungäste waren, können in diesen inneren Kreis nicht mehr vordringen. Das gemeinsame Schicksal schweißt zusammen und isoliert zugleich. Dorothy wird immer menschenscheuer, meldet sich kaum mehr. Einladungen schlägt sie aus, ihre raren Briefe werden noch seltener. Begegnet sie alten Bekannten auf der Straße, starrt sie angestrengt in die Auslagen der Kaufhäuser, um nicht reden zu müssen. Manchen scheint ihr Verhalten verrückt, viele wenden sich ab. Denjenigen, die sich nicht abwenden, macht sie es nicht leicht. Joseph Bryan III. wird bei einem seiner Besuche im Volney von ihr als »Judenhasser, Faschist und Hurensohn« beschimpft. Ein anderer Freund findet sie bei einem Besuch in ihrem Sessel sitzend vor, umgeben von leeren Flaschen und fluchend: »Du jüdischer Faschist, hau ab!«[566] Lillian Hellman spricht aus, was viele andere denken: »Ich fand, dass Dottie, als sie älter, als sie alt wurde, viel von ihrer Beweglichkeit verlor, starr wurde und dass sich ihre exzentrischen Einfälle, die einst so bezaubernd waren, mit einem gewissen Bedürfnis nach Sicherheit oder Ruhe nicht vereinbaren ließen.«[567]

Dorothy selbst ist der Ansicht, dass es in ihrem ganzen Leben nichts gab, was sie wirklich genossen hätte, außer: »Blumen, Pommes und sich richtig auszuheulen.«[568] Ihrem alten Freund Wyatt Cooper, der im Dezember 1963 die Millionenerbin Gloria Vanderbilt geheiratet hat, gesteht sie traurig: »Ich sollte tot sein, alle, die mir was bedeuteten, sind es schon.«[569] Und tatsächlich hat Dorothy ihre Familie und fast alle ihre Freunde überlebt. Ihre Geschwister sind lange tot. Scott und Zelda Fitzgerald, Nathanael West und seine Frau waren in der Blüte ihrer Jahre gestorben, alle weit unter 50. Hemingway hatte sich ebenso wie ihre unglückliche Liebe John Garrett erschossen, und ihre beiden Ehemänner waren jeweils vor der Zeit an einer Überdosis Schlaftabletten verstorben. Alexander Woollcott und Robert Benchley waren nur 56 Jahre alt geworden. Als Ring Lardner 48-jährig an einem Herzinfarkt verstorben war, waren seine Hände so zittrig gewesen, dass sie nicht einmal mehr ein Streichholz halten konnten. Ruth Hale und Heywood Broun waren lange tot, mit 47 und 51 Jahren gestorben. Harold Ross starb 1951 während einer Tumoroperation, Robert Sherwood vier Jahre später an einem Herzanfall. Der Vater ihres ungeborenen Kindes Charles MacArthur war 1956 mit 60 Jahren an einer inneren Blutung gestorben, und F. P. A., der 1960 starb, hatte seine letzten Lebensjahre in einem Sanatorium verbracht, das er nur bezahlen konnte, weil er bis zuletzt auf der Gehaltsliste des *New Yorker* geführt worden war. Einst waren sie die berühmtesten Menschen der Vereinigten Staaten gewesen. Doch nicht zuletzt der Alkohol hatte ihr Leben zerstört. Am Ende ihres Lebens waren die Mitglieder des Round Table nicht mehr amüsant, sondern nur noch tragisch gewesen.

Im Frühjahr 1965 geht es Dorothy gesundheitlich wieder besser. Umgehend kündigt sie ihrer Pflegerin und gibt voller Freude darüber, noch nicht vergessen zu sein, Gloria Steinem, einer Gallionsfigur des amerikanischen Feminismus, ein langes Interview für das *New York Journal*.

Zum ersten Mal seit ihrer Rückkehr nach New York geht sie wieder unter Leute. Einer ihrer ersten Ausflüge führt sie nach über 20 Jahren wieder ins Algonquin. Seit der Beerdigung Alexander Woollcotts hatte sie es vermieden, dem Hotel nahe zu kommen. Als man sie in einem Sessel sitzend in der Lobby entdeckt, kommt der neue Manager Andrew Anspach höchstpersönlich auf sie zu, um sie zu begrüßen. Dass sie sich mit Freunden ausgerechnet im Algonquin trifft, ist überraschend, denn zuletzt hatte sie konsequent mit dem Round Table gebrochen: »Wir waren solche Klugscheißer (…), lauter kleine Egoisten, und als wir schließlich zu uns kamen und rausgingen, war es für uns eine ziemliche Überraschung, dort eine Welt voller Menschen vorzufinden: ›Wie lange‹, sagten wir zu uns selbst, ›geht das schon so? Und warum hat uns niemand davon erzählt?‹ (…) Ich glaube, unser Problem war, dass wir einfach nicht erwachsen werden wollten.«[570] In den letzten Jahren hatte sie kein gutes Haar an ihren alten Freunden gelassen: »Die Leute verklären das. (…) Das waren keine Giganten. Denken Sie dran, wer in diesen Tagen alles geschrieben hat – Lardner, Fitzgerald, Faulkner und Hemingway. Das waren die wahren Giganten. Der Round Table, das waren nur ein paar Leute, die Witze erzählten und einander bestätigten, wie gut sie sind. Ein Haufen protzender Großmäuler, die sich tagelang Gags überlegt haben, nur um sie im geeigneten Moment zum Besten zu geben. (…) In dem, was sie sagten, lag nicht ein Funken Wahrhaftigkeit. Es waren diese fürchterlichen Tage der geistreichen Bemerkungen, da legte man keinen Wert auf Wahrhaftigkeit. Nichts davon ist es wert, sich daran zu erinnern. Gar nichts.«[571] Gloria Steinem hatte sie nur unter einer Bedingung das Interview bewilligt: »Keine Fragen zu diesem verdammten Algonquin. Ich hab die Schnauze voll vom Algonquin.«[572]

Zu ihrem 72. Geburtstag geben Laura und Sid Perelman in ihrem New Yorker Stadthaus eine große Feier für Dorothy. Viele Freunde sind da, doch Dorothy hat keinen rechten Spaß. Der Arzt hat ihr strikt untersagt, Alkohol zu trinken. Eine Party ohne Alkohol, wie soll das gehen? Sie fühlt sich sichtlich unwohl. Dennoch hält sie sich zurück. Seltsamerweise glaubt sie gegen Ende ihres Lebens das, wovor Ärzte sie ein Leben lang gewarnt haben: dass so viel Alkohol schädlich sei. Jetzt, mit 72, versucht sie tatsächlich, sich zu disziplinieren – meistens jedenfalls. Denn es gibt auch Abende, an denen sie es einfach nicht mehr aushält und sich in irgendeine Bar flüchtet. Mehr als einer dieser Abende endet im Krankenhaus. So auch der Weihnachtstag 1965, den sie mit ihrem Freund Parker Ladd verbringt. Ladd glaubt, sie vom Trinken abhalten zu können, indem er ihr hilft, die Flasche zu leeren. Einen nach dem anderen gießt er sich ein und kippt den Inhalt unbemerkt in eine Topfpflanze. Er ist heilfroh, als die Flasche endlich leer ist. Doch er hat nicht mit Dorothy gerechnet. Nach kurzer Suche wird sie im Schuhregal fündig und fördert eine neue Flasche zutage.[573] Als ihr Arzt sie daraufhin eindringlich davor warnt, in diesem Tempo weiterzutrinken, da sie sonst innerhalb eines Monats tot sei, antwortet sie verächtlich: »Alles leere Versprechungen.«[574]

Eine der seltenen Gelegenheiten, bei denen sie noch an gesellschaftlichen Ereignissen teilnimmt, ist ein Konzert von Libby Holman in der UNO. Sie begleitet Wyatt Cooper und Gloria Vanderbilt, allerdings nur, weil diese ihr versichert haben, dass sie Jackie Kennedy kennenlernen wird. Leider erscheint die Präsidentenwitwe nicht, lässt Dorothy jedoch über die Coopers herzlich grüßen. Sie ist bitter enttäuscht und beschuldigt das Ehepaar, sie unter Vorspiegelung falscher Tatsachen aus dem Haus gelockt zu haben. Dass sie sich in Wahrheit großartig amüsiert, vermag man kaum glauben, wenn man das Foto sieht, das an diesem Abend entsteht und auf dem eine düster dreinblickende Dorothy neben einer strahlenden Gloria Vanderbilt steht.[575]

Noch im selben Jahr sendet der New Yorker Radiosender WBAI ein Hörfunkinterview mit ihr. Richard Lamparski befragt sie für seine Serie über Stars der Vergangenheit und ihr Leben heute. Um ihren Argwohn zu zerstreuen, führt Lamparski Dorothy zuerst ins Museum und ins Theater aus und schafft es schließlich tatsächlich, sie für sein Interview zu gewinnen.

Kurze Zeit später erscheint ihr letzter Buchbeitrag. Der Fotograf Roddy McDowall bittet sie darum, für einen Bildband zwei Fotos des amerikanischen Komponisten Oscar Levant zu kommentieren. Dorothy schätzt Oscar Levant sehr, und auch, wenn ihre Kräfte täglich weniger werden, kommt sie diesem Ansinnen nach, vielleicht auch deshalb, weil sie Ähnlichkeiten zwischen ihrer beider Leben ausmachen kann: »All die Jahre war das Image von Oscar Levant das eines eingebildeten jungen Juden, der sich ein luxuriöses Leben leisten kann, weil er gemeine Sachen über seine besten Freunde sagt und ab und zu, wenn er gerade Lust hat, eine Minute auf dem Klavier spielt.«[576] Eine Zuneigung und Achtung, die auf Gegenseitigkeit beruht. In seinen Memoiren wird Oscar Levant schreiben: »Dorothy Parker war ein Original (...). Sie war eine kleine Frau, zerbrechlich und hilflos, mit einem eisernen Willen. Sie liebte Hunde, kleine Kinder, Präsident Kennedy und ganz viel Alkohol. Sogar ihre Feinde waren nett zu ihr, sie brachte in allen Menschen das Mütterliche zum Vorschein. Wenn sie am grausamsten war, war ihre Stimme am sanftesten – sie war die untreue Nymphe.«[577]

Auch wenn sie jetzt wieder in New York lebt, sie ist nicht mehr Teil der New Yorker Szene. Dies bekommt sie schmerzlich zu spüren, als sie 1966 keine Einladung zu Truman Capotes Jahrhundertparty ins Plaza erhält. Capote hat gerade seinen Bestseller *Kaltblütig* veröffentlicht und feiert dies am 28. Novmber 1966 mit dem legendären Black-&-White-Ball, zu dem er die 500 berühmtesten Persönlichkeiten der USA einlädt. Dorothy ist nicht darunter und unheimlich gekränkt. Von Tallulah Bankhead darauf angesprochen, gibt Capote zu, dass er schlichtweg vergessen hat, Dorothy auf die Gästeliste zu setzen. Nun sei es ihm zu peinlich, sie nachträglich einzuladen. Liest man allerdings seine Schilderungen über Dorothys letzte Jahre in seinem Skandalbuch *Erhörte Gebete*, stellt sich durchaus die Frage, ob er nicht einfach vermieden hat, sie einzuladen: »Dottie ist inzwischen eine solche Trinkerin, dass du nie weißt, wann sie mit dem Gesicht in der Suppe landet.«[578]

Dass Dorothy sich so selten in der Öffentlichkeit zeigt, hat auch mit ihrer angespannten finanziellen Lage zu tun. Die Tantiemen aus ihren Schriften erlauben ihr nur ein äußerst bescheidenes Leben. Neue Kleider und teure Restaurantbesuche sind nicht mehr drin – sparen ist angesagt. Dass ihre Agentin alles tut, um ihre Einnahmen zu vergrößern, kümmert Dorothy nicht. Briefe bleiben unbeantwortet liegen, Telefonanrufe werden nicht mehr entgegengenommen. Es wird zusehends schwieriger, mit ihr ins Gespräch zu kommen. Mrs. Parker verweigert sich beruflich und privat. Joseph Bryan III. versucht immer wieder sie einzuladen, doch sie findet stets eine neue Ausrede, warum sie nicht kommen kann. Nachdem er ein Dutzend Mal »Ach, wenn du nur fünf Minuten früher angerufen hättest«, gehört hat, akzeptiert er ihren Wunsch, allein zu sein, und belästigt sie nicht weiter.[579] Sie sitzt die meiste Zeit zu Hause und blättert in der Zeitung – am liebsten in der Yellow Press. Noch immer bereitet es ihr ein diebisches Vergnügen, sich über die Schönen und Reichen lustig zu machen. Ganz selten hält sie noch Lesungen ab, an Universitäten, für Frauenvereine, den YMCA. Viel Vergnügen macht es ihr nicht, aber es bringt ein wenig Geld. Genauso wie die Aufnahme von zwei Schallplatten mit Gedichten und Kurzgeschichten für Spoken Arts und Verve Records. Und wenn alle Stricke reißen, pumpt sie so wie früher Viking Press an, was ihr allerdings seit Harold Guinzburgs Tod wesentlich schwerer fällt.

In ihren letzten Jahren wird die technikfeindliche Dorothy eine begeisterte Fernsehzuschauerin. In New York schafft sie sich zum ersten Mal einen Fernsehapparat an, und dieser läuft, wie in vielen amerikanischen Haushalten, Tag und Nacht. Zu ihren Lieblingssendungen gehören die Comedyshow »That Was The Week That Was« und jede Art von Seifenoper. Freunde, die sie zum Tee besuchen, gewöhnen sich daran, gemeinsam mit ihr das Schicksal ihrer Fernsehheldinnen und -helden zu verfolgen. Für eine vom Leben müde Dorothy, deren eigenes Leben einem Dutzend Seifenopern entsprochen hat, ist dies genau die richtige Art, durch den Tag zu kommen: als Zuschauerin und nicht länger als Hauptperson.

Anfang 1967 eröffnet sich noch einmal die Möglichkeit, an den Broadway zu gehen. Die bekannte Produzentin Marcella Cisney stellt eine Show aus Gedichten, Kurzgeschichten und Texten zusammen: »The Dorothy Parker Portfolio«. Unterlegt werden soll das Ganze mit Musik von Cole Porter. Etwas Ähnliches hatte Cisney bereits mit den Gedichten und Briefen von Robert Frost getan und damit einen Broadwayhit gelandet. Als Dorothy das Skript zum ersten Mal in Händen hält, ist sie sehr angetan, genauso wie von den 1000 Dollar Vorschuss, die sie gut brauchen kann. Soeben musste sie aus Geldmangel innerhalb des Volney in ein kleineres Apartment im sechsten Stock ziehen. Hier gefällt es ihr nicht, und sie plant bereits ihren Rückzug in den achten Stock.

In einem schwachen Moment gestattet sie Wyatt Cooper, ihre Lebensgeschichte aufzuschreiben, und das, obwohl sie sich stets so vehement dagegen gewehrt hatte. Sie spricht ihm auf Band, doch das Projekt kommt über drei Sitzungen nicht hinaus. Dorothy erzählt derartige Schauermärchen über ihre Vergangenheit, dass Cooper sich weigert weiterzumachen. Er glaubt nicht ein Wort von den Horrorgeschichten, die sie über Familie und Freunde erzählt. Dorothy macht sich einen Spaß daraus, am Ende ihres Lebens mit allen abzurechnen und sich in ihrer Autobiografie zum Opfer zu stilisieren. Das Projekt platzt, doch nach ihrem Tod veröffentlicht Cooper im *Esquire* einen Artikel über Mrs. Parkers letzte Jahre.

Ihrer Freundschaft tut das Ganze keinen Abbruch. Im März 1967 geben Wyatt Cooper und Gloria Vanderbilt eine große Party für Dorothy. Es ist die Entschädigung für eine Einladung, der Dorothy nicht Folge leisten konnte, weil ein heftiger Schneesturm New York lahmgelegt hatte. Ihre Enttäuschung ist so groß gewesen, dass das Paar nun ihr zu Ehren eine Einladung gibt und dazu alle Leute geladen hat, die Dorothy dabei haben will. Interessanterweise steht keiner ihrer Freunde auf der Gästeliste, sondern ausschließlich New Yorker High Society. Dorothy freut sich sehr auf das Fest, doch ein paar Tage vorher sagt sie telefonisch ab, mit der Begründung, sie hätte nichts anzuziehen. Ein Blick in den Kleiderschrank hat ihr gezeigt, dass ihre Sachen abgetragen und schäbig sind, kaum geeignet für ein Fest mit den oberen Zehntausend. Nichts erinnert mehr an die schicke Mrs. Parker, die einst Manhattan unsicher gemacht hat.

Gloria Vanderbilt handelt umgehend. Kurz nach dem Anruf gibt ein Bote im Volney ein großes Paket ab. Darin enthalten ist ein langer Kaftan aus goldenem Brokat, verziert mit winzigen Perlen. Dorothy ist das Kleid viel zu groß, dennoch entschließt sie sich, es zu tragen. Sie lässt es auch nicht kürzen, findet sie doch, sie sieht darin aus wie eine chinesische Kaiserin. Gemeinsam mit Sara Murphy und deren Pflegerin ersteht sie im New Yorker Nobelkaufhaus Saks die passenden Schuhe und eine Handtasche. Sara ist von ihrem Einkaufsbummel so begeistert, dass sie Dorothy auf dem Heimweg auf eine Tasse Tee zu Schrafft's einlädt. Was sie wohl gesagt hätte, hätte sie gewusst, was Dorothy später ihren Gastgebern über diesen Nachmittag erzählt: »Mr. Cooper, versprechen Sie mir, dass Sie niemals mit Sara Murphy und dieser Pflegerin zu Saks gehen, um goldene Pumps und eine goldene Handtasche zu kaufen. Und versprechen Sie mir außerdem, wenn Sie schon mit Sara Murphy und dieser Pflegerin zu Saks gehen, um goldene Pumps und eine goldene Handtasche zu kaufen, dann gehen Sie auf keinen Fall hinterher zu Schrafft's zum Tee.«[580] Da ist sie wieder, das alte Lästermaul, das an nichts und niemandem ein gutes Haar lassen kann. Dabei liebt sie Sara Murphy tatsächlich heiß und innig. Eine seltene Ehre, die in diesen letzten Jahren nur noch Gloria Vanderbilt zuteil wird. Obwohl Dorothy reiche Menschen verachtet und in dieser

Hinsicht bislang nur für die Murphys eine Ausnahme gemacht hat, werden sie und Gloria Vanderbilt aufrichtige Freunde: »Gloria vernahm aus ihrem Mund niemals ein unfreundliches Wort. Dottie war in Gegenwart meiner Frau immer manierlich: niemandem gegenüber boshaft und mitfühlend gegenüber jedermann«, schreibt Wyatt Cooper.[581]

Am Tag des großen Ereignisses ist Dorothy aufgekratzt wie selten zuvor. In Begleitung von Gloria Steinem und Comedy-Autor Herb Sargent trifft sie auf dem Fest ein. Als sie sich umblickt, weiß sie, dass sie recht getan hat, sich so herauszuputzen. Alle Gäste sind in Abendgarderobe, die Juwelen der Damen funkeln mit dem Silber auf den Tischen um die Wette. Im Raum sind Hunderte von Kerzen aufgestellt. Es ist ein traumhaftes Ambiente und Dorothy Parker, wie Wyatt Cooper erzählt, ein letztes Mal die Königin von New York: »Als sie den Raum betrat, zitterte sie, aber sie sah phantastisch aus. (…) Eine zerbrechliche, vornehme Gestalt, aber mit spürbarer Energie. Eine Lady, die Anmut und Bescheidenheit ausstrahlte und sich dennoch ihrer Bedeutung wohl bewusst war. Sie glich einer großen Schauspielerin, die lange nicht mehr aufgetreten war und trotzdem wusste, dass ihr Publikum sehnlichst auf ihren nächsten Auftritt wartete, den sie zu einem Triumph machen würde. Ich sah, wie Mrs. Paley nach dem Arm ihres Mannes griff: ›Bill‹, sagte sie leise mit Ehrfurcht in der Stimme: ›Weißt du überhaupt, wer das ist?‹«[582] Dorothy nimmt zwischen Wyatt Cooper und Louis Auchincloss Platz. Leider macht der Lärm am Tisch es nahezu unmöglich, sich mit Dorothy, deren Stimme noch immer sanft und leise ist, zu unterhalten. Dennoch genießt sie ihren Auftritt inmitten der New Yorker Upper Class und benimmt sich vorbildlich. Nur einmal kommt ganz kurz die alte zynische Dorothy durch. Als einer der Anwesenden bemerkt, dass teurer Wein aus teuren Gläsern einfach besser schmecken würde, entwischt ihr ein: »Absolut richtig, Pappbecher würden's hier nicht tun.«[583] Wyatt Cooper bekommt daraufhin einen Hustenanfall. Es ist ihr letzter Auftritt auf dem Jahrmarkt der Eitelkeiten.

Drei Monate später, am 7. Juni 1967, stirbt Dorothy Parker in ihrem New Yorker Hotelzimmer überraschend an einem Herzanfall. Den Abend zuvor verbringt sie bei Bea Ames. Sie trinken Wodka, lachen und plaudern. Später setzt Bea Ames eine ziemlich betrunkene Dorothy ins Taxi und schickt sie zurück ins Volney – nachdem sie die Fahrt im Voraus bezahlt. Eine halbe Stunde später erreicht sie aus dem

Volney Dorothys letzter Anruf: »Meine bes Freunin! Immer su mir häl! Einssige Feundin! Guu Nach!«[584] Am nächsten Tag informiert sie der Concierge von Dorothys Tod. Dorothy Parker stirbt allein. Bei ihr sind nur Hund C'est Tout (Das ist alles) und Napoleon und seine Generäle. Das Zimmermädchen findet sie Stunden später. Sie stirbt an einem sonnigen, warmen Mittwochnachmittag. Gewünscht hatte sie sich immer eine Regennacht, so wie beim Tod ihrer Mutter: »Oh, let it be a night of lyric rain | And singing breezes, when my bell is tolled. | I have so loved the rain I would hold | Last in my ears its friendly, dim refrain. (…)«[585]

Bea Ames bittet den Concierge darum, den Hund aus dem Zimmer zu entfernen, damit ihn die Polizei nicht mitnimmt. Dann eilt sie die sechs Blöcke hinauf ins Volney. Dort ist inzwischen die Polizei eingetroffen, kurz darauf erscheint auch Lillian Hellman. Während Bea Ames den Hund mitnimmt, informiert Lillian Hellman die Zeitungen. Am nächsten Morgen gehört Dorothy die Titelseite der *New York Times:* »Dorothy Parker, die sarkastische Humoristin, deren Witz sich in Gesprächen, Kurzgeschichten, Versen und Kritiken zeigte, starb gestern im Volney Hotel 23 East, 74 Straße an einem Herzanfall. Sie war 73 Jahre alt und in den letzten Jahren gesundheitlich schwer angeschlagen.«[586]

Hellman trifft alle Vorbereitungen für die Beerdigung und sorgt dafür, dass Dorothy Frank Campbells Bestattungsinstitut auch ohne Rutschbahn erreicht. In ihren letzten Stunden auf Erden ist sie wieder ganz nahe bei den amerikanischen Superstars, denn Frank Campbell hatte bereits Judy Garland, Joan Crawford und John F. Kennedy Jr. bestattet. Dorothy wird in ihrem goldenen Kaftan von Gloria Vanderbilt in den Sarg gelegt. Kate Mostel und George Oppenheimer halten die Totenwache. Am Freitagmorgen findet eine kleine Zeremonie statt. Entgegen Dorothys ausdrücklichem Willen kommen 150 Freunde, um sich von ihr zu verabschieden. Die Tochter von Zero Mostel spielt auf der Geige Bachs »Air« aus der Orchestersuite Nr. 3 D-Dur, Lillian Hellman und Zero Mostel halten die Trauerreden. Während Mostel darauf hinweist, dass dies alles Dorothy vermutlich nicht gefallen würde: »Wenn sie noch selbst entscheiden könnte, wäre sie wahrscheinlich heute nicht hier«[587], erklärt Lillian Hellman in ihrer Trauerrede: »Sie gehörte nichts und niemandem, nur sich selbst; diese Unabhängigkeit von Geist und Seele unterschied sie von allen anderen,

und sie bewahrte sie sich bis zuletzt. (…) Sie sprach nie von den glor-
reichen Zeiten, jammerte nicht über alte Niederlagen und lebte nicht
in der Vergangenheit. Sie ertrug tapfer jeden Verlust, die Hetze, der sie
während der McCarthy-Ära ausgesetzt war, und die Einsamkeit der
letzten wirklich schlechten Jahre. Ihre herausragende Eigenschaft war
ihr Witz, der an keinen Ort und keine Zeit gebunden war.«[588]

Am 9. Juni 1967 wird Dorothy Parkers Leiche im Ferncliff Krematorium in Hartsdale, New York, verbrannt. Danach beginnt eine Posse,
die sie selbst wohl am meisten amüsiert hätte. Niemand wird je auftauchen, um die Urne mit der Asche abzuholen. Lillian Hellman, von
Dorothy offiziell als Nachlassverwalterin eingesetzt, hat urplötzlich
kein Interesse mehr daran, als sie erfährt, dass Dorothy ihr Vermögen
und die Rechte an ihren Werken nicht ihr, sondern Martin Luther
King und der National Association for the Advancement of Colored
People NAACP hinterlassen hat. Schon vor Jahren hatte Dorothy
ihren Anwalt Oscar Bernstien, berühmt für seinen Einsatz in der Bür-
gerrechtsbewegung, damit beauftragt, ein Testament zu verfassen. Viel
ist es nicht, was sie zu vermachen hat. Der Großteil ihres Vermögens
ist ihr zwischen den Fingern zerronnen. Außer einigen privaten Dingen ist es vor allem das Geld aus dem Verkauf von Norma Place, ein
paar Anteile am *New Yorker,* zwei Sparbücher und – die Rechte an
ihren Texten. Dies alles vermacht sie dem großen Mann der Bürger-
rechtsbewegung und seiner Sache. So wenig Hoffnung sie in die weiße
Jugend der Mittelschicht hat, so groß ist ihre Hoffnung in das
schwarze Amerika. Die Überwindung der herrschenden Rassendiskriminierung war ihr ein stetes Anliegen, und mit ihrem letzten Willen
unterstützt sie nicht nur diese Sache, sondern setzt ein deutliches
politisches Signal. Als Martin Luther King davon erfährt, ist er tief
bewegt, die beiden sind sich nie begegnet. Als Dr. King ein Jahr später
in Memphis erschossen wird, gehen die Rechte an ihren Texten auf
die NAACP über, ganz so, wie Dorothy dies noch zu Lebzeiten bestimmt hatte. Bis heute erhält die NAACP Tantiemen aus den Texten
von Dorothy Parker.

Neben ihrem literarischen Nachlass hinterlässt Dorothy Parker
exakt 20 448,39 Dollar. Lillian Hellman findet beim Auflösen der
Wohnung in einer Schreibtischschublade vier nichteingelöste, sieben
Jahre alte Schecks. Ein Witz, eingedenk der Tatsache, dass Dorothy
sich stets über ihre finanzielle Lage beklagte. Hellman schreibt darüber:

»Dottie hatte sich – auch in ihren besten Zeiten – an die Vorstellung geklammert, dass sie arm sei. Oft war sie es wirklich, weil sie großzügig gegen sich und andere war, aber häufiger noch war der Grund dafür, dass sie auf einer Welt bestand, in der ein Künstler der ausgemachte Außenseiter war, der Bürgerschreck und Rebell, der Kaviar von seltenem Porzellan aß und nur die Achseln darüber zuckte, wenn ein anderer ihn zahlte. Ich hatte es schon lange aufgegeben, ihre wahre Armut von der vorgetäuschten zu unterscheiden.«[589] Was Dorothy Parker an persönlichen Unterlagen hinterließ, wurde nie bekannt. Lillian Hellman ließ nie ein Wort darüber verlauten, was sie vorgefunden hatte. Als sie 1984 starb, fand man in ihrem Nachlass keine Papiere von Dorothy Parker.

Die Freundschaft der beiden Frauen zerbricht über dem Testament. Zunächst übernimmt Lillian Hellman alle Angelegenheiten, die mit Schriften von und über Dorothy Parker zu tun haben. Dies tut sie in einer sehr restriktiven Weise. So lehnt sie unter anderem das bereits laufende Projekt des Dorothy-Parker-Portfolios so lange ab, bis die verantwortlichen Produzenten von sich aus einen Rückzieher machen. Konsequent verweigert sie die Zusammenarbeit mit allen, die über Dorothy Parker schreiben wollen. 1972 geht die Verantwortung für den Nachlass, trotz Hellmans Protest, auf die NAACP über. Da die Organisation als Alleinerbe des literarischen Nachlasses feststeht, ist ein Nachlassverwalter überflüssig geworden. Hellman klagt dagegen, doch das Gericht entscheidet zugunsten der NAACP. Eine wütende Lillian Hellman erklärt daraufhin, Dorothy müsse betrunken gewesen sein, als sie ihren letzten Willen aufsetzte und ihre Rechte an eine politisch so konservative Organisation übertragen habe.[590] Noch Jahre später schimpft sie: »Diese gottverdammte Hexe Dorothy Parker. (…) Ich habe all die Jahre ihre Hotelrechnung im Volney beglichen, bin für ihre Sauferei aufgekommen, für ihre Selbstmordversuche – all das auf das Versprechen hin, dass sie, wenn sie stirbt, mir die Rechte an ihren Schriften hinterlassen würde. Bei meinem Tod würden sie dann an die NAACP übergehen. Aber was hat sie getan? Sie hat die Rechte gleich der NAACP vermacht. Verdammt soll sie sein.«[591] Ihr schlechtes Gewissen, dass sie sich vielleicht in den letzten Jahren zu wenig um Dorothy gekümmert hat, verschwindet mit einem Schlag.

Die Auseinandersetzung um den Nachlass trägt unmittelbar dazu bei, dass um die sterblichen Überreste Dorothy Parkers ein kaum zu überbietendes Trauerspiel entsteht. Zunächst bleibt die Urne sechs lange Jahre im Krematorium. Am 16. Juli 1973 übersendet das Krematorium die Asche an die Kanzlei ihres Anwalts Oscar Bernstien nach New York. Da es keine weiteren Instruktionen gibt, wird die Urne von Bernstiens Partner Paul O'Dwyer für die nächsten 15 Jahre in seinem Büro aufbewahrt. Erst Marion Meade stößt bei ihren Recherchen zu einer Parker-Biografie Mitte der 1980er Jahre auf die ungeheure Tatsache, dass Dorothy Parker noch immer keine letzte Ruhestätte gefunden hat. Als dies publik wird, beginnt die öffentliche Suche nach dem richtigen Ort für Mrs. Parkers Überreste. Die Vorschläge gehen von der Idee, sie im Hudson zu verstreuen, sie bei Theaterveranstaltungen in kleinen Päckchen zu verteilen oder sie in einer Nische des Algonquins aufzustellen, bis dahin, sie unter Malfarben zu mischen und daraus ein Porträt von ihr zu malen.[592] Schließlich setzt sich eine andere Variante durch. Im Herbst 1988 wird die Urne von Paul O'Dwyer bei einer Pressekonferenz im Algonquin feierlich an den Vorsitzenden der NAACP Dr. Benjamin Hooks übergeben. Dem Anlass und der Hauptperson entsprechend findet die Übergabe am Round Table statt. Neben den anwesenden Journalisten und diversen Kamerateams sind viele Gäste da, die mit einem Cocktail in der Hand Dorothy Parkers gedenken.[593] Viel Aufhebens für eine Frau, die von sich selbst sagte: »Das Leben und ich – wir stehen auf Kriegsfuß.«[594] In einem für Dorothy Parker entworfenen Erinnerungsgarten, dem »Dorothy Rothschild Parker Memorial Garden« im nationalen Hauptquartier der NAACP in Baltimore wird sie am 20. Oktober 1988 feierlich zur letzten Ruhe gebettet. Auf ihrer Grabplatte ist zu lesen: »Hier ruht die Asche von Dorothy Parker (1893–1967), Humoristin, Schriftstellerin, Kritikerin, Verteidigerin der Menschen- und Bürgerrechte. Als Inschrift auf ihrem Grabstein schlug sie vor: ›Entschuldigen Sie meinen Staub‹. Dieser Erinnerungsgarten ist ihrer edlen Gesinnung gewidmet, die die Einheit der Menschheit pries, und der ewigen Freundschaft zwischen Schwarzen und Juden.«[595] Von ihren vielen selbst entworfenen Grabsprüchen hatte man sich schließlich für diesen entschieden und davon abgesehen zu schreiben: »Wo immer sie auch hinging, einschließlich hierher, sie tat es wider bessere Einsicht.«[596] So fand eine der berühmtesten Bewohnerinnen New Yorks, für die ihre Stadt das Zentrum der Welt war, ihre letzte Ruhestätte in Baltimore, einer Stadt, die sie freiwillig wohl niemals betreten hätte.

Mit Dorothy Parker starb eine New Yorker Legende, deren größte Sorge es war, dass sich alle nur an ihre witzigen Bonmots erinnern könnten: »Ich muss doch, selbst wenn es nur aus Versehen geschehen ist, noch irgendetwas anderes gesagt haben, das es wert ist, zitiert zu werden. Wie wäre es denn, wenn sich diese faulen Hurensöhne mal ein bisschen bemühen würden, das rauszufinden.«[597] Sie selbst sah sich nicht einmal als »Amateurhumoristin«[598] und war tief gekränkt, wenn die Menschen über alles lachten, was sie von sich gab. Doch abgesehen davon, dass sie wie keine zweite den Gefühlszustand moderner Frauen schildern konnte, erinnert man sich heute tatsächlich vor allem an ihren Witz. An Geschichten wie die, dass sie auf die Nachricht vom Tod des US-Präsidenten Calvin Coolidge, der ein ziemlicher Langweiler war, gesagt haben soll: »Wie konnten sie das denn feststellen?«, und Robert Benchley antwortete: »Er hatte eine Erektion.«[599] Oder daran, dass sie bei einer Dinnerparty, auf der Ilka Chase die Schauspielerin Clare Booth mit den Worten rühmte, dass diese niemals auf jemanden herabsehen würde, der ihr unterlegen sei, ohne eine Miene zu verziehen antwortete: »Aha, und wo findet sie so jemanden?«[600] Wahrscheinlich wäre sie tatsächlich wenig begeistert, dass man sie vor allem mit Rezensionen in Verbindung bringt wie dieser: »Diesen Roman sollte man nicht einfach so weglegen, man sollte ihn voller Hingabe in die Ecke feuern.«[601]

Sie erachtete sich als Schriftstellerin für gescheitert. Nie hatte sie den großen Roman oder das große Drama geschrieben, von dem sie ein Leben lang geträumt hatte. Leichte Verse und wundervolle Kurzgeschichten waren in ihren Augen nicht dazu geeignet, um in den Olymp der großen Schriftsteller aufzusteigen: »Ich werde nie berühmt. Nie wird mein Name in großen Lettern auf der Liste der Macher auftauchen, die es geschafft haben. Ich schaffe nichts. Nicht das Geringste. Früher habe ich noch Nägel gekaut, jetzt tue ich das auch nicht mehr.«[602] Sich selbst hatte sie nie allzu wichtig genommen, ihre Arbeit dafür umso mehr.

Ob sie wohl versöhnt damit wäre, dass sie bis heute nicht nur die meist zitierte Frau im amerikanischen Feuilleton ist, sondern auch mehr als 40 Jahre nach ihrem Tod eine der geliebten und bewunderten Ikonen New Yorks, ja Amerikas? Unvergessen und unerreicht? Dass man sie liebt dafür, dass sie von den Träumen und Illusionen, von der Tragik des Scheiterns und der unfreiwilligen Komik, die diesem Scheitern für Außenstehende oftmals innewohnt, erzählt? Dafür, dass ihre Erzählungen immer voller Mitgefühl mit den kleinen Mädchen waren, die letztlich an ihren großen Träumen zerbrachen? Ob sie sich wohl darüber freuen würde, dass der 1987 entstandene Dokumentarfilm »The Ten-Year-Lunch. The Wit and Legend of the Algonquin Round Table« einen Oscar gewonnen hat? Dass die US-Post im August 1992 eine Sondermarke mit ihrem Konterfei herausbrachte und sie als Wachsfigur bei Madame Tussaud steht? Dass die französische Präsidentengattin Carla Bruni ihre Gedichte vertont? Und dass 1994 mit »Mrs. Parker und ihr lasterhafter Kreis« sogar Hollywood einen Film über eine seiner berühmtesten Drehbuchautorinnen machte?

Nun, am besten dürfte ihr wohl gefallen, dass 1999 Dorothy-Parker-Fans in New York die Dorothy Parker Society ins Leben gerufen haben und ihr Idol mit vielen Festen und vielen Martinis Jahr für Jahr hochleben lassen, und vielleicht auch, dass das Algonquin noch heute Schriftstellern, die mit einem Manuskript oder Verlagsvertrag anreisen, Sonderkonditionen gewährt.

Denn das Algonquin blieb das Hotel der Schriftsteller, auch wenn keiner, der es je betreten hat, die Königin des Round Table vom Thron stoßen konnte. Dorothy Parker war zynisch und bitter, einsam und traurig, eine geschundene Seele, die sich hinter ihrem allseits gefürchteten Zynismus verbarg. Aber sie war eben auch die Frau, die all diese negativen Gefühle in Sätze kleiden konnte wie diesen: »Man verliert sein Herz so leicht. Ich lasse meins immer im Taxi liegen.«[603]

Chin-chin, Mrs. Parker!

Anmerkungen

1 W. B. Yeats, The Municiple Gallery Revisited, 1938, in: Yeats, The Collected Poems, S. 277.

2 »Inventory«, *Life,* 11. November 1926, in: Parker, Complete Poems, S. 44.

3 Dorothy Parker im Interview mit Marion Capron, *Paris Review,* 1956, in: Cowley, Wie sie schreiben, S. 99.

4 Dorothy Parker im Interview mit Dorothy Townsend (Dorothy Parker Sets Up L.A. Shop), *The Los Angeles Times,* 18. Juni 1962.

5 Dorothy Parker im Interview mit Wyatt Cooper (Whatever You Think Dorothy Parker Was Like, She Wasn't), *Esquire,* 1968, in: Calhoun, Dorothy Parker, S. 133.

6 F. Scott Fitzgerald, Brief an Gerald Murphy, Beverly Hills, 14. September 1914, in: Ders., The Letters, S. 430.

7 Alexander Woollcott, in: Cowley, Wie sie schreiben, S. 84.

8 »Willow, Willow, Waley, The Theater«, *The New Yorker,* 7. März 1931, S. 33.

9 »New York at 6:30 p.m.«, *Esquire,* 1964, S. 96.

10 »Neither Bloody Nor Bowed«, *Life,* 19. August 1926, in: Parker, Complete Poems, S. 90.

11 Keats, You Might As Well Live, S. 9.

12 »My Home Town«, *McCall's,* 1928, in: Parker, The Portable, S. 459.

13 Ebenda, S. 461.

14 Douglas, Terrible Honesty, S. 17.

15 »My Home Town«, in: Parker, The Portable, S. 459.

16 Ebenda.

17 Cooper, Whatever (wie in Anm. 5), in: Calhoun, Dorothy Parker, S. 131.

18 Dorothy Parker im Interview mit Lois Battle (A Wink at a Cock-Eyed World), *UCLA Daily Bruin,* 16. Februar 1962, S. 1.

19 Zum Thema vgl. Karl, Wir fordern die Hälfte der Welt!, Frankfurt/M. 2009.

20 Dorothy Parker, in: Calhoun, Dorothy Parker, S. 131.

21 Ebenda, S. 132.

22 Ebenda, S. 133.

23 Kinney, Dorothy Parker, S. 2.

24 »Lucky Little Curtis«, *Pictorial Review,* Februar 1927, S. 26–29.

25 Dorothy Parker, in: Calhoun, Dorothy Parker, S. 132.

26 »Condolence«, *New York World,* 20. April 1923, in: Parker, Complete Poems, S. 37.

27 »Horsie«, *Harper's Bazaar,* September 1932, S. 36–37, 90, 92, 94, 96.

28 »The Wonderful Old Gentlemen«, *Pictorial Review,* Januar 1926, 25–26, 56, 58.

29 Dorothy Parker, in: Cowley, Wie sie schreiben, S. 90.

30 Ebenda.

31 Dorothy Parker, in Calhoun, Dorothy Parker, S. 133.

32 Dorothy Parker, in: Frewin, The Late Mrs. Dorothy Parker, S. 14.

33 Dorothy Parker, in: Cowley, Wie sie schreiben, S. 90.

34 Dorothy Parker, in: Parker, The Portable, Einleitung S. XVI.

35 »Horsie«, *Harper's Bazaar,* Dezember 1932, S. 94.

36 Dorothy Parker, in: Cowley, Wie sie schreiben, S. 93.

37 Meade, Dorothy Parker, S. 21.

38 Dorothy Parker, in: Cowley, Wie sie schreiben, S. 8f.

39 Dorothy Parker, Brief an Henry Rothschild, 11. August 1905, Bellport, Long Island, in: Parker, The Portable, S. 583.

40 Dorothy Parker, Brief an Hund Rags, ebenda, S. 584.

41 »To My Dog«, *Life,* 28. Juli 1921, in: Parker, Complete Poems, S. 206.

42 »Nur ein kleines«, in: Parker, New Yorker Geschichten, S. 56.

43 Keats, You Might As Well Live, S. 22.

44 »The Education of Gloria«, *The Ladies Home Journal,* Oktober 1920, S. 37.

45 »The Middle or Blue Period«, *Cosmopolitan,* Dezember 1944, S. 55.

46 Dorothy Parker im Interview mit Mary Ann Callan (Want Happy Ending. Students Appalling to Dorothy Parker), *The Los Angeles Times,* 28. April 1963, S. 4.

47 Dorothy Parker, in: Cowley, Wie sie schreiben, S. 90.

48 Dorothy Parker, in: Calhoun, Dorothy Parker, S. 133.

49 Meade, Dorothy Parker, S. 29.

50 »Any Porch«, *Vanity Fair,* September 1914, in: Parker, Complete Poems, S. 203.

51 Robert Benchley, Mr. Vanity Fair, *The Bookman,* Januar 1920, S. 430.

52 Yagoda, About Town, S. 36.

53 Frank Crowninshield, Crowninshield in the Cub's Den, *Vogue,* 15. September 1944, S. 197.

54 Dorothy Parker, in: Cowley, Wie sie schreiben, S. 86.

55 »Thought for a Sunshiny Morning«, *The New Yorker,* 2. April 1927, in: Parker, Complete Poems, S. 118.

56 Seebohm, The Man Who Was Vogue, S. 88.

57 Dorothy Parker, in: Cowley, Wie sie schreiben, S. 86.

58 Dorothy Parker, *Vogue,* 1. Oktober 1916, S. 101.

59 Dorothy Parker, in: Day, Dorothy Parker, S. 11.

60 Woolman Chase, Always in Vogue, S. 135.

61 »Interior Desecration«, *Vogue,* 15. April 1917, S. 54, 129.

62 Dorothy Parker, in: Seebohm, The Man Who was Vogue, S. 60.

63 »The Lady in Back«, *Vogue,* 15. November 1916, in: Parker, Complete Poems, S. 212.

64 Frank Crowninshield, Crowninshield in the Cub's Den, *Vogue,* 15. September 1944, S. 197.

65 »Love Fashion, Love Her Dog«, *Vogue,* 15. Februar 1917, S. 55.

66 »Here Comes The Groom«, *Vogue,* 15. Juni 1917, S. 36.

67 »When You Come to the End of a Perfect Day«, *Vogue,* 15. November 1917, S. 124.

68 »Life on a Permanent Wave«, *Vogue,* 1. Juni 1917, S. 56, 138.

69 Dorothy Parker, in: Keats, You Might As Well Live, S. 33.

70 Frank Crowninshield, Crowninshield in the Cub's Den, *Vogue,* 15. September 1944, S. 197.

71 Dorothy Parker, in: Cowley, Wie sie schreiben, S. 86.

72 Case Harriman, The Vicious Circle, S. 11f.

73 »Women. A Hate Song«, *Vanity Fair*, August 1916, in: Silverstein, The Uncollected, S. 194.

74 Ebenda, S. 196.

75 »Men. A Hate Song«, *Vanity Fair*, Februar 1917, S. 65. – »Actresses. A Hate Song«, *Vanity Fair*, Mai 1917, S. 64. – »Relatives. A Hate Song«, *Vanity Fair*, August 1917, S. 39. – »Slackers. A Hate Song«, *Vanity Fair*, Dezember 1917, S. 83. – »Bohemians. A Hate Song«, *Vanity Fair*, Oktober 1918, S. 46. – »Our Office. A Hate Song«, *Vanity Fair*, Mai 1919, S. 6, 8. – »Actors. A Hate Song«, *Vanity Fair*, Juli 1919, S. 37. – »Bores. A Hymn of Hate«, *Life*, 18. November 1920, S. 902. – »The Drama. A Hymn of Hate«, *Life*, 5. Mai 1921, S. 636. – »Parties. A Hymn of Hate«, *Life*, 2. Juni 1921, S. 790. – »Movies. A Hymn of Hate, *Life*, 21. Juli 1921, S. 10. – »Books. A Hymn of Hate«, *Life*, 22. Dezember 1921, S. 12. – »Summer Resorts. A Hymn of Hate«, *Life*, 17. August 1922, S. 10. – »Wives. A Hymn of Hate«, *Life*, 10. Mai 1923, S. 8. – »Husbands. A Hymn of Hate«, *Life*, 15. November 1923, S. 8. – »College Boys. A Hymn of Hate«, *Life*, 13. November 1924, S. 12.

76 »Why I Haven't Married. Sketches of My Seven Deadly Suitors«, *Vanity Fair*, Oktober 1916, S. 122.

77 »Here Comes the Groom«, *Vogue*, 15. Juni 1917, S. 36.

78 Dorothy Parker, in: Calhoun, Dorothy Parker, S. 113.

79 Ebenda.

80 Day, Dorothy Parker, S. 99.

81 »A Great Novel«, Constant Reader, *The New Yorker*, 4. Februar 1928, S. 77.

82 »A Succession of Musical Comedies, The Innocent Diversions of a Tired Business Woman«, *Vanity Fair*, April 1918, S. 69.

83 »The New Plays«, *Vanity Fair*, November 1918, S. 53.

84 »The Dramas That Gloom in the Spring«, *Vanity Fair*, Juni 1918, S. 47.

85 Helen Wells d. i. Dorothy Parker: »Fun – For the Boys on Leave«, *Vanity Fair*, Oktober 1918, S. 51.

86 Dorothy Parker, in: Cowley, Wie sie schreiben, S. 87.

87 »Henrik Ibsen: Hedda Gabler«, *Vanity Fair*, Juni 1918, S. 84.

88 »The Fall Crop of War Plays«, *Vanity Fair*, Oktober 1918, S. 56.

89 Edwin Parker, Karte an Dorothy Parker, Januar 1919, in: Meade, Dorothy Parker, S. 49.

90 »The New Plays«, *Vanity Fair*, Dezember 1918, S. 84.

91 »The Oriental Drama«, *Vanity Fair*, Januar 1920, S. 94.

92 »The Anglo-American Drama«, *Vanity Fair*, Februar 1920, S. 41.

93 »The First Hundred Plays are the Hardest«, *Vanity Fair*, Dezember 1918, S. 39.

94 »Henrik Ibsen: Hedda Gabler«, *Vanity Fair*, Juni 1918, S. 84.

95 »The New Plays«, *Vanity Fair*, Dezember 1918, S. 39.

96 Meade, Dorothy Parker, S. 55.

97 Dorothy Parker, in: Cowley, Wie sie schreiben, S. 86.

98 Benchley, Robert Benchley, S. 135.

99 Dorothy Parker, in: Cowley, Wie sie schreiben, S. 87.

100 Keats, You Might As Well Live, S. 44.

101 Benchley, Robert Benchley, S. 137.

102 Frank Crowninshield, Crownin-shield in the Cub's Den, *Vogue,* 15. September 1944, S. 199.

103 Benchley, Robert Benchley, S. 141f.

104 »Our office«, *Vanity Fair,* Mai 1919, in: Parker, Complete Poems, S. 229.

105 »Nur ein kleines«, in: Parker, New Yorker Geschichten, S. 58.

106 Wilson, The Twenties, S. 30.

107 Benchley, Robert Benchley, S. 141.

108 »The Flaw in Paganism, Death and Taxes«, 1932, in: Parker, Complete Poems, S. 154.

109 Case Harrimann, The Vicious Circle, S. 21.

110 Marx, Harpo spricht, S. 157.

111 Ebenda, S. 158.

112 Dorothy Parker, in: Alden Whit-man: Dorothy Parker, 73, Literary Wit Dies, *The New York Times,* 8. Juni 1967, S. 88.

113 Penzler, The Vicious Circle, S. 74.

114 »A Valentine for Mr. Woollcott«, *Vanity Fair,* Februar 1934, S. 27.

115 Alexander Woollcott, in: Herr-mann, With Malice Toward All, S. 23.

116 Penzler, The Vicious Circle, S. 13f.

117 Alexander Woollcott, While Rome Burns: Our Mrs. Parker, in: Woollcott, The Portable, S. 186f.

118 Gaines, Wit's End, S. 28.

119 Drennan, The Algonquin Wits, S. 30.

120 Ebenda, S. 25.

121 Meade, Dorothy Parker, S. 60.

122 Yagoda, About Town, S. 38f.

123 Dorothy Parker, in: Cowley, Wie sie schreiben, S. 88.

124 Marx, Harpo spricht, S. 159.

125 Drennan, The Algonquin Wits, S. 137.

126 Ebenda S. 67f.

127 Broun, Whose Little Boy are You, S. 22.

128 Drennan, The Algonquin Wits, S. 7.

129 George S. Kaufman, in: Benchley/Fitzpatrick, The Lost Algonquin Round Table, S. 253.

130 Teichmann, George S. Kaufman, S. 84.

131 Ebenda, S. 93.

132 Ebenda, S. 44.

133 Ebenda, S. 58.

134 Meryman, Mank, S. 100.

135 Penzler, The Vicious Circle, S. 14.

136 Teichmann, George S. Kaufman, S. 91f.

137 Goldsmith Gilbert, Ferber, S. 336.

138 Matthew J. Bruccoli: A Great Neck Friendship, *The New York Times,* 7. November 1976, S. 3.

139 Ring Lardner: The Other Side, What of it?, *Liberty,* 14. Februar 1925, S. 8.

140 F. Scott Fitzgerald: »Ring« (Nachruf auf Ring Lardner), *The New Republic,* 11. Oktober 1933, S. 254.

141 Marx, Harpo spricht, S. 156.

142 Case Harrimann, The Vicious Circle, S. 20.

143 H. J. Mankiewicz, Screenwriter, 56. Winner of Academy Award in 1941, Dies, *The New York Times,* 6. März 1953.

144 Drennan, The Algonquin Wits, S. 160.

145 Dorothy Parker, in: Day, Dorothy Parker, S. 34.

146 Herrmann, With Malice Toward All, S. 159–172.

147 Case Harrimann, The Vicious Circle, S. 225.

148 Ebenda, S. 112.

149 Dorothy Parker, in: Day, Dorothy Parker, S. 34.

150 John Mason Brown, Einleitung zu Woollcott, The Portable, S. XXIII.

151 Marx, Harpo spricht, S. 155.

152 Dorothy Parker, in: Keats, You Might As Well Live, S. 45.

153 Case Harrimann, The Vicious Circle, S. 45.

154 Frewin, The Late Mrs. Dorothy Parker, S. 43.

155 Dorothy Parker, in Hubbard Keavy, Dorothy Parker Deflates Herself, *The Dallas Herald*, 7. Dezember 1951.

156 Graham/Frank, F. Scott Fitzgerald, S. 164.

157 Dorothy Parker, in: Cowley, Wie sie schreiben, S. 92.

158 Ford, The Time of Laughter, S. 52.

159 Silverstein, The Uncollected, S. 63.

160 Dorothy Parker, in: Cowley, Wie sie schreiben, S. 89.

161 Marx, Harpo spricht, S. 167f.

162 Dorothy Parker, in: Drennan, The Algonquin Wits, S. 121.

163 Case Harrimann, The Vicious Circle, S. 85.

164 »Reformers. A Hymn of Hate«, in: Benchley/Fitzpatrick, The Lost Algonquin Round Table, S. 28.

165 Alexander Woollcott: Neysa McMain, in: Woollcott, Enchanted Aisles, S. 36f.

166 Keats, You Might As Well Live, S. 71.

167 Loos, A Girl Like I, S. 149.

168 Gertrude Benchley im Interview mit Babette Rosmond, in: Rosmond, Robert Benchley, S. 11.

169 Silverstein, The Uncollected, S. 61.

170 Kahn/Hirschfeld, The Speakeasies of 1932, S. 24.

171 Ebenda, S. 44.

172 Fitzpatrick, A Journey into Dorothy Parker's New York, S. 58.

173 Case Harrimann, The Vicious Circle, S. 62.

174 Ferber, A Peculiar Treasure, S. 292f.

175 Loos, A Girl Like I, S. 147f.

176 George S. Kaufman: The Myth of the Algonquin Round Table, in: Benchley/Fitzpatrick, The Lost Algonquin Round Table, S. 1.

177 Gaines, Wit's End, S. 29.

178 Wilson, The Twenties, S. 38.

179 Marx, Harpo spricht, S. 11.

180 »Two-Volume Novel«, *The New Yorker*, 19. März 1927, in: Parker, Complete Poems, S. 145.

181 Dorothy Parker, in: Cowley, Wie sie schreiben, S. 87

182 »National Institutions«, *Ainslee's*, September 1920, S. 156–159.

183 »Florenz Ziegfeld Jr.: Ziegfeld Follies of 1921«, in: Parker, The Portable, S. 479.

184 Dorothy Parker, in: Cowley, Wie sie schreiben, S. 87f.

185 Ebenda, S. 88.

186 Marc Connelly im Interview mit Marion Meade, in: Meade, Dorothy Parker, S. 71.

187 Richard E. Lauterbach: The Legend of Dorothy Parker, *Esquire*, Oktober 1944, in: Calhoun, Dorothy Parker, S. 125

188 »Comic Relief!«, *Ainslee's*, November 1921, S. 155.

189 »Back to Methuselah or There-abouts«, *Ainslee's,* Juni 1922, S. 157.

190 Wilson, The Twenties, S. 41.

191 Ebenda, S. 39f.

192 »Bei Tageslicht betrachtet« (Glory in the Daytime), *Harper's Bazaar,* September 1933, in: Parker, New Yorker Geschichten, S. 81.

193 »Eine starke Blondine« (Big Blonde), *The Bookman,* Februar 1929, in: Parker, New Yorker Geschichten, S. 13.

194 »Song of the Open Country«, *Life,* 7. April 1921, in: Parker, Complete Poems, S. 245.

195 Dorothy Parker, in Wilson, The Twenties, S. 41.

196 Dorothy Parker, in: Milford, Zelda, S. 65.

197 Ebenda, S. 64.

198 Drennan, The Algonquin Wits, S. 47.

199 F. P. A., in: Meade, Dorothy Parker, S. 84.

200 Case Harrimann, The Vicious Circle, S. 169.

201 »Sorry. Line is Busy«, *Life,* 21. April 1921, S. 560.

202 »The New Books«, *Life,* 17. November 1921, S. 22.

203 »Men I'm Not Married To«, *Saturday Evening Post,* 17. Juni 1922, in: Parker, Complete Stories, S. 406.

204 Case Harriman, The Vicious Circle, S. 91.

205 Connelly, Voices Offstage, S. 92.

206 Dorothy Parker, in: Cowley, Wie sie schreiben, S. 89.

207 Dorothy Parker, in: Day, Dorothy Parker, S. 44.

208 Ebenda, S. 44.

209 Ebenda, S. 45.

210 Dorothy Parker, in: Cowley, Wie sie schreiben, S. 91.

211 Masson, Our American Humorists, S. 277.

212 Somerset Maugham, zitiert in: Parker, New Yorker Geschichten, S. 8.

213 Dorothy Parker, in: Cowley, Wie sie schreiben, S. 94.

214 Ebenda, S. 90.

215 Hecht, Letters from Bohemia, S. 187.

216 Hecht, Charlie, S. 77.

217 Dorothy Parker, in: Keats, You Might As Well Live, S. 105.

218 Don Stewart, in: Keats, You Might As Well Live, S. 76.

219 Silverstein, The Uncollected, S. 64.

220 »Wail«, *Life,* 20. August 1925, in: Parker, Complete Poems, S. 16.

221 Dorothy Parker, in: Day, Dorothy Parker, S. 43.

222 »Rhyme against living«, *The New Yorker,* 26. Mai 1928, in: Parker, Complete Poems, S. 148.

223 »Too Bad«, *The Smart Set,* Juli 1923, S. 79-85.

224 »Oh Pretty Well«, *Ainslee's,* Juni 1923, S. 159.

225 Fitzgerald, Der große Gatsby, S. 45.

226 Lauterbach, The Legend, in: Calhoun, Dorothy Parker, S. 126.

227 Dorothy Parker, in: Day, Dorothy Parker, S. 45f.

228 Ebenda.

229 Ebenda, S. 7.

230 »Day Dreams«, *Life,* 29. Juni 1922, in: Parker, Complete Poems, S. 54.

231 Dorothy Parker, in: Silverstein, The Uncollected, S. 62.

232 »Vetter Larry« (Cousin Larry), *The New Yorker,* 30. Juni 1934, in: Parker, New Yorker Geschichten, S. 119.

233 Meade, Bobbed Hair and Bathtube Gin, S. 128.

234 Teichmann, Smart Aleck, S. 169.

235 Marx, Harpo spricht, S. 186.

236 Thurber, The Years with Ross, S. 22.

237 Yagoda, About Town, S. 192.

238 »Mr. Durant«, in: Parker, New Yorker Geschichten, S. 338f.

239 Dorothy Parker, in: Alexander Woollcott: While Rome Burns: Our Mrs. Parker, in: Woollcott, The Portable, S. 186.

240 Connelly im Interview mit Marion Meade, in: Meade, Dorothy Parker, S. 101.

241 Don Stewart, in: Keats, You Might As Well Live, S. 61.

242 Gertrude Benchley im Interview mit Babette Rosmond, in: Rosmond, Robert Benchley, S. 11–12.

243 »Ballade at Thirty Five«, Life, 26. Juni 1924, in: Parker, Complete Poems, S. 62.

244 »Social Note«, The New York World, 16. August 1925, in: Parker, Complete Poems, S. 60.

245 »Love Song«, Life, 23. Oktober 1924, in: Parker, Complete Poems, S. 65.

246 Keats, You Might As Well Live, S. 100.

247 »Theory«, The New Yorker, 25. September 1926, in: Parker, Complete Poems, S. 141.

248 »Experience«, Life, 8. April 1926, in: Parker, Complete Poems, S. 90.

249 »Dialogue at Three in the Morning«, The New Yorker, 13. Februar 1926, S. 13.

250 Dorothy Parker, in: Herrmann, With Malice Toward All, S. 74.

251 »Dialogue at Three in the Morning«, The New Yorker, 13. Februar 1926, S. 13

252 Dorothy Parker, in: Cowley, Wie sie schreiben, S. 90.

253 »In the Throes«, Life, 16. September 1926, in: Parker, The Portable, S. 550.

254 Ebenda.

255 Dorothy Parker, in: Cowley, Wie sie schreiben, S. 91.

256 Frewin, The Late Mrs. Dorothy Parker, S. 108.

257 »Dialogue at Three in the Morning«, The New Yorker, 13. Februar 1926, S. 13.

258 »Eine starke Blondine«, in: Parker, New Yorker Geschichten, S. 28.

259 Parker/D'Usseau, Ladies im Hotel, S. 55.

260 Robert Benchley, in: Gaines, Wit's End, S. 116.

261 »Résumé«, Conning Tower, 16. August 1925, in: Parker, Complete Poems, S. 51.

262 Alan Barach, in: Frewin, The Late Mrs. Dorothy Parker, S. 106.

263 »Profiles. The Artist's Reward. Ernest Hemingway«, The New Yorker, 30. November 1929, S. 29.

264 »A Book of Great Short Storys«, Constant Reader, The New Yorker, 29. Oktober 1927, S. 93.

265 Dorothy Parker, in: Keats, You Might As Well Live, S. 111.

266 »The Grandmother of the Aunt of the Gardener«, Constant Reader, The New Yorker, 25. Juli 1931, S. 55.

267 Hellman, Eine unfertige Frau, S. 73.

268 »The Last Tea«, The New Yorker, 11. September 1926, S. 22f.

269 »The Garter«, *The New Yorker,*
8. September 1927, S. 17.

270 »Oh, He's Charming«, *The New
Yorker,* 9. Oktober 1926, S. 22f.

271 Ernest Hemingway: Für eine
tragische Dichterin, in: Hemingway, Sämtliche Gedichte,
S. 142–147.

272 Bryan, Merry Gentlemen and
One Lady, S. 151f.

273 Dorothy Parker, in: Meade,
Dorothy Parker, S. 174.

274 »News Item«, *New York World,*
16. August 1925, in: Parker,
Complete Poems, S. 71.

275 »Just Around Pooh Corner«, *The
New Yorker,* 14. März 1931, S. 36.

276 Kurt Tucholsky, in: *Die Weltbühne,* 16. April 1927, Nr. 16,
S. 638.

277 Arrests Check Picketing. New
York Writers Are in Group of 39
Jailed at Boston, *New York Times,*
11. August 1927.

278 Saul Pett: Various Views of the
Aging Mrs. Parker, *The New York
Herald Tribune,* 13. Oktober 1963.

279 »The Socialist Looks at Litera-
ture«, Constant Reader, *The New
Yorker,* 10. Dezember 1927, S. 122.

280 »Arrangement in Schwarz und
Weiß« (Arrangement in Black and
White), *The New Yorker,* 8. Okto-
ber 1927, in: Parker, New Yorker
Geschichten, S. 253.

281 »Week's End«, in: Parker,
The Portable, S. 456.

282 Ebenda, S. 454.

283 »Morgenstund hat Gift im Mund«
(The Little Hours), *The New
Yorker,* 19. August 1933, in: Parker,
New Yorker Geschichten, S. 156.

284 Don Stewart, in: Keats, You
Might As Well Live, S. 134f.

285 Dorothy Parker: In the Throes,
in: Parker, The Portable, S. 549.

286 »The Highly Recurrent Mr.
Hamilton«, Constant Reader, *The
New Yorker,* 1. Oktober 1927, S. 86.

287 »Mrs. Colby's Second Novel«,
Constant Reader, *The New Yorker,*
8. Oktober 1927, S. 94.

288 »Re-enter Margot Asquith«,
Constant Reader, *The New Yorker,*
22. Oktober 1927, S. 98.

289 »The Professor Goes in For Sweet-
ness and Light«, Constant Reader,
The New Yorker, 5. November
1927, S. 90.

290 »Ethereal Mildness«, Constant
Reader, *The New Yorker,*
24. März 1928, S. 93.

291 »An American Dubary«,
Constant Reader, *The New Yorker,*
15. Oktober 1927, S. 105.

292 »Unfinished Endeavors«,
Constant Reader, *The New Yorker,*
10. März 1928, S. 81.

293 »Literary Rotarians«, Constant
Reader, *The New Yorker,*
11. Februar 1928, S. 80.

294 »Hero Worship«, Constant Reader,
The New Yorker, 27. April 1929,
S. 104.

295 »Ein Telefonanruf« (A Telephon
Call), *The Bookman,* Januar 1928,
in: Parker, New Yorker
Geschichten, S. 225.

296 »Threnody«, *New York World,*
31. Juli 1925, in: Parker, Complete
Poems, S. 5.

297 »New York–Detroit« (Long Dis-
tance), *Vanity Fair,* Oktober 1928,
in: Parker, New Yorker
Geschichten, S. 53.

298 »A Good Novel, and a Great
Story«, Constant Reader, *The New
Yorker,* 4. Februar 1928, S. 74–77.

299 Leon Whipple: Letters and Life, *The Survey,* 1. November 1928, S. 170.

300 Dorothy Parker: Brief an Seward Collins aus dem Presbyterian Krankenhaus in New York, 5. Mai 1928, in: Parker, The Portable, S. 586.

301 Ebenda.

302 Bryan, Merry Gentlemen and One Lady, S. 117.

303 Dorothy Parker, in Wilson, The Thirties, S. 361.

304 »Madame Glyn Lectures on ›It‹«, Constant Reader, *The New Yorker,* 26. November 1926, S. 104.

305 Dorothy Parker im Interview mit George Halasz: Always Hampered by Money, *The Brooklyn Daily Eagle,* 18. November 1928.

306 Dorothy Parker, in: Day, Dorothy Parker, S. 119.

307 Ebenda.

308 »The Whistling Girl«, *New York World,* 15. März 1928, in: Parker, Complete Poems, S. 130.

309 Dorothy Parker: Brief an ihre Schwester Helen Droste aus Frankreich, September 1929, in: Parker, The Portable, S. 588.

310 »The Grandmother of the Aunt of the Gardener«, *The New Yorker,* 25. Juli 1931, S. 55f.

311 Dorothy Parker: Brief an Helen Droste, September 1929, in: Parker, The Portable, S. 588.

312 »The Cradle of Civilization«, *The New Yorker,* 21. Septmeber 1929, S. 23f. – »But the One on the Right«, *The New Yorker,* 19. Oktober 1929, S. 25–27.

313 F. Scott Fitzgerald: Brief an Ernest Hemingway aus Cannes, 9. September 1929, in: Fitzgerald, The Letters, S. 306.

314 Dorothy Parker: Brief an Helen Droste, September 1929, in: Parker, The Portable, S. 589/586.

315 Ebenda, S. 592.

316 Alexander Woollcott: While Rome Burns, in: Woollcott, The Portable, S. 186.

317 Dorothy Parker: Brief an Helen Droste aus Frankreich, September 1929, in: Parker, The Portable, S. 591f.

318 »The Artist's Reward«, *The New Yorker,* 30. November 1929, S. 28.

319 Dorothy Parker: Brief an Robert Benchley, Montana-Vermala, Schweiz, 7. November 1929, in: Parker, The Portable, S. 595.

320 Ebenda, S. 595.

321 Ebenda, S. 594.

322 Ebenda, S. 595f.

323 Ebenda, S. 593.

324 Ebenda, S. 594.

325 Ebenda, S. 600.

326 Dorothy Parker: Telegramm an Robert Benchley, Dezember 1929, in: Meade, Dorothy Parker, S. 208.

327 Keats, You Might As Well Live, S. 161.

328 Herrmann, With Malice Toward All, S. 76.

329 T. S. Matthews: Curses Not Loud but Deep, *The New Republic,* 17. September 1930, S. 133.

330 George Oppenheimer: Brief an Dorothy Parker, 3. Juli 1930, in: Meade, Dorothy Parker, S. 213.

331 »Indian Summer«, *The New Yorker,* 25. September 1926, in: Parker, Complete Poems, S. 66.

332 Frank Sullivan, in: Keats, You Might As Well Live, S. 139.

333 Ernest Hemingway: Kleine Tropfen Kornschnaps, in: Hemingway, Sämtliche Gedichte, S. 140.

334 »Here we are«, *Cosmopolitan,* März 1931, S. 32–35, 98.

335 »Home is the Sailor«, Constant Reader, *The New Yorker,* 24. Januar 1931, S. 62.

336 »Kindly accept Substitutes«, The Theater, *The New Yorker,* 21. Februar 1931, S. 26.

337 Dorothy Parker, in: Day, Dorothy Parker, S. 21.

338 Silverstein, The Uncollected, S. 67.

339 »A Few Minutes of your Time«, The Theater, *The New Yorker,* 4. April 1931, S. 32.

340 »A Very Dull Piece«, The Theater, *The New Yorker,* 28. März 1931, S. 35.

341 »Not Even Funny«, Constant Reader, *The New Yorker,* 18. März 1933, S. 64.

342 Parker/D'Usseau, Ladies im Hotel, S. 38.

343 »Unfortunate Coincidence«, *Life,* 8. April 1926, in: Parker, Complete Poems, S. 42.

344 »Trost und Licht« (Lady With a Lamp), *Harper's Bazaar,* September 1932, in: Parker, New Yorker Geschichten, S. 138.

345 Parker/D'Usseau, Ladies im Hotel, S. 73.

346 Dorothy Parker, in: Woollcott, The Portable, S. 190.

347 Silverstein, The Uncollected, S. 69.

348 »The Middle or Blue Period«, *Cosmopolitan,* Dezember 1944, S. 184.

349 »Re-Enter Miss Hurst«, Constant Reader, *The New Yorker,* 28. Januar 1928, S. 75.

350 Drennan, The Algonquin Wits, S. 52.

351 Dorothy Parker, in: Milford, Zelda, S. 252.

352 »Sentiment« (Sentiment), *Harper's Bazaar,* Februar 1933, in: Parker, New Yorker Geschichten, S. 140.

353 Dorothy Parker: Telegramm an Sara und Gerald Murphy, 8. Juni 1934, in: Parker, The Portable, S. 602.

354 Meade, Dorothy Parker, S. 238f.

355 Dorothy Parker: Brief an Alexander Woollcott, Juni 1934, Houghton Library, Harvard Universität, in: Meade, Dorothy Parker, S. 239.

356 »Mrs. Hofstadter aus der Josephine Street«, *The New Yorker,* 4. August 1934, in: Parker, New Yorker Geschichten, S. 263.

357 Ebenda, S. 263.

358 Dorothy Parker: Brief an Alexander Woollcott, Juni 1934, Houghton Library, Harvard Universität, in: Meade, Dorothy Parker, S. 240.

359 Silverstein, The Uncollected, S. 40.

360 Dorothy Parker: undatierter Brief an Alexander Woollcott aus Denver, in: Calhoun, Dorothy Parker, S. 14.

361 Dorothy Parker, in: Shalit, Great Hollywood Wit, S. 96.

362 Dorothy Parker, in: Cowley, Wie sie schreiben, S. 97.

363 Dorothy Parker: Brief an Alexander Woollcott, Los Angeles, Januar 1935, in: Parker, The Portable, S. 604.

364 »Bohemia«, *The New Yorker,* 17. September 1927, in: Parker, Complete Poems, S. 116.

365 Dorothy Parker: Brief an Alexander Woollcott 1935, in: Parker, The Portable, S. 605.

366 Dorothy Parker: Interview für ein Kunstprojekt an der Columbia Universität 1959, in: Calhoun, Dorothy Parker, S. 18.

367 Dorothy Parker, in: Cowley, Wie sie schreiben, S. 98.

368 Ebenda.

369 Meade, Dorothy Parker, S. 245.

370 Ebenda, S. 290.

371 Dorothy Parker: Brief an Alexander Woollcott, Januar 1935, in: Parker, The Portable, S. 605.

372 Ebenda S. 605/606.

373 »Oh Look – Two Good Book«, Constant Reader, *The New Yorker,* 25. April 1931, S. 91.

374 Hellman, Eine unfertige Frau, S. 198.

375 Ebenda, S. 199.

376 Dorothy Parker, in: Meade, Dorothy Parker, S. 233.

377 Alexander Woollcott, auf dem Umschlag von Parker, The Portable.

378 »Not Enough«, *New Masses,* 14. März 1939, in: Parker, The Portable, S. 462.

379 »Words and Music«, *Ainslee's,* Oktober 1920, S. 157.

380 Ebenda, S. 463.

381 Ebenda.

382 Dorothy Parker: Rede vom 6. Februar 1941 zur Disney Unit of Screen Cartoon Guild, in: Meade, Dorothy Parker, S. 257.

383 »The Passionate Screen Writer To His Love«, in: Silverstein, The Uncollected, S. 191.

384 Dorothy Parker, in: Franklin, Robert C.: Dorothy Parker, Columbia University Popular Arts Project. Oral History Research Office Columbia Universtät 1959, in: Calhoun, Dorothy Parker, S. 18.

385 Herrmann, S. J. Perelman, S. 116.

386 »Destructive Decoration«, *House and Garden,* November 1942, in: Parker, The Portable, S. 469.

387 Ebenda, S. 668.

388 Hiram Beer, Verwalter von Fox House, in: Keats, You Might As Well Live, S. 213.

389 Dorothy Parker: Brief an Fred. B. Millett, 27. Mai 1937, in: Day, Dorothy Parker, S. 88.

390 Silverstein, The Uncollected, S. 38.

391 »Frustration«, *The New Yorker,* 23. Juli 1927, in: Parker, Complete Poems, S. 132.

392 »Clothe the Naked«, *Scribner's Magazine,* Januar 1938, S. 31–35.

393 Harold Ross: Brief an Dorothy Parker, 12. April 1944, in: Ross, Letters from the Editor, S. 233.

394 Harold Guinzburg: Brief an Dorothy Parker, 12. Juli 1937, in: Meade, Dorothy Parker, S. 304.

395 Dorothy Parker, in: Silverstein, The Uncollected, S. 52.

396 Kanin, Hollywood, S. 229.

397 Dorothy Parker: Brief an George Oppenheimer, undatiert, in: Calhoun, Dorothy Parker, S. 28.

398 Hemingway, Wem die Stunde schlägt, S. 241.

399 Hellman, Eine unfertige Frau, S. 71.

400 Hellman, Pentimento, S. 95.

401 »Not Enough«, *New Masses,* 14. März 1939, S. 4.

402 »Soldaten der Republik« (Soldiers of the Republic), *The New Yorker,* 5. Februar 1938, in: Parker, New Yorker Geschichten, S. 379.

403 »Spain, For Heaven's Sake!«, *Mother Jones,* Februar/März 1986, S. 42.

404 »Not Enough«, *New Masses,*
    14. März 1939, S. 4
405 Ebenda.
406 »Incredible, Fantastic ... and
    True«, *New Masses,* 23. November
    1937, S. 16.
407 Ebenda, S. 16.
408 »Not Enough«, *New Masses,*
    14. März 1939, S. 4.
409 »Soldiers of the Republic«,
    The New Yorker, 5. Februar 1938, S.
    13f.
410 »Das Butterkremherz«, in:
    Parker, New Yorker Geschichten,
    S. 195–208.
411 FBI-Akte Dorothy Parker,
    28. April 1938, Nr. 61-7582-Part 1.
412 »Not Enough«, *New Masses,*
    14. März 1939, S. 4.
413 Ebenda.
414 »Symptom Recital«, *Life,*
    19. August 1926, in: Parker,
    Complete Poems, S. 77.
415 »Sophisticated Poetry – And
    the Hell With it«, *New Masses,*
    27. Juni 1939, S. 21.
416 Dorothy Parker: Brief an Helen
    Rothschild Grimwood, Fox
    House, Pipersville, Pennsylvania
    1939, in: Parker, The Portable,
    S. 609.
417 Hellman, Eine unfertige Frau,
    S. 200.
418 Fitzgerald, Der große Gatsby,
    S. 182.
419 Graham/Frank, F. Scott Fitz-
    gerald, S. 338.
420 Ebenda, S. 249/251.
421 »Der Lebensstandard« (The Stan-
    dard of Living), *The New Yorker,*
    20. September 1941, in: Parker,
    New Yorker Geschichten, S. 243.
422 Lauterbach, The Legend, in:
    Calhoun, Dorothy Parker, S. 129.

423 Dorothy Parker: Brief an Alexan-
    der Woollcott, 2. September 1942,
    Houghton Library, Harvard Uni-
    versity, in: Meade, Dorothy
    Parker, S. 308.
424 Herrmann, S. J. Perelman, S. 123.
425 Dorothy Parker: Brief an Alexan-
    der Woollcott, 2. September 1942,
    Houghton Library, Harvard Uni-
    versity, in: Meade, Dorothy
    Parker, S. 311.
426 Dorothy Parker: Brief an Alexan-
    der Woollcott. September 1942,
    Houghton Library, Harvard
    University, in: Kinney, Dorothy
    Parker, S. 42.
427 Vaill, Everybody Was So Young,
    S. 316.
428 Harold Ross: Brief an Marc Con-
    nelly, 22. September 1942, in: Ross,
    Letters From the Editor, S. 188.
429 Logan, Movie Stars, S. 236f.
430 Ebenda, S. 237.
431 Marx, Harpo spricht, S. 321.
432 Morgan, Somerset Maugham,
    S. 472.
433 Ebenda, S. 473.
434 Lauterbach, The Legend, in:
    Calhoun, Dorothy Parker, S. 129.
435 »Der herrliche Urlaub« (The
    Lovely Leave), *Woman's Home
    Companion,* Dezember 1943, in:
    Parker, New Yorker Geschichten,
    S. 401.
436 Logan, Movie Stars, S. 238.
437 »Miss Brass Tacks of 1943«,
    Mademoiselle, Mai 1943,
    S. 85, 144, 146.
438 Dorothy Parker: Zum Geleit,
    Vorwort zu: Thurber, Männer,
    Frauen und Hunde, S. 10.
439 Marge Droste im Interview mit
    Marion Meade, in: Meade,
    Dorothy Parker, S. 325.

440 Bryan, Merry Gentlemen and One Lady, S. 103.

441 War Fund Women Raise $ 1,337,335, *The New York Times*, 17. November 1944, S. 23.

442 W. Somerset Maugham: Variations On a Theme, Vorwort zu: The Portable Dorothy Parker, New York 1958, S. 11.

443 »War Song 1944«, Ebenda, S. 534.

444 Ebenda, Umschlag.

445 »Der Walzer« (The Waltz), *The New Yorker*, 2. September 1933, in: Parker, New Yorker Geschichten, S. 219.

446 »Observation«, *New York World*, 16. August 1925, in: Parker, Complete Poems, S. 76.

447 »Who is that Man?«, *Vogue*, Juli 1944, S. 138f.

448 Herrmann, With Malice Toward All, S. 49.

449 Drennan, The Algonquin Wits, S. 48.

450 Rosmond, Robert Benchley, S. 223f.

451 Herrmann, With Malice Toward All, S. 83.

452 Parker/D'Usseau, Ladies im Hotel, S. 69.

453 Lauterbach, The Legend, in: Calhoun, Dorothy Parker, S. 129.

454 »Ballade of Unfortunate Mammals«, *The New York World*, 8. Januar 1931, in: Parker, Complete Poems, S. 176.

455 Parker/D'Usseau, Ladies im Hotel, S. 73.

456 Bryan, Merry Gentlemen and One Lady, S. 102.

457 Hotchner, Choice People, S. 32.

458 Ebenda.

459 »The Game«, *Cosmopolitan*, Dezember 1948, S. 58, 90–102.

460 Keats, You Might As Well Live, S. 252.

461 »Morgenstund hat Gift im Mund«, in: Parker, New Yorker Geschichten, S. 153.

462 Bryan, Merry Gentlemen and One Lady, S. 113.

463 »My Home Town«, in: Parker, The Portable, S. 460.

464 Dorothy Parker, in: Hotchner, Choice People, S. 62.

465 Ebenda, S. 62.

466 Parker/D'Usseau, Ladies im Hotel, S. 38.

467 Budd Schulberg im Interview mit Marion Meade, in: Meade, Dorothy Parker, S. 339.

468 Day, Dorothy Parker, S. 92.

469 Movie-Inquiry Witnesses Are Guests at Rally, *New York Herald Tribune*, 3. November 1947.

470 Patrick Goldstein: Many Refuse to Clap as Kazan Receives Oscar, *Los Angeles Times*, March 22, 1999.

471 FBI-Akte Dorothy Parker, Nr. 100-56075.

472 Day, Dorothy Parker, S. 165.

473 FBI-Akte Dorothy Parker, 19. Juli 1950, Nr. 100-560755.

474 FBI-Akte Dorothy Parker, 1950, Nr. 100-98708.

475 FBI-Akte Dorothy Parker, 15. Mai 1950, Nr. 100-56075-4.

476 FBI-Akte Dorothy Parker, 26. Februar 1952, Nr. 100-32635.

477 FBI-Akte Dorothy Parker, 13. April 1951, Nr. 100-32635.

478 FBI-Akte Dorothy Parker, Juni 1939, Nr. 100-7322-37.

479 FBI-Akte Dorothy Parker, 10. Oktober 1941, Nr. 100-7045-101.

480 FBI-Akte Dorothy Parker, 13. Februar 1945, Nr. 100-7061-1043.

481 Leonard Lyons: The Lyons Den, 29. März 1955, *New York Post,* FBI-Akte Dorothy Parker, 7. April 1955, Nr. 100-560755.

482 FBI-Akte Dorothy Parker, 26. Mai 1951, Nr. 100-56075.

483 Meade, Dorothy Parker, S. 270.

484 FBI-Akte Dorothy Parker, Brief vom 5. September 1951, Nr. 100-56075-12.

485 FBI-Akte Dorothy Parker, 31. Mai 1953, Nr. 100-98708-18.

486 Charles Grutzner: Red Fronts Face Fund Appeal Ban, *The New York Times,* 26. Februar 1955.

487 FBI-Akte Dorothy Parker, 28. Februar 1955, Nr. 100-56075-19.

488 Dorothy Parker, in: Cowley, Wie sie schreiben, S. 98.

489 »The Banquet of Crow«, *The New Yorker,* 14. Dezember 1957, in: Parker, Complete Stories, S. 331.

490 Sid Perelman: Brief an Leila Hadley, 1951, in: Herrmann: S. J. Perelman, S. 196f.

491 Dorothy Parker, in: Cowley, Wie sie schreiben, S. 96f.

492 »Oh Look! – I Can Do It, Too«, *Vanity Fair,* Dezember 1918, in: Parker, Complete Poems, S. 227.

493 Dorothy Parker, in: Brian, Tallulah Darling, S. 236.

494 Ward Morehouse: ›Give me New York!‹ Says Mrs. Parker, *The New York World Telegram and Sun,* 16. Oktober 1953, S. 28.

495 Wilson, The Fifties, S. 531.

496 »My Home Town«, in: Parker, The Portable, S. 460.

497 Dorothy Parker, in: Cowley, Wie sie schreiben, S. 94.

498 Day, Dorothy Parker, S. 158.

499 Parker/D'Usseau, Ladies im Hotel, S. 9.

500 Mostel/Gilford, 170 Years of Show Business, S. 131.

501 Ebenda.

502 Milton Beacker: Lonely Ladies of the Corridor, *The New York Times,* 18. Oktober 1953.

503 Parker/D'Usseau, Ladies im Hotel, S. 133.

504 Brooks Atkinson: At the Theatre: Edna Best and Betty Field Are Starred in »The Ladies of the Corridor«, *The New York Times,* 22. Oktober 1953.

505 Dorothy Parker, in: Cowley, Wie sie schreiben, S. 94f.

506 »From a letter to Lesbia«, *The New Yorker,* 14. Dezember 1929, in: Parker, Complete Poems, S. 177.

507 »I Live on Your Visits«, *The New Yorker,* 15. Januar 1955, S. 24–27.

508 »Lolita«, *The New Yorker,* 27. August 1955, S. 32–35.

509 Dorothy Parker, in: Cowley, Wie sie schreiben, S. 95.

510 »The Banquet of Crow«, *The New Yorker,* 14. Dezember 1957, S. 39–43.

511 Dorothy Parker: Interview mit Richard Lamparski, 1963, in: Meade, Dorothy Parker, S. 361.

512 Dorothy Parker: The Venice Gavotte, Act 2, Scene 2, in: Hellman, Candide, S. 128f.

513 »The Veiled Surface, Minus Fronds and Dreams«, *Esquire,* Februar 1959, S. 18.

514 Mostel/Gilford, 170 Years of Show Business, S. 131.

515 Hellman/Feibleman, Eating Together, S. 76.

516 Dorothy Parker: Brief an Malcolm Cowley, 4. April 1958, aus New York, in: Parker, The Portable, S. 610.

517 Dorothy Parker: Brief an Morton Dauwen Zabel, 27. Oktober 1958, aus Yaddo, in: Parker, The Portable, S. 611f.

518 »The Bolt Behind the Blue«, *Esquire,* 1958, S. 168–174.

519 Murray Schumach: Dorothy Parker Discusses TV, *The New York Times,* 6. Mai 1962, S. 8.

520 »The Function of the Writer«, Keynote Esquire Magazine Symposium, Oktober 1958, in: Parker, The Portable, S. 566.

521 Ebenda, S. 568.

522 Norman Mailer: Of Small and Modest Malignancy, Wicked and Bristling with Dots, *Esquire,* November 1977, S. 132.

523 Janet Winn: Capote, Mailer and Miss Parker, *New Republic,* 9. Februar 1959, S. 27f.

524 Dorothy Parker, in: Cowley, Wie sie schreiben, S. 91.

525 Ebenda, S. 92.

526 Dorothy Parker: Brief an Felicia Geffen, 1959, American Academy and Institute of Arts and Letters, in: Meade, Dorothy Parker, S. 364.

527 Harrison, The Enthusiast, S. 319.

528 Cooper, Whatever (wie in Anm. 5), in: Calhoun, Dorothy Parker, S. 142.

529 Ebenda, S. 142.

530 Keats, You Might As Well Live, S. 296.

531 Cooper, Whatever (wie in Anm. 5), in: Calhoun, Dorothy Parker, S. 131.

532 Meade, Dorothy Parker, S. 359.

533 Ebenda, S. 360.

534 Harrison, The Enthusiast, S. 340.

535 Cooper, Whatever (wie in Anm. 5), in: Calhoun, Dorothy Parker, S. 141.

536 Ebenda.

537 Murray Schumach: Dorothy Parker Discusses TV, *The New York Times,* 6. Mai 1962, S. 8.

538 Ebenda.

539 Dorothy Parker: Brief an John Patrick aus Kalifornien, 1962, in: Parker, The Portable, S. 613. – Zu Charlotte Corday, der Mörderin von Jean Paul Marat, siehe Karl, Streitbare Frauen, S. 15–32.

540 Dorothy Parker: Brief an John Patrick aus Kalifornien, 1962, in: Parker, The Portable, S. 613.

541 »Second Thoughts on Some Major Themes«, *Esquire,* Mai 1958, S. 42.

542 »Flynn-Flam, etc.«, *Esquire,* März 1960, S. 59.

543 »Lovely Lady and Lively Ghost«, *Esquire,* Dezember 1960, S. 90.

544 Mary Ann Callan: Want Happy Ending. Students Appalling to Dorothy Parker, *The Los Angeles Times,* 28. April 1963, S. 4.

545 »Words Words Words«, Constant Reader, *The New Yorker,* 30. Mai 1931, S. 72.

546 Callan: Happy Ending, *The Los Angeles Times,* 28. April 1963, S. 4.

547 Ebenda.

548 Dorothy Parker, in: Hotchner, Choice People, S. 64.

549 »Symptom Recital«, *Life,* 19. August 1926, in: Parker, Complete Poems, S. 77.

550 Cooper, Whatever (wie in Anm. 5), in: Calhoun, Dorothy Parker, S. 146.

551 Dorothy Parker, in: Hellman, Eine unfertige Frau, S. 213.

552 »Morgenstund hat Gift im Mund«, in: Parker, New Yorker Geschichten, S. 154.

553 Saul Pett: Various Views of the Aging Mrs. Parker, *The New York Herald Tribune,* 13. Oktober 1963, S. 20.

554 Ebenda.

555 Dorothy Parker, in: Keats, You Might As Well Live, S. 289.

556 »The Middle or Blue Period«, *Cosmopolitan,* Dezember 1944, S. 55.

557 Ebenda, S. 184.

558 Dorothy Parker, in: Day, Dorothy Parker, S. 183.

559 Dorothy Parker, in: Hellman, Eine unfertige Frau, S. 208.

560 Dorothy Parker, in: Cooper, Whatever (wie in Anm. 5), in: Calhoun, Dorothy Parker, S. 146

561 Hotchner, Choice People, S. 64.

562 Dorothy Parker: Telegramm an Sara Murphy, 20. Oktober 1963, in: Vaill, Everybody Was So Young, S. 358.

563 »New York at 6:30 p.m.«, *Esquire,* November 1964, S. 96.

564 Dorothy Parker, in: Hellman, Eine unfertige Frau, S. 209.

565 Ebenda, S. 206.

566 Keats, You Might As Well Live, S. 294.

567 Hellman, Eine unfertige Frau, S. 207.

568 Miss Parker Never Poses, *The New York Times,* 8. Januar 1939.

569 Cooper, Whatever (wie in Anm. 5), in: Calhoun, Dorothy Parker, S. 146.

570 »Sophisticated Poetry«, *New Masses,* 27. Juni 1939, S. 21.

571 Saul Pett: Various Views of the Aging Mrs. Parker, *The New York Herald Tribune,* 13. Oktober 1963, S. 20.

572 Gloria Steinem: Dorothy Parker, *New York Journal,* 1965, S. 118.

573 Meade, Dorothy Parker, S. 405.

574 Silverstein, The Uncollected, S. 75.

575 Cooper, Whatever (wie in Anm. 5), in: Calhoun, Dorothy Parker, S. 147

576 McDowall, Double Exposure, S. 42.

577 Levant, The Unimportance of Being Oscar, S. 90.

578 Capote, Erhörte Gebete, S. 132.

579 Bryan, Merry Gentlemen and One Lady, S. 118.

580 Cooper, Whatever (wie in Anm. 5), in: Calhoun, Dorothy Parker, S. 148f.

581 Ebenda, S. 148.

582 Ebenda.

583 Ebenda, S. 149.

584 Bryan, Merry Gentlemen and One Lady, S. 118.

585 »Testament«, *The New York World,* 20. August 1925, in: Parker, Complete Poems, S. 35.

586 Alden Whitman: Dorothy Parker, 73, Literary Wit, Dies, *The New York Times,* 8. Juni 1967.

587 Dorothy Parker Recalled As Wit, *The New York Times,* 10. Juni 1967.

588 Moody, Lillian Hellman, S. 340.

589 Hellman, Eine unfertige Frau, S. 207.

590 Marion Meade: Estate of Mind, *Bookforum,* April/Mai 2006.

591 Wright, Lillian Hellman, S. 283.

592 Calhoun, Dorothy Parker, S. 31.

593 Fitzpatrick, A Journey into
Dorothy Parker's New York,
S. 3.

594 Parker/D'Usseau, Ladies im
Hotel, S. 86.

595 Grabplatte von Dorothy Parker,
NAACP-Hauptquartier, 4805
Mount Hope Drive, Baltimore,
in: Fitzpatrick, A Journey into
Dorothy Parker's New York,
S. 118.

596 »But the One on the Right«,
The New Yorker, 19. Oktober 1929,
in: Parker, Complete Stories,
S. 132.

597 Dorothy Parker, in: Tunney,
Tallulah, S. 11.

598 Interview mit Alma Whitaker:
Dorothy Parker, Our Only
Woman Humorist, Denies It,
The Los Angeles Times,
9. September 1934.

599 Silverstein, The Uncollected,
S. 69.

600 Lauterbach, The Legend, in:
Calhoun, Dorothy Parker, S. 126.

601 Dorothy Parker, in: Drennan,
The Algonquin Wits, S. 124.

602 »Morgenstund hat Gift im
Mund«, in: Parker, New Yorker
Geschichten, S. 153.

603 »Back to the Book-Shelf«,
Constant Reader, *The New Yorker,*
25. August 1928, S. 60.

Adler, Polly: A House Is Not a Home, New York 1950

Allen, Frederick Lewis: Only Yesterday. An Informal History of the 1920s, New York 1997

Altman, Billy: Laughter's Gentle Soul. The Life of Robert Benchley, New York 1997

Ashley, Sally: F.P.A. The Life and Times of Franklin Pierce Adams, New York 1986

Avrich, Paul: Sacco and Vanzetti. The Anarchist Background, Ewing/New Jersey 1991

Benchley, Nathaniel: Robert Benchley. A Biography, New York 1955

Benchley, Nat/Kevin C. Fitzpatrick: The Lost Algonquin Round Table, New York 2009

Berg, Angela: Die internationalen Brigaden im Spanischen Bürgerkrieg 1936–1939, Essen 2005

Best, Gary Dean: The Dollar Decade. Mammon and the Machine in 1920s America, Westport 2003

Blackwell, Alice: Lucy Stone. Pioneer of Women's Rights Charlottesville and London, Virginia 2001

Botto, Louis: At this Theater. 100 Years of Broadway Shows, Stories and Stars, New York 2002

Brian, Denis: Tallulah Darling: A Biography of Tallulah Bankhead, New York 1980

Broun, Heywood Hale: Whose Little Boy Are You? A Memoir of the Broun Family, Gordonsville, Virginia 1983

Bruccoli, Matthew Joseph: Some Sort of Epic Grandeur. The Life of F. Scott Fitzgerald, Columbia, South Carolina 2002

Buhle, Paul/Wagner, David: Hide in Plain Sight. The Hollywood Black-listees in Film and Television, 1950–2002, New York 2003

Burns Ric/Sanders, James: New York. Die illustrierte Geschichte von 1609 bis heute, München 2002

Burton, Sarah: A Double Life. A Biography of Charles and Mary Lamb, London 2003

Bryan, Joseph III: Merry Gentlemen and One Lady, New York 1985

Calhoun, Randall: Dorothy Parker. A Bio-Bibliography, Westport CT 1993

Capote, Truman: Erhörte Gebete, übers. v. Heidi Zerning, München 2010

Carter, Dan T.: Scottsboro. A Tragedy of the American South, Baton Rouge 1979

Case, Frank: Tales of a Wayward Inn, New York 1938

Case Harriman, Margaret: The Vicious Circle. The Story of the Algonquin Round Table, New York 1951

Connelly, Marc: Voices Offstage. A Book of Memoirs, New York 1968

Cook, Fred J.: The Nightmare Decade. The Life and Times of Senator Joe McCarthy, New York 1971

Cooper, Wyatt: Families. A Memoir and a Celebration, New York 1975

Cowley, Malcolm (Hrsg.): Wie sie schreiben. Sechzehn Gespräche mit Autoren der Gegenwart, Gütersloh 1958

Day, Barry: Dorothy Parker. In Her Own Words, Lanham 2004

Doherty, Thomas: Cold War, Cool Medium. Television, McCarthyism, and American Culture. New York 2003

Douglas, Ann: Terrible Honesty. Mongrel Manhattan in the 1920s, New York 1995

Drennan, Robert E.: The Algonquin Wits, Secaucus 1968

Dumenil, Lynn: The Modern Temper: American Culture and Society in the 1920s, New York 1995

Everitt, David: A Shadow of Red. Communism and the Blacklist in Radio and Television, Chicago 2007

Fass, Paula S.: The Damned and the Beautiful. American Youth in the 1920s. New York 1979

Ferber, Edna: A Peculiar Treasure, New York 1939

Fitzgerald, F. Scott: The Letters of F. Scott Fitzgerald, ed. Andrew Turnbull, New York 1963

Fitzgerald, F. Scott: Der große Gatsby, Zürich 1974

Fitzpatrick, Kevin C.: A Journey into Dorothy Parker's New York, Berkeley 2005

Ford, Corey: The Time of Laughter, Boston 1967

Frewin, Leslie: The Late Mrs. Dorothy Parker, New York 1987

Galbraith, John Kenneth: Der große Crash 1929, München 2008

Gallagher, Brian: Anything Goes. The Jazz Age Adventures of Neysa McMein and Her Extravagant Circle of Friends, New York 1987

Gaines, James R.: Wit's End. Days and Nights of the Algonquin Round Table, New York 1977

Goldsmith Gilbert, Julie: Ferber. A Biography, New York 1978

Graham, Sheilah/Frank, Gerold: F. Scott Fitzgerald – meine große Liebe. Furchtlose Memoiren, Wiesbaden 1968

Grant, Jane/Flanner, Janet: Ross, The New Yorker and Me, New York 1968

Harrison, Gilbert A.: The Enthusiast. A Life of Thornton Wilder, New Haven 1983

Haskins, James: The Scottsboro Boys, New York 1994

Haynes, John E.: Red Scare or Red Menace? American Communism and Anticommunism in the Cold War Era, Chicago 1996

Hecht, Ben: Charlie. The Improbable Life and Times of Charles MacArthur, New York 1957

Hecht, Ben: Letters from Bohemia, New York 1964

Hellman, Lillian: Candide, New York 1957

Hellman Lillian/Feibleman, Peter: Eating Together: Recollections & Recipies, Boston 1984

Hellman, Lillian: Die Zeit der Schurken, Frankfurt/M. 1987

Hellman, Lillian: Pentimento. Erin- nerungen, übers. v. Eva Buchmann, München 1989

Hellman, Lillian: Eine unfertige Frau. Ein Leben zwischen Dramen, übers. v. Kyra Stromberg, Frankfurt/M. 1991

Hemingway, Ernest: Wem die Stunde schlägt, übers. v. Paul Badisch, Frankfurt/M. 1987

Hemingway, Ernest: Sämtliche Gedichte, übers. v. Else und Hans Bestian, Reinbek 1988

Hennenberg, Fritz: Hanns Eisler, Reinbek bei Hamburg 1987

Herrmann, Dorothy: With Malice Toward All. The Quips, Lives and

Loves of Some Celebrated 20th-Century American Wits, New York 1982

Herrmann, Dorothy: S. J. Perelman. A Life, London 1986

Hotchner, A. E.: Choice People. The Greats, Near Greats and Ingrats I Have Known, New York 1984

Hoyt, Edwin P.: Alexander Woollcott. The Man Who Came to Dinner, London 1969

Kahn Gordon/Hirschfeld Al: The Speakeasies of 1932, New York 2004

Kanin, Garson: Hollywood, London 1975

Karl, Michaela: »Wir fordern die Hälfte der Welt!« Der Kampf der englischen Suffragetten um das Frauenstimmrecht, Frankfurt/M. 2009

Kaufman Beatrice/Hennessey, Joseph: The Letters of Alexander Woollcott, New York 1944

Keats, John: You Might As Well Live. The Life and Times of Dorothy Parker, New York 1970

Keil, Hartmut (Hrsg.): Sind Sie, oder waren Sie Mitglied? Verhörprotokolle über unamerikanische Aktivitäten 1947–1956, Reinbek 1979

Kinney, Arthur F.: Dorothy Parker, Revised, New York 1998

Kyvig, David E.: Daily Life in the United States, 1920–1939. Decades of Promise and Pain, Westport, Connecticut 2002

Kobler, John: Ardent Spirits: The Rise and Fall of Prohibition, New York 1973

Kramer, Dale: Heywood Broun, New York 1949

Kunkel, Thomas: Genius in Disguise. Harold Ross of the New Yorker, New York 1995

Larrowe, Charles: Harry Bridges. The Rise and Fall of Radical Labor in the United States, New York 1972

Latham, Angela J.: Posing a Threat. Flappers, Chorus Girls, and Other Brazen Performers of the American 1920s, Hanover, NH, 2000

Levant, Oscar: The Unimportance of Being Oscar, New York 1968

Logan, Joshua: Movie Stars, Real People, and Me, New York 1978

Loos, Anita: A Girl Like I, New York 1966

Marx, Harpo: Harpo spricht, übers. v. Werner Horch, Hamburg 1992

Masson, Thomas: Our American Humorists, New York 1922

McDowall, Roddy: Double Exposure, New York 1966

Meade, Marion: Dorothy Parker. What Fresh Hell is This?, New York 1998

Meade, Marion: Bobbed Hair and Bathtube Gin. Writers Running Wild in the Twenties, New York 2004

Meeropol, Robert: Als die Regierung entschied, meine Eltern umzubringen. Der Fall Rosenberg – Ein Sohn erzählt, Frankfurt/M. 2008

Mellen, Joan, Two Invented Lives. Hellman and Hammett, New York 1996

Meryman, Richard: Mank. The Wit, World, and Life of Herman Mankiewicz, New York 1978

Milford, Nancy: Zelda. Die Biographie des amerikanischen Traumpaares, München 1980

Mitchell, Marcia und Thomas: The Spy Who Seduced America. Lies and Betrayal in the Heat of the Cold War. The Judith Coplan Story, Montpelier 2002

Moody, Richard: Lillian Hellman, Playwright, New York 1972

Mostel Kate/Gilford, Madeline: 170 Years of Show Business, Toronto 1978

Mowry, George E.: The Twenties. Fords, Flappers, & Fanatics, Englewood Cliffs 1963

Morgan, Ted: Somerset Maugham, London 1980

Müller, Kurt: Ernest Hemingway. Der Mensch, der Schriftsteller, das Werk, Darmstadt 1999

Naremore, James, The Magic World of Orson Welles, Oxford 1978

Ortner, Helmut: Fremde Feinde. Der Fall Sacco & Vanzetti, Göttingen 1996

Parker, Dorothy: Complete Stories, New York 1995

Parker, Dorothy: Close Harmony oder Die liebe Familie, übers. v. Friederike Roth, Zürich 1989

Parker, Dorothy: New Yorker Geschichten, übers. v. Pieke Biermann und Ursula-Maria Mössner, Zürich 2003

Parker, Dorothy: The Portable Dorothy Parker, New York 2006

Parker, Dorothy: Complete Poems, New York 2010

Parker, Dorothy/D'Usseau Arnaud: Ladies im Hotel, Zürich 1989

Parrish, Michael E.: Anxious Decades. America in Prosperity and Depression, 1920–1941, New York 1992

Pegolotti, James A.: Deems Taylor. A Biography, Boston, Mass. 2003

Penzler, Otto: The Vicious Circle, New York 2007

Peters, Margot: The House of Barrymore, New York 1990

Rabinbach, Anson: Von Hollywood an den Galgen. Die Verfolgung und Ermordung des Otto Katz, in: Zeitschrift für Ideengeschichte, Heft II/1, Frühjahr 2008, S. 24–36

Red Channels (Anon.): The Report of Communist Influence in Radio and Television, New York 1950

Robinson, Douglas: Ring Lardner and the Others, New York 1992

Rodgers St. John, Adela: Some Are Born Great, New York 1975

Rosmond, Babette: Robert Benchley. His Lifes and Good Times, New York 1970

Ross, Harold: Letters From the Editor, ed. Thomas Kunkel, Toronto 2000

Russell, Francis: Sacco & Vanzetti. The Case Resolved, New York 1986

Schauff, Frank: Der Spanische Bürgerkrieg, Göttingen 2006

Seebohm, Caroline: The Man Who Was Vogue. The Life and Times of Condé Nast, New York 1982

Shalit, Gene (ed.): Great Hollywood Wit, New York 2002

Sheehy, Helen: Margo. The Life and Theatre of Margo Jones, Dallas 1989

Silverstein, Stuart Y.: The Uncollected Dorothy Parker, London 2006

Teichmann, Howard: George S. Kaufman. An Intimate Portrait, New York 1972

Teichmann, Howard: Smart Aleck. The Wit, World, and Life of Alexander Woollcott, New York 1976

Thurber, James: The Years With Ross, Boston 1959

Thurber, James: Männer, Frauen und Hunde, übers. v. H. M. Ledig-Rowohlt und Hans Petersen, Berlin 1981

Tunney, Kieran: Tallulah. Darling of the Gods, New York 1973

Vaill, Amanda. Everybody Was So Young. Gerald and Sara Murphy, New York 1998

Weiss, Andrea: Paris war eine Frau. Die Frauen von der Left Bank. Djuna

Barnes, Janet Flanner, Gertrude Stein & Co., Reinbek 2006

Wilson, Edmund: The Twenties. From Notebooks and Diaries of the Period, New York 1975

Wilson, Edmund: The Thirties. From Notebooks and Diaries of the Period, New York 1980

Wilson, Wilson: The Fifties. From Notebooks and Diaries of the Period, New York 1986

Woollcott, Alexander: Enchanted Aisles, New York 1924

Woollcott, Alexander: The Portable Woollcott, New York 1946

Woolman Chase, Edna/Woolman Chase, Ilka: Always in Vogue, New York 1954

Wright, William: Lillian Hellman. The Image, The Woman, New York 1986

Yagoda, Ben: About Town. The New Yorker and the World It Made. New York 2000

Yardley, Jonathan: A Biography of Ring Lardner, New York 1977

Yeats, W. B.: The Collected Poems, London 2000

Archive:

New York Public Library, New York

The New York Herald Tribune, New York

The New Yorker, New York

The New York Times, New York

The Los Angeles Times, Los Angeles

Federal Bureau of Investigation, Washington D.C.

Beinecke Rare Book and Manuscript Library, Yale University

Academy of Arts and Letters, New York

Bildnachweis

ullstein bild
1 und 7 Granger Collection; 11 TopFoto.

CORBIS
2, 6, 8, 10, 13, 14 Bettmann; 3 Underwood & Underwood;
12 Condé Nast Archive; 15 Norman Parkinson/Sygma.

picturedesk.com
3, 4 und 9 Everett Collection.

Mein besonderer Dank gilt:

The National Association for the Advancement of Colored People (NAACP)
Baltimore

Ned T. Himmelreich und der Kanzlei Gordon, Feinblatt, et al., Baltimore

Kevin Fitzpatrick und der Dorothy Parker Society, New York

Moira Danehy, New York

Susan Gilroy, Houghton Library, Harvard

Kathy Kienholz, American Academy of Arts and Letters, New York

David P. Sobonya, Public Information Officer/Legal Admin. Specialist,
FBI-Records Management Division, Winchester

Washington Field Office, Office of Public Affairs, FBI, Washington DC

The New York Public Library

Die Autorin

Michaela Karl, geboren 1971, studierte Politologie, Geschichte und Psychologie und promovierte mit einer Arbeit über Rudi Dutschke. Sie ist Mitherausgeberin der Rudi-Dutschke-Werkausgabe und Mitglied der Münchner Turmschreiber. Zuletzt erschienen: »Bayerische Amazonen« (2004), »Die Münchner Räterepublik. Porträts einer Revolution« (2008), und »Streitbare Frauen. Porträts aus drei Jahrhunderten« (2009). Weitere Informationen unter www.michaela-karl.de